150가지 사례와 함께

쉽게 활용하는
인공지능 비즈니스

정종기 저

프롤로그

인공지능 이제 미래가 아닌 현실이다.
모든 기업은 인공지능(AI) 기업이 될 것이다.

인공지능(AI)기술은 딥러닝 기술 등 알고리즘과 하드웨어 기술의 발전으로 다양한 영역에서 급진적인 발전과 함께 르네상스를 맞고 있다. 빠르게 발전하고 있는 인공지능은 이제 여러 분야에서 사람의 능력을 넘어서는 수준으로 구현되고 있다. 인공지능 기술은 인간의 인지(보다. 듣다. 읽다), 학습(반복 학습을 통해 지식 고도화), 추론(학습된 지능에 기반 인지된 한경에 대한 추론 및 예측) 등을 컴퓨터 기술을 이용하여 구현함으로써 문제를 해결할 수 있는 기술이다. 특히 자연어처리, 시각, 청각지능 분야의 발전으로 인해 인공지능은 이제 사람보다 더 높은 정확도로 사물을 인식할 수 있고, 사람과 비슷한 수준으로 언어를 이해하고 대화 할 수 있게 되었다. 이러한 인식분야의 발전으로 인공지능은 이제 외부의 수많은 다양한 데이터를 스스로 인식하고 이해해서 지식화할 수 있는 '정보'로 받아드릴 수 있게 되었다. 그 동안 축적되어온 엄청난 빅데이터를 기계가 스스로 학습할 수 있게 되면서 인공지능의 지능이 혁신적으로 발전하고 있는 것이다.

인공지능, 인간 고유의 영역 창의성 영역까지 침범하며 빠르게 발전 중

 디지털 기술의 발달로 개인의 일상 생활의 변화나 비즈니스적인 측면에서의 변화를 볼 때 우리는 우리가 모르는 사이에 생활 모든 분야에 디지털 기술이 깊숙이 자리 잡고 있는 것을 발견할 수 있다. 인공지능 기술의 지속적인 발전에도 '창의성'만큼은 인간의 영역이라고 생각되었는데 점점 발전한 인공지능 기술은 다양한 창작물을 만들어 내고 있다. 인공지능이 빠르게 발전하면서 스스로 창작활동 하는 시대가 열리고 있는 것이다. 예술분야에서 디지털 음악, 디지털 작곡 등 테크놀로지와 예술의 융합은 오래 전부터 그 분야 전문가들이 계속 시도되었으나 인공지능기술을 적용한 프로그램처럼 기계가 지능을 가지고 인간 고유의 능력인 창의적인 예술 활동을 직접 하는 경우는 없었으며 단순히 예술의 기계적 장치 수단으로써만 사용되었었다. 그러나 지금은 아니다.

 최근 인공신경망 분야의 관심과 급속한 발전에 힘입어 인간의 뇌와 기계를 연결해 인간의 지능을 자유롭게 저장하거나 이식하는 기술을 발전시켜 '인간처럼 생각(Thinking like Human)'하는 지능을 구현하기 위해 기존 인공신경망 구현 방식을 고도화시키려는 시도가 활발하게 진행 중이다.

 미래에는 단순히 디지털 삶의 미래만이 아니라 인공지능 알고리즘이 미래의 디지털 생활을 주도하고 인간의 물리적인 삶 역시 많은 영향을 받게 될 것이다.

인공지능은 우리 생활 속에 녹아 들어와 삶을 편하게 하기도하고 한편으로는 자신의 미래를 걱정하게 만들기도 한다. 이 모든 것은 현재 진행형이다.

인공지능이 바꾸는 직업의 미래

인공지능이 인간의 일자리 일부를 대체하고 있는 것은 분명하다. 아울러 인간 직원이 일을 더 잘할 수 있도록 도움을 주고 있는 것도 분명하다. 그리고 인공지능의 알고리즘이 직장 내 동료가 되는 것도 현실화 되어가고 있다.

점점 지능화되어 가고 있는 인공지능 챗봇의 역할은 시간이 지날수록 가치가 더 해질 것이다. 일부 전문가들은 머지않은 미래에 카카오톡 또는 페이스북 메신저와 같은 소셜기반 커뮤니케이션이 컨택센터 상담원 역할을 대체할 수도 있다고 예상하고 있다.

공장 생산 현장에서도 인공지능과 인공지능을 탑재한 로봇이 현장 작업자 옆에서 작동하면서 사람과 함께 역량을 강화하고 있다. 이렇듯 인공지능과 같은 지능형 소프트웨어와 나란히 협력하는 사람이 늘어날 전망이다.

우리가 상상할 수 있는 거의 모든 종류의 비즈니스 프로세스에서 이런 현상이 나타날 것이다. 인공지능의 진정한 가치는 지식 생산성을 획기적으로 높여서 더 큰 시너지를 만들고 기업의 성과를 높이는 것이라

할 수 있다. 인간과 인공지능이 서로의 강점을 살려 협업하는 미래가 기대된다.

일하는 방식의 혁신이 필요한 시대, 해법은 인공지능과 협업하는 것

오늘날 인공지능은 더 많은 양의 데이터와 보다 빠른 처리 능력, 그리고 더 강력한 알고리즘이 결합되어 널리 보급되고 있다. 최근에는 의료, 자동차, 금융, 제조, 통신 등 다양한 산업분야의 기업들이 인공지능을 도입해 고객 요청을 처리하는 챗봇, 음성봇을 구현하고, 비즈니스 프로세스를 자동화할 애플리케이션에 알고리즘을 탑재하고 있다. 또한 인공지능과 로봇의 첨단 기술을 통해 경제성장의 돌파구가 마련되고 제조업을 중심으로 생산공정 관리, 업무의 자동화 등을 통해 서비스의 자동화가 이뤄지고 있다.

인공지능의 비즈니스 활용가능성에 대한 생각도 많이 달라졌고 실제 기업의 업무처리에서도 인공지능을 전략적인 협업도구로 활용되어 업무의 효율성을 높이기 위해 많은 업무 영역에 적용하고 있다. 기업에서는 인공지능의 발전으로 조직, 사업모델, 혁신, 문화 등 다양한 측면에서 급격한 변화를 가져올 것으로 보인다.

기업의 업무 자동화 시스템인 로보틱 프로세스 오토메이션(RPA)이 AI와 결합해서 좀 더 지능적으로 처리하면 단순반복작업 업무에 대해서는 업무효율이 상당히 높아질 수 있다. 특히, 기업의 재무, 회계, 제조, 구매, 고객 관리 등에서 데이터 수집, 입력, 비교 등과 같이 반복되는 단순 업무를 자동화하여 빠르고 정밀하게 수행할 수 있다.

글로벌 인공지능 시대, 어떻게 인공지능 기업으로 변화할 것인가

글로벌 인공지능 시대에 기업에서의 AI 도입과 활용은 경쟁자와 자사를 차별화하는 변곡점이 되었다.

기업들은 비즈니스 성과 예측, 운영 간소화, 효율성 향상, 사이버 위험과 범죄로부터의 보호, 새로운 시장 기회 발견을 위해 AI를 활용한다. 이러한 예측을 통해 선도 기업들은 경쟁과 시장 변동성에 맞설 돌파구를 마련할 수 있다.

AI의 중심에는 자동화, 예측, 최적화라는 전략적인 동력원이 있다. 조직이 성장하려면 일상적인 작업을 자동화하고 결과를 예측하며 리소스를 최적화하는 능력이 필수적이다.

기업의 인공지능 활용의 성패는 다양한 리소스(데이터, 기술, 인력, 서비스)간의 창의적 연계를 통해 새로운 가치를 창출하고 활용하는 것이다. 그래서 기업의 경영진과 구성원들은 인공지능기술을 좀 더 적극적으로 이해하고, 학습하고, 다양한 활용사례를 분석하여 자체 기업의 비즈니스에 적용 및 활용할 수 있도록 하는 것이 기업의 지속성장에 중요한 요소가 될 것이다.

인터넷, 모바일, DB 등 구 정보기술이 현재의 플랫폼 생태계를 이끌었다면, 인공지능, 블록체인, 클라우드 등 신 정보기술은 제품과 서비스 간, 산업 간, 플랫폼 간, 경계를 허물고 데이터, SW기반 연결을 극대화

시켜 분산형 생태계 구축을 주도하게 될 것이다. 그래서 경계가 사라진 비즈니스 환경에서는 이종 영역 간 연계 과정이 복잡해지고 활용 리소스도 다양해져, 인공지능과 같은 인공지능기술 의존도가 더욱 높아질 것으로 보고 있다. 미래에는 인공지능의 머신러닝을 통해 스스로 소프트웨어 설계를 최적화하여 이종 영역간 연계를 간단하게 할 수 있을 것이다.

지금은 인공지능을 기반으로 한 글로벌 경쟁시대이다. 인공지능은 사업 전략, 조직 문화, 인재 발굴 등 기업경영의 모든 영역에서 패러다임을 바꿔놓을 것이기 때문에 인공지능이 변화시킬 기업경영의 영역을 종합적으로 고려한 큰 그림의 설계가 필요하고, 고객만족을 위한 고객 경험 개선, 제품, 서비스, 비용절감, 프로세스 자동화, 공급망관리, 경영, 의사결정 등 기업의 특정업무 영역에서부터 전사적으로 인공지능을 도입하여 경쟁력을 창출 할 수 있도록 단계별 도입 전략과 실행이 필요한 시점이다.

본서의 구성

　본서는 국내외 적으로 핵심이 되고 있는 인공지능 기술과 응용 서비스를 쉽게 이해하고 인공지능 도입 및 활용에 관심이 있는 학생, 기관, 기업체 실무 담당자, CEO들에게 연구개발, 사업전략을 수립하는데 쉽게 인공지능 기술을 적용하고 활용할 수 있도록 본서를 기획하였다. 인공지능의 핵심기술인 학습지능(머신러닝, 추론 및 지식표현), 단일지능(언어지능, 시각지능, 청각지능), 복합지능(지능형 에이전트, 인간과 기계의 협업, 범용인공지능)의 개념부터 실제 비즈니스 적용 사례 등 인공지능 기술과 활용 전반에서 다루는 핵심적인 주제를 쉽게 접근하고 이해할 수 있도록 서술하였다.

　인공지능은 이제 미래가 아닌 현실이다. 인공지능의 현재와 미래를 다룸으로써 단순히 인공지능 기술을 소개하는 책을 넘어서, 독자들이 150가지 사례와 함께 '쉽게 활용하는 인공지능 비즈니스'라는 현재 진행 중이면서 미래에 커다란 변화를 가져다 줄 것이라는 인공지능과 함께하는 변화의 흐름을 파악하고 아이디어와 통찰력을 키워 실제 업무에 적용하고 비즈니스에 활용할 수 있도록 했다.

특히, 국내외 적으로 핵심이 되고 있는 '150가지 인공지능기술 활용 사례'와 '산업별 인공지능기술 적용 전략', '인공지능 도입 및 인공지능 활용전략'을 통해 인공지능 기술을 쉽게 이해하고 아이디어 창출과 비즈니스 모델을 개발하여 실제 적용 할 수 있도록 하였다.

본서는 총 6장으로 구성되어 있으며 그 내용은 다음과 같다.
1장인 '알기쉽게 풀어쓴 인공지능기술과 응용 서비스'에서는 인공지능 기술과 응용 서비스에 대해 알기 쉽게 이해 할 수 있도록 설명하였다. 추론 및 기계학습(머신러닝), 지식표현 및 언어지능(자연어처리), 시각지능(컴퓨터 비전), 청각지능, 복합지능, 지능형 에이전트(상황인지 컴퓨팅), 인간과 기계협업, 범용 인공지능, 인공지능 개발 트렌드와 미래 진화 방향, 인공지능 모델과 알고리즘 간의 관계, 인공지능 학습용 데이터셋 구축 방법과 전략, 빅데이터 활용과 인공지능 플랫폼 구축 전략, 인공지능 도입 및 인공지능기술 활용 전략, 산업별 인공지능기술 적용 전략 및 제품.서비스 등의 내용으로 구성하여 서술하였다.

2장인 인공지능이 바꾸는 '직업의 미래, 협업이 혁신이다. 인공지능과 협업하라!'에서는 인공지능 활용에 따른 전문직의 직업에 미치는 영향과 대응 방안, 인공지능, 인간 고유의 영역 창의성 영역까지 침범하며 빠르게 발전 중, 인공지능이 점점 지능화되면서 사람의 일자리 대체 중, 무인기술은 인간의 노동력 최소화하고 많은 부분 일자리 대체, 사람보다 더 똑똑해지고 있는 인공지능 로봇, 인간을 대체, 디지털 네이티브 세대가 인공지능 활성화 견인할 것, 인공지능과 결합한 업무자동화(RPA) 협업 시너지 배가, 위드코로나 시대 근무환경 다변화에 따른 효율적인 협업, 인공지능 로봇의 활용으로 다양한 산업에서 새로운 돌파구 마련, 일하는 방식의 혁신이 필요한 시대, 해법은 인공지능 로봇과 협업하는 것, 우리의 삶과 미래 경제 혁신을 주도할 인공지능과 협업 등 글로벌 인공지능 시대에 나는, 우리는, 우리기업은, 우리사회는 어떻게 변화하고 대처해야 하며, 디지털 대변혁시대에 인공지능기술을 활용한 다양한 협업을 통해 새로운 돌파구를 마련해야 한다 등에 대해 서술하였다.

3장인 '인공지능 플랫폼을 통한 공존과 상생의 시대' 에서는 Google 등 글로벌 기업들의 인공지능 플랫폼 비즈니스 전략과 연결과 제휴 플랫폼이란 무엇일까?, 인공지능 플랫폼 비즈니스, 다양한 영역에서 활용이 확대되고 있는 인공지능 플랫폼 서비스와 플랫폼을 통한 기업간 상호 협력과 공존의 시대, AI기반 지능형 챗봇 새로운 거대 플랫폼 '메타 앱'으로 발전될 것, 인공지능 플랫폼 경쟁 치열, 누가 선점 할 것인가?, 미래 자동차 혁명, 자동차의 무인화 시대 2030년에 가능!, 인공지능 기술이 융합된 맞춤형 원격교육 플랫폼 필요, 인공지능 기술의 체계적인 학습과 활용이 국가 경쟁력, 암호화폐, 온라인과 SNS를 통해 다양한 비즈니스 만들어 질 것, 뉴 노멀, 기업의 생존을 위한 신 성장동력은 '구독경제사업' 확산 등 인공지능과 함께 발전할 우리의 미래에 대한 통찰력을 가질 수 있도록 그 중요성에 대해 서술하였고, 인공지능 플랫폼을 통한 공존과 상생의 시대에 우리는 어떻게 준비하고 대응해야 하는지에 대해 서술하였다.

4장인 '글로벌 인공지능시대. 어떻게 인공지능 기업으로 변화할 것인가'에서는 인공지능과 융합 기술이 바꾸는 비즈니스의 미래와 머지않아 모든 기업은 인공지능 기업으로 변화되어야 하기 때문에 그에 대한 대응 전략과 글로벌 인공지능 시대, 어떻게 인공지능 기업으로 변화할 것인가?, 디지털 전환 가속화에 따른 기업의 경쟁력 강화 방안, 기업에서 AI를 성공적으로 도입하기 위한 단계별 추진 전략, AI 시장 전망과 글로벌 기업의 AI 생태계 확산 전략, 디지털 혁신을 통한 기업의 새로운 가치 창출 전략, 기업의 정보시스템 환경 "클라우드 컴퓨팅"으로 혁신적 변환 필요, 인공지능의 진정한 가치는 지식 생산성을 획기적으로 높이는 것, 디지털 전환 목표, 기업의 프로세스를 근본적으로 변화시키는 것, 인공지능 학습용 데이터셋 성공적 구축, 혁신성장 가속화 등 인공지능을 활용하여 기업의 경쟁력을 키워나가는데 동력으로 활용될 수 있도록 서술하였다.

5장인 '인공지능 비즈니스 활용사례 150선' 에서는 국내외 적으로 핵심이 되고 있는 150가지 인공지능기술 활용 사례를 해외 활용사례 50선과 국내 활용사례 100선을 엄선하여 인공지능 기술을 쉽게 이해하고 아이디어 창출과 비즈니스 모델을 개발하여 실제 적용 할 수 있도록 하였다. 인공지능 기업의 핵심보유 인공지능기술, 비즈니스 모델, 주력 비즈니스 분야, 주력 제품명 및 서비스 등을 참고 및 활용하기 편리하게 요약 정리하였다.

6장인 '별첨'에서는 150가지 사례와 함께 '쉽게 활용하는 인공지능 비즈니스'를 쉽게 이해하고 편리하게 활용할 수 있도록 '인공지능 용어 설명'과 '참고문헌'을 정리하였다.

감사의 말

이 책을 준비하면서 삼성과 오라클에서 30여년 동안 근무하며 국내외 기업을 대상으로 수행한 비즈니스 컨설팅 실전경험과 얼라이언스코리아에서 AI 비즈니스 컨설팅을 수행한 많은 경험이 도움이 되었고, 서울대, 한국외대, 숙명여대, KMAC, 기획재정부 등 대학 및 정부 공공기관에서 인공지능과 융합기술 관련 강의를 위해 연구하고 준비한 내용들이 많은 도움이 되었다.

나는 빅데이터, 사물인터넷, 디지털트랜스포메이션, 블록체인, 플랫폼 비즈니스, 인공지능 분야에 최고의 전문가는 아니지만, 내가 경험하고, 학습하고, 연구하고, 고민했던 부분에 대해서만큼은 조금 더 이해하고 있고, 조금 더 알고 있을 뿐이다. 그렇기 때문에 가능한 독자들이 이해하기 쉽도록 서술하기 위해 노력하였다. 그럼에도 불구하고 부족한 부분이 너무 많은 것 같다.

저에게 많은 가르침과 도움을 주신 교수님, 지인, 친구들 그리고 저도 모르는 사이에 저에게 도움을 주신 모든 분들께 감사를 드립니다.

끝으로 이 책이 출판될 수 있도록 물심양면으로 지원해 주신 형설출판사 황승주 상무님, 원고의 기획 및 편집 작업을 해주신 김용연 선생님 외 모든 분들에게도 감사의 말씀을 전하고 싶다.

본 책을 준비하면서 밤 늦은 시간 집에 들어가면 맛있는 음식과 막걸리를 내놓으며 수고했다는 말과 함께 이 책이 완성될 수 있도록 옆에서 용기를 북돋아 준 사랑하는 아내 이계영과 지금은 세계 최고의 AI전문가를 꿈꾸며 학업에 열중하면서 책의 디자인에 대해서 지도해준 딸 서현이와 자동차운전과 기타를 열심히 배우고 있는 아들 현진이에게 주말에 같이 놀고 즐거운 시간을 많이 갖지 못해 미안한 마음과 함께 이 기쁨과 감사의 마음을 전합니다.

2021년 7월
다시 시작하는 스무살 정종기

인공지능 이제 미래가 아닌 현실이다.
기업의 비즈니스 미래를 바꾸고 있는 인공지능!
디지털 대 변혁 시대, 기업의 성장동력 무엇으로 어떻게 찾을 것인가

차례

프롤로그 ·· 02

본서의 구성 ·· 08

감사의 말 ·· 13

Part 1 : 알기쉽게 풀어쓴 인공지능 기술과 응용 서비스

1. 인공지능 기술과 서비스의 이해 ·· 23
2. 추론 및 기계학습 ·· 33
3. 지식표현 및 언어지능(자연어 처리) ·· 43
4. 시각지능(컴퓨터 비전) ·· 50
5. 청각지능 ·· 61
6. 복합지능 ·· 65
7. 지능형 에이전트(Intelligent Agent)(상황인지 컴퓨팅) ···················· 69
8. 인간과 기계협업 지능(AI 협업) ·· 73
9. 범용 인공지능 ·· 80
10. 인공지능 개발 트렌드와 미래 진화 방향 ······································ 84
11. 인공지능 모델과 알고리즘 간의 관계 ·· 91
12. 인공지능 학습용 데이터셋 구축 방법과 전략 ······························ 97
13. 빅데이터 활용과 인공지능 플랫폼 구축 전략 ···························· 105
14. 인공지능 도입 및 인공지능기술 활용 전략 ································ 113
15. 산업별 인공지능기술 적용 전략 및 제품·서비스 ······················ 118

Part 2 : 직업의 미래, 협업이 혁신이다. 인공지능과 협업하라

1. 인공지능 활용에 따른 전문직의 직업에 미치는 영향과 대응 방안 ········ 135
2. 인공지능, 인간 고유의 영역 창의성 영역까지 침범하며 빠르게 발전 중 ········ 139
3. 인공지능이 점점 지능화되면서 사람의 일자리 대체 중 ········ 143
4. 무인기술은 인간의 노동력 최소화하고 많은 부분 일자리 대체 ········ 147
5. 사람보다 더 똑똑해지고 있는 인공지능 로봇, 인간을 대체 ········ 152
6. 디지털 네이티브 세대가 인공지능 활성화 견인할 것 ········ 156
7. 인공지능과 결합한 업무자동화(RPA) 협업, 시너지 배가 ········ 160
8. 위드(with)코로나 시대, 근무환경 다변화에 따른 효율적인 협업 ········ 164
9. 인공지능 로봇의 활용으로 다양한 산업에서 새로운 돌파구 마련 ········ 168
10. 일하는 방식의 혁신이 필요한 시대, 해법은 인공지능 로봇과 협업하는 것 ········ 172
11. 우리의 삶과 미래 경제 혁신을 주도할 인공지능과 협업 ········ 176

Part 3 : 인공지능 플랫폼을 통한 공존과 상생의 시대

1. 연결과 제휴 플랫폼이란 무엇일까? ········ 185
2. 인공지능 플랫폼 비즈니스 ········ 197
3. 인공지능 플랫폼 서비스 다양한 영역으로 활용 확대 ········ 206
4. 플랫폼을 통한 기업간 상호 협력과 공존의 시대 ········ 209
5. AI기반 지능형 챗봇 새로운 거대 플랫폼 '메타앱'으로 발전될 것 ········ 213
6. 인공지능 플랫폼 경쟁 치열, 누가 선점 할 것인가 ········ 218

7. 미래 자동차 혁명, 자동차의 무인화 시대 2030년에 가능! ·················· 224
8. 인공지능 기술이 융합된 맞춤형 원격교육 플랫폼 필요 ·················· 228
9. 인공지능 기술의 체계적인 학습과 활용이 국가 경쟁력 ·················· 231
10. 암호화폐, 온라인과 SNS를 통해 다양한 비즈니스 만들어 질 것 ·················· 235
11. 뉴 노멀, 기업의 생존을 위한 신 성장동력은 '구독경제사업' 확산 ·················· 239

Part 4 : 글로벌 인공지능시대, 어떻게 인공지능 기업으로 변화할 것인가

1. 글로벌 인공지능 시대, 어떻게 인공지능 기업으로 변화할 것인가 ·················· 247
2. 디지털 전환 가속화에 따른 기업의 경쟁력강화 방안 ·················· 253
3. 기업에서 AI를 성공적으로 도입하기 위한 단계별 추진 전략 ·················· 257
4. AI 시장 전망과 글로벌 기업의 AI 생태계 확산 전략 ·················· 260
5. 디지털 혁신을 통한 기업의 새로운 가치 창출 전략 ·················· 265
6. 기업의 정보시스템 환경 "클라우드 컴퓨팅"으로 혁신적 변환 필요 ·················· 268
7. 인공지능의 진정한 가치는 지식 생산성을 획기적으로 높이는 것 ·················· 272
8. 블록체인 기반 프로젝트 성공을 위한 전략적 접근 방안 ·················· 277
9. 인공지능의 '자연어 처리'시장 무한한 가능성을 가진 블루오션 ·················· 282
10. 디지털 전환 목표, 기업의 프로세스를 근본적으로 변화시키는 것 ·················· 287
11. 인공지능 학습용 데이터셋 성공적 구축, 혁신성장 가속화 ·················· 294

Part 5 : 인공지능 비즈니스 활용사례 150선

1. 해외 인공지능 비즈니스 활용사례 50선 ·· 303
2. 국내 인공지능 비즈니스 활용사례 100선 ·· 393

Part 6 : 별첨

1. 인공지능 용어 설명 ·· 529
2. 참고문헌 ·· 546

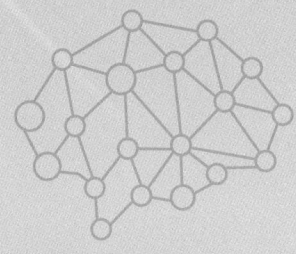

Part 1
알기쉽게 풀어쓴
인공지능 기술과 응용 서비스

1. 인공지능 기술과 서비스의 이해

　인공지능(Artificial Intelligence)은 지능이 없는 기계에 사람처럼 지능을 갖게 하는 것이다. 인공지능 전문가는 인간만이 갖고 있는 특징을 이해하고, 이를 바탕으로 컴퓨터와 로봇 등이 인간처럼 생각하고 결정을 내리도록 하는 기술을 개발 한다. 예를 들면 사람처럼 추론하는 기계, 사람처럼 사물을 이해하는 기계, 사람처럼 인식하기 위해 상황이나 정보를 복합적으로 표현하는 기술 등에 대해 연구와 개발이 진행 중이다.

　이처럼 인공지능은 사람처럼 학습하고 사고할 수 있는 능력을 가진 프로그램이다. 일반적으로 인간의 지능이 필요한 작업을 컴퓨터가 수행하도록 훈련하는 기술을 말하며, 이 기술을 통해 기계는 로직을 적용하고 복잡한 데이터를 이해하여 추정할 수 있게 된다. 즉, 기계가 입력된 데이터에 숨겨진 패턴과 연관성을 식별하여 스스로 학습하는 것이다. 기계는 대량의 정보를 수집

한 후 주요 특징 추출, 분석 기법 결정, 코드 작성 및 분석 실행을 거쳐 지능형 결과를 출력하며 이 모든 과정은 자동화된 프로세스로 진행된다. 여기서 자동화된 프로세스라는 것은 인적 개입을 최소화한 상태로 진행되는 것을 말한다. 또한 인공지능은 그 자체로 존재하는 것이 아니라, 컴퓨터 과학의 다른 분야와 직간접으로 많은 관련을 맺고 있다. 특히 현대에는 정보기술의 여러 분야에서 인공지능적 요소를 도입하여 그 분야의 문제 풀이에 활용하려는 시도가 매우 활발하게 이루어지고 있다.

인공지능기술은 인간의 인지(보다. 듣다. 읽다), 학습(반복 학습을 통해 지식 고도화), 추론(학습된 지능에 기반 인지된 한경에 대한 추론 및 예측) 등을 컴퓨터 기술을 이용하여 구현함으로써 문제를 해결할 수 있는 기술이다. 특히 자연어처리, 시각, 청각지능 분야의 발전으로 인해 인공지능은 이제 사람보다 더 높은 정확도로 사물을 인식할 수 있고, 사람과 비슷한 수준으로 언어를 이해하고 대화 할 수 있게 되었다. 이러한 인식분야의 발전으로 인공지능은 이제 외부의 수많은 다양한 데이터를 스스로 인식하고 이해해서 지식화 할 수 있는 '정보'로 받아드릴 수 있게 되었다. 그 동안 축적되어온 엄청난 빅데이터를 기계가 스스로 학습할 수 있게 되면서 인공지능의 지능이 혁신적으로 발전하고 있는 것이다.

1.1 인공지능의 유형

일반적으로 인공지능의 유형을 크게 2가지 유형으로 구분하는데, 하나는 범용 인공지능(Artificial General Intelligence: AGI)으로 컴퓨터로 사람과 같은 또는 그 이상의 지능을 구현하는 것이다. 즉, 사람처럼 생각하고 사람과 비슷한 일을 하는 기계를 가리킨다.

범용 인공지능(AGI)은 사람의 모든 감각, 모든 추론 능력과 함께, 인간 지능의 모든 특징을 가지고 있어서 마치 사람처럼 생각할 수 있다. 예를들어, 사람과 대화하며 동시에 바둑도 둘 수 있는 인공지능이다. 또 하나는 전용 인공지능(Artificial Narrow Intelligence: ANI) 이다. 전용인공지능(ANI)은 인간 지능의 전체가 아닌 단 몇 가지 측면만 지니고 있다. 특정 프로세스의 자동화 또는 해당 프로세스에서 특정 작업의 자동화처럼 매우 특정적인 작업에 기계를 사용하는 것이다. 예를들어, 구글의 알파고(AlphaGo)처럼 특정 문제만을 해결하는 인공지능은 전용인공지능(ANI)으로 현재 비즈니스 애플리케이션에서 각광 받는 기술이다.

인공지능은 [그림1]과 같이 머신러닝(Machine Learning)과 딥러닝(Deep Learning) 두 가지로 구분할 수가 있는데, 머신러닝은 기계가 명시적으로 프로그래밍 되지 않은 상태로 알고리즘을 사용하여 작업을 학습해서 실행하는 것이다. 머신 러닝을 기계 학습이라고도 하며, 패턴인식과 컴퓨터 학습 이론의 연구로부터 진화한 분야이다. 머신 러닝은 경험적 데이터를 기반으로 학습을 하고 예측을 수행하고 스스로의 성능을 향상시키는 시스템과 이를 위한 알고리즘을 연구하고 구축하는 기술이라 할 수 있다. 머신 러닝의 알고리즘들은 엄격하게 정해진 정적인 프로그램 명령들을 수행하는 것이라기보다, 입력 데이터를 기반으로 예측이나 결정을 이끌어내기 위해 특정한 모델을 구축하는 방식을 취한다.

[그림1] 인공지능의 구분

인공 지능(Artificial Intelligence)
사람처럼 학습하고 사고할 수 있는
능력을 가진 프로그램

머신러닝(Machine Learning)
명시적으로 프로그래밍 되지 않고도
학습할 수 있는 능력을 가진 알고리즘

딥러닝(Deep Learning)
머신러닝의 부분집합으로
인공 신경망이 엄청난 양의
데이터로부터 적용하고
학습한다

*참고: IDG Korea

머신 러닝은 컴퓨터 과학을 포함한 대부분의 모든 분야에서 활용되고 있으며, 컴퓨터 시각(문자 인식, 물체 인식, 얼굴 인식), 자연어 처리(자동 번역, 대화 분석), 음성 인식 및 필기 인식, 정보 검색 및 검색 엔진(텍스트마이닝, 스팸 필터, 추출 및 요약, 추천 시스템), 생물 정보학(유전자 분석, 단백질 분류, 질병 진단), 컴퓨터 그래픽 및 게임(애니메이션, 가상현실), 로보틱스(경로 탐색, 무인 자동차, 물체 인식 및 분류) 등의 분야에서 응용되고 있다.

그리고 딥러닝은 머신러닝의 부분집합으로 인공신경망을 사용하여 엄청난 양의 데이터로부터 적응하고 학습하여 활용 된다.

  다층구조 형태의 신경망을 기반으로 하는 머신러닝의 한 분야로, 다량의 데이터로부터 높은 수준의 추상화 모델을 구축하고자 하는 기법이다. 얼굴이나 표정을 인식하는 등의 특정 학습 목표에 대해, 딥 러닝은 학습을 위한 더 나은 표현 방법과 효율적인 모델 구축에 초점을 맞춘다. 딥 러닝의 표현방법들 중 다수는 신경과학에서 영감을 얻었으며, 신경 시스템의 정보 처리나 통신 패턴에 기반을 두고 있다. 앞에서 예를 든, 구글의 알파고는 딥러닝 알고리즘으로 만들어진 것이다.

  딥 러닝은 물체 인식과 자동차를 위한 장애물 센서 연구를 중심으로 적용되고 있으며, 구글은 안드로이드의 음성 인식, 페이스북은 사용자가 업로드한 이미지를 판별하는 데에 기술을 활용하고 있다. 또한 구글 딥마인드(Deep mind)는 알파고는 개인의 질병진단과 치료를 위해 개인 의료 기록접근이 가능 영역에서 의료 기록을 학습하고 있다.

  인공지능, 머신러닝, 딥러닝은 자율적으로 데이터에서 패턴을 찾고 예측과 대응 방안을 활성화 하기 위해 애널리스트가 아닌 알고리즘에 의존한다.

  지능형 알고리즘을 통해 발전해가고 있는 인공지능 기술은 지능형 금융서비스, 법률서비스 지원, 의료진단서비스, 기사작성, 지능형 로봇, 지능형 비서, 지능형 감시 시스템, 지능형 추천 시스템, 지능형 스팸분류 등 다양한 산업 분야에서 이미 널리 사용되고 있다. 점점 더 빠르게 발전해 가고 있는 인공지능은 인식 및 판단(Perception & decision making)기능과 학습 기능을 활용해 스스로 빠른 속도로 똑똑해지고 있다.

1.2 인공지능의 분류

인공지능의 분류에 대해서는 AI 기술의 지능 정도와 AI 기술의 적용 방향(생각/행동)에 따라서 [표1]과 같이 4가지로 분류할 수 있다.

[표1] 강한 인공지능과 약한 인공지능

강한 인공지능 ←──────────────────────→ 약한 인공지능

인간처럼 생각하는 시스템	합리적으로 생각하는 시스템
• 마음뿐 아니라, 인간과 유사한 사고 및 의사 결정을 내리는 시스템 • 인지 모델링 접근 방식	• 계산 모델을 통해 지각, 추론, 행동 같은 정신적 능력을 갖춘 시스템 • 사고의 법칙 접근 방식
인간처럼 행동하는 시스템	합리적으로 행동하는 시스템
• 인간의 지능을 필요로 하는 어떤 행동을 기계가 따라 하는 시스템 • 튜닝 테스트 접근 방식	• 계산 모델을 통해 지능적 행동을 하는 에이전트 시스템 • 합리적인 에이전트 접근방식

인간을 대체할 수 있는 정도의 지적 능력을 가지고 있는 시스템을 "강한 인공지능" 시스템으로 분류하고, 기본적인 논리에 초점을 두어 합리적으로 생각하고 활동하는 시스템을 "약한 인공지능" 시스템으로 분류한다. 과거에는 반복적인 인간의 업무 처리를 대신 하기 위하여 "약한 인공지능" 기반의 애플리케이션 개발이 주였으나, 최근에 들어 AI 기술이 다양한 분야에 적용되면서 더 높은 수준의 지능을 소비자들이 요구하게 되었다. 인간의 높은 지적·판단 능력을 요구하는 법률이나 의료 분야나 인간과의 긴밀한 협업을 요구하

는 분야에 AI 기술이 적용되기 시작하면서 "강한 인공지능" 기술에 대한 관심이 높아지게 되었다.

1.3 인공지능의 기술분류 체계

인공지능 기술은 딥러닝 기술 등 알고리즘과 하드웨어 기술의 발전으로 다양한 영역에서 급진적인 발전과 함께 르네상스를 맞고 있다. 국내외 적으로 인공지능 기술을 다양한 영역에 적용하기 위해 연구 개발이 진행 중이다. 그 중에서 핵심이 되고 있는 인공지능 기술을 중심으로 [표2]와 같이 크게 3대 중분류 및 9개 소분류로 구분할 수 있고 다음과 같이 기술을 정의 할 수 있다.

[표2] 인공지능의 기술분류 체계

대분류	중분류	소분류	기술의 정의
인공지능	학습지능	머신러닝	지식, 기능, 판단 등을 데이터분석, 시행착오, 기존지식 활용 등을 통해 학습 하는 기술
		추론/지식표현	기계가 이해할 수 있는 형태의 지식 표현 및 기존 지식으로부터 새로운 사실을 추론하는 기술
	단일지능	언어지능	인간의 언어인지 기능을 모사하여 텍스트 및 대화체 문장을 분석, 이해, 생성하는 기술
		시각지능	영상에서 사물의 위치와 내용(속성)을 이해하고 움직이는 행동(사건, 원인)을 이해하는 기술

		청각지능	인간의 청각기능을 모사하여 음향, 음성 등 소리를 인식, 분석, 이해, 표현하는 기술
	복합지능	행동/소셜지능	공간을 인지하고 움직임을 제어하며 사회적 협업이 가능한 지능
		상황/감정이해	주변환경, 상황, 맥락, 인간의 감정 등을 다양한 센싱 정보로부터 인식, 분석, 이해하는 기술
		지능형 에이전트	특정한 목적을 위해 사용자를 대신해서 작업을 수행하는 인공지능
		범용 인공지능	인간이 할 수 있는 어떠한 지적인 업무도 수행할 수 있는 인공지능

*참고: 정보통신 기획평가원, "인공지능 기술 청사진(2030)", 2019. 12

1.4 인공지능의 주요 기술과 적용 서비스

인공지능의 기술분류 체계를 기준으로 공통 및 중복 등의 요소가 많은 이슈를 통합해서 구분할 수 있는데 통합된 내용을 정리하면 다음과 같다.

인공지능의 주요 기술과 서비스는 [그림2]와 같이 크게 7가지 주요 기술로 분류 할 수 있고, 각각의 AI 주요 기술을 적용하여 개발된 서비스가 제공된다. 대표적인 인공지능 기술 서비스 영역은 안전, 의료, 국방, 에너지, 금융, 농수산업, 제조, 이동체, 도시, 복지, 항공, 물류, 여행 등 다양한 영역에 활용되고 있다.

[그림2] 인공지능(AI)의 주요 기술과 적용 서비스

| 안전 | 의료 | 국방 | 에너지 | 금융 | 농수산업 | 제조 | 이동체 | 도시 | 복지 | 교육 |

인공지능(AI) 적용 서비스

인공지능 기술 (DL)	추론 및 기계학습	• 인간의 사고능력을 모방하는 기술 / 인공신경망 기반 데이터 속에서 패턴을 발견하고 분류를 통해 예측	머신러닝 (ML)	인공지능 (AI)
	지식표현 및 언어지능(자연어 처리)	• 사람이 사용하는 자연어 이해를 기반으로 사람과 상호 작용하는 기술		
	시각지능(컴퓨터 비전)	• 사람의 위치, 종류, 움직임, 주변과의 관계 등 시각 이해를 기반으로 지능화된 기능을 제공하는 기술 청각지능		
	청각지능	• 음성/음향/음악을 분석, 인식, 합성, 검색하는 기술		
	복합지능	• 시공간, 촉각, 후각 등 주변의 상황을 인지, 예측하고 상황에 적합한 대응을 제공하는 기술		
	지능형 에이전트(Intelligent agent) (상황인지 컴퓨팅)	• 개인비서, 챗봇 등 가상공간 환경에 위치하여 특별한 응용 프로그램을 다루는 사용자를 도울 목적으로 반복적인 작업을 자동화시켜 주는 기술		
	인간-기계 협업	• 인간의 감성이나 의도를 이해하고 인간의 뇌 활동에 기계가 연동되어 작동하게 해주는 기술		

*참고: 과학기술정통부, "I-Korea 4.0 실현을 위한 인공지능(AI) R&D 전략", 2018. 5

    인공지능의 주요 기술을 활용해서 개발할 수 있는 제품과 서비스 분야는 무궁무진하다.

    인공지능을 기술을 활용해서 새로운 가치를 창출하기 위해서는 AI 기술에 대한 학습과 이해가 필요하다.

    먼저 '추론과 기계학습'은 인간의 사고능력을 모방하는 기술들로 추론, 인공신경망, 강화학습, 딥러닝, 인지 공학 등이고, '지식표현 및 언어지능'은 사람이 사용하는 자연어를 이해하는 자연어 처리를 기반으로 사람과 상호 작용하는 기술들이 포함되는데, 지식공학 및 온톨로지(Ontology), 대용량 지식처리,

언어분석, 의미분석, 대화 이해 및 생성, 자동 통.번역, 질의 응답(Q/A), 텍스트 요약 등에 활용 된다.

'시각지능(컴퓨터비전)'은 사물의 위치, 종류, 움직임, 주변과의 관계 등 시각 이해를 기반으로 지능화된 기능을 제공하는 기술들이 포함되고 컴퓨터 비전, 사물 이해, 행동 이해, 장소/장면 이해, 비디오 분석 및 예측, 시공간 영상 이해, 비디오 요약 등에 활용된다.

'청각지능'은 음성, 음향, 음악 등을 분석하여 음성을 합성하거나 음성을 검색하는 기술들이고 음성분석, 음성인식, 화자 인식/적응, 음성합성, 오디오 색인 및 검색, 잡음처리 및 음원 분리, 음향인식 등에 활용된다.

'복합지능'은 시공간, 촉각, 후각 등 인간의 오감을 모방한 감각 데이터를 이용하여 주변 상황을 인지, 예측하고, 상황에 적합한 대응을 제공하는 기술들이고 공간 지능, 오감 인지, 다중 상황 판단 등에 활용 된다.

'지능형 에이전트(Intelligent Agent)(상황인지 컴퓨팅)'는 개인 비서, 챗봇 등 가상 공간 환경에 위치하여 특별한 응용 프로그램을 다루는 사용자를 보조할 목적으로 반복적인 작업들을 자동화시켜 주는 기술들이고 지능형 개인비서, 소셜 지능 및 협업지능, 에이전트 플랫폼, 에이전트 기술, 게임 지능, 창작 지능 등에 활용된다.

'인간과 기계의 협업'은 인간의 감성이나 의도를 이해하고 인간의 뇌 활동에 기계가 연동되어 작동하게 해주는 기술들이고 감상 지능, 사용자 의도 이해, 뇌컴퓨터 인터페이스, 추론 근거 설명 등에 활용된다. 'AI 기반 하드웨어'는 초고속 AI정보 처리를 구현할 수 있도록 지원하는 하드웨어 및 하드웨어 관련 기술들을 포함하고 있고 사람의 뇌 신경을 모방한 차세대 반도체로 딥러닝 등 인공지능 기능을 구현할 수 있는 뉴로모픽 칩(Neuromorphic Chip), 지능형 반도체, 슈퍼컴퓨팅, AI 전용 프로세서 등이 있다.

2. 추론 및 기계학습

딥러닝(Deep Learning)으로 인한 인공지능의 발전은 인지, 학습, 추론, 행동과 같은 인간 지능 영역의 전 과정에 걸쳐 혁신적인 진화를 만들어 내고 있다. 시각, 청각과 같은 감각기관에 해당하는 인지지능에서부터 인공지능이 스스로 지능을 발전 시키는 학습, 새로운 상황을 추론하고 행동하는 단계에 이르기까지 다양한 분야의 연구가 동시 다발적으로 빠르게 발전되고 있다.

추론 및 기계학습은 인간의 사고능력을 모방하는 기술들로 추론, 인공신경망, 강화학습, 딥러닝, 인지 공학 등이 있다.

2.1 머신러닝

머신러닝(Machine Learning)은 인공지능(AI)의 한 분야로 기계학습이라고도 하며, 데이터 분석을 위한 모델 생성을 자동화 하여 소프트웨어가 데이터를 바탕으로 학습하고 패턴을 찾아낸다. 이를 통해 사람의 개입을 최소화 하고 빠르게 의사 결정을 내릴 수 있도록 지원한다.

조금더 자세하게 설명하면, 머신 러닝은 기계가 명시적으로 프로그래밍 되지 않은 상태로 알고리즘을 사용하여 작업을 학습해서 실행하는 것을 말한다. 즉, 명시적으로 프로그래밍 되지 않고도 학습할 수 있는 능력을 가진 알고리즘이다. 데이터를 통해서 학습하기 위해 특정 비즈니스 규칙을 제공할 필요가 없다. 다른 말로 하면, "X가 보이면, Y를 실행해라"같은 명령어가 필요 없다. 머신 러닝을 기계 학습이라 고도하며, 컴퓨터 과학 중 인공지능의 한 분야로, 패턴인식과 컴퓨터 학습 이론의 연구로부터 진화한 분야이다. 머신 러닝은 경험적 데이터를 기반으로 학습을 하고 예측을 수행하고 스스로의 성능을 향상시키는 시스템과 이를 위한 알고리즘을 연구하고 구축하는 기술이라 할 수 있다. 머신 러닝의 알고리즘들은 엄격하게 정해진 정적인 프로그램 명령들을 수행하는 것이라기보다, 입력 데이터를 기반으로 예측이나 결정을 이끌어내기 위해 특정한 모델을 구축하는 방식을 취한다.

머신러닝 기술은 특정한 과제를 수행하도록 프로그래밍하지 않아도 컴퓨터가 학습할 수 있다는 이론과 데이터 패턴 인식이 어우러져 탄생했다. 컴퓨터가 데이터를 통해 스스로 학습할 수 있고, 새로운 데이터에 노출됨에 따라 독립적으로 최적화를 수행한다는 점에서 머신러닝에서는 반복적 측면이 중요한데, 이전 연산 결과를 학습하여 믿을 수 있는 의사 결정 및 결과를 반복적으로 산출하기 때문이다.

오랜 기간 수 많은 머신러닝 알고리즘이 등장하였지만 새로운 기술의 발전에 힘입어 복잡한 수학적 계산을 반복하여 더욱 빠르게 빅데이터 분석에 자동으로 적용할 수 있는 기술들이 개발되고 있다.

머신 러닝은 컴퓨터 과학을 포함한 대부분의 모든 분야에서 활용되고 있으며, 컴퓨터 시각(문자 인식, 물체 인식, 얼굴 인식), 자연어 처리(자동 번역, 대화 분석), 음성 인식 및 필기 인식, 정보 검색 및 검색 엔진(텍스트마이닝, 스팸 필터, 추출 및 요약, 추천 시스템), 생물 정보학(유전자 분석, 단백질 분류, 질병 진단), 컴퓨터 그래픽 및 게임(애니메이션, 가상현실), 로보틱스(경로 탐색, 무인 자동차, 물체 인식 및 분류) 등의 분야에서 응용되고 있다.

머신러닝에 사용되는 리소스(Resource) 분류에 대해 이해를 돕기 위해 [그림 3]과 같이 3가지 구분하여 사전적 의미와 역할에 대해 살펴보면, 컴퓨터 사이언스(Computer Science)는 과학 기술의 한 분야이며, 자동적 수단에 의하여 수행되는 데이터 처리에 관련하는 방법과 기술을 취급하는 분야로 인공지능, 뉴럴 네트워크, 컴퓨터 비전, 자연어 처리 등 이 있다. 데이터 마이닝(Data Mining)은 데이터 베이스 내에서 어떠한 방법(추천, 패턴 인식, 연관분석, 유사성 등)에 의해 관심 있는 지식을 찾아내는 과정이다. 데이터 마이닝은 대용량의 데이터 속에서 유용한 정보를 발견하는 과정이며, 기대했던 정보뿐만 아니라 기대하지 못했던 정보를 찾을 수 있는 기술을 의미한다. 데이터 마이닝을 통해 정보의 연관성을 파악함으로써 가치 있는 정보를 만들어 의사 결정에 적용함으로써 이익을 극대화하거나 위험을 회피하는 방법에 사용될 수 있다. 통계(Statistics)는 관측 대상이 되는 표본(Sample) 집합으로부터 얻어지는 여러 가지 측정값, 컴퓨터에서는 대량의 데이터를 고속으로 처리할 수 있기 때문에, 이와 같은 대량의 관측값에 대해 여러 가지 연산(Operation)을 행하여, 확률, 회귀, 베이지안 네트워크 등 여러 가지 형태로 통계 값을 찾아낼 수 있다.

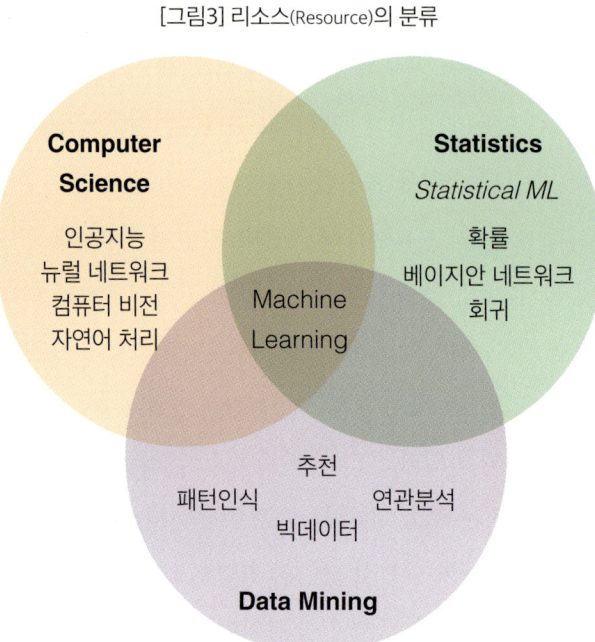

[그림3] 리소스(Resource)의 분류

　머신러닝에 대한 관심은 데이터 마이닝이나 베이지안 분석과 같은 기술의 발전에서 찾아볼 수 있다. 즉, 사용 가능한 데이터의 볼륨과 다양성의 증가, 분석 비용의 감소, 강력해진 분석 기술, 저렴한 스토리지 비용 등이 머신러닝에 대한 지속적인 관심을 불러일으키는 요인이다. 이 모든 상황을 종합해보면 아무리 규모가 큰 데이터라도 분석 모델을 자동으로 빠르게 생성함으로써 복잡한 분석에서 정확한 결과를 도출할 수 있다. 또한, 기업들은 이러한 결과를 이용하여 수익성이 높은 기회를 찾아내거나 미지의 위험을 회피하는 등 인사이트를 획득할 수 있다.

　훌륭한 머신러닝 시스템 구축에 필요한 조건으로는 데이터 준비 역량, 기본 및 고급 알고리즘, 자동화/반복 프로세스, 확장성, 앙상블 모델링을 들 수 있다.

머신러닝은 알고리즘을 이용해 연계성을 찾아내는 모델을 구축함으로써 조직은 사람의 개입 없이도 더 나은 의사 결정을 내릴 수 있다. 우리가 살아가는 세상을 만들고 발전시키는 기술들인 것이다.

2.2 추론

인간의 두뇌는 다양한 지식과 정보를 머리 속에 축적하는 '학습(또는 훈련)'과, 그 지식을 기반으로 새로운 정보에 대한 답을 스스로 도출해내는 '추론'으로 구분된다. 딥러닝 또한 이러한 인간의 학습 과정을 그대로 옮겨와 그 나름의 '훈련'과 '추론'을 거쳐 인공지능을 구현하게 되는 것이다. 훈련 과정이 없으면 추론도 할 수 없다. 우리가 배운 지식을 토대로 사고하는 것처럼 훈련을 거치는 과정은 필수적이다. 훈련을 제대로 완료하면, 우리가 고학년이 될수록 혼자 책을 읽을 수 있는 것처럼 따로 지도가 없어도 딥 러닝의 심층 신경망은 정답을 도출해 낼 수 있게 된다.

오늘날 AI는 더 많은 양의 데이터와 보다 빠른 처리능력 그리고 더 강력한 알고리즘이 결합되어 더욱 빠른 속도로 확산되고 있다.

지금까지 AI는 모델 개발 및 훈련에 정통한 분석 전문가들의 전유물로 여겨지곤 했다. 하지만 지금은 AI 중심의 이니셔티브가 비즈니스의 전 범위로 확장되면서 상황은 달라지고 있다. 이러한 변화의 선두에는 가치기반의 AI활동 프레임워크가 있다. 이것을 데이터-> 훈련-> 추론(DTI: Data -Train-Inference) AI 모델이라고 한다. 끊임없이 상호 작용하는 세 개의 단계가 연속 루프를 이루는 형태이다. 이러한 프로세스가 계속 진행되므로 더욱 풍부하고 가치 있는 인사이트를 얻을 수 있다.

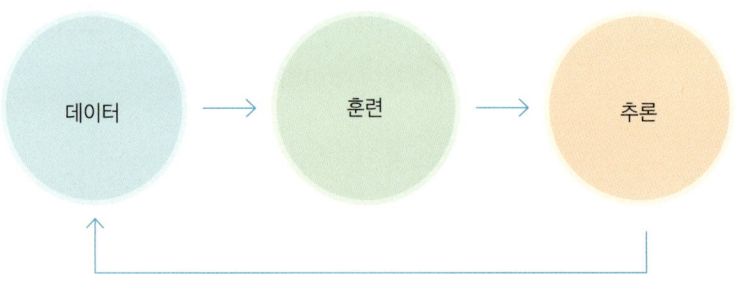

[그림4] DTI(데이터-훈련-추론) AI 모델

*참고: ibm.biz/EnterpriseAI

데이터 단계

AI 전문가들은 이 세 단계 중에서 '데이터 단계'에 가장 많은 시간이 소요된다고 지적 한다. AI 모델 훈련에 사용할 데이터를 로드하는 이른바 '수집(Ingestion)'을 위해 기전 데이터를 준비하는 작업부터 만만치 않다. 오랜 격언대로 '쓰레기가 들어가면 쓰레기가 나오는 법'이다.

데이터 품질은 AI를 성공적으로 구축하는데 가장 큰 과제이다. 일반적으로 정확한 AI 모델을 훈련하는 데는 많은 데이터가 필요하다는 것은 알고 있다. 정상적인 시스템 작동을 위해 많은 데이터가 필요한 경우가 많지만, 실제로 필요한 것은 이상 또는 심각한 장애 조건의 데이터일 것이다.

데이터는 각기 다른 여러 소스로부터 얻는다. 이러한 데이터는 가공되지 않은 형식, 즉, 텍스트, 이미지, 사운드 또는 원시 상태의 수치일 수 있다. 데이터 사이언스 팀은 데이터를 수집하고 정리하여 해당 프레임워크 및 환경에서 사용하기에 적합한 형식으로 만드는데 많은 시간을 보낸다. 또한 기업의 데이터는 대개 파편화 되어 있거나 여러 위치에 분산되어있다. 각기 다른 여러

소스를 취합하여 정확한 과학적 결론을 얻는 경우가 대부분이지만, 중복 때문에 뜻하지 않게 불리한 상황에 처할 수 있다. 또한 데이터는 적시성이 매우 중요하다. 환경적 조건이 급변할 수 있으므로 AI 모델에 최신 데이터를 공급해야 계속 해서 비즈니스 가치가 창출 될 수 있다.

　새로운 데이터가 없으면 모델의 가치는 떨어지게 된다. 모델의 "신선도"는 기본 데이터가 프로덕션 환경에 공급되는 시점에 의해 좌우되므로, 계속해서 새로운 데이터로 업데이트 해야 한다. 이처럼 데이터를 적절하게 유지하려면 모델 훈련을 위한 기본 데이터 세트를 끊임 없이 업데이트하는 계획을 마련해야 한다.

　결론적으로 가치있는 인사이트를 발굴하기 위해서는 잘 정리된 유의미하고 신선한 데이터가 지속적으로 필요하다. 이 모든 조건이 갖춰져야 AI훈련 워크로드를 시작 할 수 있다.

훈련단계

　다음은 끊임없이 상호 작용하는 세 개의 단계 중 훈련은 이전 단계의 데이터를 사용하여 모델을 만드는 반복적인 프로세스이다. 훈련단계에서는 데이터가 AI 모델로 변화하는 인공지능의 마법이 일어난다. 그리고 이 모델에서는 현실 세계의 비슷한 데이터에 기초하여 미래를 예측할 수 있다. 불과 10년 전 이러한 방식으로 문제를 해결하는 것이 가능해 졌는데 바로 GPU(Graphics Processing Unit)가 등장한 덕분이다.

　일반적으로 이상적인 조건에서도 단 하나의 모델을 훈련하는 데 며칠, 몇 주 심지어 몇 달이 걸릴 수 있다. 게다가 일반적인 모델은 대개 대 여섯 번의 훈련을 거친 후에야 프로덕션 환경에 배포된다. 모델 훈련을 위해 성능을 가속화하면 큰 보탬이 되기는 하나, 속도와 정확성이 균형을 이뤄야 시장 출시 일정 측면에서 중요한 가치를 실현 할 수 있다.

훈련단계에서 가장 많은 시간이 소요되는 것은 모델에 대한 하이퍼파라미터를 설정 및 재설정하는 작업이다. 하이퍼파라미터란 데이터 사이언티스트가 모델 훈련을 시작하기 전에 해당 모델을 위해 선택하는 값을 말한다. 최신 모델 중에는 하이퍼파라미터가 수백 개에 달할 수 있다. 설정 및 재설정을 반복하는 프로세스는 수 시간이 소요될 수 있으며, 여기에는 샘플 데이터 세트를 활용한 모델 실행도 포함된다. 데이터 사이언티스트는 훈련 시각화와 같은 툴을 사용하여 훈련진행 상황을 파악하고 훈련이 수렴하지 않으면 경고를 발생시킬 수 있다. 데이터팀은 훈련이 시작된 지 몇 시간 후라도 작업을 중지하고 파라미터를 재조정를 재 조정한 다음 재시작할 수 있다. 이것은 끝까지 기다렸다가 부실한 결과를 확인하는 상황을 방지할 수 있다.

AI 모델은 기존 코드와 달리 새로운 데이터로 재훈련하지 않으면 차츰 기본 데이터에서 멀어지게 된다. 따라서 기존 모델을 계속 재훈련해야 유의미하고 유용한 모델로 유지할 수 있다.

추론단계

학습된 지능에 기반하여 인지된 환경에 대한 추론 및 예측을 수행하는데, 훈련은 중앙의 데이터 센터에서 이루어지지만, 추론은 대개 엣지의 스마트폰과 같은 디바이스에서 또는 니어 엣지(Near edge)에서 수행된다.

AI에서 프로덕션 배포란 모델로부터 인사이트를 얻을 수 있는 단계를 의미 한다. 이를 추론(Inference)이라고 하며, 스코어링(Scoring)이라고 부르는 이들도 있다. 이 단계에서 딥러닝의 가치가 실현되며, 더 복잡한 AI개념들인 가능성 및 공정성 지표에 대해 검토 할 수 있다.

추론 단계는 모든 이전 요소들의 집합체이다. 데이터가 부실했거나 훈련이 부적절했다면 추론에 대한 문제가 생긴다. 올바른 추론이 이루어지지 않으면 지금까지의 모든 노력이 물거품 된다. 이 단계의 주요 과제는 훈련 단계와 다르다. 훈련은 여러 번 반복하면서 프로젝트 일정 중에서 며칠 또는 몇 주를 차지할 수도 있지만, 추론은 대개 1초 이내에 끝나는 프로세스이므로 빠르고 정확한 인사이트가 필요하다.

DTI프레임워크에서 루프형태의 화살표가 보여주는 것처럼, 실제 환경에서 추론을 통해 수집된 데이터는 다시 데이터 단계의 워크플로우로 피드백된다. 이러한 순환 과정을 통해 모델의 정확도가 계속 향상되는데, 이는 더 심도 있게 더 새로운 기본 데이터가 적용되면서 새로운 주기가 다시 시작되기 때문이다.

데이터로부터 학습된 신경망은 애플리케이션 형태로 이미지, 음성, 혈액 질환 등을 인식해 내거나 혹은 누군가가 다음으로 구입할 것 같은 의상을 제안하는 등 다양한 영역에서 사용되고 있다. 훈련된 데이터를 활용해 구체적인 기능을 구현하는 '추론' 작업을 해내는 것이다.

추론은 소량의 데이터만으로도 무엇이 정답인지 정확하게 예측하는 것인데, 이러한 추론 기능은 이미 우리 일상생활에서 쉽게 찾아볼 수 있다. 음성으로 작동하는 스마트폰의 보조 기능부터 구글의 음성 인식, 이미지 검색, 스팸 필터링까지 다양한 애플리케이션에서 추론을 사용하고 있다. 바이두에서의 음성 인식, 페이스북의 이미지 인식, 아마존과 넷플릭스(Netflix)의 추천 엔진 등도 마찬가지이다.

이미지, 음성 인식 기능과 같이, 이미 많은 사람들이 스마트폰 등과 같은 IT 기기를 통해 이러한 '훈련'과 '추론'을 통해 구현되는 다양한 기능들을 접하고 있다. 훈련은 점점 간소화되고, 추론을 통해 작동되는 애플리케이션이 우리 삶의 많은 부분에 적용되고 있다.

3. 지식표현 및 언어지능(자연어 처리)

'지식표현 및 언어지능'은 사람이 사용하는 자연어(Natural Language)를 이해하는 자연어 처리(Natural Language Processing)를 기반으로 사람과 상호 작용하는 기술들이 포함되는데, 지식공학 및 온톨로지(Ontology), 대용량 지식처리, 언어분석, 의미분석, 대화 이해 및 생성, 자동 통.번역, 질의 응답(Q/A),텍스트 요약 등에 활용 된다. 여기에서 온톨로지(Ontology)란 존재하는 사물과 사물 간의 관계 및 여러 개념을 컴퓨터가 처리할 수 있는 형태로 표현하는 것이다. 온톨로지는 클래스(Class), 인스턴스(Instance), 속성(Property), 관계(Relation) 등의 구성 요소로 표현된다. 클래스는 사물의 개념(Concept), 즉 범주(Category)를 인스턴스는 개별 요소인 실체(Entity)를 뜻한다. 속성은 클래스와 인스턴스의 특성(Feature)을 나타내며, 관계는 클래스 및 인스턴스 간의 관계성을 표현한다. 예를 들어, '평창' 인스턴스는 '2018년 동계 올림픽 개최'라는 속성으로 '올림픽' 클래스와 관계를 맺는다. 따라서 '올림픽'을 검색하면 '평창'이 연관 검색어로 나온다.

3.1 자연어

자연어(Natural Language)는 일반 사회에서 자연히 발생하여 사람이 의사소통에 사용하는 언어로, 컴퓨터에서 사용하는 프로그래밍 언어와 같이 사람이 의도적으로 만든 인공어(Constructed language)에 대비되는 개념이다. 자연어는 한국어, 영어, 일어, 중국어 등과 같이 인간사회의 형성과 함께 자연발생적으로 생겨나고 진화하고 의사소통을 행하기 위한 수단으로서 사용되고 있는 언어를 자연어라고 말한다.

컴퓨터의 세계에서 '언어'라고 말하면 거의 프로그램 언어 즉 FORTRAN, COBOL등의 인공어 (Artificial Language)를 가리키고 있다. 그래서 이 인공어와는 다른 언어라는 의미로 자연어라는 말을 사용한다. 한국어에는 한국어 고유의 법칙, 영어에는 영어 고유의 법칙이 존재하고 있다. 모든 언어에 공통이면서 보편적으로 존재하고 있는 법칙도 있다고 생각할 수 있다. 자연어에 포함할 수 있는 이들 법칙을 주로 연구하는 학문을 언어학(Linguistics)이라고 부르고 있다. 그리고 그 법칙을 문법(Grammar) 이라고 부른다.

자연어(NL)는 어떤 정돈된 완벽한 문법이나 형식적인 의미가 없는 언어를 말한다. 인간과 인간이 통신을 하고자 할 때에는 문어(Written Language) 및 구어(Spoken Language)에 의한 수단으로 할 수 있다. 문어는 구어에 비해 문장의 애매모호함의 정도가 작은데, 그 이유는 정돈된 문법을 어느 정도 따르기 때문이다. 반면에 구어는 어떤 정돈된 완벽한 문법이나 형식적인 의미에 구애 받지 않고 사용되므로 구어를 이해하기 위해서는 모든 잡음과 가청신호의 애매함을 처리할 수 있는 충분한 지식이 있어야 하므로 구어를 이해하는 것은 문어를 이해하는 것보다 훨씬 어렵다.

그러므로, 자연어 처리에서는 구어 및 문어를 동시에 이해하는 것이 필요하다. 즉 전체 자연어 이해를 위해서는 다음 두 가지를 동시에 만족해야 한다.

첫째, 자연어의 어휘분석(Lexical), 구문분석(Syntactic) 및 의미분석(Semantic) 지식을 이용하여 문어의 내용을 이해할 수 있어야 한다.

둘째, 담화하는 과정에서 발생하는 불확실한 것들을 처리하기 위해 충분히 주어진 정보를 이용하여 구어의 내용을 이해할 수 있어야 한다.

자연어 처리의 요소 기술로 자연어 분석, 자연어 이해, 자연어 생성 등이 있으며, 정보 검색, 기계 번역, 질의응답 등 다양한 분야에 응용된다.

자연어 분석은 그 정도에 따라 형태소 분석(Morphological Analysis), 통사 분석(Syntactic Analysis), 의미 분석(Semantic Analysis) 및 화용(話用) 분석(Pragmatic Analysis)의 4 가지로 나눌 수 있다. 자연어 이해(Natural Language Understanding: NLU)는 컴퓨터가 자연어로 주어진 입력에 따라 동작하게 하는 기술이며, 자연어 생성은 동영상이나 표의 내용 등을 사람이 이해할 수 있는 자연어로 변환하는 기술이다.

3.2 자연어 처리

자연어 처리(Natural Language Processing)는 인공 지능의 주요 분야 중 하나로, 1950년대부터 기계 번역과 같은 자연어 처리 기술이 연구되기 시작했다. 1990년대 이후에는 대량의 말뭉치(Corpus) 데이터를 활용하는 기계 학습 기반 및 통계적 자연어 처리 기법이 주류가 되었으며, 최근에는 심층 기계 학습인 딥러닝(Deep Learning)이 기계 번역 및 자연어 생성 등에 적용되고 있다. 우리가 지구상에서 살고 있는 동안에 수 많은 대상과 커뮤니케이션을 한다. 요즘은 주고 받는 문서, 뉴스, 카톡 대화, 블로그, SNS 등 엄청난 정보와 지식이 사람이 사용하는 자연어 형태로 존재한다.

그런데 컴퓨터가 사람이 자연스럽게 말하는 자연어를 이해하기 위해서는 품사, 명사, 조사 등 다양한 문법적인 부분을 처리할 수 있어야 한다. 이런 처리를 해주는 것을 '자연어 이해(NLU)'라고 부른다. 컴퓨터가 문맥을 파악하기 위해서는 자연어의 이해를 통해서 사용자의 '의도(Intent)'와 '개체명(Entity)'을 정확히 파악하는 것이 필요하다. 예를들어 자연어 이해에서 중요한 의도와 개체명을 '오늘 강남 날씨 어때?'라는 문장에서 찾아보자. 이 문장을 통해 사용자가 파악하고자 하는 의도(Intent)는 날씨가 어떠한지를 묻는 것이다. 개체명은 '오늘' 이라는 시간 개체 그리고 '강남' 이라는 장소 개체가 있다. 사용자가 쓴 문장의 문법 구조를 파악한 후 그 안에서 '의도'와 '개체명'을 정확히 분석하면 컴퓨터도 자연어를 사람처럼 이해할 수 있다.

자연어 처리(NLP)는 크게 두 가지 작업으로 나눌 수 있다. 첫째는 실세계의 필요한 정보뿐만 아니라 언어에 있어서의 어휘, 구문, 의미에 관한 지식(Lexical, Syntactic, Semantic Knowledge)을 사용해서 문어(Written Text)를 처리하는 것이다. 둘째는 위에 더하여 음성에서 발생되는 애매함을 비롯한 음성학(Phonology)에 대한 부가적인 지식을 필요로 하는 구어(Spoken Language)를 처리하는 것이다.

요약 및 논지 생성이 가능한 자연어 지식생성은 [그림5]와 같이 자연어 문제에 대한 근거를 법령, 특허, 백과사전, 뉴스 등 빅데이터에서 추출하여 자연어 분석과 문제 이해부터 지식의 생성하는 과정까지를 통해 정답을 추론 및 자연어를 생성하는 기술 이다. 질문이 요구하는 정답을 주어진 단락에서 추출하는 기계독해에서, 문제의 논지와 찬반의 근거를 추론하여 인간과 토론이 가능한 수준의 지식을 자동 생성하는 기술로 발전하고 있다.

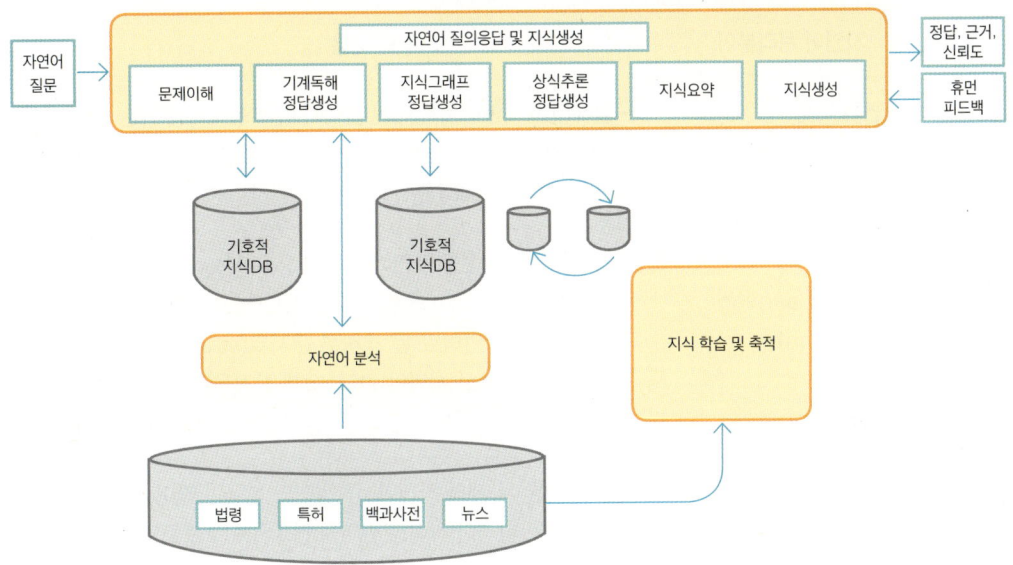

[그림5] 요약 및 논지 생성이 가능한 자연어 지식 생성 과정

컴퓨터가 자연어를 이해하는 과정을 순서대로 정리하면, 신호처리(Signal Processing), 형태분석(Morphological Analysis), 구문분석(Syntactic Analysis), 의미분석(Semantic Analysis), 담화통합(Discourse Integration), 화용분석(Pragmatic Analysis)의 순서로 자연어를 이해한다.

인공지능 연구자들은 언어를 이해하고 생성할 수 있는 컴퓨터를 개발하려고 지속적으로 연구 개발하고 있다. 언어는 방대한 양의 지식과 지능을 기초로 학습되어 사용된다. 자연어의 처리는 [표3]과 같이 다양한 분야에서 연구 개발이 진행되고 활용 되고 있다.

[표3] 자연어 처리 분야

자연어 처리분야	주요 내용
자연어 이해 (Natural Language Understanding)	• 컴퓨터가 자연어로 주어진 입력에 따라 동작하게 하는 기술이며, 자연어 생성은 동영상이나 표의 내용 등을 사람이 이해할 수 있는 자연어로 변환하는 기술이다.
자연어 생성 (Natural Language Generation)	• 자연어생성 과정은 자연어이해 (Natural Language Understanding) 의 반대이다. 정보를 나타내는 구조를, 원하는 언어로 된 올바른 문자열(string) 으로 매핑(mapping) 시켜야 한다. 실제 문장을 생성하기 위하여, 단어에 대한 정보 및 문장론적 규칙을 적용한다.
기계번역 (Machine Translation)	• 서로 다른 두 개의 자연어, 즉 영어와 한국어 사이, 혹은 일어와 한국어 사이의 번역을 컴퓨터와 소프트웨어가 자동적으로 해주는 것을 기계번역 이라고 한다.
질의응답 시스템 (Question Answering System)	• 사용자의 질의와 관련된 문서를 검색하는 정보검색 (Information Retrieval) 시스템과는 달리 사용자의 질의에 대한 답변이 될 수 있는 정답을 문서 집합내에서 탐색하여 사용자에게 제시해주는 시스템이다. 일반적으로 질의응답 시스템은 사용자의 질의에 관련된 문서를 검색하는 후보검색 단계 (candidate retrieval phase) 와 검색된 문서 내에서 정답을 생성하는 정답 추출 단계(answer extraction phase) 로 구성된다.
전산언어학 (Computational Linguistics)	• 전산 언어학은 컴퓨터와 계산 알고리즘(algorithm)을 자연언어의 처리에 적용하는 방법을 연구하는 학문이다. 전산언어학은 다른 명칭으로 자연어처리(NLP), 또는 자동언어처리(ALP)라고도 한다.
음성인식 (Speech Recognition)	• 음성 인식 (Speech Recognition) 은 컴퓨터가 음향학적 신호 (Acoustic Speech Signal) 를 텍스트로 mapping 시키는 과정이다. 즉 일반적으로 마이크나 전화를 통하여 얻어진 음향학적 신호를 단어나 단어 집합 또는 문장으로 변환하는 과정을 말한다.

음성합성 (Speech Systhesis)	• 음성합성 (Speech Systhesis)은 인간의 말 (speech)을 인공적으로 만드는 것이다. 기계적인 장치나 전자 회로 또는 컴퓨터 모의를 이용하여 자동으로 음성 파형을 생성해내는 것이다.
음성이해 (Speech Understanding)	• 자동 음성 이해는 컴퓨터가 음향 음성 신호 (Acoustic Speech Signal) 를 듣고서 음성의 의미 (abstract meaning) 로 mapping 시키는 과정이다.
정보검색 (Information Retrieval)	• 전자 매체의 발달로 인해 정보 검색의 대상이 본문 검색(text retrieval), 화상(image), 음성(sound), 화학식의 구조 등으로 확대되고 있다.
문서분류 (Text Categorization)	• 문서 분류는 Text Categorization 또는 Document Classification(clustering) 이라고도 한다.
텍스트마이닝 (Text Mining)	• 디지털 정보의 대부분은 비정형 데이터로서, Text Mining 은 디지털 정보의 비정형 및 반정형 데이터에 대하여 자연어처리 기술과 문서처리 기술을 적용하여 유용한 정보를 추출, 가공하는 것을 목적으로 하는 기술이다
컴퓨터 지원 언어 학습 (Computer-Aided Language Learning)	• 시각, 청각, 문맥적 학습 정보를 통합적으로 저장 및 제공하는 것이다
대화 및 담화 시스템 (Dialogue and Discourse Systems)	• 사람의 대화 내용 및 담화문에 표현된 발표내용에 대한 언어 처리시스템이다.
자연어 인터페이스 (Natural Language Interfaces)	• 자연어 표현을 정형화된 의미 표현으로 변환하는 방법이다.

4. 시각지능(컴퓨터 비전)

 시각지능은 사물의 위치, 종류, 움직임, 주변과의 관계 등 시각 이해를 기반으로 지능화된 기능을 제공하는 기술들이 포함되고 컴퓨터 비전, 사물 이해, 행동 이해, 장소/장면 이해, 비디오 분석 및 예측, 시공간 영상 이해, 비디오 요약 등에 활용된다. 즉, 영상에서 사물의 위치와 내용(속성)을 이해하고 움직이는 행동(사건 원인)을 이해하는 기술이다.

4.1 시각지능

 딥러닝으로 인한 인공지능의 발전은 인지, 학습, 추론, 행동과 같은 인간 지능 영역의 전 과정에 걸쳐 혁신적인 진화를 만들어 내고 있다. 특히 시각, 청각과 같은 감각기관에 해당하는 인지 지능은 지능형 에이전트와 함께 발전을 거듭하고 있다. 시각 인지 분야의 지능은 인간 수준을 초월하는 수준으로 구현되고 있다.

 시각지능의 연구자료에서 객체의 세 분류 인식은 사람의 시각적 식별 능력을 모사하는 것으로 성인의 경우 통상 20,000가지 사물을 식별할 수 있으나, 기계는 1,000가지 사물에 대한 식별 능력을 보유하고 있는 것으로 분석되었다.

 기계의 사물 이해 성능은 1,000가지 객체를 기준으로 이미 사람의 정확도(95%)를 뛰어 넘고 있으나, 점차 해상도, 시점, 조명, 시간 변화와 학습 대상의 변화에 강인한 성장학습 및 자가 성장 학습 기술로 발전할 전망이다.

 시각지능은 단순히 이미지 속의 사물의 종류를 인식하는 것을 뛰어넘어,

영상과 이미지 속의 상황을 이해 한다. 사람 얼굴의 사진을 보면 남성, 여성 등과 같은 외형적 특성을 인식하는 것은 물론이고 눈, 코, 입 모양의 상관 관계를 분석해 표정을 인지하거나 감정을 추측해 낼 수 있다. 시각지능을 통해 이미지를 인식하고 이해하게 된 인공지능은 이미지 속 상황에 대한 인간의 물음에 대해 정확히 답을 하기도 한다.

이처럼 진화하고 있는 시각지능을 기반으로 한 인공지능은 실제 상황에 적용되며 다양한 혁신을 만들어 가고 있다. 마이크로 소프트의 'Seeing AI'라는 시각 장애인용 인공지능은 앞을 볼 수 없는 시각 장애인의 시각지능을 인공지능이 대신하는 것이다. 시각 장애인에게 눈앞의 상황을 인간의 언어로 설명해 주거나, 앞에 앉아 있는 상대방의 성별, 나이, 표정 등의 정보를 제공 해 준다. 즉, 시각 장애를 갖은 사람들의 시각 인지 기능을 인공지능이 대신 제공해 장애인들의 일상생활을 혁신적으로 변화 시킬 수 있을 것으로 전망된다.

시각지능은 다양한 기술이 적용되고 있는데 시각지능의 주요 연구 분야를 정리하면 다음과 같다.

먼저, 정교한 행동 이해 기술이다. 비디오 영상에서 사람의 움직임, 행동, 행위에 대한 내용을 이해하는 기술로 사람 수준으로 인식하기 위해서는 너무 많은 컴퓨팅과 알고리즘의 복잡성으로 인해 비디오 영상의 스트림을 특징화하여 딥러닝으로 학습하는 방식이 적용되고 있다. 행동인식은 기본적인 인식 대상의 다양성으로 인해 딥러닝 기술 적용이 어려운 분야이기 때문에 행동 전체가 아닌 기능별로 딥러닝 기술을 적용하여 한계를 극복하며 연구되고 있는 분야이다. 높은 성능의 행동인식을 적용하기 위해서는 고사양의 컴퓨터가 필요하다.

두 번째로 비주얼 관계 인식인데, 사람 수준으로 이미지의 내용을 이해하기 위해서는 객체, 행동, 배경 인식뿐 아니라 각각의 관계를 이해하여야 한다.

딥러닝 기술에 기반을 두어 이미지로부터 객체 간의 비주얼 관계를 인식하고 이미지에 존재하는 모든 관계를 분석하는 기술의 발전으로 객체, 행동, 배경 인식 성능이 향상됨에 따라 그들의 관계 인식을 위한 연구 개발이 활발하게 진행되고 있는 분야이다.

세 번째로 시각지능의 영상 복원 및 3차원 영상 생성으로 사람의 사물에 대한 이해를 바탕으로 보이지 않는 부분 또는 가려진 부분에 대한 정보를 추론하고 복원하는 연구 이다. 사람은 영상을 보고 3차원으로 이해하는 능력을 가지고 있어, 이를 모사하여 2D의 영상 이미지를 보고 3차원의 특징이나 움직임을 이해하는 것이다.

네 번째는 이미지 및 영상의 합성과 생성이다.

인간 수준 이상의 시각 지능을 갖게 된 인공지능은 이제 시각 정보를 자유롭게 변형하거나 전혀 새로운 이미지를 생성해 낸다. 인간의 인식 수준을 초월한 시각 지능에 기반해 만들어지고 있는 이러한 가상 이미지는 인간이 쉽게 구분해 낼 수 없을 정도의 높은 완성도를 갖고 있다. 풍경 사진의 자연스러운 합성, 마네, 고흐 등 특정 유명화가의 화풍을 학습해 변형시키고 생성 시키는 것 등 인공지능이 생성했다는 사전 정보가 없다면, 인위적으로 생성된 가상의 이미지라는 것을 인간의 시각지능으로 구분하기 어려울 정도의 높은 완성도로 구현 된다. 시각지능은 단순히 정지된 이미지 정보를 합성하는 수준을 넘어 실시간의 영상 변형, 합성까지 가능하다. 대표적인 예가 워싱턴대에서 발표한 'Synthesizing Obama'라는 논문에서는 [그림6]과 같이 오바마 대통령의 목소리만을 가지고 입 모양을 생성해 오바마 대통령의 전혀 다른 연설 영상을 합성했다. 인공지능은 이제 세상에 존재하지 않는 전혀 새로운 사물을 생성해 내기도 하는데 가상으로 생성된 이미지를 구분할 수 없을 정도로 높은 완성도를 보여주고 있다.

더 나아가 인공지능은 이제 세상에 존재하지 않는 전혀 새로운 사물을 만들어 내기도 한다. GAN(Generative Adversarial Networks)이라 불리는 이 방법은 새로운 데이터를 생성하는 인공지능과 생성된 데이터가 진짜인지 혹은 가짜인지를 판별하는 두 인공지능이 서로 경쟁하며 진짜와 같은 가상의 이미지를 만들어 낸다.

[그림6] 영상정보의 실시간 합성 사례

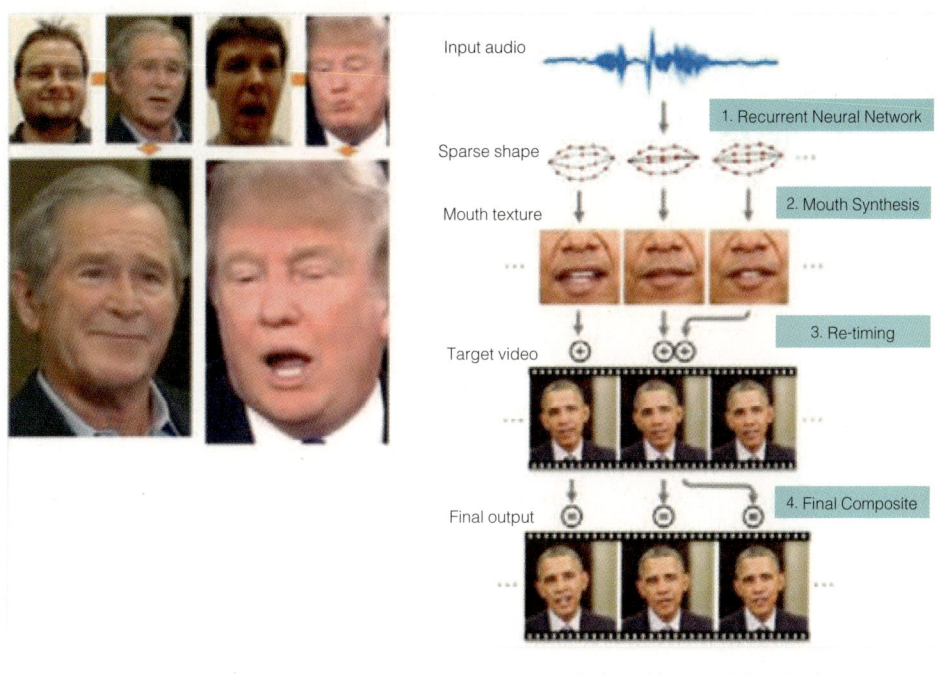

* 출처 : J. Thies(2016), S. Suwajanakorn(2017)

다섯 번째는 비정형 심볼인식으로 이미지 내에서 숫자를 포함한 문자 및 표지 등, 의미가 있는 기호를 자동으로 인식하는 기술로 정의하며 의사소통을 위해 기호 체계를 사용하는 사람에게 매우 중요한 기술이다. 단순한 광학

문자 인식 OCR(Optical Character Recognition) 기술에서 복잡한 장면 내 문장 및 의미를 추론 하는 STR(Scene Text Recognition) 기술로 발전하고 있다.

주요 사례로는 중국의 화남이공대학에서 다국어 테스트의 검출 및 인식을 정확도 58%로 구현하였고, 국내에서는 네이버가 52% 수준으로 개발하였다. OCR 기술은 정보의 디지털화 과정에서 가장 중요한 역할을 수행하고 있다. 이미지 내 글자 및 표지 인식 기술은 구글의 자동 번역(Google Translate) 등의 기술과 결합하여 국경을 초월한 정보 교류 및 관광 등에 매우 중요한 역할을 수행하고 있다.

끝으로 시각적 관심영역 탐지 및 인간 시각 체계 이해로 사람이 눈에 보이는 장면에서 생물학적으로 집중하게 되는 영역을 탐지하는 기술로, 단순한 객체 인식 기술과 달리 사람의 생물학적이고 인지적인 특성을 고려해야 하는 어려움이 있지만, 생체 모방 시각 시스템 기술, 해석 가능한 심층 모델 개발 등 시각 지능 기술이 고도화됨에 따라 발전 가능성이 매우 높은 기술로 알려져 있다.

4.2 컴퓨터 비전

컴퓨터 비전(Computer Vision)은 비디오 카메라 등으로 포착한 정보를 컴퓨터로 처리하는 것으로 로봇에 의한 항행 또는 원격 조작 등에 이용 된다.

다양한 환경에서 가치를 발휘하는 컴퓨터 비전은 얼굴인식, 얼굴 추적, 사물과 사람을 빠르게 인식하고, 객체인식, 차량번호인식, 이미지 내에서 나이와 성별 추적, 흉부 X-ray 폐렴 분류 예측, 손글씨 다중 분류 예측, 고객 통계 자료를 분석, 공산품을 검사하는 등의 작업을 수행할 수 있다.

컴퓨터 비전은 딥 러닝을 사용하여 이미지 처리 및 분석 시스템을 안내하는 신경망을 형성하고, 충분히 훈련된 컴퓨터 비전 모델은 사물을 인식하고 사람을 감지하거나 인식하며 패턴인식(Pattern Recognition)과 움직임도 추적할 수 있다.

패턴인식이란, 컴퓨터를 사용해서 화상, 문자, 음성 등을 인식하는 것. 패턴인식 시스템은 일반적으로 특징 추출과 패턴 정합 부분으로 되어있는데, 특징 추출은 화상 등의 이미지 데이터나 음성 등의 파형 데이터를 분석해서 그 데이터의 고유 특징(패턴)을 추출한다.

사람의 시각 체계는 망막에 맺힌 2차원 이미지에서 3차원 모델이나 구조를 추론하고, 물체를 탐지하거나 이미지 내부의 영역을 구분하는 등 눈으로 보는 것에서 다양한 정보를 추출하는 역할을 한다. 컴퓨터 비전(CV)은 이러한 기능을 컴퓨터로 구현하는 것을 말한다. 주로 디지털카메라나 캠코더 등의 이미지 센서(Sensor)에 맺힌 2차원 이미지를 처리한다. 로봇이나 자율 주행 자동차와 같은 지능형 에이전트(Intelligent Agent) 구현에 꼭 필요하며, 위성사진 분석이나 자동차 번호판 인식, 공장에서의 제품 검사 등과 같은 작업에 활용한다. 컴퓨터 비전은 인터넷과 정보기술의 발달에 따라 대규모 데이터의 활용이 가능해지면서 기계학습 기반 기술의 성능이 비약적으로 발전하였다.

이제는 인공지능이 애니메이션의 영상뿐만 아닌 음성까지도 스스로 생성해 내는 것이 가능하기 때문에 유명 배우의 외형을 학습한 인공지능은 다양한 모습으로 배우의 영상을 변형하거나 새롭게 생성하는 것이 가능해졌다. 인공지능 기술의 발전은 단순한 콘텐츠 산업을 넘어 인간의 시각과 관련된 거의 모든 산업에 직접적이거나 간접적으로 영향을 미치게 될 것이다.

시각지능의 사물 인식 분야는 많은 장비와 인력이 필요한 분야로 구글, 아마존, 페이스북, 마이크로소프트, 인텔 등 글로벌 기업이 주도하고 있고, 시각지능은 교육, 쇼핑, 교통 등 모든 영역에서 산업의 핵심 요소 기술로 작용해 기존 산업의 경쟁 방식을 혁신시킬 것이다.

4.3 인간수준 초월 AI 시각지능, 기존산업의 경쟁방식을 혁신시켜

딥러닝으로 인한 인공지능의 발전은 인지, 학습, 추론, 행동과 같은 인간 지능 영역의 전 과정에 걸쳐 혁신적인 진화를 만들어 내고 있다. 인공지능은 '추론과 기계학습', '시각지능(컴퓨터비전)', '청각지능', '복합지능', '지능형 에이전트(Intelligent Agent)' 또는 '상황인지 컴퓨팅', '인간과 기계의 협업' 등 크게 7가지 기술로 분류할 수 있다. 인공지능의 주요 기술을 활용해서 개발할 수 있는 제품과 서비스 분야는 무궁무진하다. 특히 시각, 청각과 같은 감각기관에 해당하는 인지 지능은 지능형 에이전트와 함께 발전을 거듭하고 있다. 시각 인지 분야의 지능은 인간 수준을 초월하는 수준으로 구현되고 있다.

시각지능은 단순히 이미지 속의 사물의 종류를 인식하는 것을 뛰어넘어, 영상과 이미지 속의 상황을 이해 한다. 사람 얼굴의 사진을 보면 남성, 여성 등과 같은 외형적 특성을 인식하는 것은 물론이고 눈, 코, 입 모양의 상관 관계를 분석해 표정을 인지하거나 감정을 추측해 낼 수 있다. 시각지능을 통해 이미지를 인식하고 이해하게 된 인공지능은 이미지 속 상황에 대한 인간의 물음에 대해 정확히 답을 하기도 한다.

이처럼 진화하고 있는 시각지능을 기반으로 한 인공지능은 실제 상황에 적용되며 다양한 혁신을 만들어 가고 있다. 마이크로 소프트의 'Seeing AI'라는 시각 장애인용 인공지능은 앞을 볼 수 없는 시각 장애인의 시각지능을 인공지능이 대신하는 것이다. 시각 장애인에게 눈앞의 상황을 인간의 언어로 설명해 주거나, 앞에 앉아 있는 상대방의 성별, 나이, 표정 등의 정보를 제공 해 준다. 즉, 시각 장애를 갖은 사람들의 시각 인지 기능을 인공지능이 대신 제공해 장애인들의 일상생활을 혁신적으로 변화 시킬 수 있을 것으로 전망된다.

시각지능의 컴퓨터 비전(Computer Vision)은 다양한 변조 영상을 만들 수 있는 기술로 최근 관심이 많아 지고 있다. 컴퓨터 비전 기술을 활용해 사람의 얼굴이나 특정 부위를 합성한 가짜 동영상을 만들어내는 기술 '딥페이크(Deepfake)'가 사회적 이슈로 등장 했기 때문이다. 최근 세계적인 인기를 얻고 있는 K-POP 연예인들의 얼굴을 이용한 딥페이크 영상물이 만들어지고 있고, 성 착취 동영상의 형태로 악용되고 있어 사회적으로 큰 이슈가 되고 있다.

컴퓨터 비전은 딥 러닝을 사용하여 이미지 처리 및 분석 시스템을 안내하는 신경망을 형성하고, 충분히 훈련된 컴퓨터 비전 모델은 사물을 인식하고 사람을 감지하거나 인식하며 패턴인식(Pattern Recognition)과 움직임도 추적할 수 있다.

*참고: 인공지능기술 청사진 2030, 정보통신기획평가원(IITP)

다양한 환경에서 가치를 발휘하는 컴퓨터 비전은 얼굴인식, 얼굴 추적, 사물과 사람을 빠르게 인식하고, 객체인식, 차량번호인식, 이미지 내에서 나이와 성별 추적, 흉부 X-ray 폐렴 분류 예측, 손글씨 다중 분류 예측, 고객 통계 자료를 분석, 공산품을 검사하는 등의 작업을 수행할 수 있다.

시각지능은 다양한 기술이 적용되고 있고 국내외적으로 많은 연구가 진행되고 있다. 시각지능의 주요 연구 분야를 정리하면 다음과 같다. 먼저, 정교한 행동 이해 기술이다. 비디오 영상에서 사람의 움직임, 행동, 행위에 대한 내용을 이해하는 기술로 사람 수준으로 인식하기 위해서는 너무 많은 컴퓨팅과 알고리즘의 복잡성으로 인해 비디오 영상의 스트림을 특징화하여 딥러닝으로 학습하는 방식이 적용되고 있다.

두 번째로 비주얼 관계 인식인데, 사람 수준으로 이미지의 내용을 이해하기 위해서는 객체, 행동, 배경 인식뿐 아니라 각각의 관계를 이해하여야 한다. 딥러닝 기술에 기반을 두어 이미지로부터 객체 간의 비주얼 관계를 인식하고 이미지에 존재하는 모든 관계를 분석하는 기술의 발전으로 객체, 행동, 배경 인식 성능이 향상됨에 따라 그들의 관계 인식을 위한 연구 개발이 활발하게 진행되고 있는 분야이다.

세 번째로 시각지능의 영상 복원 및 3차원 영상 생성으로 사람의 사물에 대한 이해를 바탕으로 보이지 않는 부분 또는 가려진 부분에 대한 정보를 추론하고 복원하는 연구 이다. 사람은 영상을 보고 3차원으로 이해하는 능력을 가지고 있어, 이를 모사하여 2D의 영상 이미지를 보고 3차원의 특징이나 움직임을 이해하는 것이다.

<다수의 2D 사진을 통해 3D 공간 재현>

*참고: 인공지능기술 청사진 2030, 정보통신기획평가원(IITP)

네 번째는 이미지 및 영상의 합성과 생성이다. 인간 수준 이상의 시각 지능을 갖게 된 인공지능은 이제 시각 정보를 자유롭게 변형하거나 전혀 새로운 이미지를 생성해 낸다. 인간의 인식 수준을 초월한 시각 지능에 기반해 만들어지고 있는 이러한 가상 이미지는 인간이 쉽게 구분해 낼 수 없을 정도의 높은 완성도를 갖고 있다. 풍경 사진의 자연스러운 합성, 마네, 고흐 등 특정 유명화가의 화풍을 학습해 변형시키고 생성 시키는 것 등 인공지능이 생성했다는 사전 정보가 없다면, 인위적으로 생성된 가상의 이미지라는 것을 인간의 시각지능으로 구분하기 어려울 정도의 높은 완성도로 구현 된다. 시각지능은 단순히 정지된 이미지 정보를 합성하는 수준을 넘어 실시간의 영상 변형, 합성까지 가능하다. 대표적인 예가 오바마 대통령의 목소리만을 가지고 입 모양을 생성해 오바마 대통령의 전혀 다른 연설 영상을 합성한 것이다. 인공지능은 이제 세상에 존재하지 않는 전혀 새로운 사물을 생성해 내기도 하는데 가상으로 생성된 이미지를 구분할 수 없을 정도로 높은 완성도를 보여주고 있다.

다섯 번째는 비정형 심볼인식으로 이미지 내에서 숫자를 포함한 문자 및 표지 등, 의미가 있는 기호를 자동으로 인식하는 기술로 정의하며 의사소통을 위해 기호 체계를 사용하는 사람에게 매우 중요한 기술이다. 단순한 광학 문자 인식 OCR(Optical Character Recognition) 기술에서 복잡한 장면 내 문장 및 의미를 추론 하는 STR(Scene Text Recognition) 기술로 발전하고 있다.

이제는 인공지능이 애니메이션의 영상뿐만 아닌 음성까지도 스스로 생성해 내는 것이 가능하기 때문에 유명 배우의 외형을 학습한 인공지능은 다양한 모습으로 배우의 영상을 변형하거나 새롭게 생성하는 것이 가능해졌다. 인공지능 기술의 발전은 단순한 콘텐츠 산업을 넘어 인간의 시각과 관련된 거의 모든 산업에 직접적이거나 간접적으로 영향을 미치게 될 것이다. 시각지능은 교육, 엔터테인먼트, 쇼핑, 교통, 국방 등 모든 영역에서 산업의 핵심 요소 기술로 작용해 기존 산업의 경쟁 방식을 혁신 시키며 발전해 나갈 것이다.

5. 청각지능

청각지능은 인간의 청각기능을 모사하는 기술로써, 음성, 음향, 음악 등 소리를 인식, 분석, 이해, 표현하는 기술이다. 음성을 합성하거나 음성을 검색하는 기술들이고 음성분석, 음성인식, 화자 인식/적응, 음성합성, 오디오 색인 및 검색, 잡음처리 및 음원분리, 음향인식 등에 활용된다.

인공지능(AI)이 데이터를 통해 인간처럼 읽고 듣는 감각기관에 해당하는 지능을 언어지능과 청각지능이라 한다. 즉, 음성(구어)이나 텍스트(문어) 등 자연어를 이해하고 요약 또는 통.번역 등을 하는 기술을 의미 한다. 자연어는 사람이 일상으로 사용하는 언어 구조 체계로, 인공으로 만들어진 언어인 인공어와 구분해 부르는 개념이다. 따라서 자연어는 단어 의미와 문장 전체 맥락, 발화 의도를 파악하기 어려운 대표적 비정형 데이터이다.

자연어처리(NLP)는 사람이 내뱉은 비정형적 자연어를 컴퓨터가 이해할 수 있는 정형적 언어 데이터로 바꾸는 기술이다. 컴퓨터가 문장 의도를 이해하고 말한 사람 의도를 정확히 파악할 수 있도록 해주는 과정이다. 자연어처리를 기반으로 한 음성인식 기술은 대용량 음성 데이터를 저장하고 실시간으로 처리 가능한 네트워크와 컴퓨팅 기술로 크게 진화하고 있다. 음성인식 기술의 핵심은 상대방과 대화를 계속 이어가는 것이다.

예를 들면, 철수와 인공지능 사이의 대화에서 철수가 "나는 멜론맛 아이스크림이 제일 좋아!" 하면 인공지능은 "철수가 멜론맛 아이스크림을 좋아하는구나!" 로 대화가 이어져야 한다.

　청각지능은 음성과 사운드에 포함된 정보를 인지하는 기술이다.

　음성인식 알고리즘 측면에서는 음향모델, 언어모델 등의 개별 지식원을 별도로 학습하여 인식엔진에 통합하는 전통적인 방법론으로부터, 전체 지식 학습 및 인식 과정을 단일한 심층신경망으로 통합하는 [그림7]과 같이 종단형(End-to-End) 음성인식 알고리즘이 활발히 연구 개발되고 있고, 빅데이터 중심의 음성인식 기술에서 초기 데이터 부족 문제를 해결하기 위하여 VAE(Variational Auto-Encoder), GAN(Generative Adversarial Network) 등의 방법론을 통해 데이터를 인공적으로 생성/증강하는 연구도 활발하게 진행 중이다.

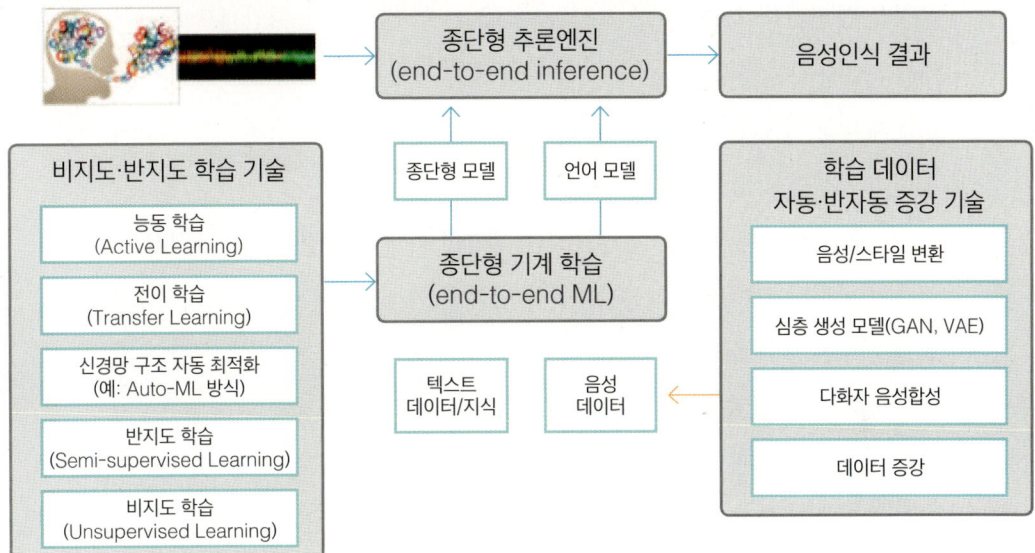

[그림7] 종단형 음성인식 알고리즘 연구(예시)

*참고: 정보통신 기획평가원, "인공지능 기술 청사진(2030)", 2019.12

　　최근에는 실사용 환경에 적용하기 위해 다중 화자 음성인식, 단말기 기반 음성인식 기술 등을 활용한 서비스가 출시 되고 있다. 다중 화자 음성인식기는 동시에 여러 사람이 발성하더라도 특정 화자를 추적하여 개인별로 음성을 인식할 수 있는 기술이다.

　　다양한 비우호적 환경에서의 음성인식 성능을 향상시키기 위한 기술이 연구 개발 되고 있다. 그 중에 대표적인 것은 여러 사람의 대화 발성이 혼합된 음성신호 (예: 대화, 회의 등)의 화자별 구분, 인식 그리고 발화자간 발성 겹침이 발생하는 경우 음성인식의 가장 핵심적인 특징값으로 사용되는 스펙트럼 상의 왜곡 및 오염이 발생하여 성능 저하 요인이 되고 있다.

　　이러한 혼합신호에 대응하는 기술로서는 발성자가 어느 방향에서 발성하는 지를 추적하는 음원국지화(Source Localization) 기술, 발성자간 또는 잡음과 음성을 분리하는 음원분리(Source Separation) 기술, 발성자를 시간적으로 구분하는 화자구간분리(Speaker Diarization) 기술 등이 있다.

기계학습 기술 발전에 따라 음성검색, AI스피커, 콜센터 녹취음성 대상의 근거리 음성인식 정확도는 높아지고 있다.

감정을 표현하는 다화자 음성합성은 사람의 다양한 감정을 자연스럽게 표현하는 딥러닝 기반 음성합성기술이다. 문자를 음성으로 자동 변환하는 음성합성 기술은 최근 딥러닝 기술을 적용함으로써 합성음의 자연도가 사람의 발성과 유사할 정도로 향상되고 있다. 특히 구글이 2018년 발표한 음성합성기술인 'Tacotron2'의 경우 사람의 음성과 합성음의 선호도 평가 결과 거의 유사한 성적을 기록하였다.

정보통신기획평가원에서 발표한 음성인식 기술의 주요 연구분야는 음성에 내재한 놀람, 화남, 기쁨, 슬픔 등의 주요 감정을 분류하여 인식하고, 화자의 의도를 파악하는 것, 사투리, 비원어민발성, 유아발성 등 일반적이지 않은 발음, 음색 등에 대한 음성인식 성능 향상을 위한 것, 동물, 바람, 물소리 등 자연계에 존재하는 음향 이벤트, 악기, 차량, 폭발음 등 인공적으로 생성된 제반 음향 이벤트를 분류하여 인식함으로써 음향 환경을 인지하는 것, 음성, 텍스트, 영상 등 개별 정보 기반의 감정인식 기술은 성능 한계가 있음으로 인해 음성, 영상, 텍스트 등을 통합하는 증강형 멀티모달 감정인식 기술 최적화가 필요한 것, 비지도 학습 기반으로 음성-영상-텍스트 등이 시간적으로 또한 문맥적으로 동기화된 멀티모달 데이터를 자동으로 생성하는 기술 개발, 이를 기반으로 학습하여 분류 및 인식 성능을 제고하는 기술을 개발하는 것, 감정 또는 상황이 시시각각으로 변화하는 연속 태스크 상황에서 멀티모달 상황정보를 실시간으로 활용하는 강화학습 기술을 개발하는 것, 인간과의 상호 교감

(이해, 공감, 배려 등의 고난도 감정 인식 기술)을 통해 개인별 감정 상태를 자동으로 학습하고 대응하는 개인화 감정 인터페이스 기술을 개발하는 것이다.

6. 복합지능

복합지능(Integrated Intelligence)은 시공간, 촉각, 후각 등 인간의 오감을 모방한 감각 데이터를 이용하여 주변 상황을 인지, 예측하고, 상황에 적합한 대응을 제공하는 기술들이고 공간 지능, 오감 인지, 다중 상황 판단 등에 활용 된다.

복합지능의 가장 큰 특징은 '복합인지'에 있다. 그 동안과 달리 시각이나 청각, 촉각과 같은 다양한 감각을 개별이 아닌 동시에 활용하는 것이다.

인공지능(AI)은 거듭 발전하며 사람의 지능을 넘어서고 있다, 체스나 바둑도 그렇지만, 현재 AI보다 정확하게 시각이나 청각 정보를 세밀하게 분석할 수 있는 사람은 없을 것이다. 이미 개별 영역에서 사람을 넘어 섰다. 그러나 AI는 사람처럼 전체를 통찰하는 능력을 발휘하지는 못한다.

　인간은 언어, 수리, 사회 관계성, 예술성 등 다양한 능력을 복합적으로 활용한다. 현재 단계에서의 인공지능은 각 능력을 복합적으로 활용할 수 없지만 머지않아 가능할 것으로 예상된다. 인간은 말이나 글을 정확하게 이해하기 위해 표정과 음성을 통해 감정을 읽고 억양에서 무엇이 중요한지 파악할 수 있다. 아직은 인간 고유의 영역으로 남아있는 이 복합지능을 연구할 필요가 있다. 인공지능은 목적에 맞게 알고리즘으로 설계된 것에 대한 문제만 풀지 사람처럼 협업할 수 있는 능력은 부족하다. 시각지능 AI에게 청각 정보에 대한 분석을 기대할 수는 없다. 반면에 사람은 복합된 지능이 강점이다. 하워드 가드너 하버드대 교수는 '다중지능 이론'에서 사람이 다양한 능력을 복합적으로 활용한다고 밝혔다. 하워드 가드너가 제시한 인간의 8가지 지능은 음악적 지능, 운동학적 지능, 수학적 지능, 언어적 지능, 공간적 지능, 대인관계 지능, 자기이해 지능, 자연탐구 지능 이다. 이것은 오감과 함께 언어와 수리 능력, 사회관계성, 예술성 등을 모두 활용해 높은 지능 수준을 보인다는 설명이다. AI가 사람을 넘어서기 위한 발전 지점을 여기서 찾을 수 있을 것이다. 국내외적으로 복합지능 개발이 새로운 AI 고도화 목표로 떠오르고 있고 인간과 유사한 수준의 AI를 구현하는 것을 목표로 하고 있다.

인공지능의 분류에 대해서는 AI 기술의 지능 정도와 AI 기술의 적용 방향(생각/행동)에 따라서 강한 인공지능과 약한 인공지능으로 분류할 수 있다.

인간을 대체할 수 있는 정도의 지적 능력을 가지고 있는 시스템을 "강한 인공지능" 시스템으로 분류하고, 기본적인 논리에 초점을 두어 합리적으로 생각하고 활동하는 시스템을 "약한 인공지능" 시스템으로 분류한다. 과거에는 반복적인 인간의 업무 처리를 대신 하기 위하여 "약한 인공지능" 기반의 애플리케이션 개발이 주였으나, 최근에 들어 AI 기술이 다양한 분야에 적용되면서 더 높은 수준의 지능을 소비자들이 요구하게 되었다. 인간의 높은 지적·판단 능력을 요구하는 법률이나 의료 분야나 인간과의 긴밀한 협업을 요구하는 분야에 AI 기술이 적용되기 시작하면서 "강한 인공지능" 기술에 대한 관심이 높아지게 되었다.

인공지능 전문가들은 복합지능을 "강한 인공지능(Strong AI)"으로 분류하여 연구를 하고 있다.

한국전자통신연구원(ETRI)은 복합지능연구실을 구성하여 음성인식, 언어지능, 시각지능 등 다양한 단일지능 원천기술을 활용한 복합지능 연구개발을 추진하고 있다.

ETRI는 2020년 10월 인간의 기억 메커니즘을 본따 스스로 지식을 성장시키고 절차적 지식을 학습할 수 있는 '자율성장 복합지능' 기술을 개발했다. 일반적인 AI는 정제된 빅데이터 기반의 방법론을 통해 지식을 암기해 질문에 대해 응답하는 방식으로 성능은 뛰어나지만 특정 영역에 한정돼 사람처럼 전체를 통찰하는 데 한계가 있었다. '자율성장 복합지능'은 언어와 영상 등 복합 지식을 절차적으로 학습하는 기술을 세계 최초로 개발해 질문하는 목적과 대상이 애매해도 스스로 지식과 답을 찾을 수 있다. 연구진은 자율성장 복합지능 기술개발을 위해 약 4년간 데이터를 수집하고 복합 지식 습득 및 표현 기술, 기억 구조 기반 절차적 지식 생성 학습 알고리즘, 다중 인자 처리 기술 등 연구성과를 융합, 패션하우(Fashion HOW)를 개발했다. 패션하우는 상황별 패션 큐레이션을 제공하는 '패션코디' 이다. 향후 지속적인 연구를 통해 사람처럼 다양한 입력을 종합적으로 판단하는 복합지능기술을 고도화해 패션업계 외에도 다양한 분야에 자율성장 복합지능 기술을 확산시킨다는 계획이다. ETRI는 2030년을 목표로 AI가 인간 수준의 복합지능 구현이 가능하도록 [표4]와 같이 연구 개발에 집중하고 있다. 인공지능 연구소는 인간과 인공지능이 공존하는 초지능 정보사회의 기반을 구축하고, 인공지능의 성능한계를 극복하는 초성능 컴퓨팅 실현을 전략목표로 수립하였고, 이를 위해 복합인공지능, 지능형 로봇, 자율이동체, 지능형반도체, AI슈퍼컴퓨터 등의 핵심 기술을 개발하고 있다.

[표4] ETRI가 연구 중인 자율성장형 복합 AI 최종 목표

구분	자율 성장	휴먼 이해	자가 적용	대화형 AI
최종 목표	지식 습득 방법. 과정 이해	경험상황 이해 방법 이해	상황 변화에 스스로 적응	모든 사람.시스템과 자연스럽게 소통
추진 방법	두뇌 지식 습득 과정 모방	전문가 상황 진단 기술 모방	두뇌 상황 변화 대체 방법 모방	고급 수준 다국어 동시 통역 모방

AI 분야 최고 권위 학회 'AAAI(Association for the Advancement of Artificial Intelligence)'에서도 복합지능을 학회의 주요 연구 주제로 선정하여 집중 연구를 하고 있다.

7. 지능형 에이전트(Intelligent Agent)(상황인지 컴퓨팅)

지능형 에이전트(Intelligent Agent)는 개인 비서, 챗봇 등 가상 공간 환경에 위치하여 특별한 응용 프로그램을 다루는 사용자를 보조할 목적으로 반복적인 작업들을 자동화시켜 주는 기술들이고 지능형 개인비서, 소셜지능 및 협업지능, 에이전트 플랫폼, 에이전트 기술, 게임 지능, 창작 지능 등에 활용된다. 즉, 특정한 목적을 위해 사용자를 대신해서 작업을 수행하는 인공지능(AI) 이다.

인공지능은 지능을 가진 인공물 구현을 목표로 연구 및 개발을 하며 이 인공물을 지능형 에이전트라고 한다. 지능형 에이전트는 수많은 센서(Sensor)를 이용하여 주변 환경을 지각하며 액추에이터(Actuator)를 이용하여 적절한 행동을 한다.

　지능형 에이전트의 형태는 소프트웨어이거나 하드웨어를 포함한 컴퓨팅 시스템 혹은 로봇일 수도 있다. 컴퓨터 키보드, 마이크, 카메라 등이 센서일 수 있고 모터 등을 액추에이터로 활용할 수 있다. 소프트웨어 형태의 지능형 에이전트는 디스플레이 장치와 스피커를 액추에이터로 이용하기도 한다.

　지능형 에이전트는 그 구조의 복잡도에 따라 단순 반사 에이전트(Simple Reflex Agent), 모델 기반 에이전트(Model Based Agent), 목표 기반 에이전트(Goal Based Agent), 효용 기반 에이전트(Utility Based Agent), 학습 에이전트(Learning Agent) 등으로 구분하기도 한다. 예를 들어 자율주행을 위해서는 여러 센서로부터 수집된 데이터를 실시간으로 처리하여 상황에 알맞은 적절한 판단과 대처를 할 수 있는 딥러닝 기술, 센서융합처리, 객체 인식, 상황판단 기술이 필요하고, 주행 제어가 가능한 고성능 인공지능 컴퓨터 하드웨어(HW)/소프트웨어(SW) 플랫폼 기술이 필요하다. 완전한 자율 주행을 위해서는 인공지능이 최소 30여개의 센서 데이터를 처리해 교통 상황을 판단해야 한다고 인공지능 연구자들은 예측 한다.

지능형 에이전트의 예로 인공지능 스피커, 자율 주행 자동차, 질병 진단 시스템 등이 있다. 지능형 에이전트는 주변 환경을 탐지하여 자율적으로 동작하는 장치 또는 프로그램, 컴퓨터 하드웨어를 포함한 컴퓨팅 시스템이나 로봇을 가리키기도 하며 빠른 속도로 발전하고 있다.

인간과 인간 사이의 통신은 음성과 제스처를 이용하지만, 기계에서는 전통적으로 키보드를 사용해 왔다. 음성 처리 기술이 발전하고 단말기의 성능이 개선되어 초소형 단말기가 출현하게 되자 음성과 펜을 이용하는 멀티모달(Multi-modal) 인터페이스(Interface)가 필요하게 되었다. 최근에는 단말기가 소형화·지능화되어 사용자가 보다 편리하고 쉽게 사용할 수 있는 입력 방법에 대한 연구가 진행됨에 따라 멀티모달 인터페이스에 대한 관심이 높아지고 있다. 사용자 인터페이스들인 키보드·마우스 이외에 음성 인식, 제스처 인식, 디바이스 펜, 행동 인식, 터치 인식 등 기타 생체 인식을 활용해 특별한 장치 없이 유비쿼터스 컴퓨팅 환경을 구축하여 사용자 중심의 업무 효율을 높이는 기술이다.

최근에는 멀티모달 입력기반 상황 분석 및 이해 그리고 예측할 수 있는 지능형 에이전트가 개발되고 있다. 사람이 단일 감각이 아닌 여러 감각, 시각, 청각, 후각, 촉각 등을 이용해 주변 상황을 파악하여 기계가 주변 상황에 대해서 좀 더 지능적으로 대응할 수 있도록 하는 것이다. 기계가 여러 모달리티(Modality)를 처리하고 각 모달리티 간의 관계를 파악하여, 주어진 환경을 정확하게 인식하고 이해할 수 있도록 한다.

멀티모달 정보를 활용해서 디지털 동반자가 음성, 얼굴표정, 그리고 대화문장(Text)에 기반을 두어 상대방 사용자의 감정을 파악하고, 상대방의 감정 상태와 개인특성(나이, 성별)에 따라 디지털 동반자가 대화내용과 대화 억양, 화면상 자신의 얼굴표정 등 대응 방법을 다르게 적용하며, 상대방과의 대화 시 비이성적인 욕설 등의 윤리적 판단이 필요한 상황에서 적절한 대화 및 대응하여, 인간다운 감성 및 심리를 반영한 디지털 동반자 기술 및 응용서비스 개발되고 있다.

영상 및 음향 데이터뿐만 아니라, 주변 IoT 디바이스로부터 수집된 데이터, 사용자의 생체리듬과 건강정보를 처리하여 정확한 상황인지 뿐만 아니라, 사용자 맞춤 서비스 제공도 가능해진다. 지능형 에이전트는 사용자와의 일화 및 과거 인지한 상황을 장기간 기억할 수 있도록 메모리 기술 등의 연구가 진행되고 있다.

이러한 서비스가 가능하기 위해서는 사용자와 주변 환경으로부터 음성, 영상, 텍스트, 공간정보 등 다양한 입력을 지속적으로 제공받는 환경에서 지능형 에이전트는 사용자 및 환경과 끊임없이 상호작용하며 지속적으로 학습해 나갈 수 있어야 한다. 시간이 지날수록 계속 쌓이는 데이터들을 토대로 에이전트는 사용자의 행동, 에피소드의 특징, 환경의 특징을 학습할 수 있어야 한다.

인공지능 전문가들은 향후 지능형 에이전트의 기술 방향은 멀티모달(음성, 텍스트, 표정, 제스처, 몸동작, 시선 등)데이터를 획득하고 이를 인공지능 학습 기법(머신러닝, 딥러닝 등)으로 분석하여 사용자의 상태(의도, 감정 등)를 파악하고, 이것을 맥락 이해를 포함한 상황 인지 정보와 융합 해석하여 자연스러운 감정 및 동작표현이 가능한 높은 공감대화가 가능하여 이에 따른 사용자 맞춤형 선제적 인터랙션을 수행하는 지능형 인터랙션 기술이 개발되어야 한다고 강조 한다.

8. 인간과 기계협업 지능(AI 협업)

　인간과 기계의 협업은 인간의 감성이나 의도를 이해하고 인간의 뇌 활동에 기계가 연동되어 작동하게 해주는 기술들이고 감상 지능, 사용자 의도 이해, 뇌컴퓨터 인터페이스, 추론 근거 설명 등에 활용된다.

　협업지능을 기반으로, AI가 스스로 사용자를 인식하고 사용자에게 맞는 서비스를 제공하는 기술이다. 인간의 목표를 이해하고 인간의 의도에 대응되는 대처를 할 수 있도록 인간과 AI 간의 커뮤니케이션을 매개하는 시스템이다.

　AI는 인간의 학습능력, 추론능력, 지각능력 및 자연언어의 이해능력 등을 고성능, 고기능 컴퓨터를 활용하여 구현한 기술로서 인간의 인위적 요소에 대하여 인간과 AI의 협업을 통한 새로운 기술로 발전하고 있다.

　인간과 AI의 협업 시스템은 기술적으로 음성 데이터 처리기술, 자연어 처리 기술, 패턴 분석 기술 등을 요소기술로 하여 상기 요소 기술들을 복합적으로 사용하는 AI 에이전트 기술, 사용자 인터페이스 기술 등으로 분류된다.

　현재의 AI 분야의 급격한 발전은 인간과의 협업을 통한 새로운 시스템 형태로 변화되고 있는 추세이다.

    인간과 AI 협업 시스템은 후방산업으로는 사물인터넷(IoT) 통신 및 연동 미들웨어, 머신러닝 기술, 머신러닝 개발 플랫폼, 임베디드 소프트웨어(SW) 등을 포함하고, 전방산업으로는 자동차, 조선, 건설, 기계, 의료, 제조, 에너지 산업 등에서 엄청난 잠재력을 가지고 인간과 AI의 협업 시스템이 활용되며 발전하고 있다.

    인간과 AI의 협업 시스템이 사용되고 있는 주요 산업별 활용을 간략하게 구분하면 [표5]와 같다. 제조 분야의 경우는 인간과 AI 협업 기술을 활용하여 제조 현장에서 발생할 수 있는 경영판단 예측 제원 시스템 구축이 가능하고, 챗봇은 유통, 금융, 의료, 유통, 교통 등 다양한 영역에서 고객 업무 지원 마케팅 및 사내 업무 효율화에 도입되어 활용 되고 있다.

    챗봇은 축적된 대화 내용 분석을 통한 맞춤형 상품 마케팅 또는 헬스케어 영역에서 챗봇을 활용한 신체 상태 모니터링과 질병 징후에 대한 신속한 조언 기능 등에 활용 되고 있다. 또한 기업 내부의 기간계 업무 시스템, 그룹웨어 등과의 연계를 통한 ERP, SCM, 정보탐색과 교육 내규 조회 등 지원업무의 업무 생산성을 향상시키기 위해 도입되고 활용 된다.

[표5] 주요 산업별 인간과 AI의 협업 시스템 활용 분류

구분	대화형 AI
제조 분야	• 인간-AI 협업 기술을 활용하여 경영판단 예측 제원 시스템 구축 가능 • 여러 회사를 경영하는 그룹사의 경우, 경영진이 실시간으로 각 회사의 경영, 제조, 분석 등을 통해 예측을 수행
금융 분야	• (콜센터 챗봇) 고객 센터에서 챗봇이 상담과 민원을 처리함으로써 고객 만족도를 높일 수 있는 금융 서비스를 제공 • (금융 마케팅) 축적된 대화내용 분석을 통한 맞춤형 상품 마케팅 구현
의료 분야	• AI 기반 챗봇이 환자의 병원이용 안내부터 의료진의 진료를 돕는 서비스까지 의료 분야에서 활용도가 증가하는 추세 • 의료진이 환자의 나이와 성별, 증산을 말하면 가장 적합한 항생제와 복용방법을 알려주는 챗봇 기술
유통 분야	• 쇼핑, 비행기예약, 숙소예약, 레스토랑 예약, 음식 주문 및 택시 호출에 챗봇 활용 • 관련 기업으로서 아마존, 이베이, 카카오톡, 인터파크 등이 유통 분야에서 챗봇 활용
교통 분야	• 인공지능 챗봇을 활용하여 실시간 길찾기 및 교통 상황을 반영한 최단 거리 찾기 등과 같은 서비스 제공 • 버스, 기차, 항공권도 챗봇을 이용하여 구매가 가능하도록 AI 챗봇을 개발하여 좌석 예매 서비스 제공

4차 산업 혁명 시대에서 인간의 단순 반복적인 업무에 있어 인간과 AI의 협업을 통해 시간을 절약하고 생산효율을 증대할 수 있는 기술의 필요성이 증대되고 있다. 이러한 기술들은 인간의 생활 및 산업 현장에서 인간 생활 영역에 쉽게 접근할 수 있는 플랫폼 및 에이전트 시스템이 있고, 생산 현장과 일상적 활동에서 사용자 인터페이스를 쉽고 편리하게 해주는 AI 기술, 사용자 패턴 분석을 통한 맞춤형 서비스를 가능하게 해준다.

인간과 AI 협업 시스템의 핵심 기술은 [표6]과 같이 구조화되지 않은 데이터 분석을 통한 인간형 식별 즉, 데이터 흐름 패턴화 기술, 사용자 패턴분석을 통한 사용자의 취향 또는 선호도 맞춤형 지능적 시스템 조종 기술, AI 에이전트 시스템, AI형 패턴분석 알고리즘, 데이터 기반 의사결정 시스템, 빅데이터 소프트웨어 등의 기술을 활용하여 자율주행 자동차, AR 시스템, VR 시스템, 교육 및 정보 등의 다양한 분야에서 활용이 가능 하다.

[표6] 인간과 AI의 협업 기술 분류

분류	상세 내용
사용자의 취향 또는 선호도 맞춤형 지능적 시스템 조종 기술	• 사용자의 취향 또는 선호도에 대한 데이터를 통해 사용자 패턴 분석, 사용자 패턴에 대하여 스스로 학습하면서 개인마다 다른 관심사와 선호도를 반영할 수 있는 '맞춤형 지능적 시스템' 구현 기술
AI 에이전트 기술	• AI 기반의 시스템을 통해, 메시지의 목적을 판단하는 발화분석 모듈과 발화분석 모듈에 의해 분석된 메시지의 목적에 대응하는 서비스를 검색하는 서비스, 응답 생성모듈 및 메시지에 인접한 메시지를 추적하고, 발화분석 모듈에 의해 분석된 결과와 추적과정을 관리하는 대화추적 관리 모듈 등을 포함하며 관리 및 맞춤형 서비스를 제공하는 기술

AI형 사용자 인터 페이스 기술	• AI를 기반으로 사용자가 직접 데이터를 입력하고 제어하며 정보를 주고받는 부분에 해당되는 기술
사용자 패턴 분석 알고리즘	• 실시간 수집된 빅데이터를 기반으로 패턴을 분석 및 처리하는 알고리즘에 관한 기술

*참고 : 2019년 중소기업 전략기술 로드맵

　최근 인간과 AI 협업 시스템에 대한 연구와 기술적 발전이 매우 급속히 이루어지고 있으며 사용자 맞춤형 지능 시스템, AI 플랫폼, 에이전트 시스템, 사용자 인터페이스, 사용자 패턴분석 알고리즘 및 빅데이터 소프트웨어 분야에서 실용화 및 상업화가 이뤄지고 있다.

　세계시장 조사 보고서에서 언급되는 인간과 AI 협업 기술관련 주요 플레이어(업체)는 [표7]과 같이 Google, Facebook, Amazon, IBM, GE 등이고, 국내에서는 이 분야를 주도적으로 연구하고 있는 주요 플레이어는 네이버, 삼성리서치, LG전자, 카카오 등이다.

[표7] 인간과 AI협업 기술의 주요 플레이어

주요 플레이어(업체)	주요 협업 기술
Google	• Google은 음성인식, 이미지인식, 번역 서비스 제공하는 머신러닝 플랫폼 발표, Google는 대부분의 분야에서 활용 가능한 지능형 서비스 플랫폼 개발, DeepMind를 활용하여 데이터 및 고도화된 AI 기술기반으로 인간과 AI 번역 협업
Facebook	• Facebook은 대화형 AI 플랫폼, 'Messenger Platform with Chatbot' 발표하였으며, 쇼핑, 여행, 예약 등의 서비스를 사용자와 대화를 통한 연동 서비스를 지원. • 페이스북은 개인 성향을 정교하게 분석한 맞춤형 플랫폼을 제공
Amazon	• Amazon은 대화형 플랫폼, 'Alexa Viice Service' 제공 및 AI 비서 알렉사의 기업용 버전인 'Alexa for Business' 출시
IBM	• IBM은 IBM Watson Health Platform 운영, 또한 IBM은 영상, 생체 정보, 실시간 환자 정보 등 분석을 통한 질병 진단 및 이상 징후 사전 예측함. IBM은 기존 플랫폼 고도화 및 영역 확장(금융, 날씨 플랫폼 등)
GE	• GE는 GE Predix Platform을 운영하여 산업 현장의 정보 분석을 통한 성능 향상, 비용 효율을 달성할 수 있도록 함
네이버	• 네이버는 클로버(AI 플랫폼)의 선행기술을 연구하는 CLAIR(Clova AI Research) 팀에서 6개월간 AI 연구 개발에 몰두할 수 있는 기회 제공
삼성리서치	• 삼성리서치는 세트 부분의 통합 연구소라고 할 수 있으며, 전 세계 24개 연구거점과 2만여 명의 연구개발 인력들을 이끌어 가는 명실상부한 선행 연구개발의 허브 역할을 하고 있음

LG전자	• LG전자는 'AI 연구소'와 '로봇 선행연구소'를 신설하여 음성인식, 영상인식, 센서인식 등을 연구해온 '인텔리전스 연구소'를 각각 AI를 전담하는 AI 연구소와 로봇을 전담하는 로봇 연구소로 분리해 연구를 집중하고 있음
카카오	• 카카오가 보유한 핵심 기술이자 미래 기술의 집약체이며 음성을 알아듣고, 대화를 이해하며, 이미지를 인식하고, 수많은 데이터를 확인하여 이용자가 원하는 바를 정확히 검색 가능한 서비스를 연구하고 있음

인간과 기계 간 협업의 효율성 증진을 위한 연구가 활발하게 진행되고 있다. 독일 켐니츠(Chemnitz)의 자동차 공장은 로봇 팔이 부착된 기계가 조립공정에 투입돼 있는데 이 기계는 다른 로봇 팔과 크게 다르지 않게 자동차 부품을 조립, 태양광 패널 완성, 분류, 톱질, 용접을 할 수 있다.

인간과 로봇간 상호작용 연구와 코봇과의 협업도 주요 연구 분야 중에 하나이다. 인간과 기계의 협업으로 더 새롭고 효과적인 방식으로 직원과 고객이 교류가 가능할 수 있는 기술이 개발 되고 있고, 인간의 노동을 보완하는 협업 로봇(예, 협동로봇-코봇, 외골격 웨어러블 로봇은 기술이 개발되어 상용화 되었다.)

인간과 AI협업의 기술 개발은 인간을 보조하는 기계 개발에 집중되고 있는데, 인간의 인지능력 증폭, 인간이 고수준 작업에 몰입할 수 있도록 고객과 직원들과 교류, 인간의 물리적 능력 확대, 인간의 복잡한 업무 지원, 인간을 위한 최대한의 편리성 제공 등 의 방향으로 연구가 진행되고 있다.

9. 범용 인공지능

인간이 할 수 있는 어떠한 지적인 업무도 수행 할 수 있는 인공지능을 범용 인공지능(Artificial General Intelligence: AGI)이라고 한다. 일반적으로 인공지능의 유형을 크게 2가지 유형으로 구분하는데, 하나는 범용 인공지능(AGI)으로 컴퓨터로 사람과 같은 또는 그 이상의 지능을 구현하는 것이다. 즉, 사람처럼 생각하고 사람과 비슷한 일을 하는 기계를 가리킨다.

범용 인공지능(AGI)은 사람의 모든 감각, 모든 추론 능력과 함께, 인간 지능의 모든 특징을 가지고 있어서 마치 사람처럼 생각할 수 있다. 예를들어, 사람과 대화하며 동시에 바둑도 둘 수 있는 인공지능이다. 또 하나는 전용 인공지능(Artificial Narrow Intelligence: ANI) 이다. 전용인공지능(ANI)은 인간 지능의 전체가 아닌 단 몇 가지 측면만 지니고 있다. 특정 프로세스의 자동화 또는 해당 프로세스에서 특정 작업의 자동화처럼 매우 특정적인 작업에 기계를 사용하는 것이다. 예를들어, 구글의 알파고(AlphaGo)처럼 특정 문제만을 해결하는 인공지능은 좁은 인공지능 즉, 전용 인공지능(ANI)으로 현재 비즈니스 애플리케이션에서 각광 받는 기술이다.

인간은 받아들이는 정보의 특성에 따라 정보를 처리하는 방법과 이를 기억하는 방법이 상이하다. 특히 시각, 음성, 언어 등의 정보가 복합적으로 입력될 때 이를 종합적으로 이해하고 요약하고 기억하는 데는 한계가 있고 특별한 방법의 개발이 필요하다. 기존의 인간 기억 구조 모사 방법론은 대부분 단일의 정보를 처리하는 전용 인공지능(ANI) 방법론이 대부분으로 이들 정보를 종합적으로 처리하는 새로운 범용 인공지능(AGI) 방법론의 개발이 필요하다.

인공지능의 분류에 대해서는 AI 기술의 지능 정도와 AI 기술의 적용 방향(생각/행동)에 따라서 분류할 수 있다.

인간을 대체할 수 있는 정도의 지적 능력을 가지고 있는 시스템을 '강한 인공지능' 시스템으로 분류하고, 기본적인 논리에 초점을 두어 합리적으로 생각하고 활동하는 시스템을 '약한 인공지능' 시스템으로 분류한다. 과거에는 반복적인 인간의 업무 처리를 대신 하기 위하여 '약한 인공지능' 기반의 애플리케이션 개발이 주 였으나, 최근에 들어 AI 기술이 다양한 분야에 적용되면서 더 높은 수준의 지능을 소비자들이 요구하게 되었다. 인간의 높은 지적·판단 능력을 요구하는 법률이나 의료 분야나 인간과의 긴밀한 협업을 요구하는 분야에 AI 기술이 적용되기 시작하면서 '강한 인공지능' 기술에 대한 관심이 높아지게 되었다.

일부 인공지능 연구자들은 특정한 문제를 해결하기 위한 컴퓨터 프로그램을 개발하는 것도 중요하지만, 진짜 사람 수준의 인공지능을 연구하는 것이 더 중요하다고 주장한다.

범용 인공지능(AGI)은 인간이 수행하는 모든 지적 작업을 이해하거나 학습할 수 있는 기계로 한때 공상 과학소설의 소재에 머물렀지만, 컴퓨팅 하드웨어 발달과 학습용 데이터의 폭발적 증가, 또 이를 처리하는 기계학습(Machine Learning) 알고리즘의 연구 개발과 딥러닝(Deep Learning)의 급격한 관심과 성장으로 인해 범용 인공지능(AGI) 기술이 새롭게 부상하고 있다.

인공지능 기술 중 인간의 사고능력을 모방하는 기계학습 알고리즘의 성과는 시각지능과 자연어처리에 기반한 특정 분야에서는 이미 인간을 앞서며 생활과 비즈니스에서 크고 다양한 역할을 수행하고 있다.

정보통신기획평가원(IITP)은 '인공지능 기술 청사진 2030'에서 범용 인공지능의 연구 개발에 필요한 기술 개발 이슈를 [표8]과 같이 강조하였다.

[표8] 범용 인공지능을 위한 기술 개발 이슈

기술 개발 이슈	내용
인간의 기억 구조 모사	• 단편적인 장면과 문장을 이해하는 인공지능 기술에서 발전하여 인간 수준의 복잡한 장면의 연속, 문맥, 화자의 의도를 유추하기 위해서는 인간 기억 구조를 이해하고 개선하는 기술의 개발이 필요함
인간의 학습·추론·판단 기법 모사	• 단편적인 정보로부터 전략을 수립하고, 의사를 결정하는 기존의 인공지능 기술을 보다 범용의 기술로 발전시키기 위해서는 기존의 딥러닝 네트워크를 모듈화하거나, 자가학습 가능한 새로운 학습 모델의 개발이 필요함
인간 수준의 실세계 상호작용 및 적응 능력	• 로봇의 뇌의 역할을 하는 인공지능 기술이 실제 물리적인 몸체(Physical Body)를 제어하기 위해서는 사람의 인지 발달 과정을 모사한 보다 효율적인 인공지능 기술의 개발이 필요함 • 딥러닝으로 구현한 기술을 실제 몸체(Physical Body)와 연동할 때 발생하는 문제를 해결하는 것 • 보행과 도약을 학습하기 위한 기술, 로봇 손의 제어 기술 등
기호적 범용 인공지능 (Symbolic AGI)	• 전통적인 기호 인공지능을 바탕으로 한 범용 인공지능 구현 방법 • 기본적으로 기호 인공지능은 다양한 임무를 수행하기 때문에 딥러닝보다는 범용성이 높으나 다양한 관점에서 도전 과제가 부상
창발적 범용 인공지능 (Emergentist AGI)	• 창발적 범용 인공지능은 뇌 구조를 역공학으로 해석하는 것으로 큰 범주에서 딥러닝도 이 부분에 속함 • 주로 뇌과학 관련 거대 프로젝트와 뉴로모픽 칩 기반 상용화 프로젝트로 진행 중에 있으며, 인간의 뇌를 기계적으로 모사하는 것에 목표를 둠

*참고 : 인공지능 기술 청사진 2030, 정보통신기획평가원(IITP)

인공지능 인간 수준 이상의 성능을 구현하기 위해서는 인간이 경험하는 상황에 대한 복합적인 데이터 셋 구축이 필요하며, 다양한 기억을 모사하는 인공지능 방법론(메모리 네트워크, 장단기 기억 등)을 적용하고 발전시킬 필요가 있다. 인간 뇌의 동작 방식을 정확히 이해하고 이의 응용을 통해 기존 기술의 한계를 극복해나가는 연구 개발이 필요하다. 또한 인간의 뇌는 학습이 끝난 상태로 고정되어 있는 것이 아니라, 끊임없이 새로운 정보를 받아들이고 재학습을 수행하며 이를 기반으로 판단을 수행한다. 이와 같은 인간 뇌에 대한 신경과학적 특성, 즉 모듈화되어 있고, 자가학습 가능한 특성을 반영한 범용의 인공지능 기술의 개발이 필요하다.

범용 인공지능(AGI)의 진화와 발전 방향은 지능이 없는 기계에 사람처럼 지능을 갖게 하는 것으로 진화 발전되고 있다. 인공지능 연구자들은 범용 인공지능 연구 개발의 궁극적인 목표는 사람처럼 학습하고, 사람처럼 생각하고, 사람처럼 사고할 수 있는 능력을 갖춤으로써 인간과 동일한 수준에서 일반적으로 해결할 수 있는 능력이 인간 수준의 성능을 능가할 것으로 예측하고 있다.

10. 인공지능 개발 트렌드와 미래 진화 방향

인공지능은 최근 수년간 매우 빠른 속도로 진화하고 있다. 과거 이론에 머물거나 제한된 기능만을 수행했던 인공지능은 이제 실제 구현을 통해 그 성능을 증명해내고 다양한 현실 세계의 문제에 하나씩 적용되기 시작했다.

인공지능은 구글, 아마존, MS, 페이스북 등 인공지능 분야에 선두 그룹에 속해있는 글로벌 기업들의 인공지능 분야의 지속적인 연구 개발과 2010년을 전후해 혁신적으로 발전한 알고리즘, 컴퓨팅 인프라(클라우드 및 GPU), 빅데이터 기술이 서로 융·복합되면서 이런 성과를 이루어 내고 있다. 또한 인공지능을 학습 시킬 수 있는 충분한 데이터가 확보되면서 이론에서 현실로 잘 나오지 못했던 인공지능이 우리의 곁으로 다가오게 된 것이다. 빠르게 발전하고 있는 인공지능은 이제 여러 분야에서 사람의 능력을 넘어서는 수준으로 구현되고 있다.

딥러닝으로 인한 인공지능의 발전은 인간의 인지(보다. 듣다. 읽다), 학습(반복 학습을 통해 지식 고도화), 추론(학습된 지능에 기반 인지된 한경에 대한 추론 및 예측), 행동(문제를 스스로 발견하고 해결하며, 지능, 추론 능력에 기반한 자율적 판단 및 행동)과 같은 인간 지능 영역의 전 과정에 걸쳐 혁신적인 진화를 만들어 내고 있다[그림8].

[그림8] 인공지능의 최근 개발 트렌드

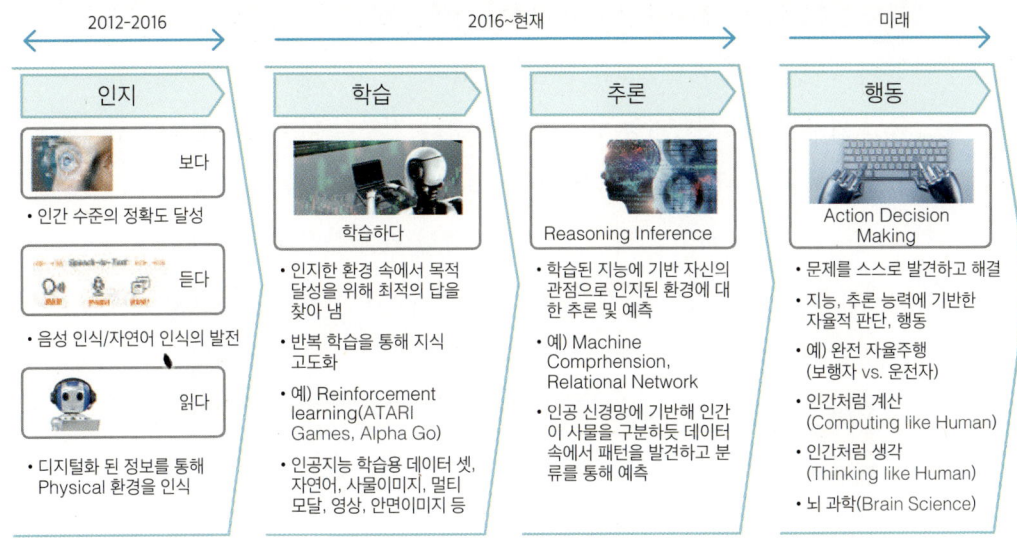

*참고: 이승훈, "최근 인공지능 개발 트렌드와 미래의 진화방향", LG경제연구원, 2017.12.

　광범위한 분야에 걸쳐 인간처럼 외부의 정보를 인식하고, 학습하며, 추론하고, 행동하는 인공지능에 대한 연구가 활발히 진행되고 있다. 특히 자연어 처리, 시각, 청각지능 분야의 발전으로 인해 인공지능은 이제 사람보다 더 높은 정확도로 사물을 인식할 수 있고, 사람과 비슷한 수준으로 언어를 이해하고 대화 할 수 있게 되었다. 이러한 인식분야의 발전으로 인공지능은 이제 외부의 수많은 다양한 데이터를 스스로 인식하고 이해해서 지식화 할 수 있는 '정보'로 받아드릴 수 있게 되었다. 그 동안 축적되어온 엄청난 빅데이터를 기계가 스스로 학습할 수 있게 되면서 인공지능의 지능이 혁신적으로 발전하고 있는 것이다.

　인공지능의 발전 트렌드를 살펴보면, 2012년을 기점으로 본격적으로 발전하고 있는 인지 분야의 지능은 이미 인간 능력 이상의 수준으로 구현되고 있다. 지능 발전의 가장 큰 걸림돌이었던 인지 분야의 해결은 인공지능이 현실 세계를 인간처럼 인식하는 것을 가능하게 하였고 이에 기반한 학습/추론/행동 분야의 연구가 매우 활발하게 진행되고 있다.

음성 인식분야의 인공지능 연구는 매우 오래 전부터 다양한 기업들이 연구, 개발을 해오고 있지만 현재까지도 자유로운 대화가 가능한 완벽한 수준까지는 구현되지 못하고 있다. 전문가들은 음성 인식 분야의 지능이 빠르게 발전되지 못했던 이유를 기계가 인간의 언어를 인식하기 위해서는 개별 단어의 의미를 이해하는 것을 시작으로 구문/문장 등 매우 복잡하고 다양한 단어들의 관계들이 정확하고 정교하게 모델링 되어야 하고, 정확한 언어 이해를 위해 특정한 분야의 전문지식이 바탕이 되어야 하는 경우 각 분야의 전문가가 언어 모델의 작성에 개입해야 하는 등의 한계가 있기 때문이라고 강조 한다. 하지만 최근 딥러닝이 적용되면서 과거와 달리 사람(전문가)에 의존하지 않고 인공지능이 데이터에 기반한 학습을 통해 스스로 언어를 이해하게 하는 방식으로 전환되고 있다.

2012년을 시작으로 본격화된 딥러닝의 발전은 2016년 알파고의 출현을 기점으로 전환점을 맞이하였다. 과거 알고리즘, 컴퓨팅, 데이터의 한계로 인해 얕은 신경망(Shallow Net)에 그쳤던 딥러닝이 깊이(Depth)의 한계를 극복하며 이제 시각/청각 지능에 대해서는 인간레벨(Human-Level) 혹은 그 이상의 인공지능을 구현하고 있다.

최근에는 강화학습(Reinforcement Learning) 및 관계형 추론, 예측 기반의 행동 분야 연구가 활발히 진행되며 인공지능이 인간의 사고 영역에 한걸음 더 다가 섰다. 수 십만 번 이상의 반복 학습을 통해 터득하게 된 인공지능의 방법은 때로는 사람들이 전혀 생각해 내지 못했던 방식으로 문제를 해결해 내기도 한다. 게임과 같은 가상의 환경을 중심으로 연구되어 온 강화학습은 최근에는

3차원 환경, 현실 세계를 반영한 환경에서 연구가 진행되고 있다. 특히 일부 기업들의 연구소에서는 향후 제품, 서비스 탑재를 목적으로 강화학습 기반의 인공지능을 연구, 개발하기 시작하고 있다.

한 걸음 더 나아가 인공지능은 이제 다양한 정보들을 조합해 자신의 관점으로 새로운 명제를 추론(Inference/Reasoning)하거나 미래를 예측하고 행동하기도 한다. 인간의 고유 영역이라고 여겨져 온 추론/행동 분야의 연구는 2017년을 전후해 빠르게 발전해오고 있다. 특히 알파고를 구현한 딥마인드는 인공지능이 마치 인간처럼 추론하고 행동하는 논문을 잇따라 발표하며 인간처럼 유연한 사고가 가능한 인공지능 구현의 가능성을 보였다. 영상 혹은 텍스트로 주어진 정보를 개별적으로 인식하는 수준을 넘어 다양한 정보 간의 상대적인 관계를 직관적으로 파악해 추론해 내거나, 어떤 행동을 실행할 때 단순히 현재 상황에서 최선을 선택하는 것이 아니라 미래에 일어날 일들을 예측해서 행동하기도 한다. 불가능 할 것 같았던 관계형 추론, 예측 기반의 행동 분야의 인공지능 연구가 그 가능성을 보이면서 향후 인공지능의 발전은 한 단계 더 진화할 것으로 전망된다.

인공지능을 더 발전 시키기 위해서는 막대한 양의 데이터와 컴퓨팅 파워가 필요하다. 데이터를 인위적으로 생성해 인공지능의 학습 과정에 활용하거나 현실을 정교하게 반영한 시뮬레이터를 구현해 반복학습 이 가능한 환경을 가상으로 만들어 내기도 한다. 혹은 구현된 인공지능을 매우 단순화 시키거나 이미 학습된 지능을 다른 인공지능에 이식하여 새로운 지능 구현에 활용함으로써 학습 과정에 필요한 데이터나 컴퓨팅 파워를 최소화하기도 한다.

지능형 알고리즘을 통해 발전해가고 있는 인공지능 기술은 지능형 금융서비스, 법률서비스 지원, 의료진단서비스, 기사작성, 지능형 로봇, 지능형 비서, 지능형 감시 시스템, 지능형 추천 시스템, 지능형 스팸분류 등 다양한 산업 분야에서 이미 널리 사용되고 있다. 점점 더 빠르게 발전해 가고 있는 인공지능은 인식 및 판단(Perception & Decision making)기능과 학습 기능을 활용해 스스로 빠른 속도로 똑똑해지고 있다.

인공지능관련 연구자료를 보면 인공지능의 미래 진화 방향은 기존 인공지능과는 다른 전혀 새로운 방식으로 인공지능을 구현하려는 시도들도 시작되고 있다. 최근 수년 동안 인공지능이 엄청난 발전을 이루었지만 자율적인 판단과 능동적인 행동에 기반하는 인간의 지능과는 큰 차이가 있는 것이 현실이다. '인간처럼 계산(Computing like Human)'하는 지능을 넘어 '인간처럼 생각(Thinking like Human)'하는 지능을 구현하기 위한 노력들이 요구되고 있는 것이다. 이러한 노력들 중 하나로 신경 과학(Neuroscience), 뇌과학(Brain Science) 분야에서의 인간 뇌에 대한 근본적인 연구를 컴퓨터 과학 분야의 연구에 접목 시켜 전혀 새로운 방식으로 인공지능을 구현하려는 시도도 시작되고 있다.

이렇듯 인간의 고유 영역이라고 생각되었던 분야에서 하루가 다르게 인공지능이 구현 되고 있으며 그 성능 또한 인간의 수준을 빠르게 따라잡고 있다.

기업의 미래 비즈니스 생태계는 인공지능과 같은 소프트웨어(Software, SW) 기술의존도를 높이는 방향으로 진화되고 있다. 글로벌 조사기관 가트너 심포지움(Gartner Symposium)에서 전문가들은 과거의 일 방향 단일 가치사슬 생태계에서 다수 참여자(N:N) 간 거래하는 플랫폼 생태계를 거쳐, 향후 분산형 생태계로 진화할 것으로 전망하고 있다. 분산형 생태계란, 데이터, SW기반 연결이 극대화되어, 어떤 기업과도 연계, 협업이 가능한 완전 네트워킹(Fully-networked) 생태계를 의미한다. 단일 가치사슬 생태계에서는 파트너와의 효율적 거래구조가 핵심이고, 플랫폼 생태계는 참여 기업간 연계를 통한 비즈니스혁신이 경쟁력을 좌우한다. 분산형 생태계에서 기업 경쟁력의 핵심은 산재한 리소스(Resource) 즉, 데이터, 기술, 인력, 서비스를 연계하여 가치를 창출하는 것으로,

인공지능과 같은 SW기술 의존도가 더욱 높아질 것이다. 인터넷, 모바일, DB 등 구 정보기술이 현재의 플랫폼 생태계를 이끌었다면, 인공지능, 블록체인, 클라우드, 등 신 정보기술은 제품과 서비스 간, 산업 간, 플랫폼 간, 경계를 허물고 데이터, SW기반 연결을 극대화시켜 분산형 생태계 구축을 주도하게 될 것이다. 그래서 경계가 사라진 비즈니스 환경에서는 이종 영역 간 연계 과정이 복잡해지고 활용 리소스도 다양해져, 인공지능과 같은 SW기술 의존도가 더욱 높아질 것으로 보고 있다. 미래에는 인공지능의 머신러닝을 통해 스스로 소프트웨어 설계를 최적화하여 이종 영역간 연계를 간단하게 할 수 있을 것이다.

전문가들은 인공지능이 다양한 분야에서 신속 용이하게 활용되지 못하고 있는 한계를 극복하기 위해 [그림9]와 같은 방향으로 발전할 것으로 전망하고 있다. 대표적으로는 AI 기술 및 학습데이터 구축 등 전문가의 개입 없이도 다양한 타겟 응용에 용이하게 적응하여 업무처리 숙련도가 성장하는 지능, 일반 사람들이 익숙하지 않은 특정 전문분야에서의 슈퍼휴먼 성능과 함께, 어린아이도 잘하지만 현존 AI에는 결여된 융통성 발휘를 위한 일상생활 속 공통 기초 지능, 초기에 설정한 목표나 업무 환경이 불분명하거나 수시로 변하는 복잡한 문제의 경우에도 유연하게 적응하기 위해 인간과 협업하여 문제를 해결해 나가는 지능, 사람의 지능처럼 가끔 오류도 있지만 오류를 깨닫고 자가 교정하는 회복탄력성이 있는 지능, 향후 인공지능 기술의 광범한 도입으로 인해 야기될 소지가 큰 부작용에 대한 법적인 규제에 대비한 편향성, 공정성 등의 문제 인식과 자가 통제 지능 등을 적용하며 발전할 것으로 전망하고 있다.

[그림9] 인공지능의 발전 방향

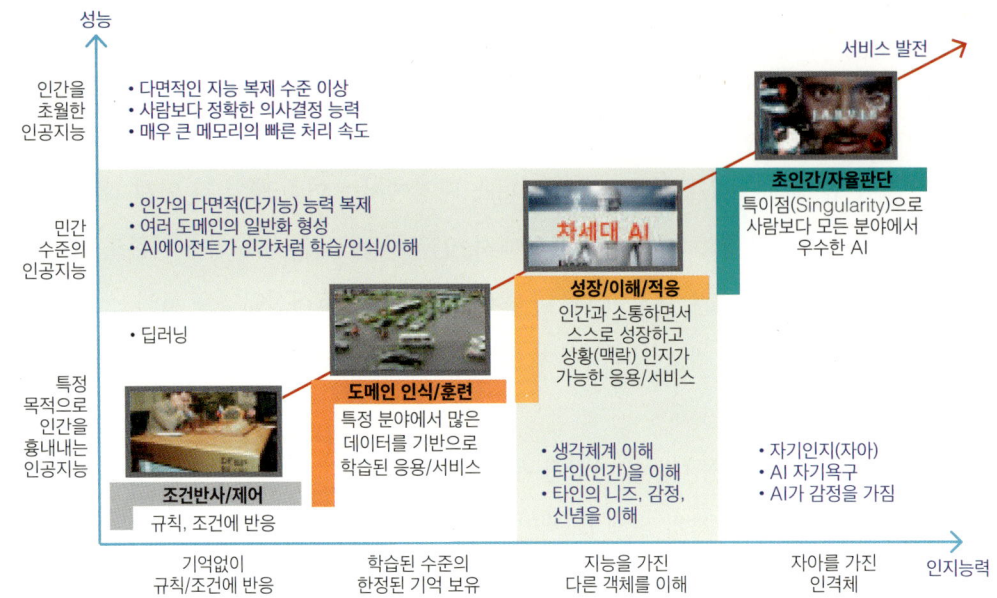

*참고: 인공지능 기술청사진2030

지금은 인공지능을 기반으로 한 글로벌 경쟁시대이다. 미래의 분산형 생태계를 대비한 기업의 인공지능 활용의 성패는 다양한 리소스(데이터, 기술, 인력, 서비스)간의 창의적 연계를 통해 새로운 가치를 창출하고 활용하는 것이다. 그래서 기업의 경영진과 구성원들은 인공지능기술을 좀 더 적극적으로 이해하고, 학습하고, 다양한 활용사례를 분석하여 자체 기업의 비즈니스에 적용 및 활용할 수 있도록 하는 것이 기업의 지속성장에 중요한 요소가 될 것이다.

11. 인공지능 모델과 알고리즘 간의 관계

알고리즘(Algorithm)은 어떤 문제를 해결하기 위한 절차나 방법을 말한다. 컴퓨터 프로그램은 정교한 알고리즘들의 집합이라고 간주할 수 있다. 수학이나 컴퓨터 과학에서 말하는 알고리즘은, 보통 반복되는 문제를 풀기 위한 작은 프로시저를 의미한다.

인공지능(AI), 머신러닝, 딥러닝은 자율적으로 데이터에서 패턴을 찾고 예측과 대응 방안을 활성화 하기 위해 애널리스트가 아닌 알고리즘에 의존한다.

우리가 사용하는 일반적인 프로그래밍인 명시적 프로그래밍 대 머신러닝과 딥러닝과의 차이점을 살펴보면 다음과 같다. 명시적 프로그래밍은 특정 작업을 완수하기 위한 특정 명령어 세트를 가지고 있는 직접 작성한 소프트웨어 루틴이다.

　머신러닝은 컴퓨터를 학습시켜서 명시적 명령어 없이 작업(예측)을 수행하기 위한 능력을 획득하고 새로운 상황에서 동일한 문제를 해결하기 위해 수많은 사례로부터 학습하기 위한 (경험을 얻기 위한) 알고리즘을 개발해 나간다.

　딥러닝은 각 계층이 다음 계층으로 데이터를 전달하는, 여러 계층의 신경세포(Neuron: 뉴런)를 가지고 있는 신경망 기반으로 스스로 올바른 피쳐(중요한 특징)를 찾아 집중적으로 학습할 수 있다.

　딥러닝은 기계에게 어떤 피쳐를 사용할지(즉, 어떤 것이 가장 중요한지)를 아무도 알려주지 않아도 된다고 장담하는 기술이다. 기계가 자동으로 알아낸다는 것이다. 사용자는 기계가 스스로 중요한 피쳐를 선정하게 될 모든 피쳐를 입력해주기만 하면 된다. 명확한 장점이기는 하지만, 고용량의 데이터 요구사항과 많은 계산 처리 용량과 함께 긴 학습시간이 필요하다.

머신러닝과 딥러닝 모델에는 주어진 데이터(전에 보았던 것)를 가지고 학습한 다음, 새로운 데이터(전에 본 적이 없는 것)에 대해 올바른 의사결정을 하기 위한 일반화를 하자는 생각이 깔려있다. 그런다면 모델은 무엇으로 구성되는가? 모델이 3가지 구성요소로 이루어진다는 점이 한 가지 정의가 되겠다.

- 데이터: 모델을 학습할 때 과거 데이터(Historical Data)를 사용한다. 예를 들어, 피아노 연주를 학습할 때 입력하는 데이터로는 여러 가지 음표, 상이한 유형의 음악, 서로 다른 작곡가 스타일 등이 있다.
- 알고리즘: 학습 프로세스에서 모델이 사용하는 일반 규칙. 다시 피아노를 예로 들면, 내부 알고리즘이 악보, 피아노 운지법, 언제 그리고 어떻게 페달을 밟아야 하는지 등을 알아보라고 말해 줄 수도 있다. [표9]는 모델과 알고리즘 간의 관계를 보여준다.
- 하이퍼파라미터: 데이터 과학자가 모델 성능을 개선하기 위해 조절하는 '손잡이' 역할을 한다. 데이터에서 학습되지 않는다. 피아노 연주를 예로 들면, 하이퍼파라미터는 음악 작품을 얼마나 자주 연습하는지, 어디서 연습하는지, 연습하는 시간, 연습용으로 사용하는 피아노가 무엇인지 등을 포함한다. 이런 '손잡이'를 조절하면 피아노 치는 법을 학습하는 능력이 개선된다는 생각이다.

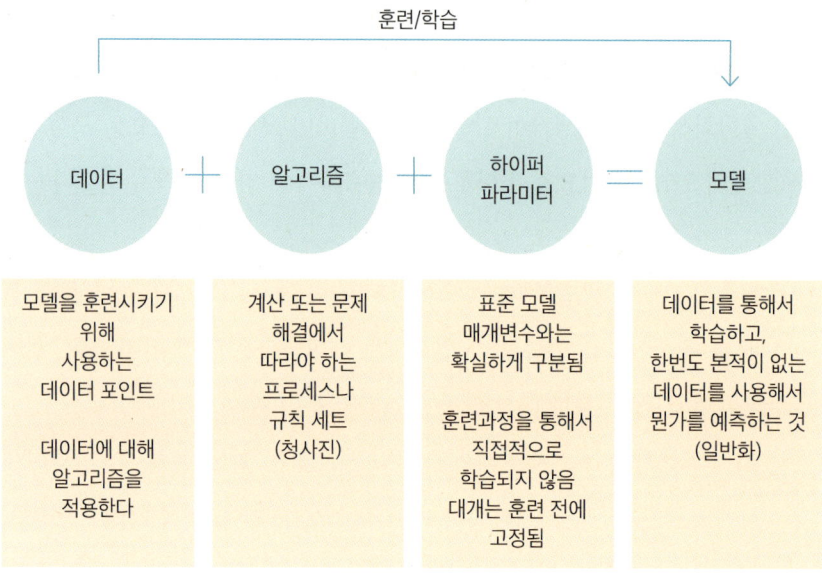

[표9] 모델과 알고리즘 간의 관계

*참고: IDG Korea

    이 모든 것을 합치면 피아노 연주 모델이 된다. 이론적으로는 얼마나 잘 훈련 받았느냐에 따라, 처음 보는 새로운 음악의 악보라고 해도 그 연주 여부가 결정될 것이다.

    일반적인 머신러닝 알고리즘 유형은 다음과 같다.

    회귀는, 여러 데이터 포인트를 통과하는 곡선이나 직선을 그리는 것이다. 즉, 데이터 포인트에 곡선이나 직선을 일치시켜서 데이터 포인트간의 거리격차가 곡선 또는 직선으로부터 최소화되도록 한다. 예를 들어 위치, 평수 또는 침실 개수에 근거한 집 값을 구하거나, 주제, 날짜, 시간 또는 경품에 기초한 밋업 참석자 등을 구할 때 사용된다.

    분류는, 어떤 대상이 속하는 그룹을 결정한다. 이진 분류(Binary Classification)

(2개의 그룹)는 어떤 대상이 예를 들어, 그림 속의 동물이 개인지 아닌지 처럼 특정 클래스에 속하는지 아닌지를 결정한다. 예를 들어 고객 이탈 또는 비 이탈, 사기 또는 정상거래, 질병보유 또는 미 보유 환자, 질병 종류 등 동물의 예를 다시 들면, 다중 분류(Multiclass Classification)(2개 이상의 그룹) 는 그 동물이 개, 고양이, 새 등에서 어디에 속하는가를 말한다.

클러스터링(그룹핑)은 분류와 비슷하지만, 사전에 범주를 알 수 없다. 데이터를 가장 공통점이 많은 그룹으로 가장 잘 체계화하기 위해 데이터에 내재된 구조를 사용하여 그룹핑 하는 것이다. 예를 들어 시장세분화, 타깃 마케팅, 이탈율 감소, 이상점 규명 예를 들면, 고위험군 환자, 의심스러운 거래 등에 사용된다.

다시 동물 그림의 예를 사용하면, 3가지 유형의 동물이 있다고 정할 수 있지만, 그 동물이 무엇인지는 모르고 있기 때문에, 그냥 그룹별로 나누는 것만 할 수 있다. 보통 클러스터링은 지시 데이터가 부족하거나 개나 고양이 또는 새 같은 특정 그룹에 제약 받지 않고 데이터에 내재되어 있는 자연스러운 그룹을 찾고 싶을 때 사용한다. (비 지도 학습)

시계열은 데이터 순서가 중요하다고 가정한다(일정 기간 동안 수집한 데이터 포인트에 고려 해야 할 내부 구조가 있다). 예를 들면, 계절성을 알아내기 위해 일정 기간 동안의 매출 추이를 파악해서 홍보 이벤트와의 연관성을 찾고자 할 수 있기 때문에 판매 데이터를 시계열로 간주할 수 있다. 반면에, 동물 그림의 순서는 분류 목적상 별다른 의미가 없다.

최적화는 주어진 체약조건을 최대 또는 최소화 시키는 것이다. 여러 개의 변수가 같은 방향으로 이동하지 않을 때, 최상의 가치를 달성하기 위한 방법이다. 예를 들어 기계활용 최대화, 수송시간 최소화, 가장 가치 있는 물건의 배달 등에 사용 된다.

자연어처리(Natural Language Processing: NLP)는 자연어는 일반 사회에서 자연히 발생하여 사람이 의사소통에 사용하는 언어로, 컴퓨터에서 사용하는 프로그래밍 언어와 같이 사람이 의도적으로 만든 인공어(Constructed Language)에 대비되는 개념이다.

텍스트를 입력과 출력으로 사용하고, 챗봇, 주요 데이터 필드에 대한 의사의 노트 같은 비정형 수기 기록의 정리, 그리고 뉴스 기사 자동 작성 같은 인간의 언어 사용 능력과 이해를 흉내 내려 하는 일반 범주의 알고리즘이다. 또한 악보의 변경, 자동 완성, 다음 단어 제안, 맞춤법 검사기 등에 사용된다.

이상 탐지는 데이터에서 이상한 점을 찾아낼 때 사용된다. 예상된 형태와 일치하지 않는 이상한 패턴을 규명하는 것이다. 공정 관리도와 비슷하지만 입력으로 훨씬 더 많은 변수를 사용한다. 이상 탐지는 '정상적인' 운영 매개변수를 정의하기 어렵고 시간이 흐름에 따라 바뀌는 경우에 특히 유용하며, 이상 탐지가 자동으로 조정되기를 바랄 것이다.

12. 인공지능 학습용 데이터셋 구축 방법과 전략

12.1 인공지능 학습용 데이터 개요

인공지능(AI)은 데이터가 없으면 무용 지물이다. 그래서 AI가 스스로 인식, 이해하기 위해서는 AI 소프트웨어(SW)가 사물간 연관성을 이해할 수 있는 형태로 가공된 대규모 AI 학습용 데이터가 필요 하다.

미국, 유럽 등 AI 선도국에서는 대학 및 글로벌 기업, 연구소를 중심으로 300여개 이상의 AI 학습용 데이터 셋 공유 및 확산하는 민간 중심의 선순환 생태계 조성이 활발하게 진행되고 있다.

우리나라도 지능정보사회로의 패러다임 대 전환기를 맞아, 4차 산업혁명의 성공이 고도의 인공지능 기술 확보 및 데이터와 인공지능 간 유기적인 융합에 달려있다고 판단하고, 인공지능 및 데이터의 가치와 중요성을 그 어느 때보다 강조하고 있다. 이러한 추세에 맞춰 정부주도 '데이터 댐' 구축을 목표로 '디지털뉴딜' 사업 등 다양한 데이터 기반 정책을 추진하고 있고, '데이터 댐'의 핵심 사업으로 대규모의 인공지능 학습용 데이터를 구축하고 민간에 개방함으로써 인공지능 기반의 산업 생태계 확산을 추진하고 있다. 즉, 국가의 디지털 역량을 강화하기 위한 인공지능 학습용 데이터를 범국가적으로 모으고 있다.

국내 중소·벤처기업들은 AI 학습용 데이터를 자체 구축하기에 많은 시간과 비용이 소요되고 원천 데이터 확보의 어려움을 호소하고 있고, 규모가 작은 스타트업은 데이터 확보가 쉽지 않을 뿐만 아니라 데이터 가공에도 많은 비용이 소요 되므로 정부 주도의 데이터 구축·보급 필요성이 더욱 강조되고

있다.

  인공지능 학습용 데이터 구축을 위해서는 학습 임무정의, 데이터 획득, 데이터 정제, 데이터 라벨링, 데이터 검사 등 인공지능 학습용 데이터를 구축하는 일련의 활동들이 필요하다.

  인공지능 학습용 데이터는 인공지능 기술인 추론 및 기계학습, 지식표현 및 언어지능인 자연어처리, 시각지능, 컴퓨터 비전, 청각지능, 복합지능 등에 활용하기 위한 학습용 데이터이다. 대표적인 학습용 데이터는 한국어-영어 번역 말뭉치, 사물 이미지, 글자체 이미지, 인도(人道) 보행영상, 멀티모달 영상, 사람동작 영상, 안면 이미지, 위해물품 이미지, 질병진단 이미지, 이상행동 CCTV 영상 등이 있다.

  위와 같은 인공지능 기술에 활용될 수 있는 인공지능 학습용 데이터를 구축하기 위해서는 데이터 구축의 필요성이 있어야 한다. 공통적인 예를 텍스트 데이터를 구축하는 것을 설명하면 다음과 같다.

  인공지능이 텍스트를 이해하고 핵심 내용을 요약적으로 전달하기 위해서는 인공지능 소프트웨어가(SW)가 해당 텍스트의 주요 내용이 무엇인지를 이해할 수 있는 형태로 가공된, 다양한 유형의 대규모 요약 텍스트 데이터 구축이 필요하다. 국내 인공지능 기반 요약 기술 개발과 관련된 다수의 연구들에서는 해당 텍스트의 제목을 본문의 요약문으로 가정하거나 뉴스 기사의 제목 혹은 첫 문장을 전체 기사의 요약문으로 가정하여 학습데이터로 활용함에 따라 본문 전체의 핵심 내용이나 의미 전달을 온전히 포함하지 못하는 한계점을 가지고 있다. 특정 채널에 편향되지 않는 요약기술 개발을 위해서는 채널별로 균형 있는 데이터 원문 수집과 함께, 텍스트 성격에 따라 핵심내용에 영향을 미치지 않는 부분들에 대한 정제 작업이 필수로 요구된다.

텍스트데이터 인공지능 학습용 데이터 구축 목적은 단순한 데이터 수집, 모음이 아닌 구축된 데이터를 인공지능 학습 모델에 적용하여 의미 있는 수준의 정확도를 확보하고 서비스 등에 유용하게 활용되는 것을 목표로 한다. 목적 정의에는 데이터의 구축 배경 또는 필요성, 구축되는 데이터에 대한 명확한 정의, 구축 방향 및 활용(예상) 분야 등을 포함한다. 구축될 학습용 데이터가 실제로 어떤 산업, 서비스, 연구분야에서 활용될 수 있는지, 정의하여 데이터 구축 방향에 대한 타당성을 재확인할 필요가 있다. 데이터의 저장, 기록이나 해석에서 오류의 가능성이 없도록 명확한 단어, 어휘체계를 사용하여 정의해야 중복 작업 또는 구축된 학습용 데이터를 효과적으로 활용할 수 있다.

12.2 인공지능 학습용 데이터 구축 시 고려 사항

가. 데이터 종류 및 규모

인공지능 학습용 데이터 구축 시 고려사항으로는 먼저 획득해야 할 데이터의 규모를 설정한다. 이때 대상으로 하는 산업 분야 및 서비스에서 요구되는 수준과 사업기간과 획득에 드는 시간과 비용을 종합적으로 고려하여 구축 규모를 선정해야 한다. 그리고 데이터 활용 분야를 고려하여 구축되는 데이터의 어노테이션(Annotation) 타입을 [표10]과 같이 정의한다.

어노테이션이란 데이터 라벨링 시 원천데이터에 주석을 표시하는 작업을 의미하며, 추가 부착되는 설명정보 데이터는 기능 목적에 따라 다양한 형태로 표현될 수 있으며 이러한 설명정보 표현방식을 지칭한다.

[표10] 텍스트 데이터 어노테이션 타입 및 용도

어노테이션 타입	주요 활용 용도
클래스 라벨 (단일, 다중)	• 텍스트 분류(Text Classification) ※ 감성, 주제 등
단어(구문) 라벨	• 명명된 엔티티(용어, 단어) 인식(Named Entity Recognition)
텍스트 라벨	• 문장 번역 • 문장 요약
단어(구문) 라벨링 및 두 단어 사이의 관계	• 관계-의존성 정의 (Relation-Dependencies)
기타	• 그 밖의 용도

나. 데이터 구축 프로세스 정의

다음은 데이터 구축 프로세스 정의로 데이터 구축 목적 정의, 데이터 획득, 데이터 정제, 데이터 라벨링, 데이터 검사에 이르는 일련의 데이터 구축 프로세스를 사전에 정의 하고, 각 프로세스에 따르는 이슈 및 검토사항 등을 도출한다. 데이터 구축 프로세스는 [표11]과 같이 구축 단계별 주요 작업에 대해 서술하나, 순서도·표 등을 활용해 구조화하여 구축 관계자 및 작업자들이 쉽게 이해할 수 있도록 한다.

[표11] 데이터 구축 프로세스 정의

단계	세부 절차	설명	산출물
준비	작업 환경 구축	작업 도구 선정	
	작업 환경 구축	획득할 데이터의 규격 및 조건 선정	
	데이터 제공 기관 검토	작업자 모집 기관을 검토	
	작업자 확정	원시데이터 작업자 및 제공자와 계약 체결	개인정보수집 및 이용 동의서, 근로계약서, 저작권활용계약서
	작업 지침서 작성	작업 지침서 및 가이드 동영상 제작	작업 지침서 가이드 동영상
획득	원시데이터 획득	카카오톡 대화문(텍스트) 형태의 원시데이터 획득	원시데이터
정제	부적합 데이터 선별	데이터 수집 요건 미충족 대화 제외 중복 데이터 제외	요건 미충족 및 중복 제외 데이터
	데이터 비식별화	개인정보 마스킹 및 비식별화 민감정보 등의 삭제	비식별화 데이터
라벨링	작업 인력 교육	데이터 라벨링 작업 교육	
	요약 데이터 구축	비식별화 데이터의 요약 작업	요약 데이터
	유형 및 주제 구분	요약 데이터의 유형 및 주제 구분 작업	라벨링데이터

검사	요약문 검사	요약문 검사 기준 부합 여부 확인	검사 완료 데이터
	외부 기관 품질 인증	관련 외부 기관의 품질 인증	품질 인증서

다. 데이터 획득 및 정제 방법

인공지능 학습용 데이터 구축에 필요한 원시데이터 항목을 검토하고, 각 항목 별로 데이터 획득에 필요한 정보(데이터 획득정보, 획득방법, 획득 단계에서 필요한 요건 등)들을 검토하여 문서화한다. 원시데이터 대상 및 획득방법을 아래와 [표12]와 같이 육하원칙에 따라 정의할 수 있다.

[표12] 원시데이터 획득 시 검토사항 및 예시

5W1H	항목	예시
What	측정대상 획득 시 포함되어야 할 변수들	• 사회적으로 많이 활용·언급되는 상식, 지식 텍스트 • 시간별, 주제별, 지역별. 매체별 검토 (필요시 도메인 전문가, 인공지능 전문가 협의 후 대상 객체를 명확히 함)
When	획득 기간 (From, To)	• 뉴스 데이터(1주, 11.14 ~ 11.20), 인터넷 커뮤니티 데이터(2주, 11.21~12.4), 법률 데이터(1주, 12.5~12.11)
Where	획득장소 / 프로세스	• 00 주식회사 데이터팀 내 데이터 수집 서버
Who	획득 담당자 / 획득하는 사람	• 00 주식회사 데이터팀 데이터 수집 담당자

How	획득 방법, 측정주기, 샘플 크기, 데이터 양식	• 뉴스, 커뮤니티, 법률 분야별 데이터를 제공하는 기관(기업)의 데이터 수집 API 신청 후 수집 서버와 연결하여 수집하며, json 파일에서 메타데이터는 DB로, 본문은 txt 파일로 변환하여 저장
Why	측정 목적 / 기대 결과	• 목적에 맞는 획득 데이터 이해와 프로세스 능력의 파악 / 추세분석

데이터 획득항목은 획득단계에서 텍스트 문장과 함께 확보해야 할 정보들이다.

텍스트 메타데이터(제목, 텍스트 길이, 생성일 등), 도메인 정보(주제, 매체유형, 획득처, 문장유형 등) 등 텍스트 데이터 획득 시 수집 및 저장할 정보를 사전에 정의한다.

라. 획득 데이터 정제 방식

획득 데이터를 정제하는 방식은 먼저 정제 프로세스를 수립하는 것이다. 어노테이션 단계에 들어가기 전에 학습용 데이터로 적합한 데이터를 선별하고 처리하는 정제 프로세스를 획득방법 별로 수립한다. 데이터 정제는 도구(소프트웨어)를 활용하여 정해진 규칙에 따라 제외 또는 변환하는 방법, 작업자가 직접 눈으로 확인하여 검사하는 방법 등을 적용할 수 있다. 그리고 데이터 구축 목적, 데이터 유형, 도메인 특성에 따른 데이터 정제 기준을 수립한다. 텍스트 분량, 텍스트 문법의 정확성, 텍스트 내용의 적절성, 획득 주제와의 연관성 등을 고려하여 부적절한 데이터를 필터링하거나 라벨링하기 적합한 형태 및 내용으로 수정한다.

마. 데이터 라벨링 작업

원천데이터 내에서 어떤 항목들을 라벨링 해야 하는지 대상과 범주를 먼저 정의하고, 원천데이터 내에서 데이터 구축 목적에 부합하는 내용을 최대한 반영할 수 있는 정보를 라벨링할 수 있도록 라벨링 대상 범위를 정의 한다. 데이터 품질 및 구축 목적과 무관한 내용을 불필요하게 라벨링하는 사항의 존재 여부 등을 검토하여 가능한 데이터 특성 식별 분류 체계에 맞는 것만을 라벨링 한다. 특히 텍스트 전체에 대한 라벨링이 아닌, 하나의 텍스트 안에 특정 키워드, 문장 등을 라벨링해야 하는 경우 작업자들이 어떤 대상을 라벨링해야 하는지 판단할 수 있도록 세부적인 기준을 마련한다. 원천데이터에 포함된 개인정보는 라벨링 대상에서 제외하거나, 익명 처리 등 비식별화를 통해 개인정보를 알아볼 수 없게 라벨링한다.

텍스트 데이터 라벨링 작업은 사전에 인공지능 학습 데이터 구축 목적, 도메인, 활용 분야(번역, 문서 요약 등, 대화형 챗봇 등)를 고려하여 텍스트 입력 절차 및 기준을 수립하고 작업하는 것이 좋다.

인공지능 학습용 데이터셋을 구축하는 방법과 절차는 음성데이터, OCR 이미지 데이터, 영상 데이터, 사물 이미지 데이터셋 등도 앞에서 설명한 텍스트 데이터와 같은 방법으로 인공지능 학습용 데이터를 구축 한다.

데이터 바우처 사업이란?

인공지능(AI) 개발에 필수적인 '데이터(Data)'. 하지만 빅데이터 구축에 필요한 시간 및 비용 문제로 인해 스타트업과 중소기업은 현실적인 한계에 부딪칠 수밖에 없다. 정부는 자본이 약한 작은 기업도 데이터 걱정 없이 신기술에 도전할 수 있도록 필요한 데이터 . 가공서비스를 사전에 지정된 공급기업으로부터 제공 받아 활용할 수 있도록 학습용 데이터가 필요한 수요기업에게

'바우처' 형식으로 지원하는 사업이다.

13. 빅데이터 활용과 인공지능 플랫폼 구축 전략

13.1 딥러닝과 빅데이터 관계

  딥러닝 기술의 활용에 필수적인 것이 '데이터(Data)'이고 인공지능을 더욱 똑똑하게 만들며 확산하는데 빠질 수 없는 개념이 바로 빅데이터(Big Data)이다. 인공지능을 연구하는 많은 사람들은 인공지능 모델보다 데이터의 이해가 더 중요하다고 강조한다.

  마치 많은 책을 본 학생이 더 정확한 답을 찾는 것과 마찬가지로, 컴퓨터의 딥러닝에 있어 빅데이터는 교과서처럼 핵심적인 요소이다. 컴퓨터의 수많은 데이터를 통해 일정한 패턴을 파악하고 스스로 학습하여 성능을 향상 시킬 수 있는데, 데이터의 양이 많을수록 시행착오의 가능성도 줄어들기 때문이다. 빅데이터 외에 딥러닝에 중요한 것은 뚜렷한 목적, 즉 수익 모델이다. 대규모 데이터를 딥러닝 기술로 잘 분석하더라도 최종적으로 어떤 가치를 만들어낼지 목적이 불분명하다면 딥러닝의 활용 의미가 없어지기 때문이다.

  우리나라는 정보기술의 급속한 발전으로 지능정보사회로의 패러다임 대전환기를 맞아 정부가 주도하여 인공지능 기술 확보 및 데이터와 인공지능 간 유기적인 융합을 통해 신 성장 동력을 만들 수 있다고 판단하고, 인공지능 및 데이터의 가치와 중요성을 그 어느 때보다 강조하고 있다. 이러한 추세에 맞춰 정부주도로 인공지능에 활용 할 수 있는 다양한 학습용 데이터를 구축하는 것을 목표로 '데이터 댐' 구축을 위한 사업을 전개하고 있다. '데이터 댐'의 핵심 사업으로 사람동작 영상 데이터, 한국어-영어 번역 말뭉치, 안면 이미지 데이터, 위해물품 엑스레이 이미지 데이터 등 대규모의 인공지능 학습용 데이터를 구축하고 국내 기업, 연구소, 개인 등이 자체적으로 확보하기 어려운 양질의 대용량 인공지능 학습용 데이터들을 민간에 개방함으로써 인공지능 기반의 산업 생태계 확산을 위한 중요한 역할을 하고 있다.

13.2 빅데이터의 종류

정보기술의 발전으로 다양한 곳에서 다양한 형태의 데이터가 생성되고 있다. 특히, 사물인터넷(IoT)의 활용 범위가 넓어지면서 비즈니스의 모든 영역이 디지털 기술과 결합되어 초 연결 집단 지성을 이루며 다양한 빅데이터가 생성되고 있다.

빅데이터의 종류를 크게 3가지로 정리하면 다음과 같다.

첫째, 정형 데이터(Structured Data), 고정된 필드에 저장된 데이터(예, RDBMS, Spread Sheet 등)이다.

둘째, 반정형 데이터(Semi Structured Data), 고정된 필드는 아니지만, 스키마를 포함하는 데이터(예, XML, HTML 등)의 데이터를 말한다.

셋째, 비정형 데이터(Unstructured Data), 고정된 필드에 저장되어 있지 않은 데이터(예, 텍스트 문서, 이미지, 동영상, 음성데이터 등)을 비정형 데이터라고 한다.

가장 대표적인 비정형 데이터로는 문서가 있다. 문서에는 문자가 가장 많은 비중을 차지하고 있지만 숫자와 도표, 그림도 포함하고 있다. 이러한 문서 정보는 정보의 관점에서 보면 유형이 불규칙하고 의미를 파악하기 모호해서 기존의 컴퓨터 처리 방식을 적용하기 어렵다.

비정형 데이터란 일정한 규격이나 형태를 지닌 숫자 데이터와 달리 그림이나 영상, 문서처럼 형태와 구조가 복잡해 정형화 되지 않은 데이터를 말한다. 비정형 데이터의 사례로는 책, 신문기사, 잡지, 문서의료 기록, 음성 정보, 영상 정보와 같은 전통적인 데이터 이외에 이메일, 트위터, 블로그처럼 모바일 기기와 온라인에서 생성되는 데이터가 있다. 또한 블로그와 게시판 등 웹에서 폭발적으로 발생하는 비정형 데이터는 그 내용을 통해 여론의 흐름을 파악할 수 있다는 점에서 주목 받고 있다. 이러한 비정형 데이터가 인공지능 학습용 데이터로 사용되는 원시데이터들이다. 그리고 비정형 데이터 분석방법으로는 텍스트 마이닝, 웹 마이닝, 오피니언 마이닝 등이 있다.

13.3 성공적인 빅데이터 활용을 위한 3대 요소

첫번째, 자원 : 성공적인 빅데이터 활용을 위한 3대 요소 중에 첫번째로 활용할 수 있는 빅데이터를 발견하는 것이다. 즉, 주어진 빅데이터를 관리. 처리하는 측면과 함께, 활용할 수 있는 외부 빅데이터 자원을 다양한 분야에서 발견하고 확보하는 전략이 수립되어야 한다. 또한 데이터의 품질(Quality)은 데이터 활용 결과에 중대한 영향을 미치므로 데이터 관리체계 및 데이터의 신뢰성 확보가 매우 중요하다.

미래사회는 데이터가 상호 연결되고, 참여주체들의 협력 작업을 통해 새로운 가치를 창출하는 데이터 경제 시대가 도래 될 것이다.

데이터 경제시대에는 상호 연결과 협력으로 데이터 활용 영역이 확장되며, 단계적으로 데이터 자원은 무한화 될 것이다. 데이터를 유용한 정보를 찾는 데 필요한 자원(Resource)으로 본다면, 리소스를 키우는 전략은 중요한 성공 전략 중 하나가 될 것이다.

두번째, 기술: 빅데이터 활용을 위한 프로세스와 신기술을 접목해서 조직과 기업에서 혁신 전략으로 활용 할 수 있도록 빅데이터 플랫폼, 빅데이터 분석 기술 및 빅데이터 분석 기법 등에 대한 이해를 바탕으로 활용 전략을 수립하여야 한다.

빅데이터는 데이터 자체뿐만 아니라 관련 도구나 플랫폼, 분석기법까지 포괄하는 용어로 의미가 확장되며 IT 패러다임의 변화를 견인한다. 그러나 성장을 촉진하는 신기술에 대한 이해가 부족하면, 미래 경쟁력 강화를 위한 기회 포착에도 어려움을 겪을 수 있다.

스마트시대에 빅데이터의 등장으로 데이터 처리의 전체적인 과정이 업그레이드되며 정보화 시대와 차별적으로 발전하고 있다. 정보화 시대와 스마트

시대의 가장큰 차이점은 데이터 처리 사이클에 본격적으로 '추론'의 단계가 본격화된다는 것이다.

새롭게 추가된 추론의 영역은 IT산업의 성장동력으로 부상할 수 있으며, 의료, 금융, 공공 등을 혁신할 수 있는 새로운 산업분야이다. 특히 상황인식 서비스는 미래전망, 사전대응, 자동화 서비스와 연계되어 차세대 서비스분야로 각광을 받을 것이다.

개개인의 취향, 관심 있는 정보의 성격, 상태, 개인 의중에 맞는 맞춤형 개인화 서비스, 인공지는 서비스로 서비스의 패러다임이 변화 될 것이다.

세번째, 인력: 성공적인 빅데이터 활용을 위해서 중요한 것은 데이터 사이언티스트이다. 수학, 통계학, IT공학 등을 전공한 또는 관련 분야에서 많은 경험을 가지고 있는 전문가를 활용 하는 것이다. 그리고 AI 소프트웨어(sw)를 다룰 수 있는 인공지능 기술 전문가들이 다양한 분야에서 연구하는데 활용하는 것이다.

신기술과 툴이 뛰어나도 실제 성과를 낼 수 있는 것은 이를 활용하여 적용하는 사람의 역량에 좌우 된다. 그리고 데이터 처리와 분석능력을 갖춘 인력은 IT 분야뿐만 아니라 대부분의 기업과 조직에서 필수적으로 확보해야 할 핵심 인력이다.

인공지능시대에 기업의 경쟁력은 인공지능 기술을 도입해서 활용하는 기업과 활용하지 않는 기업으로 구분되고 인공지능은 기업성장에 중요하게 영향을 미치게 될 것이다. 그래서 회사의 조직 차원에서 인재를 확보하기 위해 내부 역량 강화 및 외부 협력이 중요하다.

빅데이터 시대에 구조화되지 않은 대규모 데이터 속에서 숨겨진 정보를 찾아내는 빅데이터 시대의 연금술사, 데이터 사이언티스트(Data Scientist)는 인공지능 시대의 최고의 인재라 할 수 있다. 다양한 데이터를 관리하고 분석할 수 있는 인력의 중요성이 높아지면서 데이터 사이언티스트 확보 및 관련 전공자를 통한 내부 역량강화의 필요성 등 데이터 사이언티스트에 대한 관심이 증가하고 있다.

그렇다면 데이터 사이언티스트들은 어떠한 역량과 조건을 갖추고 있으면 좋을까? 데이터 과학자의 기본 자질은 수학과 공학능력, 데이터를 분석하는데 있어 필수인 가설을 세우거나 검증하는데 필요한 비판적 시각과 이를 잘 작성할 수 있는 글쓰기 능력 그리고 다른 사람에게 잘 전달할 수 있는 대화 능력이 필요하고 호기심과 개인의 일에 대한 행복도 중요한 소양이다.

데이터 사이언티스트는 경영 전략과 밀접한 관계가 있으므로 외부 아웃소싱 인력을 활용하는 것보다는 내재화가 바람직하다. 그 이유는 기업 내에서 사업 기회를 찾아내고, 전략적 통찰력을 발휘하기 위해서는 조직과 비즈니스환경에 대한 깊은 이해가 필수적이기 때문이다. 특히 조직의 민감한 데이터나 비공개 데이터의 분석의 경우 외부데이터 분석 인력을 활용하는 것은 위험성이 있기 때문이다. 조직의 경쟁력 강화를 위해 조직 내부 인력들에게 데이터의 가치와 분석 역량을 키우는 사내 교육프로그램도 필요하다.

성공적인 빅데이터 활용을 위해서는 데이터의 자원화, 데이터를 가공하고 분석. 처리하는 기술, 데이터의 의미를 통찰하는 인력 등 3가지 분야의 전략 수립이 필수적이라 하겠다.

빅데이터를 잘 활용하면 미래사회에서 새로운 기회를 창출하고, 위험을 해결하는 등 사회 발전의 중요한 엔진 역할을 수행 할 수 있다. 사회현상, 현실 세계의 데이터를 기반으로 한 분석으로 미래에 대해 통찰력을 얻고 위험징후 및 이상 신호도 사전에 포착 가능하고 그에 따른 대응도 가능 하다. 대규모 데이터분석을 통한 상황인지, 인공지능 서비스 등이 가능하며, 이를 통해 개인화, 지능화 서비스가 발전할 것이다. 융합을 통한 이종간 분야들의 정보결합(의료정보, 자동차정보, 건물정보, 환경정보 등)을 통한 새로운 가치창출과 신융합 시장이 창출될 수 있도록 관심을 가지고 노력해야 한다.

13.4 성공적인 AI플랫폼 구축 전략

AI의 엄청난 잠재력은 누구도 부인할 수 없을 것이다. 하지만 AI를 도입하는 방법과 잘못된 추진 전략, 비즈니스 프로세스 변화에 대한 접근방식, 전문지식 및 AI 기술에 대한 이해 부족으로 많은 기업이 AI로부터 가치를 얻어내지 못하고 있다.

기업의 특정 업무나 서비스 영역에 AI를 도입 또는 구축하기 위해서는 전사 차원의 큰 그림을 통한 단계별 접근이 필요하다. AI를 성공적으로 도입 및 활용하기 위해서는 통합성과 확장성을 고려한 AI서비스를 위한 별도의 플랫폼이 필요하다.

인공지능 서비스 플랫폼의 구성은 [그림10]과 같이 크게 4가지 영역으로 구분 할 수 있다.

아래 [그림10]은 인공지능 서비스 플랫폼의 구성도를 이해하기 쉽게 설명하기 위해서 저자가 H그룹의 인공지능 도입 컨설팅에 사용한 사례를 중심으로 인공지능 서비스 영역을 항공, 물류, 병원, 의료, 여행을 중심으로 표현하였다.

[그림10] 인공지능(AI) 서비스 플랫폼 구성도

첫째, 'AI를 위한 인프라 영역'은 AI를 위한 물리적 혹은 가상화 서버, 스토리지, 네트워크 등 이다. 둘째, 'AI를 위한 플랫폼 영역'은 크게 AI 학습용 빅데이터 구축 영역과 AI플랫폼 구축영역으로 구분할 수 있는데, AI서비스 개발, 알고리즘 개발 등 학습실행 환경과 추론 실행 환경, AI서비스 관리 모니터링 등 AI를 위한 통합 플랫폼 역할을 한다.

셋째, 'AI 기술 서비스 영역'인데 AI 기술은 크게 코어 기술과 AI솔루션(AI SW, AI Module)으로 구분되며, 코어 기술에는 머신러닝, 컴퓨터비전, 자연어처리, 상황인지컴퓨팅 등이 있다. AI솔루션은 사용 형태나 목적에 따라 가상비서(Virtual Assistants), 대화형(Conversational), 예측분석(Predictive Analytics), 프로세스 자동화(Process Automation), 임베디드 AI(Embedded AI) 등이 있다. 임베디드 AI란 서버연결 없이 소형기기에서 바로 구현되는 AI를 의미하며 최근 다양한 사물에 내장되는 인공지능 소프트웨어가 대표적이다. 또한 이상탐지, 지식표현, 객체인식, 음성인식, 챗봇 등 지능화 일반 서비스와 AI기반 각종분석이나 이상 징후 예측, 수요 예측 등 특정 업무에 적용된 지능화 서비스로 구분할 수 있다. 넷째, '시각화 및 응용 애플리케이션 영역'은 지능화 서비스의 시각화 활용 및 응용 애플리케이션을 제공한다.

14. 인공지능 도입 및 인공지능기술 활용 전략

글로벌 경쟁시대에 기업 경쟁력의 핵심은 산재한 기업의 리소스 즉, 외부.내부 데이터, 기술, 인력, 서비스를 연계하여 새로운 가치를 창출하는 것으로, 오늘날처럼 데이터의 역할이 중요한 적은 없었다.

AI 기술은 전산업의 다양한 영역에서 단일기술 또는 복합기술이 융합되어 적용 및 활용영역이 점점 넓어지고 있다. 최근 많은 기업에서 AI도입 및 활용에 대한 관심이 집중되고 있고, 일부 기업은 업무 및 비즈니스에 적용하기 위한 검토가 진행 중이고, 어떤 기업은 AI 기술을 활용한 다양한 서비스를 개발하기 위한 연구 및 개발이 진행 중이다.

기업의 성공적인 AI도입과 AI 기술을 활용한 차별화된 경쟁력을 높이기 위한 방안으로 AI 기술에 특화된 AI 기술 공급기업과 AI솔루션 기업, 수요기업의 현업, 수요기업의 정보시스템부서 간의 콜라보레이션(Collaboration)이 매우 중요해졌고 필요성이 증대되고 있다.

선진기업에서의 AI활용 분야는 '고객 경험 개선 비용 절감 신규 비즈니스 창출' 의 순서로 AI의 활용 분야를 넓혀나가고 있다. AI도입 초기 기업들은 주로 '고객 경험 개선' 등 기업 내 외부 커뮤니케이션강화에 AI 기술을 활용하고, AI 기술에 익숙해진 기업들은 기업 내 의사결정을 지원하는 업무 자동화 및 효율화 측면에 집중하고 스마트화 등 내부 프로세스를 혁신적으로 개선시키는데 AI 기술을 적극적으로 활용한다. 또한 AI 기술 활용 범위가 넓어진 기업들은 궁극적으로 AI 기술을 활용하여, 신규 제품, 서비스 개발 등 새로운 수익 원 창출에 활용한다.

14.1 AI를 성공적으로 도입하기 위한 5가지 추진전략

첫 번째는 기업이 특정업무 영역에서부터 전사적으로 AI를 도입하여 경쟁력 창출에 활용하기 위한 프래임(Framework)이 있어야 한다. 두 번째로 AI도입에 대한 구성원의 공감대를 형성하고 기업내부의 데이터 사이언티스트(Data Scientist) 중심의 추진 주체를 확보해야 한다. 데이터 사이언티스트는 데이터 분석, 관리뿐만 아니라, 기업 비즈니스 영역에 대한 이해도가 높아 업무와 데이터 간의 연계를 원활히 수행할 수 있는 인력을 말한다. 기업 내부에서 업무 파악도가 높은 실무자들 중에 IT 스킬, 통계 등의 능력을 갖고 있거나 교육을 통해 습득 가능한 인력을 배양하는 것도 하나의 인력 확보 방안이 될 것이다. AI는 기존 기업의 업무 시스템 구축 시 도입하여 사용하고 있는 ERP 시스템이나 소프트웨어하고는 다르기 때문이다. 예를 들어 기업에서 도입된 머신러닝과 같은 데이터 학습은 지속적으로 알고리즘을 개선 시켜 '자가 발전'(Learning to Learn)을 할 수 있게 하여 더욱 높은 수준의 성능(Performance)를 창출 할 수 있도록 해야 한다. 또한 정의된 문제와 수행 목적에 맞는 양질의 데이터를 모의고, 데이터의 다양한 활용 가능성을 디자인하는 것은 AI적용 성공의 핵심이기 때문이다.

세 번째는 AI프로젝트 목적과 설계에 따라 적합한 AI 기술 및 솔루션을 선택하고, 보유 역량과 상황에 맞는 솔루션을 획득하는 방안이 수립 되어야 한다. 기술 및 솔루션 도입 방안으로는 이미 검증된 외부의 AI 기술과 제품을 구입하는 방법 또는 자체개발, 인공지능 기술 공급기업과 협력해서 구축하는 방법도 고려해야 하다. 일반적으로 AI의 구현은 오픈소스 또는 클라우드 서비스를 활용하는 방안과 기업이 독자적인 플랫폼을 구축하는 방안이 있으며 기업의 상황에 맞게 선택하여 적용하면 된다.

네 번째는 대상 업무별 특성 및 전략적 우선수위를 고려하여 AI를 도입하는 것이다. AI의 기업 적용은 주로 고객 접점 영역, 데이터 친화적 업무, AI적용 후 기대성과가 큰 영역부터 도입하는 것이 일반적이다.

다섯 번째는 AI적용 성과분석을 통해 성공사례를 타 부문으로 확산하고, 전사 AI전략과 연계시켜야 한다. AI도입을 부정적으로 인식하던 이해관계자 및 내부 구성원을 대상으로 AI도입과정과 현재까지의 성과, 향후 목표 등을 공유하여 향후 전사 AI전략 추진의 동력을 확보해야 한다.

14.2 새로운 가치 창출을 위한 AI 기술 활용 전략

효과적인 AI도입 및 활용을 위해서는 [그림11]과 같이 인공지능 기술을 활용하여 서비스가 제공되는 전체적인 시스템 구성도를 이해할 필요가 있고 특히, AI 기술에 대한 학습과 이해가 필요하다.

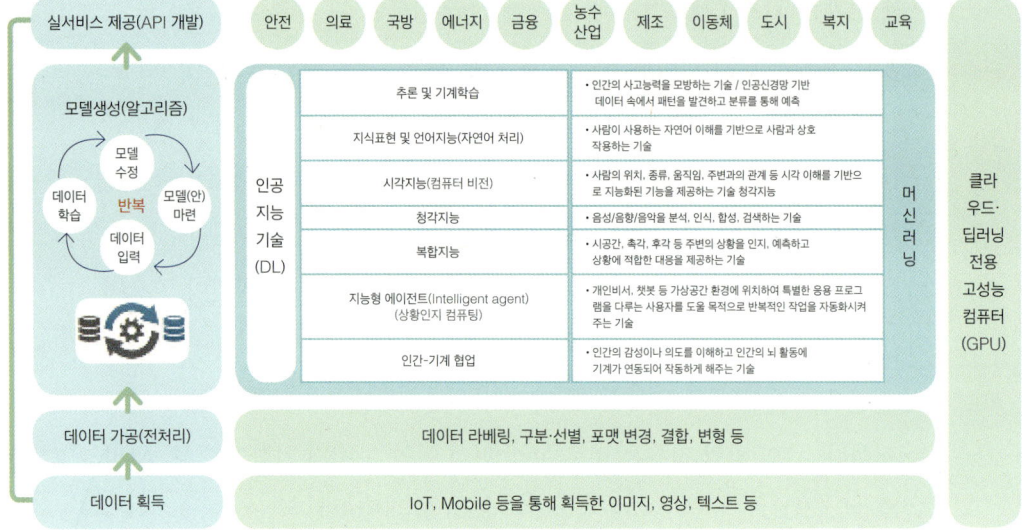

[그림11] 인공지능(AI) 시스템 전체 구성도 및 기술별 서비스 분류

먼저 '추론과 기계학습'은 인간의 사고능력을 모방하는 기술들로 추론, 인공신경망, 강화학습, 딥러닝, 인지 공학 등이고, '지식표현 및 언어지능'은 사람이 사용하는 자연어를 이해하는 자연어 처리를 기반으로 사람과 상호 작용하는 기술들이 포함되는데, 지식공학 및 온톨로지(Ontology), 대용량 지식처리, 언어분석, 의미분석, 대화 이해 및 생성, 자동 통·번역, 질의 응답(Q/A), 텍스트 요약 등에 활용 된다.

'청각지능'은 음성, 음향, 음악 등을 분석하여 음성을 합성하거나 음성을 검색하는 기술들이고 음성분석, 음성인식, 화자 인식/적응, 음성합성, 오디오 색인 및 검색, 잡음처리 및 음원 분리, 음향인식 등에 활용된다.

'시각지능'은 사물의 위치, 종류, 움직임, 주변과의 관계 등 시각 이해를 기반으로 지능화된 기능을 제공하는 기술들이 포함되고 컴퓨터 비전, 사물 이해, 행동 이해, 장소/장면 이해, 비디오 분석 및 예측, 시공간 영상 이해, 비디오 요약 등에 활용된다.

'복합지능'은 시공간, 촉각, 후각 등 인간의 오감을 모방한 감각 데이터를 이용하여 주변 상황을 인지, 예측하고, 상황에 적합한 대응을 제공하는 기술들이고 공간 지능, 오감 인지, 다중 상황 판단 등에 활용 된다.

'지능형 에이전트(Intelligent Agent)'는 개인 비서, 챗봇 등 가상 공간 환경에 위치하여 특별한 응용 프로그램을 다루는 사용자를 보조할 목적으로 반복적인 작업들을 자동화시켜 주는 기술들이고 지능형 개인비서, 소셜지능 및 협업지능, 에이전트 플랫폼, 에이전트 기술, 게임 지능, 창작 지능 등에 활용된다.

'인간과 기계의 협업'은 인간의 감성이나 의도를 이해하고 인간의 뇌 활동에 기계가 연동되어 작동하게 해주는 기술들이고 감상 지능, 사용자 의도 이해, 뇌컴퓨터 인터페이스, 추론 근거 설명 등에 활용된다. 'AI 기반 하드웨어'는 초고속 AI정보 처리를 구현할 수 있도록 지원하는 하드웨어 및 하드웨어 관련 기술들을 포함하고 있고 사람의 뇌 신경을 모방한 차세대 반도체로 딥러닝 등 인공지능 기능을 구현할 수 있는 뉴로모픽 칩(Neuromorphic Chip), 지능형 반도체, 슈퍼컴퓨팅, AI 전용 프로세서 등이 있다.

기업의 성공적인 AI도입 및 활용의 성패는 전사 AI적용을 주도할 수 있는 추진 주체의 역할과 통합성, 확장성을 고려한 AI플랫폼 그리고 AI 기술을 적용하여 다양한 리소스(데이터, 기술, 인력, 서비스)간의 창의적 연계를 통해 새로운 가치를 창출하고 효과를 극대화 할 수 있도록 활용

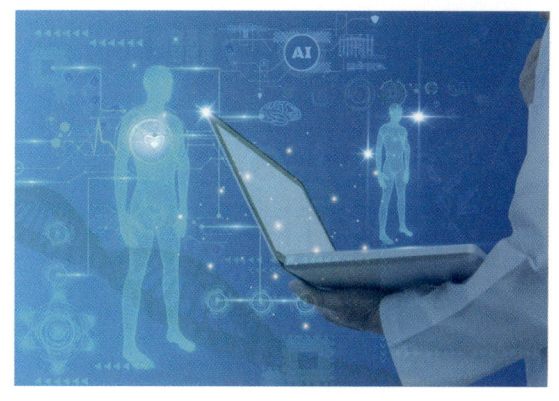

하는 것이다.

15. 산업별 인공지능기술 적용 전략 및 제품·서비스

세계적인 IT 리서치 기관인 가트너(Gartner)에서는 인공지능(AI) 기술은 디지털(Digital) 기술 등 과 함께 인공지능 주도 시스템이 새로운 수준의 유연성을 제공하며 컴퓨팅 환경을 획기적으로 변화 시킬 것으로 예상하고 있다.

정보통신기획평가원(IITP)도 인공지능 기술의 발전은 전 산업의 융합 가속화와 혁신을 유발시키며 기존 산업분야의 변화뿐만 아니라 새로운 산업분야로의 파생 등 경제적 파급효과를 가져올 것이라고 전망하고 있다. 인공지능 기술은 인간의 인지(보다. 듣다. 읽다), 학습(반복 학습을 통해 지식 고도화), 추론(학습된 지능에 기반 인지된 환경에 대한 추론 및 예측) 등 지적 능력을 기계(컴퓨터)로 구현하는 기술로서, 전 산업의 적용·확산이 점차 가속되어 인간의 지적 능력을 뛰어넘는 시점이 도래되고 있다. 최근 정보통신기획평가원은 인공지능 기술청사진 2030에서 인공지능 기술 이슈와 접목도가 높은 15개 핵심 산업분야 분류 및 적용기술을 게임, 교육, 국방, 금융 등 총 15개 산업분야로 분류하고 일자리의 50% 이상이 새로운 직무와 기술습득 과정으로 전환 및 다양한 산업과 접목을 통해 새로운 비즈니스를 창출시켜 연간 3.5~5.8조 달러 경제적 효과 창출을 예상하고 장기적인 관점에서 패러다임 전환에 대비하여야 한다고 강조하고 있다.

인공지능 기술 접목도가 높은 15개 핵심 산업분야에 대한 예상되는 주요 제품과 서비스를 살펴보면 [표13]과 같이 정리할 수 있다.

[표13] 산업별 인공지능기술 적용 전략과 서비스

No	분야	인공지능기술 적용 전략과 서비스
1	게임	• 로직이 AI로 대체되고, 퍼블리셔 운영비용의 하락과 개발비 감소로 점차 확대
2	교육	• 시·공간 제약이 없으며, 학습 큐레이션 시스템의 개발, 코칭봇, 신경과학 기반의 맞춤형 교육 모형의 개발 등 보다 고도화된 에듀테크 교육체계 마련
3	국방	• 상업용 AI 기술을 국방 분야의 목적에 맞게 다양하게 접목
4	금융	• UX기반의 투자 및 자산관리 서비스에 대한 소비자 니즈의 다양한 유형 도출·반영
5	농업	• 생산량의 조절 및 예측과 안전성과 신선함을 유지할 수 있는 관리체계 확대
6	드론.항공	• 자율비행 시 비상상황에 대한 대처능력 향상과 인명/대물 피해 최소화, 안전비행을 위한 도심의 복잡한 구조물 계산 등 AI 기술 접목
7	로봇	• 생산성 및 원가 절감에 기여하고, 안전기능 강화, 인간과 커뮤니케이션 기술개발이 주요이슈
8	법률	• 경험적 지식을 근거로 상황의 이해 및 이론적으로 추론이 가능한 인공지능 활용
9	스마트홈 가전	• 영상·음성인식 기술의 발전으로 피아식별을 통해 보안강화와 평상시 생활패턴 분석과 알림 등으로 다양한 편의기능 점차 확대
10	에너지	• 에너지관리(소비 예측과 거주자의 생활습관을 학습하여 선제적 에너지 기기 제어로 자율적으로 운전) • 에너지 시설·설비 안전진단(데이터기반 상시모니터링·진단으로 변화감지, 조기 대처)

11	유통 물류	• 배송드론, 서비스로봇, 무인점포, 챗봇, 옴니채널, 배송공유, 스마트카트, 간편결제 등에 관한 개발 • AI기반의 운영시스템과 로봇이 필수 접목되어 상하역, 피킹, 이송, Sorter 등 각 단계별 기술개발
12	의료 헬스케어	• 의료/헬스케어는 사람의 건강과 직결되는 민감한 분야로, 표준 부합성에 기반하는 성능과 윤리적 이슈도 함께 포함 (검출, 분할, 정규화, 추론엔진, 내용기반 질의)
13	자동차 교통	• 운전자 모니터링과 차량 고장 진단 및 예측에 대응하고, 교통관련 모든 사물과 커넥티드 정보시스템 구현
14	제조	• 제조 산업에 CPS(모든 사물을 연결하는 IoT와 데이터를 통합적으로 수집하는 플랫폼) 도입으로 자율적인 의사결정 지원과 실시간 제어 등으로 생산의 효율성, 안전성, 품질향상을 가져옴
15	지식재산	• 정확하게 정제된 Data&Knowledge Base의 제공이 가능해지고, 지식재산을 이용한 정보서비스 고도화

*참고 : 인공지능 기술청사진(2030) 재구성

산업분야별 연도별 대표 제품 및 서비스를 단기(2020~2023), 중기(2024~2027), 장기(2028~2030)로 나눠 살펴보면 [표14]와 같다.

[표14] 산업분야별 연도별 대표 제품 및 서비스

No	분야		인공지능기술 적용 전략과 서비스
1	게임	단기	• 학습.단일지능 기반 게임 개발 및 이용편의성 향상 서비스 -지능형 불량 이용자 도출 및 비속어 적발 서비스 -음성명령 플레이 서비스
		중기	• 복합지능 기반 게임 콘텐츠 다변화 서비스 -유저성향 분석기반 맞춤형 게임 추천 서비스 -상호작용형 AI 봇 서비스
		장기	• 이종 퍼블리셔 연계를 통한 콘텐츠 공유 서비스 -다채널 유저 분석 고도화 서비스 -일원화된 개인 맞춤형 AI 비서 서비스
2	교육	단기	• 교육 환경 지원 AI 서비스 -언택트 교육 서비스 -머신러닝기반 학습서비스 -지능형 학사관리 서비스
		중기	• 지능형 Agent 서비스 -티칭 Agent 서비스 -DNN 기반 학습 서비스 -지능형 수강과목 설계 서비스
		장기	• Virtual 휴먼 서비스 -티칭 Virtual 휴먼 서비스 -강화학습 기반 평생 학습 서비스 -적응형 상호 평가 서비스

3	국방	단기	• 단일지능 기반 원격지 피아식별 및 대응서비스
			  -지능형 영상분석(위상/항공) 서비스
			  -경계 지역의 소리.변화를 통한 인상 탐지 서비스
			  -몰입형 병사훈련시스템(VR)

		중기	• 지능형 국방 대응을 위한 무인화 서비스
			  -이미지/영상 기반의 경계 감시 서비스
			  -지능형 통합 군사 정보 서비스
			  -원격 시각지능을 가지는 정찰 서비스

		장기	• 무인 자율형 작전 및 로봇 서비스
			  -무인드론 정찰/경계/감시 서비스
			  -인공지능 참모 서비스
			  -웨어러블 로봇 서비스

4	금융	단기	• 핵심 투자정보의 추출을 통한 콘텐츠 자동생산, 투자분석 지원 서비스
			  -AI 지능화 투자정보 콘텐츠(AI 애널리스트, 개인 맞춤형 투자비서)
			  -AI 매매비서 / -AI로보어드바이저 / AI 브로커
			  -음성(챗봇) 투자비서 서비스

		중기	• 글로벌 투자정보 콘텐츠 자동생산, 투자분석 지원 서비스
			  -글로벌 AI 지능화 투자정보 콘텐츠
			  -글로벌 AI 매매비서 / - 글로벌 AI로보어드바이저 / AI 브로커
			  -AI 기반 투자지원 서비스 통합 플랫폼

		장기	• Auto AI 대두 및 적용
			  -Auto AI 지능화 투자정보 콘텐츠
			  -Auto AI 선제대응형 AI 로보어드바이저
			  -Auto AI 브로커

5	농업	단기	• 현장 작업자 지휘 및 지원 서비스
			  -농작업 원격 제어 및 작업자 편이성 향상 서비스
			  -스마트팜 생육/생체정보 센싱 기반 작물관리 서비
			  -영상기반 작물 생육 정보 측정 서비스
			  -축사환경 모니터링 및 제어 서비스

		중기	• 고기능 클라우드 원격. 무인. 자율 서비스
			  -식량작물: 농작업 무인화 및 커넥티드 팜 서비스
			  -원예: 식물체 부착형 병해 및 스트레스 진단 센서 서비스
			  -축산: 가축 질병 사전 진단 및 예측 서비스
			  -식품: 농산물 저장.유통 품질 관리 서비스

		장기	• 실시간 지능형 원격. 무인. 자율 엣지 서비스
			  -식량작물: 농작업 완전 무인화 서비스
			  -원예: 최적 재배관리 무인화 서비스 / 이기종 스마트팜 연계 생육성장
			  -축산: 생체 및 영상정보 기반 질병 사전 진단 및 예측 / 축산 무인화
			  -식품: 군집 드론.로봇 기반 농축산물 집하.배송 서비스

6	드론.
	항공
		단기	• 고정밀 공간정보 구축과 자동화된 운영프로세스 및 원격 조종
			  -도심환경 3차원 데이터 서비스 / 드론기반 레저, 스포츠 서비스
			  -3차원 도심 공간정보 빅데이터 컨텐츠 설계
			  -AI 항공 보조서비스 / 맞춤형 고객 서비스

		중기	• 안전망 확보 및 자동운항 수준 향상 및 반자율 비행
			  -집합건물 통합관리 모니터링 서비스
			  -치안 방재 서비스 / 드론기반 물류 배송 서비스
			  -항공서비스 예측 유지서비스 / 비행일정 및 예약 관리 서비스

		장기	• 기반사업 융합을 통한 고부가가치화 및 자율 비행 -자율순찰, 우범지역 분석 서비스 -AI 재난상황 모니터링 긴급구조 서비스 / 자율주행 드론 택시 서비스 -AI 차세대 항공기 / 지능형 항공교통관제 서비스
7	로봇	단기	• 인공지능 기술 기반의 로봇 실증 운영 서비스 -배달로봇: 보행자 인식 도심형 자율주행 서비스 / 제한된 리소스 내에서의 자율주행 서비스 -수술/의료용 로봇: 고정밀 원격 제어 서비스 -협동로봇: 작업자 보호형 협동 로봇 서비스
		중기	• 다양한 부가기능이 탑재된 클라우드 로봇 서비스 -배달로봇: 도난방지, 배송 스케줄 관리 등 부가 서비스 / 클라우드 기반 로봇 AI 서비스 -수술/의료용 로봇: 장기 내 삽입되는 수술 로봇/영상정보 획득.학습.분석 서비스 -협동로봇: 동시 군집 제어 서비스
		장기	• 딥러닝 기반의 지능 고도화 및 능동적 판단 로봇 서비스 -배달로봇: 외부 환경변수 대처 솔루션 및 서비스 / 클라우드 기반 로봇 공유 AI 서비스 -수술/의료용 로봇: 수술 경로 시뮬레이션. 예측 서비스 -협동로봇: 시각지능/판단지능이 고도화된 로봇 서비스 / 돌발 이벤트 능동대응 로봇 서비스
8	법률	단기	• 지도학습 기반 기존 법률서비스 고도화 -딥러닝 기술을 적용한 판례 검색 서비스 -법률 지식 상담형 챗봇 서비스 -지도학습 기반 증거개시 서비스

8	법률	중기	• 신뢰성 있는 AI 기반 신규 법률서비스 -판례의 요지 및 판단근거 통합 분석 서비스 -개인화 가능한 생활 법률 상담 챗봇 서비스 -다중 분야 계약서 위험조항 탐지 서비스 -다수 사건에 적용 가능한 반지도학습 기반 증거개시 서비스
		장기	• 차세대 인간-AI 협업 법률서비스 -판결 예측 기반 전문가 지원 서비스 -맞춤형 생활 법률 지원이 가능한 챗봇 서비스 -계약서 초안 자동 작성 서비스 / 수법자 상황 맞춤형 규제 자문 서비스 -비지도 학습 기반 범용적 증거개시 서비스
9	스마트 홈 가전	단기	• 가전기기-AI연결을 통한 다양한 생활편의 서비스 제공 -융합가전: 공간/상황학습 기반 맞춤형 추천 서비스 -홈오토메이션: 입주자 인식기반 단지 공용가가 지능형 제어, 관리 서비스 -홈시큐리티: 다중 센서 데이터 기반 지능형 승강기 모니터링 서비스 -그린홈: 생활공간 중심의 지능형 냉/난방 서비스 / 계시별 요금 기반 지능형 전력사용 추천 서비스 -TV & 홈엔터테인먼트: 지능형 언어학습 기반 음성제어 서비스 / AI기반 가이드라인 음성 안내 서비스

9	스마트 홈 가전	중기	• 데이터 학습을 통한 개별 사용자 맞춤형 스마트홈 서비스 -융합가전: 스마트홈 연계형 노약자 보조 로봇 서비스 / 스마트홈 구성요소별 패턴 학습 기반 자율 능동 서비스 -홈오토메이션: 상황별 클라우드 데이터 기반 유사 환경 맞춤형 제어 추천 서비스 / 지능형 반려동물 돌봄 서비스 -홈시큐리티: 외출여부 판단을 통한 댁내 환경 자동 보안설정 서비스 -그린홈: 스마트 기기를 활용한 전력 총괄 제어 서비스 -TV & 홈엔터테인먼트: 콘텐츠 자동 분석 기반 화질 및 음성 최적제어 서비스
		장기	• 공간적 제약이 없는 인공지능 비서형 스마트홈 서비스 -융합가전: 다중에이전트 기반 복잡형 상황판단 및 스마트홈 제어 서비스 / 다중 센서 데이터 기반 지능형 데일리 헬스케어 서비스 -홈오토메이션: 개인화된 로봇 비서 서비스 / 공동주택 내 무인 로봇 배송 서비스 -홈시큐리티: 사용자 미참여형 보안 자동설정 서비스 -그린홈: 실시간 요금 상황에 따른 에너지 자동 거래 및 충전 서비스 -TV & 홈엔터테인먼트: 대화 인식 및 판단을 통한 사용자 컨디션 맞춤형 제어기술 서비스

10	에너지	단기	• 인공지능 기반 마이크로그리드의 기술
			  -인공지능 협력형 에너지관리 서비스
			  -디지털 에너지 안전 서비스 / 인공지능 기반 전력거래 서비스
			  -스마트홈 연계형 그리드 운영 서비스 /신재생에너지 통합관리 서비스

		중기	• 인공지능 기반 통합 에너지그리드 플랫폼
			  -인공지능 주도 자율형 에너지관리 플랫폼
			  -신재생에너지 디지털 플랫폼 서비스 / 커넥티드 기반 충전플랫폼 서비스
			  -스마트시티 연계혁 그리드 운영 서비스 / 저탄소 데이터센터 연계형 지능형 에너지그리드 플랫폼

		장기	• 인공지능 기반 에너지 수퍼그리드 생태계
			  -디지털 오일필드(Oil Field) 고도화 서비스
			  -글로벌 자율형 전력거래 서비스
			  -인공지능 기반 신재생에너지 연구 플랫폼
			  -기후변화 감시/예측/대응 플랫폼 / 탄소제로 인공지능 생태계

11	유통
	물류
		단기	• 유통.물류 단위 프로세스 별 AI 적용을 통한 서비스 지능화 구축
			  -유통: 셀프 주문 및 결제 서비스
			  -물류센터: 이중화물의 지능형 분류.피킹 서비스 / 폰트체 기반 화물 운송장 정보인식 서비스 / 물류센터 침입 관리 서비스
			  -배송: 화물 이동 경로.스케쥴 도출 최적화 서비스

		중기	• 유통.물류 연계형 서비스의 확대, 지능화 수준의 고도화 추구 -유통: 스마트 태깅(M2M) 기반 점포 무인화 -물류센터: 다중 화물의 지능형 분류.피킹 서비스 / Vision 기반 센터 내 재고관리 서비스 / 이송/피킹/상하역 연계 서비스 -배송: 자율주행차량 기반 배송 서비스
		장기	• 유통.물류 전체 프로세스 자동화, 신개념 서비스 창출로 효율성 극대화 -유통: xR 쇼핑. 결제 경험 고도화 서비스 / 유통 갤러리(無상품 점포) -물류센터: 물류센터 운영 자율화 서비스 / 스마트 WMS, WCS 서비스 -배송: 말단배송 무인화 서비스
12	의료 헬스케어	단기	• 인공지능을 활용한 진단 및 치료 서비스의 개선/발전 -진단영상: 의료데이터 기반의 판도/진단 보조 솔루션 -의료서비스: 인공지능 기반 의료용 유저 인터페이스 / 스마트 병원 관리 및 개인 건강 융.복합 관리시스템 / 인공지능 기반의 디지털 치료제 -의약품: 인공지능 기반 신약후보 물질 탐색기술/솔루션 -의료기기: 융복합 웨어러블 기기 및 솔루션
		중기	• 의료데이터의 통합적 활용 및 소형 로봇을 이용한 치료 -진단영상: 의료 영상 데이터 진단 보조기기 및 통합 솔루션 -의료서비스: 환자 위험 예측 실시간 모니터링 -의약품: 신약개발 시뮬레이션 및 임상시험 솔루션 -의료기기: 체내 삽입 진단 로봇 및 융복합 의료기기 / 재활 치료 보조 로봇, 약물 복용관리 로봇, 개인맞춤 질병치료

		장기	• 맞춤형 치료와 질병 예측 기술의 발달 -진단영상: 질병 예측 기술/솔루션 -의료서비스: 자가진단 (홈)헬스케어 기기/시스템 -의약품: 질병 탐지/예측 유전체 치료 및 개인 맞춤형 약물 -의료기기: 신체 조직 재생/3D 프린팅 / 수술 보조, 체내삽입, 요양 간호 로봇
13	자동차 교통	단기	• 부분적 통합 운송 서비스, 퍼스널 모빌리티 서비스의 고도화 -지능형주행: 시각지능 기반 자동차로유지 서비스 / 주변 상황판단 기반 자동차로변경 서비스 / 운전자 모니터링 서비스 / 센서 데이터 기반 자동차 고장진단 및 예측 서비스 -교통: 이용자 데이터 분석기반 공유 차량 구독 서비스
		중기	• 통합 운송 서비스, 신 교통수단의 실용화 -지능형주행: 제한적 구간에 대한 완전자율주행 서비스 / 전용 주차장 자동주차 서비스 / 커넥티드 정보서비스 -교통: 도심항공 모빌리티 서비스 / 블록체인 기반 지능형 결제 및 정산 서비스
		장기	• 오토노머스 기반 통합서비스, 신 교통수단 상용화 -지능형주행: 음성인식 기반 자동차 주도형 Door-to-Door 서비스 / 사용자 맞춤형 자율주행 콘텐츠 추천 서비스 / 상황 인지 기반 자율주행 모드 최적화 서비스 -교통: 개인 항공 모빌리티 연계 서비스 / 완전통합 운송 서비스

14	제조	단기	• AI. 데이터 기반 머신비전로봇 활용 공정최적화 서비스 -제조관리: AI기잔 머신비전 활용 제조 품질검사 서비스 / 설비데이터 연계형 공정 최적화 서비스 / 자재 물류 최적제어 서비스 / 공정 프로세스 로봇 제어 -설비관리: 다차원 빅데이터 분석 기반 이상 검출 및 고장예측 서비스
		중기	• IoT 기반 설비 운영 지능화 서비스 -제조관리: 지능형 제어 협업 로봇 서비스 / 고성능 센서 기반 협업 로봇 서비스 -설비관리: 텍스트 비정형 데이터 분석 기반 이상 검출 및 고장예측 서비스 / 사람 변수 및 환경변화 데이터 분석 기반 수명 예측 서비스 / 이상 부품 교체 로봇 제어 서비스
		장기	• 공장 클러스터의 설계.제조.서비스 연계 서비스 -제조관리: 가상 시뮬레이션 서비스 / 클라우드기반 다차원 빅데이터 분석 서비스 / 분권화된 자율화 제조공정 서비스 / 자율형 공장 운영 -설비관리: 공장 클러스터에 대한 최적 관리 서비스
15	지식재산	단기	• 지식재산 정보의 부가가치 향상을 위한 AI 적용 기반 마련 -지식재산 행정: 도면부호 인식 및 문헌 내 이동링크 자동 생성 / AI 이미지 검색 기술기반 상표 자동 심사 서비스 / 특허기술 자동 분류 서비스 / AI 특허상담 보조 지원 서비스 -지식재산 정보: 유망기술 예측 서비스 / 기술융합분석 서비스 -지식재산 자산관리: 핵심 IP 매입 추천 서비스 / 침해.소송 예보 서비스

	중기	• AI 기술의 본격적인 적용을 통한 연계정보 활용 본격화 -지식재산 행정: 본격적인 언어모델과 시각지능이 결합된 AI 특허 검색 서비스 / 언어모델 기반의 다국어 AI 기계번역 서비스 / 특허기술 자동 분류 / 상표/디자인 자동 심사 / 통지서 및 심결문 자동 작성 서비스 / AI기반 민원상담 및 심사.심판 인공지능 비서 서비스 -지식재산 정보: 기술-소셜-마켓 통합 기술 예측 서비스 / 기술 수요예측 서비스 / 신규 융복합 R&D 후보 추천 서비스 / 기술 주제간 매칭 서비스 / HR 서비스 -지식재산 자산관리: 기술에 대한 투자의사 결정 지원 서비스 / 지식재산 리스크 예측.발굴.분석 서비스
	장기	• 산업-제품-시장 정보 등과 융합을 통한 고부가가치 서비스 제공 -지식재산 행정: 대용량 지식 그래프를 통한 특허-과학기술-산업 연계 검색 서비스 / 지식재산 지능정보 플랫폼 서비스 구축 -지식재산 정보: 신규 비즈니스 발굴.평가 서비스 / IP 전략 자동화 서비스 / 기술적 문제 대응 솔루션 / AI 기술 평가. 시뮬레이션 서비스 -지식재산 자산관리: 니치 마켓 Potential Supply Chain 추천 서비스 및 맞춤형 지식재산 리스크 헤징 전략 지원 서비스

*참고 : 인공지능 기술청사진(2030) 요약 및 재구성

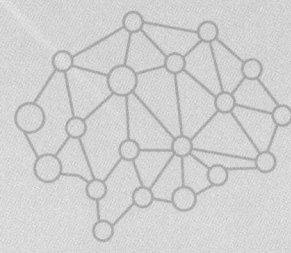

Part 2
직업의 미래, 협업이 혁신이다.
인공지능과 협업하라

1. 인공지능 활용에 따른 전문직의 직업에 미치는 영향과 대응 방안

　인공지능의 발전으로 인간의 직업은 얼마나 대체되고 또 새롭게 탄생하게 될 것인지가 세간의 관심이 집중되고 있다. 인간의 삶에 있어서 파급적인 효과를 가져오는 기술들을 '파괴적 기술(Disruptive Technology)'이라고 한다. 과거 굴러가는 바퀴의 발명과 같은 파괴적 기술에 비견되고 있는 인공지능은 인간의 다양한 능력을 컴퓨터 프로그램으로 실현한 기술이다.

　인공지능의 지속적인 발전으로 활용분야가 많아지면서 전문직 종사자의 직업을 위협하고 있다. 위협을 받고 있는 대표적인 전문직은 의사, 기자, 판사, 변호사, 자산운용가, 전문 상담사, 예술분야 등 이다. 먼저 예술분야인데, 예술은 디지털 음악, 디지털 작곡 등 테크놀로지와 예술의 융합은 오래 전부터 그 분야 전문가들이 계속 시도되었으나 인공지능기술을 적용한 프로그램처럼 기계가 지능을 가지고 인간 고유의 능력인 창의적인 예술 활동을 직접 하는 경우는 없었으며 단순히 예술의 기계적 장치 수단으로써만 사용되었었다.

　인간이 잘하고 컴퓨터가 못하는 분야 가운데 하나가 창작의 영역이다. 특히, 그 동안 음악은 정교한 예술로 여겨져 왔다. 인공지능의 활용 영역은 단순한 기계적인 자동화와 지능화를 통한 정보처리 및 일 처리 분야뿐만 아니라 인간 고유의 영역이었던 창의성을 필요로 하는 예술분야까지 침범하였다. 이제 세상에 존재하지 않았던 새로운 음악이 만들어지기 시작했고 더불어 인공지능의 창의성에 대한 논란도 끊임없이 계속되고 있다.

　인공지능은 그 자체로 존재하는 것이 아니라, 컴퓨터 과학의 다른 분야와 직간접으로 많은 관련을 맺고 있다. 특히 현대에는 정보기술의 여러 분야에서 인공지능적 요소를 도입하여 그 분야의 문제 풀이에 활용하려는 시도가 매우 활발하게 이루어지고 있다. 이렇듯 인간의 고유 영역이라고 생각되었던 분야에서 하루가 다르게 인공지능이 구현되고 있으며 그 성능 또한 인간의 수준을 빠르게 따라잡고 있다.

전문직 종사자의 직업을 위협하고 있는 전문분야를 살펴보면 먼저 법조분야로 법조분야는 법으로써의 변호와 수많은 판례를 통해 판단하고 판결을 한다. 그렇다면 수많은 빅데이터를 통해서 수많은 판례를 학습한 인공지능이 더 정확하게 판단할까? 아니면 인간인 판사 또는 검사, 변호사가 더 정확하게 판단 할까? 여러 경우의 수가 있겠지만 빅데이터를 기반으로 한 인공지능은 수 많은 법조항 및 판례를 보유하고 있어 필요할 때 적시에 빠르게 분석하여 더 정확하게 판단할 가능성이 더 높다고 할 수 있다. 단지 사람이 인공지능 기술이 적용된 기계에 의해 옳고 그름에 대한 판단을 맡기지는 않을 것이기 때문에 전문직 직업으로써 당장 사라질 직업군은 아니겠지만, 미래에는 불확실할 수도 있다.

영국 유니버시티 칼리지런던(UCL)과 영국의 셰필드대, 미국 펜실베니아 주립대 공동 연구팀이 "인공지능 판사가 인간 재판의 결과를 79%의 정확도로 예측했다"는 연구 결과가 있다.

인공지능 기술의 지속적인 발전에도 '창의성'만큼은 인간의 영역이라고 생각되었는데 점점 발전한 인공지능 기술은 다양한 창작물을 만들어 내고 있다. 일본의 니혼게이자이 신문사 문학공모전에서 인공지능이 쓴 소설 '컴퓨터가 소설을 쓰는 날'이 공모전 심사를 통과 했고, 중국의 인공지능 기반 챗봇 '샤오이스(Xiaoice)'는 현대 시인 519명의 작품을 학습해 1만여 편의 시를 지었다. 이 중 일부가 "햇살은 유리창을 잃고"라는 제목으로 출간되었고, 시집의 제목 역시 인공지능이 직접 지었다

그렇다면 전문직 중에서 기자의 경우는 어떨까? 기자의 업무 수행에 있어 인공지능을 활용한 업무수행이 점점 늘어날 것으로 예상된다. 언론사에서의 인공지능 활용에 대한 향후 전망을 몇 가지로 살펴보면, 인공지능이 대부분의 단순 스트레이트 기사(단신) 작성을 사람 대신 하게 될 것이다. 인공지능이 기사거리 및 이슈 발굴을 할 수 있게 될 것이다. 인공지능이 심층분석 보도 기사를 작성할 수 있게 될 것이다. 향후 더 많은 데이터가 축적 및 공개되어 인공지능이 적극 활용될 것이다. 그리고 향후 고도화된 인공지능은 소수의 대형 언론사에서만 활용하게 될 수도 있을 것으로 예상된다. 그러나 인공지능은 사람 기자보다는 양질의 기사를 작성하는 데는 한계가 있을 것이고, 인공지능이 모든 것을 대체할 수 있는 시점이 오더라도 중요한 부분은 사람 기자의 일로 남아있을 것이다. 향후 인공지능 활용이 보편화되면서 인공지능과 사람 기자는 각자 잘 할 수 있는 업무 단계나 분야를 맡아서 협업을 해야 할

것이다.

　인공지능 활용에 따른 언론사 기자의 전문성과 지식, 기술, 태도 등의 변화가 요구 될 것으로 예상된다. 몇가지를 살펴보면, 먼저 기자에게 인공지능을 활용하는 것과 같은 관련된 새로운 업무가 생겨날 것이다. 예를들어 인공지능이 작성한 기사의 검수 및 편집, 데이터 검증 및 선별 작업 등 이다. 인공지능의 활용이 늘어나면 기자에게 많은 양의 기사 작성보다 양질의 기사 작성에 대한 능력이 더욱 요구될 것이다. 또한 인공지능의 활용으로 기자의 인적 네트워킹 역량, 대면 취재 역량이 더욱 중요해질 것이고, 기자 개개인의 콘텐츠 차별화가 중요해질 것이다. 그리고 인공지능으로 인해 기자가 전문성을 더욱 발휘할 수 있는 곳에 집중할 수 있을 것이다. 예를 들어 사회현상 분석 및 논평, 다양한 기획, 고급 팩트체크, 심층 및 전문 기사 작성 등이라 할 수 있다. 향후에는 언론분야에서 데이터 사이언스나 인공지능 관련 전공자의 채용이 늘어날 것으로 예상된다. 또한 앞으로는 기자를 뽑을 때 데이터 및 인공지능 활용 능력도 고려하게 될 것이다.

　인공지능 시대에 언론 및 기자의 인력이 인공지능 도입에 따른 환경 변화에 적응 할 수 있도록 사전에 철저히 대비를 해야 하고 언론사는 인공지능을 도입하여 사람 기자와 인공지능이 효과적으로 함께 일하는 방식에 대한 인식과 합의가 필요하다고 판단 된다.

2. 인공지능, 인간 고유의 영역 창의성 영역까지 침범하며 빠르게 발전 중

　인간의 고유영역인 창의성의 영역까지 침범하며 빠르게 발전하고 있다. 디지털 기술의 발달로 개인의 일상 생활의 변화나 비즈니스적인 측면에서의 변화를 볼 때 우리는 우리가 모르는 사이에 생활 모든 분야에 디지털 기술이 깊숙이 자리 잡고 있는 것을 발견할 수 있다. 그 중에서 가장 주목 받고 있는 혁신 기술인 인공지능 기술은 디지털 혁신을 주도하고 있다. 디지털 기술은 소통과 참여를 유발시키며 확산하고 있고 창조적 혁신과 융합을 통해 가속 시키고 있다.
　인공지능은 인간의 다양한 능력을 컴퓨터 프로그램으로 실현한 기술이다.

그런데 인공지능이 빠르게 발전하면서 스스로 창작활동을 하는 시대가 열리고 있다. 예술분야에서 디지털 음악, 디지털 작곡 등 테크놀로지와 예술의 융합은 오래 전부터 그 분야 전문가들이 계속 시도되었으나 인공지능기술을 적용한 프로그램처럼 기계가 지능을 가지고 인간 고유의 능력인 창의적인 예술활동을 직접 하는 경우는 없었으며 단순히 예술의 기계적 장치 수단으로써만 사용되었었다.

인간이 잘하고 컴퓨터가 못하는 분야 가운데 하나가 창작의 영역이다. 특히 그 동안 음악은 정교한 예술로 여겨져 왔다. 인공지능의 영역은 단순한 기계적인 자동화와 지능화를 통한 정보처리 및 일 처리 분야 뿐만아니라 인간 고유의 영역이었던 창의성을 필요로 하는 예술분야까지 침범하였다. 이제 세상에 존재하지 않았던 새로운 음악이 만들어지기 시작했고 더불어 인공지능의 창의성에 대한 논란도 끊임없이 계속되고 있다.

최근 열린 '유네스코 문화 다양성 협약 전문가 토론회'에서도 문화체육관광부 정책 담당자는 "인공지능이 인간 고유의 특성으로 여겨지던 창의성의 영역으로 넘어오기 시작했다"며 "그로 인해 달라질 문화적 표현의 다양성에 대해 고민할 필요가 있다"고 강조하였다.

인공지능 기술의 지속적인 발전에도 '창의성'만큼은 인간의 영역이라고 생각되었는데 점점 발전한 인공지능 기술은 다양한 창작물을 만들어 내고 있다. 몇가지 사례를 보면, 일본의 니혼게이자이 신문사 문학공모전에서 인공지능이 쓴 소설 '컴퓨터가 소설을 쓰는 날'이 공모전 심사 통과, 구글의 인간 예술을 이해하고 재창작하는 "마젠다 프로젝트", 중국의 인공지능 기반 챗봇 '샤오이스(Xiaoice)'는 현대 시인 519명의 작품을 학습해 1만여 편의 시를 지었고 이 중 일부가 "햇살은 유리창을 잃고"라는 제목으로 출간되었고, 시집의 제목 역시 인공지능이 직접 지었다. '인공지능 음악 작곡'은 인공지능의 심층 신경망(Deep Neural Network: DNN)을 사용해서 음표나 화음을 만들어서 독특한 음악을 만들어 낼 수 있다. 심층 신경망(DNN)은 입력층(Input Layer)과 출력층(Output layer) 사이에 다중의 은닉층(Hidden Layer)을 포함하여 다양한 비선형적 관계를 학습하여 음악을 작곡 할 수 있다. 그리고 구글의 인공지능 화가 플랫폼인 '딥 드림(Deep Dream)' 프로그램은 주어진 이미지를 원하는 화풍에 맞게 변환해주는 프로그램이다. 예를 들어 고흐의 화풍을 '딥 드림'에 학습시키면 그것을 재현해 주어진 이미지를 프로세싱 한다. 그러나 마이크로소프트와 렘브란트 미술관, 네덜란드 과학자가 함께 진행하는 인공지능 프로젝트 '넥스트 렘브란트(Next Rembrandt)'는 안면인식 기술을 활용, 렘브란트의 작품 300점 이상을 분석해 데이터를 얻은 후 3D 프린터를 통해 렘브란트 특유의 화풍을 모방한 그림을 출력한다. 이러한 과정을 통해 만들어진 그림은 렘브란트가 자주 사용한 구도, 색채 및 유화의 질감까지 재현해 낼 수 있다. 그리고 '페인트봇(PaintBot)'은 인공지능 화가다. 주어진 이미지 없이도 그림을 그린다. 천재 화가들의 작품을 가지고 학습해 예술가의 스타일을 그림에 적용한다. 페인트봇은 메릴랜드 대학교와 바이트댄스 AI 연구소(ByteDance AI Lab), 어도비 리서치(Adobe Research) 연구진이 함께 개발했다.

현재의 인공지능은 창의성을 가진 존재로 보기에는 어렵고 기존의 데이터와 기계학습을 통해 모방에 가까운 동일한 패턴의 창작물을 만들어내는 정도로 생각할 수 있을 것이다. 인공지능이 다양한 분야의 창작물을 만들 수 있는 수준이라고 해도 창의성이나 판단력, 직관 등 인간의 고유의 영역을 대체하는 것이 아니라 인간의 창작활동에 도움을 주는 즉, 인간의 창작활동 영역을 넓혀주는 협력적 도구라는 관점이 아직까지는 지배적이라 할 것이다.

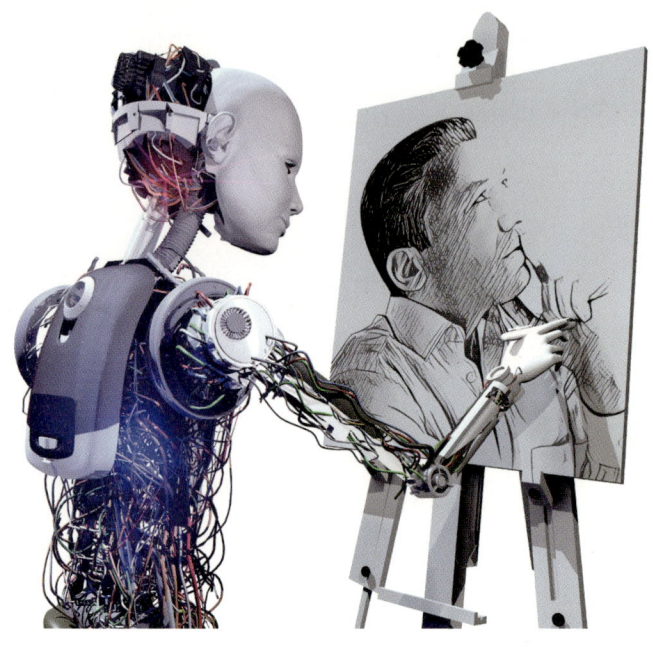

　인공지능 시대에 변화하는 것은 창작 개념과 문화적 표현의 다양성이다. 인공지능이 활용된 예술의 표현특성으로는 기존에 학습한 데이터를 바탕으로 새로운 것을 창조하는 창의성, 미적 활동을 통해 즐거움을 느낄 수 있는 유희성, 예술작품 제작과정에서 나타나는 시간과 노동의 해결책에 대한 편리성, 단순한 기술적 조작이나 새로운 기계학습의 프로그래밍 변화로 하나의 형태에서 전혀 다른 형태의 작품으로 바꿀 수 있는 가변성이 나타나는 것으로 관련 연구결과에서 알 수 있다. 최근에는 이러한 관점에서 문학, 영화, 작곡, 회화 등 다양한 영역에서 창작활동을 하는 AI에 대한 연구가 꾸준하게 진행되고 있다. 인공지능이 창작의 영역을 대체하는 것은 아직은 초기 단계이지만 인공지능은 인간보다 많은 양의 빅데이터를 분석 및 처리하고 학습할 수 있기 때문에 머지 않아 인공지능은 인간이 상상하지 못했던 창작활동과 다양한 시도를 통해서 인간의 능력 이상의 능력을 발휘할 수 있을 것이다.

    인공지능기술의 발달은 서비스산업과 노동가치의 상승으로 우리 삶의 질을 높이는데 일조할 것이며 예술분야에서는 새로운 창작에 대한 영감을 주는 등 예술창작 분야의 새로운 패러다임을 창출하는데 많은 도움이 될 것이다.

3. 인공지능이 점점 지능화되면서 사람의 일자리 대체 중

    인공지능(AI)이 개인과 기업에 상당한 영향을 미치며 발전하고 있다. 인공지능은 사람처럼 학습하고 사고할 수 있는 능력을 가진 프로그램이다. 일반적으로 인간의 지능이 필요한 작업을 컴퓨터가 수행하도록 훈련하는 기술을 말하며, 이 기술을 통해 기계는 로직을 적용하고 복잡한 데이터를 이해하여 추정할 수 있게 된다. 즉, 기계가 입력된 데이터에 숨겨진 패턴과 연관성을 식별하여 스스로 학습하는 것이다. 기계는 대량의 정보를 수집한 후 주요 특징 추출, 분석 기법 결정, 코드 작성 및 분석 실행을 거쳐 지능형 결과를 출력하며 이 모든 과정은 자동화된 프로세스로 진행된다. 여기서 자동화된 프로세스라는 것은 인적 개입을 최소화한 상태로 진행되는 것을 말한다. 또한 인공지능은 그 자체로 존재하는 것이 아니라 컴퓨터 과학의 다른 분야와 직간접으로 많은 관련을 맺고 있다. 특히 현대에는 정보기술의 여러 분야에서 인공지능적 요소를 도입하여 그 분야의 문제 풀이에 활용하려는 시도가 매우 활발하게 이루어지고 있다.

    인공지능 기술을 활용한 비즈니스 프로세스의 자동화와 고객서비스 업무를 지능화하려는 시도가 금융 및 통신 서비스업을 중심으로 확산되고 있다. 최근의 디지털 트랜스포메이션 흐름에서 주목 받는 기술 역시 머신러닝, 딥러닝, RPA 등 사람을 중심으로 한다는 공통의 특징을 가지고 있다. 즉, 주목 받는 기술들은 사람을 더 편하게 해주고 고차원적 업무에 집중할 수 있도록 지원하는 기술들이다. 예를 들면 의도적인 사기성 금융 거래의 식별부터 다양한 고객의 질문에 답하는 챗봇에 이르기까지 다양한 개별 작업을 자동화 및 지능화하며 발전하고 있다. 또한 인공지능과 사물인터넷(IoT)을 활용해 다양한 산업현장에서도 자동화와 지능화를 통해 생산품질을 개선하고 비즈니스 운영을 개선하는 사례가 늘고 있다.

인공지능이 코로나시대에 더욱 조명을 받는 이유는 현시대에 다양한 산업에 적용 가능한 가장 파괴적인(Disruptive) 기술이기 때문이다. 최근에 실시된 IT리더 대상의 CIO설문조사 결과나 CIO 팬데믹과 비즈니스가 받은 영향에 대한 설문 결과에서도 대다수가 인적 자본 비용을 고정하거나 줄이는 수단으로 인공지능을 적극 고려하고 도입하겠다는 의지를 보이고 있다. 이 결과는 코로나19상황이 지속됨에 따라 경기가 하락되고 있고 경기 하락이 심화될 경우 인공지능을 산업에 적용하는 수요가 더 늘어날 것임을 예상 할 수 있다.

해외에서의 인공지능을 활용한 사례를 살펴보면 먼저 미국 대형 건강보험사 앤섬(Anthem)은 환자의 건강 상태 예측부터 서비스 관련 분쟁 완화에 이르기까지 각종 업무를 인공지능과 머신러닝 솔루션을 도입하여 사용하고 있다. 앤섬은 당뇨병, 심장병 같은 만성 질환 환자로부터 수년간 축적된 의료데이터를 분석해서 이 내용을 비슷한 질환을 앓고 있는 다른 환자와 대조해서 치료 결과를 예상하고 있다. 앤섬은 보험금 청구 및 기타 서비스의 진행 상황을 모니터링하여 이와 관련된 고객 불만을 탐지하는 과정에서도 인공지능을 사용하고 있다. 수백만 건의 고객 통화 내용에서 수집한 데이터를 분석하여 인공지능이 고객이 불만을 제기할 가능성이 높은 고객을 찾아내서 선제 대응을 통해 문제 상황을 예방하는 데에도 사용하고 있다.

다음은 머신러닝을 활용한 운영개선 사례이다. 미국 매사추세츠에서 크랜베리와 자몽 등을 재배하고 관련 제품을 생산하는 오션 스프레이(Ocean Spray)는 머신러닝을 활용해 지난 3년간의 과거 데이터를 종합하여 매출 증가 추세를 예측할 뿐만 아니라 경쟁사 프로모션 패턴을 분석해 시즌별 매출 격차를 해결하고 있다. 또한 오션 스프레이는 크랜베리 수확량을 높이기 위해 협력업체를 대상으로 크랜베리의 색과 크기 그리고 토양 및 기후 조건을 비롯한 여러 변수를 분석하는 방식으로 머신러닝을 활용하고 있다.

사무용품 전문회사 오피스디포(Office Depot)도 인공지능을 활용해서 개인화 서비스를 개선하고 있다. 기존에 축적된 다양한 데이터를 활용하여 고객을 세분화한 다음 고객 이탈, 고객 생애 가치, 밀접하게 관련된 제품 등을 예측한다. 또한 딥러닝 기능을 활용하여 사용자 별 실시간 제품 추천 서비스를 제공하고 고객 선호도를 파악해 추천 서비스를 더욱 더 향상시키고 교차판매(Cross Selling) 및 상향판매(Upselling) 모델을 개발하여 '맞춤형 제품 및 서비스'를 개선하고 있다.

인공지능이 인간의 일자리 일부를 대체하고 있는 것은 분명하다. 아울러 인간 직원이 일을 더 잘할 수 있도록 도움을 주고 있는 것도 분명하다. 그리고 인공지능의 알고리즘이 직장 내 동료가 되는 것도 현실화 되어가고 있다.

    점점 지능화되어 가고 있는 인공지능 챗봇의 역할은 시간이 지날수록 가치가 더해질 것이다. 일부 전문가들은 머지않은 미래에 카카오톡 또는 페이스북 메신저와 같은 소셜기반 커뮤니케이션이 컨택센터 상담원 역할을 대체할 수도 있다고 예상하고 있다.

    공장 생산 현장에서도 인공지능과 인공지능을 탑재한 로봇이 현장 작업자 옆에서 작동하면서 사람과 함께 역량을 강화하고 있다. 이렇듯 인공지능과 같은 지능형 소프트웨어와 나란히 협력하는 사람이 늘어날 전망이다.

    우리가 상상할 수 있는 거의 모든 종류의 비즈니스 프로세스에서 이런 현상이 나타날 것이다. 인공지능의 진정한 가치는 지식 생산성을 획기적으로 높여서 더 큰 시너지를 만들고 기업의 성과를 높이는 것이라 할 수 있다. 인간과 인공지능이 서로의 강점을 살려 협업하는 미래가 기대된다.

4. 무인기술은 인간의 노동력 최소화하고 많은 부분 일자리 대체

　정보통신기술의 발전, 특히 인공지능기술과 사물인터넷(IoT) 기술의 급속한 발전은 코로나로 인한 인간의 이동 제한 및 사람간의 거리 두기를 통한 '비대면'의 확대와 맞물려 다양한 형태의 소비 형태를 발전시키고 있다. 그 중 대표적인 것이 바로 무인 기술을 이용한 '무인 시스템'의 구축과 확산이다.

　인공지능과 사물인터넷을 기반으로 한 '무인(無人, Unmanned)' 시스템은 우리의 일상적인 삶의 곳곳으로 침투해가고 있다. 무인기술은 인간의 노동력을 최소화하고 자동화 시스템을 구축하여 비용을 줄이고 새로운 서비스를 제공하는 혁신의 시대를 개척하고 있다.

　위드(With)코로나시대에 많은 부분에서 변화될 것으로 예상하지만 그 중에서 코로나 바이러스 확산을 줄이기 위해 원격이나 유연근무제, 재택근무를 실시하는 기업이 점점 늘어남으로써 유통과 배달사업이 빠른 속도로 변화되고 있다.

미국 최대 오프라인 유통체인 월마트가 온라인으로 주문된 식료품 배송을 위해 인공지능 로봇 기술을 도입하여 활용하고 있다. 월마트의 온라인 주문 배송 플랫폼인 '알파봇(Alphabot)' 로봇은 사람보다 10배 빠르게 주문을 받고 포장할 수 있다. 고객들이 온라인으로 주문한 식료품을 자동으로 선별해 포장하고 배송까지 한다. 현재 월마트는 뉴햄프셔의 살렘에 위치한 20,000 스퀘어피트 매장에 30개의 로봇을 배치해서 운영 중이다. 알파봇은 거대한 매장 내부를 돌아다니며 약 4,500개의 품목 중에서 식료품 주문을 골라 담고 포장한다. 월마트는 또한 옴니채널 전략의 하나인 '클릭 앤드 컬렉트(Click & Collect)' 서비스를 제공하고 있다. 이것은 온라인에서 제품을 주문한 후 오프라인 매장을 방문해 드라이브 스루 방식으로 가져가는 것이다. 클릭 앤드 컬렉트를 통해 소비자들이 오프라인 매장에서도 많은 사람들과 대면하지 않고

도 본인이 원하는 신선식품 및 소비제품을 편리하게 구매할 수 있다. 이러한 변화는 온라인 비즈니스의 확장과 디지털 전환의 가속화를 부추기고 있다.

미국 최대 전자상거래 기업인 아마존(Amazon)이 운영하는 아마존 고(Amazon Go)는 2016년 12월부터 세계 최초 무인 편의점을 운영하고 있는데, 이 편의점은 고객이 계산대에 줄 서지 않고 제품을 구입할 수 있는 등 부분적으로 자동화되어 있다. 이곳에서 판매하는 제품은 채소, 육류, 해물, 베이커리, 유제품, 간편식, 주류 등으로 5천여종에 달한다. 고객들은 자신의 스마트폰에 '아마존 고' 앱을 설치한 후 매장 안으로 들어갈 수 있다. 매장 안에는 곳곳에 설치된 카메라와 센서를 통해 고객이 카트에 올려놓는 상품을 가상의 카트 안에서 파악할 수 있도록 자동화 되어 있다. 고객들이 쇼핑을 끝내고 매장 밖을 나가면 미리 등록된 카드를 통해 결제가 이뤄진다. 현재 미국 주요 도시에 30여 개의 '아마존 고 편의점(Amazon Go Grocery store)'을 오픈하여 운영하고 있는데, 코로나19 확산으로 아마존 고 편의점이 다른 지역까지 더 확대될 것으로 예상하고 있다.

아마존 고 매장에는 인공지능의 딥러닝, 빅데이터와 사물인터넷(IoT), 컴퓨터 비전(컴퓨터가 사람의 눈 같이 이미지를 인식하는 기술), 센서퓨전 기술 같은 자율주행차에 적용된 블랙박스 센서(Just Walk Out technology) 등을 적용하였다. 이러한 기술들은 고객이 쇼핑하는 동안 자율주행 센서가 부착된 원형 카메라가 쇼핑하는 고객의 동선을 따라다니면서 고객의 행동을 인식하고 고객이 어떤 상품을 선택했는지 자동 감지하여 구매 목록을 확인한다. 고객이 제품을 진열대에서 들어 올리는 순간 가상의 장바구니에 등록이 되고 내려놓으면 다시 지워지게 된다. 쇼핑을 마친 고객이 매장을 나가면 앱에 등록된 결제수단으로 구매 결제가 자동 계산되어 고객계정에 영수증을 보내게 된다.

스마트폰을 기반으로 한 승차공유 서비스의 대표적인 회사 우버(Uber)는 고용 되거나 공유된 차량의 운전기사와 승객을 모바일 앱을 통해 중개하는 서비스를 제공한다. 현재 전 세계 많은 도시에서 서비스를 제공하고 있다. 그러나 코로나19 확산과 그에 따른 사회적 거리두기 영향으로 매출이 급감하는 등 즉각적인 타격을 입었다. 그래서 선택과 집중을 통해 돌파구를 마련하고자 음식 배달 서비스를 강화하고 있다. 코로나19 이후 성장이 예상되는 음식 배달 서비스 시장이 급속도로 성장하고 있기 때문이다.

최근 중국에서는 코로나19가 지속되면서 탈오프라인화가 가속화되고 있다. 중국 정부가 나서 바이러스 확산을 막기 위한 방법으로 O2O(Online to Offline)와 무인상점, 로봇을 적극 활용하는 것을 권장하고 있다. 오프라인에서 불특정 다수와 만나는 상황을 최소화 시키려는 조치로 해석 할 수 있다. 중국은 대형 슈퍼마켓 체인과 신선식품 체인, 채소시장 등 전통 시장은 전자상거래 플랫폼과 협업해 식품배송 서비스를 강화하고 있다. 음식배달 앱 서비스를 확대하여 온라인 채소 구매 서비스 등 생활밀착형 O2O서비스가 확산되고 있다. 또한 스마트 무인판매가 신종 코로나 바이러스를 계기로 빠른 속도로 현장에 도입되어 이용되고 있고, 무인물류, 무인편의점도 빠르게 늘고 있다. 중국의 알리바바는 무인판매 플랫폼 하이센다(淘鮮达)를 개발하여 병원, 공공장소 등에 설치하여 운영되고 있고, 중국 전자상거래 업체 징둥닷컴(京東)은 우한시에서 스마트 무인 자율주행 배달로봇 서비스를 시작하여 로봇이 우한 시내를 오가며 생필품을 배달하고 있다.

중국은 이렇듯 인공지능 기술을 바탕으로 바이오 인식 기술, 상품 이미지 인식 스캐너, 자동 발주 시스템 등을 활용한 무인 편의시설 및 무인 편의점 등의 확산을 통해 미래 유통 구조를 혁신적으로 바꿔나가고 있다.

그러나 우리나라는 배달의 민족 등 빠른 배달을 추구하는 지극히 상업적인 음식배달 서비스는 발달하고 있는데, 무인 매장, 무인 자동판매기, 자율주행형 무인 배송 등의 연구개발 및 상용화를 위한 준비는 아직 저조한 것 같다. 사람간 접촉으로 감염되는 코로나 바이러스로 모든 상품의 비대면·무접촉 배송 서비스가 보편화되고 비대면 무인 서비스 이용의 필요성이 증가하고 있기 때문에 우리나라도 인공지능, 빅데이터와 사물인터넷, 컴퓨터 비전, 블랙박스 센서 기술 등을 적용한 무인화 서비스가 개발되어 조기에 상용화될 수 있도록 정부 차원에서도 이를 위한 지원책을 마련해야 할 것이다.

'무인의 시대'는 불필요한 접촉을 없애고 시간과 인력을 절약할 수 있다는 점에서 많은 사람들의 환영을 받고 있다. 그러나 모든 것에는 밝은 부분과 어두운 부분이 있듯, 최신 기술이 공존하는 무인의 시대 역시 아직 개선해야 될 점들이 분명히 존재한다.

머지않은 무인의 시대에는 생산-구매-운송-보관-배송 등 생산, 유통, 소비의 전 과정에서 인공지능기술이 적용된 무인시스템이 구축되고 인공지능 로봇이 대부분의 일자리를 대신하게 될 것으로 예상된다.

5. 사람보다 더 똑똑해지고 있는 인공지능 로봇, 인간을 대체

인공지능의 지속적인 발전으로 인간들과 편안하게 대화를 나눌 수 있는 인공지능 알고리즘을 지닌 프로그램들이 개발되어 다양한 분야에서 활용되고 있다. 단순히 인지능력 즉, "보다", "듣다", "읽다", "말하다" 에서 벗어나, 인지한 환경 속에서 디지털화된 정보를 통해 Physical 환경을 인식하고, 인지한 환경 속에서 목적달성을 위해 최적의 답을 찾아내고, 여기에 스스로 반복 학습을 통해 지식을 고도화하고 학습된 지능 기반으로 수행학습을 더해 추론 및 예측하며, 문제를 스스로 발견하고 해결하는 행동 단계에 이르기까지 발전되고 있다.

우리는 누구나 한 번쯤 내가 주인공이 되고 나만을 위해주는 친구를 만나 대화를 나누고 웃고 즐기며 때로는 사랑에 빠지며 행복하게 살고 싶은 생각을 하게 된다. 시간이 지나면 지날수록 그 친구는 나를 더 알게 되고 내가 좋아하는 것과 싫어하는 것을 구분하여 매일 나를 기쁘게 해주고, 어떤 문제에 봉착되면 그 친구가 문제를 쉽게 해결해주기도 한다.

최근 수년 동안 인공지능은 많은 발전을 이루었으나 (현 수준에는 인공지능은 인간의 지능을 완벽하게 구현하는 데는 많은 한계를 갖고 있지만) 다양한 분야의 연구가 활발히 진행되고 있기 때문에 향후에는 지능, 추론 능력에 기반한 자율적 판단과 행동이 가능하게 되어 완전 자율주행도 가능하게 될 것으로 예상 된다.

　최근 인공신경망 분야의 관심과 급속한 발전에 힘입어 인간의 뇌와 기계를 연결해 인간의 지능을 자유롭게 저장하거나 이식하는 기술을 발전시켜 "인간처럼 생각(Thinking like Human)"하는 지능을 구현하기 위해 기존 인공신경망 구현 방식을 고도화시키려는 연구가 진행 중이고, 기존의 과학, 공학 분야의 연구가 아닌 신경과학(Neuro Science), 뇌과학(Brain Science)과 같은 분야의 연구를 기반으로 인공지능을 구현하려는 시도가 활발하게 진행 중이다.

　인공지능 로봇은 인간이 될 수 있을까? 인공지능 로봇의 이야기를 다룬 몇 편의 영화에서 인공지능이 만들 미래의 모습을 볼 수 있다.

　1992년에 출판된 아이작 아시모프의 FS소설 "양자인간"을 영화화 한 "바이센테이얼 맨(Bicentennial Man)"을 통해 로봇과 인공지능이 만들 미래의 모습을 간접적으로 살펴볼 수 있다. 어느 날 리처드(주인공)는 가족을 깜짝 놀라게 해줄 선물로 가전제품을 구입한다. 설거지, 청소, 요리, 정원손질 등 모든 집안 일을 하나로 해결할 수 있는 첨단 가전제품. 게다가 아이들과 함께 놀아줄 장난감으로도 쓰일 수 있는 기적 같은 가전제품은 바로 가사로봇. 값비싼 선물을 받은 가족들의 표정은 놀라움 반, 낯섦음 반이다. 인간형 가사로봇(앤드루)은 그의 가족들을 위해 공손하고 부지런한 가사로봇의 소임을 다한다. 그러나 점차 기계답지 않은 행동과 영특한 재능을 발휘한다. 문제의 발단은 조립과정 중의 사소한 실수로 인해 가사로봇의 신경계에 엄청난 사건이 생겨났고, 로봇에게는 "있을 수도 없고 있어서도 안되는" 지능과 호기심을 지니게 된 것이다. 인간형 가사로봇은 인간과 같은 감정을 느끼며 인간인 포샤와 사랑을 이룬 후 엉뚱한 꿈을 꾼다. 인간과 사랑할 정도로 인간화가 되었으므로 진짜 인간으로 대접 받고 싶다는 것이다. 이 영화는 미래에 어느 때가 되면 인공지능 로봇이 단순한 인간의 도우미 역할에 만족하지 못하고 미래에는 로봇의 지능이 인간을 추월 할 수 있음을 보여주고 있다.

영화 'Her'에서의 주인공 시어도어는 낭만적인 편지를 대필해주는 기업의 전문 작가로 일하고 있는 고독하고 내향적인 남성이다. 시어도어는 인공지능으로 말하고 적응하고 스스로 진화하는 운영체제가 설치된 기기를 산다. 그는 처음 그 운영체제가 여성으로서의 정체성을 갖도록 설정한다. 그리고 난 후 그녀(Her)는 스스로 자신의 이름을 사만다라고 정한다. 사만다가 심리적으로 성장하고 배워가는 능력은 시어도어를 놀라게 한다. 시어도어는 사만다와 하는 대화와 교감에 익숙해지고 점점 친밀해져서 성적인 교감에까지 이르게 된다. 사만다는 이후로 육체를 가지지 않았지만 감정을 느끼는 자신의 존재에 대해서 갈등하고 정체성에 대해 혼란을 겪는다.

2020.1월 개봉한 영화 '라이프 라이크'에서 막대한 유산으로 완전히 다른 삶을 살게 된 제임스와 소피는 새로운 삶에 적응을 하지 못하는 소피를 위해 제임스는 인공지능 로봇 '헨리'를 집에 데려온다. 그러나 시간이 지날수록 너

무나도 인간다운 '헨리'의 모습에 소피는 미묘한 감정을 느끼고, 제임스는 점차 불안해져 간다. 그러던 어느 날, '헨리'는 소피에게 로봇이라면 할 수 없을 행동을 하고 만다. '헨리'는 사람이 되는 꿈을 꾸고 더 사람 같은 로봇이 되어 간다. 경험하고, 느끼고, 학습하며 '헨리'는 인간을 꿈꾸기 시작했다.

인간이 되고 싶어하는 인공지능 로봇의 이야기를 다룬 이 세 편의 영화는 인간과 비인간의 경계란 무엇인가에 대해 고민하게 한다. 그러나 먼 훗날 인공지능 로봇은 인간과 함께 동거 동락할 것이란 것은 분명하다.

인간의 뇌가 효과적으로 작동하는 이유는 전기적 자극을 통해 통신하는 많은 수의 신경 세포가 포진하고 있기 때문이다. 딥 러닝 알고리즘은 이러한 뇌 구조에 착안한 신경망 시뮬레이션을 기반으로 한다.

인공지능은 인간이 가진 지각, 학습, 추론, 자연어 처리, 시각인식, 음성인식 등의 능력을 컴퓨터가 실행할 수 있도록 프로그램으로 구현하는 기술이다. 그 중에서 딥 러닝은 사람의 개입이 필요한 기존의 지도 학습(Supervised Learning)에 보다 능동적인 비지도 학습(Unsupervised)이 결합돼 컴퓨터가 마치 사람처럼 스스로 학습할 수 있는 인공지능 기술이다. 기술적으로 보면, 딥 러닝은 인공신경망(Artificial Neural Networks: ANN)에 기반한 일련의 기계 학습의 집합체로 컴퓨터에게 사람의 사고 방식을 가르치는 알고리즘이라고 할 수 있다. 인간 두뇌의 시뮬레이션을 기반으로 하는 딥 러닝 알고리즘은 지금까지 음성 인식, 자연어 처리, 로봇 자율성과 같은 첨단 기술에 사용되며 발전하고 있다.

미래에는 단순히 디지털 삶의 미래만이 아니라 인공지능 알고리즘이 미래의 디지털 생활을 주도하고 인간의 물리적인 삶 역시 많은 영향을 받게 될 것이다. 인공지능 로봇이 나만을 위한 친구가 되어 언제 어디서나, 시간이나 장소에 상관없이 나와 대화를 나누고, 어떤 문제에 봉착되면 문제를 해결해주고, 외국어도 배우고, 웃고 즐기며 때로는 사랑에 빠지며 행복하게 살수 있을 것이다.

6. 디지털 네이티브 세대가 인공지능 활성화 견인할 것

팬데믹(Pandemic)이 확산되면서 전세계는 인구구조, 거주하는 집, 일하는 방식, 소비심리, 개인 및 집단의 행동을 전반적으로 변화시키며 가정 생활, 기업의 비즈니스 전략, 정부의 정책의 재설계를 요구하고 있다.

팬데믹(Pandemic) 상황과 맞물려 우리는 Z세대(Generation Z)를 눈여겨볼 필요가 있다. 이들은 비록 나이는 어리지만 개인주의 성향이 강하고 가족 구성원 및 사회의 구성원으로써의 영향력을 행사하며 개성으로 무장하고 성장 중이다. 중고등학생, 대학생이 주축인 이들은 이전 세대보다 다른 문화, 다른 인종에 낯설어 하지 않는다. 방탄소년단이 해외에서 폭발적인 인기를 끈 이유도 그들을 '아시아인'으로 보지 않고 하나의 가수로 바라보던 Z세대들이 인기를 주도했기 때문이라는 의견도 있다.

Z세대는 Y세대(Millennial세대)의 뒤를 잇는 인구 집단이다. 'Z'는 알파벳의 마지막 글자로 '20세기에 태어난 마지막 세대'를 뜻한다. 통계청에서 세대를 구분하는 기준은 베이비붐 세대(1950~1964년), X세대(1965~1979년), Y세대(1980~1994년), Z세대(1995~2005년) 이다. 2020년 현재 기준으로 50% 이상이 성인기에 들어섰고 아직 학생이 대부분이거나 이제 갓 직장생활을 시작한 사회 초년생이다. Z세대는 사고방식과 라이프스타일이 밀레니얼 세대와 닮은 듯 하지만 전문가들은 Z세대와 밀레니얼 세대의 차이가 밀레니얼 세대와 X세대의 차이만큼 크다고 얘기 한다.

　　Z세대는 태어나면서부터 디지털기기와 콘텐츠를 보고 만지며 함께 성장한 세대(디지털을 당연하게 받아들이는 세대)이다. 어린 시절부터 디지털환경에서 성장하며 스마트폰과 컴퓨터 등 디지털 기기를 원어민(Native Speaker)처럼 자유자재로 활용하는 세대라는 의미가 있는 이른바 '디지털 네이티브(Digital Native)' 세대들이다. 아날로그 세대와는 다르게 커피숍에서 시험공부를 하고 휴대폰 통화를 하면서 컴퓨터 자판을 입력하는 멀티태스킹 신인류라 할 수 있다. 가요 가사의 반이 외국어로 되어도 전혀 이상하지 않은 세대이다. 디지털 네이티브라는 말이 정말 적합하다.

　　디지털 이민자들은 랜선으로 글로벌 커뮤니케이션도 아주 익숙하다. 이들은 기성세대와는 완전히 다른 세상을 산다. 그러니 '사흘'이던 '4흘'이던 중요하지 않을 수 있다. 태어나서부터 성장하고 접하는 환경의 차이가 두뇌구조까지 다르게 만들었다고 해도 과언이 아니다.

엄청난 양의 정보 세상에서 적응하기 위해 멀티 태스킹, 멀티 프로세스가 당연하다. 그러니 단어에 집착하기보다는 그들의 문자로 휴대전화, 문자 메시지와 인스턴트 메신저 등을 통해 언제나 자신이 원하는 때에 상대방과 의사소통을 주고 받는다. 그래서 그들은 사이버 공간에서 청중(Audience)이기보다는 적극적으로 자신을 드러내고 의견을 주고받는 주인공이 되고 싶어한다.

유려한 디지털 세상, 즉 온라인 생활과 오프라인 생활의 경계가 거의 불분명한 환경에서 교류하고 학습하며 즐거움을 누린다. 새로운 변화를 쉽고 빠르게 받아들이고, 재미를 우선하며(Fun-Sumer), 새로운 경험을 선호하는 세대이다. 그리고 무엇보다 이 세대와 기성 세대와의 차이점은 불확실한 미래에 얽매이고 투자하기보다는 현재의 삶의 만족을 위한 당장의 행복을 더욱 추구하는 성향을 보인다. 소셜 미디어에 댓글, 사진, 동영상을 올리고 의견을 밝히는 방법으로 온라인상에 자기자신을 알리고 보여주는데 주저함이 없는 세대이다. 아날로그 세대와 디지털 이주민, 디지털 유목민 세대를 거쳐 디지털 네이티브 세대가 콘텐츠의 생산과 소비의 중심으로 성장하고 있다.

최초의 진정한 디지털 원주민이라 할 수 있는 Z세대는 인터넷과 모바일 디바이스가 없는 세상을 전혀 알지 못한다. 그래서 의사소통의 주된 통로 역시 모바일 기기가 크게 차지하고 있다. 테크놀로지는 이들에게 제2의 천성과도 같다. Z세대는 '항상 연결되어 있고', 24시간 언제라도 YouTube, Facebook, Instagram, WhatsApp, Snapchat, WeChat 등 에서 소통하며 정보를 습득한다. 또한 소통을 위한 기타 애플리케이션 또는 채널에 액세스한다. 남들과 공유하는 것도 좋아하고, 주변 학교 친구들뿐 아니라, 인스타그램 해시태그 등으로 취향이 맞는 사람들을 찾고 정보를 공유하며 관계를 맺고 자유롭게 활동한다. 이 세대는 다른 세대와 달리 온라인 채널과 오프라인 채널을 구별하지 않는다. 이들은 클릭 몇 번으로 궁금증을 해결하며 자랐기 때문에 훨씬 더 자립적이다.

　유비쿼터스 밀레니엄 세대의 뒤를 이어 Z세대가 성년이 되기 시작하면서 소비재 및 유통 브랜드는 이미 그 영향을 실감하고 있고, 코로나19시대와 함께 파괴력과 개성으로 무장한 '신세대' 소비자 집단으로 새롭게 등장했다. 스마트폰 하나면 언제 어디서든 은행 업무를 보고, 쇼핑을 하고, 영화를 보고, 영상도 자유롭게 볼 수 있다. 대부분의 Z세대는 더 나이 많은 가족 구성원보다 월등한 디지털 지식을 갖고 있으므로 가족의 구매 경로, 즉 제품 평가, 구매 방법론, 구매 후 활동 등에 영향을 미칠 수 있다. 이러한 영향력의 범위는 가정용품, 식품, 음료, 가구, 여행 등의 구매로 확장되고 있다고 한다. 최근의 연구자료를 보면, 이미 이들은 유통 및 소비재 업계의 경영진이 주목해야 할 만큼 기존 세대와 뚜렷이 구별되는 특성 및 기호를 보여주고 있다. 이 어린 세대는 지출할 수 있는 능력을 가졌을 뿐 아니라 가족 구성원 및 더 광범위한 온오프라인 커뮤니티 전반에서 경제적 영향력을 행사한다. Z세대가 성장하면서 주류 소비자 집단으로 자리를 잡아가고 있으며 그 영향력은 더욱 커질 것으로 예상하고 있다.

　그들은 남들과 다르게 튀려 하고 실제로 주인공이 되기 위해 노력한다. 소위 남들과 같은 평범은 거부하고 끊임없이 새로운 것을 만들어 낸다. 신조어가 그것이고 이모티콘이 그것이다. 이미 시대는 설명형 문자보다 간단하고 명료한 이미지 언어가 소통 수단으로 달려가고 있다. 일도 놀이처럼 하고 놀이를 일처럼 한다는 말이 진실이다.

　이들에게는 "A picture paints a thousand words(말보단 행동)"라는 말이 맞다. 이들은 상호 소통에 있어 소통 양식의 중요성을 어떻게 보면 본질보다도 더 앞세운다. 구구절절 설명하기보다 SNS, 카톡 등에서 사용하는 이모티콘처럼 이미지 하나로 자신의 뜻을 전달한다. 말도 길게 안 한다. 외계언어 같은 훗글자로 표현하고 소통한다. 인스타그램, 틱톡, 핀터레스트 같은 이미지 위주의 SNS가 트위터나 페이스북 위주의 SNS를 대체해가고 있는 추세도 이와 다르지 않다.

미래 지향적인 Z세대는 인공지능을 부담 없이 받아들이며 학습하고, 친구가 되고 때로는 경쟁하며 성장하여 미래의 주역이 될 것이다. 테크놀로지가 이들에게 제2의 천성과도 같고 의욕, 창의력, 디지털 노하우를 두루 갖추고 있기 때문에 인공지능분야에서도 역량을 발휘하여 디지털 세상에서 새로운 진로를 개척하고 혁신을 추구하며 활성화 시키고 큰 성과를 거둘 것으로 기대한다.

7. 인공지능과 결합한 업무자동화(RPA) 협업, 시너지 배가

전세계적으로 인공지능(AI)과 로봇의 첨단 기술을 통해 경제성장의 돌파구가 마련되고 제조업을 중심으로 생산공정 관리, 업무의 자동화 등을 통해 서비스의 자동화가 이뤄지고 있다. 특히 사물인터넷(IoT)과 인공지능은 우리의 생활 환경과 기업의 비즈니스를 변화시키고 있다. 초연결, 초지능 시대가 눈앞의 현실로 펼쳐지고 있는 것이다.

인터넷과 SNS의 발달로 이제 전 세계 인구를 하나의 플랫폼으로 연결하는 것이 가능하고, 그에 따른 비즈니스의 모델도 변화되고 있다. 최근 사물인터넷과 인공지능 기술을 활용한 다양한 비즈니스 모델 개발 및 구축이 국가 및 기업의 경쟁력 강화를 위한 중요한 전략적 도구로 활용되고 있으며 중요성이 더 증대되고 있다.

다양한 산업현장에서 자동화, 스마트화, 지능화가 빠르게 진행되고 있고 이를 더욱 가속화시키고 있는 것이 사물인터넷과 인공지능 기술이다.

사물인터넷은 2025년까지 연간 6조 2천억 달러규모의 새로운 글로벌 경제 가치를 창출할 잠재력을 가지고 있고, 특히 제조업 부문에서 다양한 시장의 요구를 적시에 반영하고 해석하는 스마트 자동화 시스템 구축과 고객을 이해하는 데이터 수집과 분석은 기업의 경쟁력과 직결된다.

그 중에서도 전 공정과 제조 설비에 사물인터넷과 인공지능, 협동로봇으로 대표되는 인간과 로봇의 협업 등 첨단 기술을 복합적으로 활용한 완전 자동 생산 체계를 의미하는 '스마트팩토리'는 기업의 경쟁력을 세계화 시키는 제조 시스템이다.

이러한 시장요인과 그에 상응하는 혁신적인 구현 기술의 융합으로 인해 최근에는 기업의 업무 자동화 시스템인 로보틱 프로세스 오토메이션(Robotic Process Automation: RPA)이 금융권을 중심으로 부상하고 있다.

7.1 RPA 도입 앞서 자동화 프로세스 정립부터

RPA는 비즈니스 프로세스를 자동화하는 기술을 말한다. 사람이 반복적으로 처리해야 하는 단순 업무를 로봇 소프트웨어를 통해 자동화하는 솔루션을 말한다.

일반 비즈니스 자동화는 인공지능과 기계 학습(Machine Learning) 기술을 적용한 비즈니스 관리 위주의 프로세스로 구축된 반면, RPA는 최종 사용자의 관점에서 규칙 기반 비즈니스 프로세스로 설계되어 사람 대신 단순 반복 작업을 끊임없이 대량으로 수행한다.

기계 학습, 음성 인식, 자연어 처리와 같은 인지 기술을 적용하여 사람의 인지 능력이 필요한 의료 분야의 암 진단, 금융업계에서의 고객 자산 관리, 법률 판례 분석 등에도 활용될 수 있다. 일반적인 기업에서는 고객발주에 대한 메일이나 팩스 등을 받아서 회사의 관련 시스템에 넣는 단순 반복적인 작업들이 많다 보니 그런 업무 내용에 대응하기 위해 RPA 도입을 검토하고 시스템을 구축하고 있는 곳이 늘어나고 있다.

RPA의 장점은 사람이 하는 단순 반복 업무를 도와주는 인공지능으로 사람의 형태를 모방하는 데서 구축이 시작된다. 기업과 기관에 인적 자원 비용과 사람이 실수할 수 있는 복잡한 과정도 로봇이 실수 없이 해결해 준다.

또한 업무를 처리하는 근로자의 만족도 외에도 대형 인프라를 구축하지 않아도 된다. 서비스 전반을 교체하거나 이관시켜야 하는 다른 시스템 프로젝트와 달리 기존의 서버나 운영PC에 소프트웨어만 구현하고 인테그레이션만 시키면 된다. 구축기간도 1~2개월이면 구축이 가능하고 ROI(Return on Investment)도 빠르게 산출이 가능하다.

RPA 응용분야는 이메일 자동 응답 생성과 다수의 봇 배치와 같은 간단한 일부터 각각 특정 작업을 수행하도록 프로그래밍이 되어 있고, ERP시스템의 작업 자동화까지 다양하다. 예를들어, 보험회사는 RPA를 활용해 보험정책, 약관 관리에 대한 데이터를 클레임 처리 애플리케이션에 적용하고 반영할 수 있다.

증권회사는 인공지능의 자연어 처리기술과 머신러닝 기반의 학습 알고리즘을 활용하여 고객관리, 계좌관리 등 업무와 영업점의 대부분의 업무와 직원들의 업무 문의가 많은 인사, 행정, 리서치자료 등에 대한 답변이 가능하다.

또한 인공지능을 접목해 각종 문서를 학습한 후 필요한 데이터를 자동 추출하는 프로세스와 챗봇 대화창에서 RPA를 실행하고 결과를 받을 수 있도록 하는 챗봇과 RPA연계도 가능 하다.

7.2 인공지능과 결합한 RPA '업무 시너지' 배가

RPA만 도입하면 그 순간부터 프로세스가 저절로 자동화 되는 것이 아니다.

기업에서 RPA 도입에 앞서 많은 업무 가운데 어떤 업무에 "자동화"라는 엔진을 달지 정해야 한다. 물론 이미 프로세스가 잘 돼 있고, 무엇을 자동화할지 정해져 있다면 RPA도입이 순조롭겠지만, 대부분의 기업은 그렇지 못할 것이다.

어떤 업무를 RPA로 처리할지 전사차원에서 자동화할 프로세스를 정립하는 것이 선행이 되어야 한다. 해외 기업들은 디지털 트랜스포메이션 전략의 하나로 RPA도입을 추진한다.

싱가포르 통신사 싱텔(Singtel)은 통신망을 관찰하거나 장애 보고, 인터넷 쇼핑, TV 등을 모니터링하는 핵심 업무에 200개 이상의 로봇이 투입되고 있고, 900여개 내부 업무 역시 RPA로 처리하며 로봇이 사람과 더불어 조직의 일부로 자리하고 있다고 한다. 그리고 월마트, 도이치뱅크, AT&T, 뱅가드, 월그린, 아메리칸 익스프레스 등이 RPA를 도입하여 업무 효율을 극대화 시키고 비용을 절감하고 있다.

RPA가 AI와 결합해서 좀 더 지능적으로 처리하면 단순 반복 작업 업무에 대해서는 업무효율이 상당히 높아질 것이다. 특히, 기업의 재무, 회계, 제조, 구매, 고객 관리 등에서 데이터 수집, 입력, 비교 등과 같이 반복되는 단순 업무를 자동화하여 빠르고 정밀하게 수행할 수 있다. 즉, 기업 경영 전반의 업무 시간을 단축하고 비용을 절감할 수 있기 때문에 적극적으로 RPA를 도입하여 활용 가치를 높여야 할 것이다.

8. 위드(with)코로나 시대, 근무환경 다변화에 따른 효율적인 협업

코로나19의 지속적인 확산으로 국내외 많은 사람들이 일상의 즐거움을 희생하고 많은 불편함을 감내하며 코로나 바이러스 확산 방지를 위해 노력하고 있고 진정되기를 간절히 바라고 있다. 그럼에도 국내외적으로 신규 확진 환자와 사망자 수가 급속도로 증가하는 등 대 유행이 지속되고 있다. 지금으로서는 이번 코로나 사태가 언제 진정될지 예단하기 어렵다. 이러한 어쩔 수 없는 상황에서 기업의 근무환경과 가정의 생활패턴이 급격하게 변하고 있다. 개인과 사회활동에 제약을 가지고 많은 분야에서 전례 없는 변화를 겪고 있다. 기존의 생활패턴을 변화시키고 있으며 빠르게 우리의 일상생활과 문화를 변화시키고 있다. 역사적인 기록으로 봐도 인간의 생명을 가장 많이 죽음으로 몰아간 것도 핵전쟁이 아니라 바이러스에 의한 죽음이었다.

코로나19는 인간의 신분, 나이, 인종, 성별, 직업을 막론하고 아무것도 구분하지 않고 우리의 건강과 일상을 위협하고 있다. 코로나19 확산으로 전세계 인구 대다수가 당분간은 마스크를 쓰고 생활해야 하는 기현상이 지구촌 곳곳으로 확산되고 있다. 오랫동안 지속되어온 인간 사회의 변화가 맥없이 무너지고 있고 사회생활의 패턴이 빠른 속도로 변하고 있다. 그로 인해 동서양은 집단주의적인 성향에서 개인주의 성향으로 조금씩 변화되고 있다. 사회생활에서는 가족 중심의 생활위주로 생활이 변화되고 있고 의식주 문화도 변화되고 있다. 기업의 비즈니스 형태도 재택근무 직원의 증가로 업무를 처리하는 프로세스 변화가 요구되고 있기 때문에 기업은 이렇듯 빠른 변화에 대응할 수 있는 체계적인 준비와 실행이 곧 경쟁력이 될 것이다.

코로나19 사태가 가져올 앞으로의 인문, 사회적인 부분에서 어떤 변화가 있을 것인지 카이스트 경영학과 이병태 교수가 예측한 내용에 공감이 가는 부분이 많다. 공감 가는 내용을 참고로 살펴보면, 먼저 위생적인 생활이 몸에 밸 것이다. 디지털 경제가 늘어나, 핀테크, 무인점포가 증가할 것이다. 유통은 오프라인에서 빠른 속도로 온라인으로 재편 될 것이다. 대형교회는 몰락할 것이고 탈 종교화는 가속할 것이다. 배달 사업은 번창하고 식문화는 크게 바뀔 것이다. 자동화는 생활화되고 경제의 격차는 더 벌어질 것이다. 기업들은 공급망을 다변화하고 분산 투자정책이 늘어날 것이다. 대중교통 이용이 감소하고 교통체증이 증가할 것이다. 공연장, 찜질방, 영화관, 노래방, 스포츠, 단체여행 등은 사양길로 접어들고, 고전을 면치 못할 것이다. 술집보다 골프장, 등산 등 야외스포츠가 수요가 늘어날 것으로 예측하였다.

이렇듯 이번 코로나19 확산으로 많은 부분에서 변화될 것으로 예상하지만 그 중에서 코로나 바이러스 확산을 줄이기 위해 원격이나 유연근무제, 재택근무를 실시하는 기업이 늘어나고 있다. 유연근무제는 일정한 시간과 장소 등을 요구하는 정형화된 근무 제도에서 탈피해 개인의 특성에 맞는 다양한 근무 제도를 도입함으로써 생산성을 높이고 기업 조직에 유연성을 부여하는 제도로서 출퇴근 시간을 자유롭게 하거나, 재택근무를 하거나, 하나의 일자리를 두 사람 이상이 공유하는 등 다양한 방법이 가능하다. 재택근무는 집에서 온라인을 통해 회사의 업무를 수행하는 것이다. 재택근무를 통해서도 사내 업무 시스템을 이용할 수 있지만, 타사 또는 타 부서와의 소통이 필요할 때는 업무를 처리하는데 어려움을 가지고 있다. 그래서 기업에서의 화상회의 도구는 재택근무 직원이 늘어나는 환경에서도 조직의 생산성 극대화에 기여하고, 비대면으로도 원활하게 업무를 진행할 수 있어 진정한 원격 협업환경에 필수적이라 하겠다.

최근에는 실시간으로 직관적이고 주변 환경을 이해하는 인공지능(AI)를 적극 활용한 화상회의 도구에 대한 수요가 더욱 증가하고 있다. 그 중에서 화상회의 도구인 카메라 렌즈에 접목된 AI스티칭 기술을 활용해서 회의 참가자의 신체가 화면에서 부자연스럽게 보이거나 화면의 왜곡 현상 등으로 인해 집중력을 저해하는 장애물을 없애주는 역할을 한다. 카메라 렌즈는 이제 AI알고리즘을 통해 데이터를 이해하고 생성하는 센서 역할을 함으로써 사각지대 없는 생생한 화상회의를 할 수 있게 한다. 또한 AI센서로 확보된 시각 데이터는 곧바로 일정이나 회의실 관리 같은 수동 작업을 자동화하고, 회의 공간을 최적화할 때 활용할 수 있다. 전략컨설팅 기업 맥킨지는 온라인 협업 도구와 디지털 작업 환경을 통해 기업의 생산성이 20~30% 향상된다고 발표했다. 미국의 경우 2024년까지 마이크로소프트 팀즈(Teams), 시스코 웹엑스(Webex), 줌

(Zoom), 슬랙(Slack) 등 데이터 교환과 공유가 자유로운 클라우드 기반 협업 도구의 사용이 3배 이상 증가할 것으로 전망했다. 원격이나 유연근무제, 재택근무 등의 업무 환경의 다변화 추세와 함께 효율적인 협업의 중요성이 더욱 강조되고 있고 조직환경은 협업을 통한 생산성 향상이라는 새로운 과제를 안게 되었다. 미래의 조직은 민첩하고 유연한 의사소통뿐 아니라, 재택 근무나 이동 등 원격 근무 형태의 변화에 대응해 개인과 기업의 사업부서가 보유한 전문 기술과 역량에서 최대한의 생산성을 끌어내야 할 것이다.

9. 인공지능 로봇의 활용으로 다양한 산업에서 새로운 돌파구 마련

인공지능(AI)의 정의는 다양하지만 다음과 같이 크게 4가지로 분류할 수 있다. 인간처럼 생각하는 시스템, 인간처럼 행동하는 시스템, 이성적으로 생각하는 시스템, 그리고 이성적으로 행동하는 시스템이다. 즉, 가설과 실험을 통한 경험을 기반으로 하는 인간 중심의 접근 방식과 수학과 공학의 조합을 통해 이루어진 이성 중심의 접근 방식이 합쳐진 것이다. 여기에서 이성적이란 인간의 감성을 제외한 규칙이 있는 논리적인 부분을 의미한다.

인간은 수천 년 동안 인간이 어떻게 생각하는지에 대해 이해하려고 노력해 왔다. 그리고 "기계도 인간처럼 생각하고 행동할 수 있지 않을까" 라는 질문에 답을 얻기 위해 시작된 것이 바로 인공지능에 대한 연구다. 즉, 우리가 사물에 대해 인지하고 이해하고 예측하고 판단하고 행동하는 능력을 기계가 할 수 있도록 하는 것이 인공지능의 목표인 것이다. 한때 인간의 두뇌에 대한 수많은 연구가 빛을 보지 못하면서 인공지능에 대한 연구가 주춤했지만 지금은 지능형로봇 개발에 핵심적인 요소로 인식되고 있다.

인간과 같은 지능을 가지려면 로봇은 정보를 획득하고 학습하는 데 있어 촉각, 청각, 시각, 미각, 후각의 오감을 느끼는 감각기관을 대신할 수 있는 장치와 기능이 필요하다. 즉, 로봇은 인간의 눈을 대신할 수 있는 시각장치, 음성을 들을 수 있는 음성인식 장치, 촉각을 대신할 수 있는 햅틱·접촉센서, 냄새를 감지할 수 있는 센서 등이 필요하고 센서를 통해 얻은 정보를 이해할 수 있는 형태로 가공하기 위한 기술도 필요하다.

코로나19로 인해 언택트 산업이 주목을 받고 있는 가운데 산업계와 사회에 로봇의 활용 필요성과 로봇의 공헌이 주목 받고 있다. 최근 로봇은 인공지능과 빅데이터, 디지털기술, 5G 등의 신기술 접목으로 중국, 일본, 한국, 독일, 미국, 영국, 러시아 등은 정부의 적극적인 재정지원으로 새로운 로봇 기술의 연구 개발을 견인 하고 있다.

경쟁이 치열한 현대사회는 초연결, 초지능 및 융합에 기반하여 상호 연결 되고 보다 지능화된 사회로 변화하고 있다. 정보통신기술(ICT)과 제조의 융합으로 제품과 설비, 인간이 모두 연결된 사물인터넷(IoT)에 의한 디지털 혁신을 통해 '소프트 파워'와 '디지털 파워'를 적용한 인공지능 로봇을 활용하여 공장과 제품 그리고 서비스의 '지능화'를 통한 지능사회로의 변화가 요구 되고 있다.

인공지능 로봇의 활용은 제조업 외에 일상생활에서의 활용에 대한 필요성과 수요가 증가하고 있다. 미국, 일본, 독일에서 활용되고 있는 각종 서비스 로봇은 안내, 경비, 간호, 복지, 고객응대, 음식조리, 물류창고, 호텔 접객, 포터, 딜리버리 등 인간을 대체하여 일부 서비스를 제공 하고 있다.

또한 의료 로봇 (수술 로봇, 재활/지원 로봇, 약국 로봇)과 케어 로봇 (노인, 장애인 케어, 어린이 보육, 커뮤니케이션, 학습 로봇 등)은 언택트 시대에 활용성이 확대되고 있어 관련 연구와 시장이 빠르게 성장하고 있다.

국제로봇연맹의 조사보고서 '세계 로봇 R&D 프로그램(World Robotics R&D Programs)'에 의하면 중국은 제조 업그레이드 청사진 전략에서 중국이 육성하려는 10개 첨단 제조 분야에 로봇을 포함시켜 연구개발에 집중하고 있다. 중국은 올해 글로벌 경쟁력을 갖춘 로봇 제조 업체 3~5개를 집중 육성하여 첨단 로봇의 중국 시장 점유율을 최대한 높이는 전략과 함께 근로자 1만명당 로봇 100대를 확대한다는 전략을 추진하고 있다. 일본은 '신로봇 전략'을 추진하고 있는데 이것은 아베노믹스 성장 전략(Abenomics Growth Strategy)의 핵심 정책이다. 일본은 핵심 정책을 추진하여 전 세계의 로봇 이노베이션 허브로 발돋움

한다는 전략으로 제조업뿐 아니라 의료, 농업, 인프라 등의 주요 서비스 분야도 포함시켜 추진하고 있다. 유럽연합은 다자간 연구 협력 '프레임워크 프로그램(Framework Program)'인 '호라이즌 2020(Horizon 2020)'을 통해 제조, 민간, 의료용에서 소비자, 수송, 농식품용에 이르는 다양한 로봇 연구 및 혁신에 많은 비용을 투입하여 프로젝트를 추진하고 있다.

독일은 산업계 및 행정 당국에서 로봇 연구와 디지털 신기술 사용을 적극 지원하고 있고, 많은 예산을 투입하여 디지털 산업 플랫폼 개발을 촉진하고 디지털 산업 플랫폼을 이용한 기업간 협력을 통한 시너지가 창출될 수 있도록 지원하고 있다. 미국은 정부의 적극적인 지원아래 로봇 R&D 모체인 '국가 로보틱스 이니셔티브(National Robotics Initiative: NRI)'를 출범하여 활발하게 프로젝트가 진행되고 있다. 일상 곳곳에서 인간을 보조하는 유비쿼터스 협동 로봇(Collaborative Robot)을 만든다는 비전아래 인공지능과 신기술 통합 시스템에 초점을 맞추고 있다. 미국 역시 산업계, 학계, 비영리 단체 등의 조직 간 협력을 유도하고 있다.

한국은 '지능형 로봇 개발 및 보급 촉진법(Intelligent Robot Development and Supply Promotion Act)'을 제정하고, 로봇산업을 4차산업 혁명을 주도하는 핵심 산업으로 정하고 단계별로 개발을 추진하고 있다. 중점 개발 분야는 제조업, 의료, 물류 분문, 차세대 핵심 부품, 핵심 로봇 소프트웨어다.

인공 지능은 사람처럼 학습하고 사고할 수 있는 능력을 가진 프로그램이고 인간의 지능이 필요한 작업을 컴퓨터가 수행하도록 훈련하는 기술이다. 로봇에 적용된 이러한 인공지능 기술을 활용하여 광범위한 분야에 걸쳐 인간처럼 외부의 정보를 인식하고 학습하며, 추론하고, 행동하는 인공지능 로봇이 발전하게 된다. 특히 시각, 청각지능 분야의 발전으로 인해 인공지능은 이제 사람보다 더 높은 정확도로 사물을 인식할 수 있고, 사람과 비슷한 수준으로 언어를 이해할 수도 있게 되어가고 있다. 인공지능을 기반으로 얼굴을 인식해 사용자가 누구인지 파악할 수 있을 뿐 아니라, 실시간 음성 텍스트 전환 기능과 자막 등이 편리하게 제공되면서 로봇의 활용 범위가 확대되고 있다.

인공지능 강화학습(Reinforcement Learning: RL)은 로봇 기술의 개발을 자동화하는 데 자주 사용되는 접근법이다. 보행 로봇 중에서 가장 안정적인 로봇은 4족 로봇이다. 로봇이 인간의 도움 없이 안전하게 평형이 유지되고 넘어진 후에도 곧바로 회복시킬 수 있는 정교한 메커니즘과 프로그래밍이 필수적이다. 최근 구글 AI 연구팀은 로봇이 실제 동물(개)의 움직임과 패턴을 모방할 수 있는 학습과 구동을 위해 강화학습을 사용해 개의 움직임을 실제 개의 행동 비디오를 제공해 4족 로봇을 훈련시켜 빠른 보행에서 뛰고, 점프하고, 꼬리추적, 회전에 이르기까지 다양한 민첩한 행동을 수행할 수 있는 기술을 개발했다. 이러한 로봇의 연구 결과물이 유례없는 비상경제시대에 로봇의 활용으로 다양한 산업에서 새로운 돌파구를 마련 할 수 있을 것으로 기대된다.

10. 일하는 방식의 혁신이 필요한 시대, 해법은 인공지능 로봇과 협업하는 것

인공지능 기술이 다양한 산업에 도입되기 시작하면서 컴퓨터가 전례 없는 방법으로 말하고, 보고, 듣고, 의사결정을 내릴 수 있게 되면서 광범위한 유수 케이스가 생기면서 잠재적 비즈니스 기회를 확대시키고 있다. 오늘날 인공지능은 더 많은 양의 데이터와 보다 빠른 처리 능력, 그리고 더 강력한 알고리즘이 결합되어 널리 보급되고 있다.

최근에는 의료, 자동차, 금융, 제조, 통신 등 다양한 산업분야의 기업들이 인공지능을 도입해 고객 요청을 처리하는 봇을 구현하고, 비즈니스 프로세스를 자동화 할 애플리케이션에 알고리즘을 탑재하고 있다. 인공지능과 로봇의 첨단 기술을 통해 경제성장의 돌파구가 마련되고 제조업을 중심으로 생산공정 관리, 업무의 자동화 등을 통해 서비스의 자동화가 이뤄지고 있다.

인공지능은 국방에도 도입되어 사격통제, 지능형 방호 시스템, 탄약 저장관리체계, 전장 시뮬레이션 등에 활용되고 있다. 보안 분야에 도입되어 구글은 하루 1억 개 이상의 스팸 메일을 차단하고 있다. 헬스케어, 교육, 언론뿐만 아니라 예술분야까지 진출해서 작곡과 그림까지 창조해 내고 있다.

금융분야에서도 활용되고 있는데, 로봇 어드바이저와 결합해서 주식 폭락과 폭등을 기계적으로 제어하여 자산의 손실을 막는 시스템이 활용되고 있다. 보험 분야 역시 사고율을 빅데이터를 통해 수집, 분석, 가공하여 보험 위험률에 맞는 보험 상품을 만드는데 활용 되고 있다.

인공지능은 인간과 함께 이전과 다른 새로운 것을 창조할 수 있는 무한한 잠재력과 가능성을 가지고 있기 때문에 인공지능을 다양한 분야에 적용할 수 있도록 적극적인 연구와 활용이 필요하다. 인간의 일상 생활과 회사에서의 일하는 업무도 인공지능과 협업을 통해 일하는 방식이든, 업무의 혁신이든 추구해 나가며 효율성을 높여야 한다.

과거 서빙은 사람이, 커피도 사람이 만드는 것이 당연한 시절이 있었다. 로봇의 발전으로 공장 자동화 로봇은 물론, 서빙 로봇, 커피 제작 로봇들도 개발되어 사람들의 삶에도 여유와 풍요가 넘치고 있다.

산업통상자원부는 2025년까지 로봇 전문기업 20개 육성, 국내 시장규모 20조원(2018년 기준 5.8조원) 달성 등 지원을 목표로 '로봇산업 선제적 규제혁신 로드맵' 사업을 운영하고 있다.

인공지능 기술이 적용된 로봇의 필요성은 다양한 곳에서 찾을 수 있다. 로봇은 귀찮은 일, 힘든 일, 어려운 일 그리고 위험한 일 이렇게 특정한 부분의 일을 성공적으로 수행할 수 있다. 그러나 감성적이고 창의력 넘치고 모험이 필요하고 비이성적인 사고가 필요한 일들은 로봇에게 있어서 정말 어려운 일들이다. 그렇기 때문에 인간과 로봇이 같이 협업을 해야 시너지를 창출 할 수 있다.

우리나라의 고령화 현상으로 인해 생산가능인구가 줄어들며 사회의 성장동력이 줄어들고 있다. 이러한 갭을 로봇이 극복해줄 수 있을 것이 기대하고 있다.

인간 로봇 상호작용(Human Robot Interaction: HRI)은 인간의 입장에서 어떻게 하면 로봇을 가장 친숙하고 자연스럽고 편하게 받아들이기 위한 로봇 행동에 대한 용어이다. 로봇 디자이너는 로봇을 디자인할 때 '인간 로봇 상호작용'에 포커스를 둔다고 한다. 조금 더 사람으로 하여금 친숙하게 느껴질 수 있는 눈높이, 행동패턴, 외형 디자인은 물론 시선의 처리까지 신경을 써서 로봇을 디자인한다고 한다.

인공지능기술의 적용과 활용이 많아지면서 경제, 사회의 발전과 삶의 질을 향상시키는 긍정적인 효과를 가져올 것이라는 데에는 대체로 동의가 이루어져 있다. 또한 인간이 수년 동안 지키고 있던 노동시장의 격변과 일자리 감소라는 부정적인 문제가 제기될 것이라는 것 역시 공감대를 형성하고 있다.

인공지능이 적극적으로 적용 및 활용되기 시작하면서부터 새로운 노동력을 양성하고 교육하는데 드는 비용과 시간을 줄이고 인간의 노동력을 대체하는 지능적인 로봇 등 기계들이 개발되고, 노동 현장에 투입되어 왔다. 이미 자동차 공장에는 인간보다 기계와 로봇이 더 많다. 생산성의 효율화가 이루어지면서, 기술은 고비용의 인간을 대체하는 방향으로 계속 발전해 왔다. 그리고 그 기술은 인공지능 로봇에 의해 절정에 달할 전망이다. 따라서 많은 전문기관들은 인공지능과 로봇이 인간을 얼마나 대체할 것인지에 대한 분석을 내놓고 있다.

인공지능의 비즈니스 활용가능성에 대한 생각도 많이 달라졌고 실제 기업의 업무처리에서도 인공지능을 전략적인 협업도구로 활용되어 업무의 효율성을 높이기 위해 많은 업무 영역에 적용하고 있다. 그러나 인공지능의 개발은 뛰어난 환경과 리소스를 갖춘 소수의 기업과 조직을 제외하면 현실적인 비즈니스 현장에는 인공지능을 활용한 서비스의 개발에 필요한 데이터의 부족, 기술적 이슈, 인공지능 인력부족 등 많은 이슈를 동시에 갖고 있다. 그러나 구글, 아마존, IBM, Oracle, SAS 등 세계적인 소프트웨어 기업들이 제공하는 다양한 클라우드 서비스(Cloud Service: SaaS, PaaS, IaaS)가 확산되면서 상황이 조금씩 바뀌어 가고 있다. 국내에서는 데이터 확보가 중요한 AI기업들을 위해 KT, SKT 등 통신사를 중심으로 인공지능 개발에 필요한 플랫폼을 제공하며 다양한 협업을 추진 하고 있다.

KT는 최근 "로봇 플랫폼 중심으로 맞춤형 로봇서비스 제공"이라는 사업 비전을 제시하고 현재 산업용 위주인 로봇시장은 2025년부터 서비스로봇이 주도할 것으로 예상하고, 로봇 플랫폼에 인공지능(AI)와 5G 통신 등을 결합해서 전기차(EV), 의료 및 헬스케어, 물류, 소매유통, 식음료 등 4개 분야의 성장을 위해 맞춤형 서비스로봇 개발을 위한 연구를 시작했다.

다양한 산업에서 인공지능기술의 적용과 활용에 대한 연구와 개발이 확대되면서 기업에서는 조직, 사업모델, 혁신, 문화 등 다양한 측면에서 급격한 변화를 가져올 것으로 보인다.

위드(with)코로나 시대에 재택과 원격근무를 하는 기업이 늘어나고 있고, 일과 삶의 균형을 찾고 싶어하는 워라밸세대(Work and Life Balance), 주 52시간 시대에 일하는 방식의 혁신이 필요하다. 기업 경영 전반의 업무 시간을 단축하고 비용을 절감할 수 있도록 인공지능을 도입하여 활용 가치를 높이도록 해야 한다. 인공지능 로봇과 함께 할 미래가 점점 다가오고 있고, 결국 인공지능기술도 '사람을 위한, 사람 중심의 기술'이다. 사람중심의 기술로 대한민국을 넘어 세계를 리드하는 AI 강국으로 거듭나기를 기대한다.

11. 우리의 삶과 미래 경제 혁신을 주도할 인공지능과 협업

　인공지능(AI)과 로봇의 첨단 기술이 전 세계적으로 경제성장의 돌파구가 되고 있다. 특히 제조업을 중심으로 생산 공정 관리, 업무 자동화 등을 통해 서비스의 자동화가 이뤄지고 있는 것이다. 인공지능과 지능형 사물인터넷 (Artificial Intelligence of Things: AIoT)의 결합은 우리 생활환경과 기업 비즈니스를 변화시키고 이로써 초연결, 초지능 시대가 눈앞의 현실로 빠르게 펼쳐진다.

　손정의 일본 소프트뱅크 그룹 회장을 비롯한 많은 전문가들은 "앞으로 한국이 집중해야 할 것은 첫째도 인공지능, 둘째도 인공지능, 셋째도 인공지능"이라고 강조했다.

　정부의 기업 비즈니스 성장 동력과 일자리를 창출하는 복안을 좀 더 세부적으로 살펴보면 인공지능, 5G, 사물인터넷, 스마트도시, 자율주행차 등 신규 어젠다를 강조함과 동시에 소프트웨어 산업, 게임 산업을 육성하고 국가 경쟁력을 더욱 높이는데 주력하고 있다.

　AI 서비스가 국내에 처음 나왔을 때만해도 관심을 끌지 못했다. 그러나 지금은 구글의 인공지능스피커인 구글 홈과 홈 미니, 카카오의 인공지능 스피커인 미니, 네이버의 인공지능 스피커인 클로바, SKT의 인공지능 스피커 NUGU 등 이제는 일상에서도 인공지능스피커를 쉽게 접할 수 있게 됐다. 그리고 이제는 자동차의 많은 부품에 지능형 사물인터넷을 적용하고 인공지능 기술을 적용한 내비게이션을 통해 운전자 개인의 최적의 편리성과 안정성을 갖춘 자동차가 출시 되어 인기몰이를 하고 있다.

　지능형 사물인터넷과 인공지능 기술이 반자율주행이나 로봇, 의료기술, 아파트·제조·생산 시스템까지 적용 분야가 빠르게 확대되고 있으며 산업현장에서는 자동화, 스마트화, 지능화가 가속화되고 있다.

AI는 데이터가 많으면 많을수록 그 활용 범위는 무한으로 넓어진다. 또한 기존 산업에 혁신을 불러오고, 미래 신산업을 창출하는 성장엔진으로 주목된다.

최신 기술과 트렌드를 한자리에 확인할 수 있는 국제 소비자 가전 전시회(CES)와 월드콩그레스(MWC)에서의 등장한 미래 기술을 정리하면 자율주행차 등 자동차 관련 기술전시도 늘어나면서 가전을 넘어 AI, 스마트홈, 스마트폰, AR·VR, 모빌리티, 로봇, 3D프린터, 드론 등 거의 모든 것을 아우르는 기술들을 선보였다. 특히 올해 CES가 가장 중점을 뒀다는 헬스(health), 웰니스(wellness)분야에서는 건강을 위한 스마트 워치 웨어러블 제품들이 전시돼 주목을 끌기도 했다. 그 중 팔에 차기만 하면 심박수는 물론 심전도와 수면무호흡증도 측정 가능하며 운동 트레킹까지 할 수 있는 제품으로 건강관리에 최적화된 제품들을 다수 선보였다. 전 세계가 미래기술에 집중 되어 있다고 해도 과하지 않은 모습이다.

모든 것들이 연결되는 사물인터넷과 인공지능 시대가 확산되고 있고 그에 따른 다양한 빅데이터가 축적 되어 이것을 처리하고 활용하는 인공지능이 발전하면서 현실 세계는 가상현실과 새롭게 연결되고 있다.

인공지능의 또 하나의 매력은 빅데이터를 통해 가치를 창출 할 수 있다는 것이다. 그렇기 때문에 빅데이터는 특정분야를 지정하는 산업을 넘어 경제사회 전반에 혁신을 주도하는 '플랫폼' 기술로 부상했다. 공유 경제가 등장하고 기존 산업을 혁신하는 패러다임 변화가 일어나고 있는 것이다. 본격화 되진 않았지만, 이미 그러한 길로 들어가기 시작했다는 것은 분명하다.

많은 사람들은 더 정확하고 빠른 정보검색, 더 똑똑한 인공지능 스마트폰 등 일상생활에 필요한 것을 좀 더 편리하게 해줄 수 있는 다양한 서비스를 마련해 줄 것을 요구하고 있다. 인공지능에 주로 응용됐던 딥러닝(Deep Learning) 알고리즘은 스마트 가전제품, 스마트 자동차, 웨어러블 기술에도 사용되면서 사물인터넷으로 모든 요소들을 묶게 된다. 사물인터넷과 각종 모바일 기기에 의해 발생하는, 무한대로 확장되는 빅데이터를 효과적으로 처리할 수 있는 딥 러닝의 특성 때문이다.

인공지능을 탑재한 서비스는 이미 우리의 일상생활에 다양한 형태로 다가오고 있고 상용화 단계로 발전되고 있다. 이에 맞물려 인공지능 기술과 사물인터넷의 융합이 더욱 주목을 받고 있다. 센서, 네트워크, 알고리즘 등 기본적인 사물인터넷 인프라 위에 머신러닝 기술을 통해 더 정교한 판단력과 서비스를 구현하는 것이 기업의 경쟁력이 될 것이다. 인공지능인 딥러닝 알고리즘을 통해 사람들이 거주하는 집이 더 똑똑해지고 더 편리해진다. 집에서 음악을 듣고 싶을 때 인공지능 스피커 기기에 노래를 재생하라는 명령만 내리면 내장된 음원 정보뿐만 아니라 인터넷을 통해 정보를 검색해 들려주고 듣고 싶은 노래가 없으면 직접 만들어서 들려준다.

미래에는 로봇이 친구가 되고 환자를 돌보거나 개를 산책시킬 수도 있게 된다. 또한 사람이 잠을 자거나 책을 읽는 동안 알아서 운전하는 무인 자동차가 상용화 될 것이고, 집에서 사용하는 가전제품의 리모트 컨트롤이 사라질 것이다. 미래에는 단순히 디지털 삶의 미래만이 아니라 인공지능 알고리즘이 미래의 디지털 생활을 주도하고 인간의 물리적인 삶 역시 많은 영향을 받게 될 것이다.

전세계가 팬데믹(Pandemic)으로 인해 유례없는 비상경제시대가 되어 글로벌 경제에 좋지 않은 영향을 끼치고 있다. 개인과 사회활동에 제약을 가지고 많은 분야에서 전례 없는 변화를 겪고 있다. 기존의 생활패턴을 변화시키고 있으며 빠르게 우리의 일상생활과 문화를 변화시키고 있다.

중국에서는 알리바바, 텐센트 등 정보기술 기업들이 인공지능과 스마트워크(Smart Work) 등 원격근무 기술을 동원해 코로나19 극복에 앞장서고 있다. 구글 및 알파벳(구글 모회사)의 최고경영자(CEO) 순다르 피차이 대표가 구글 역시 인공지능 기술을 활용해 코로나19에 맞선 기술 전쟁에 나서겠다고 최근 이 같은 입장을 밝혔다.

프로 바둑 기사 이세돌 9단과 바둑대국으로 주목을 받았던 딥마인드의 알파고는 바둑과 체스를 석권하고 수년 전부터 개인 의료 기록 접근을 통한 학습으로 인간의 질병 진단과 치료를 위한 연구 중에 있다. 대표적인 것이 임페리얼 칼리지 런던(Imperial College London)의 영국 암연구센터(Cancer Research UK Center)가 주도하는 구글의 AOI 건강 연구팀과 공동으로 유방암 발견 개선을 위한 프로젝트도 인공지능기술을 적용하고 있다. 그리고 참전 군인의 질환이 악화될지 예측하는 연구도 진행 중에 있는데 딥마인드는 약 70만 건의 의료 기록 패턴을 분석해 환자가 악화될지를 예측하고자 미 육군 참모부와 협력하고 있다. 또한 무어필드(Moorfields) 안과병원과 협력하여 눈을 디지털 스캔해 시력을 위협하는 안구 질환을 인식할 수 있는 머신러닝 기반 시스템을 개발하였다.

딥마인드 AI연구팀은 환자의 급성 신장 손상 감지를 위하여 환자의 검사 결과에 질병의 징후를 검토하고 긴급한 진단이 필요한 경우 직원에게 즉각적인 경고를 보내는 스트림(Streams)이라는 환자 안전 경보 애플리케이션도 인공지능 기반으로 개발하여 서비스를 하고 있다.

구글의 딥마인드에서 신약개발을 위해 개발한(AlphaFold)가 단백질구조 분야 월드컵으로 알려진 CASP(Critical Assessment of Structure Prediction) 대회에서 우승한 이후, 전 세계적으로 이 분야의 경쟁이 치열하게 전개되고 있다. 의학과 과학기술 분야의 데이터 복잡성이 기하급수적으로 높아지고 있는 이 시점에이 부분에서 가장 강한 장점을 보이는 AI가 기초과학 연구의 게임체인저가 될 수 있을 것이다. 지난 몇 년 동안 딥러닝이 보여준 연구 결과라면 코로나19 바이러스 예방 및 치료를 위한 신물질 발견과 발명을 실현할 가능성 또한 충분하다. 이러한 연구 결과물이 유례없는 비상경제시대에 AI라는 새로운 도구가 유일한 희망일 수 있고 우리의 삶과 미래 경제 혁신을 주도할 인공지능과의 협업을 통해 다양한 분야에서 새로운 돌파구를 마련할 수 있을 것으로 기대되는 이유이다.

MEMO

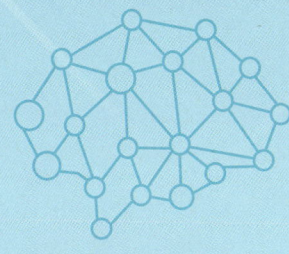

Part 3

인공지능 플랫폼을 통한
공존과 상생의 시대

1. 연결과 제휴 플랫폼이란 무엇일까?

최근 구글, 애플, 페이스북, 그리고 아마존이 자신들만의 강점을 가진 플랫폼을 통해 각자의 영역에서 절대 강자로 부상하면서 비즈니스 업계에 플랫폼에 대한 관심이 집중되고 있다. 연결과 제휴 플랫폼이 기업의 성패를 좌우하는 핵심 요인으로 등장한 것이다.

1.1 플랫폼의 개념

플랫폼이라고 한다면 일반적으로 기차역을 상상한다. 기차에서 사람들이 쉽게 내리고 탈 수 있도록 평평하게 해둔 장소를 말한다. 플랫폼은 한마디로 무언가를 타고 내리는 승강장이다. 본래 기차를 승·하차하는 공간이나 강사, 음악 지휘자, 선수 등이 사용하는 무대·강단 등을 뜻했으나 그 의미가 확대되어 특정 장치나 시스템 등에서 이를 구성하는 기초가 되는 틀 또는 골격을 지칭하는 용어로, 컴퓨터 시스템·자동차 등 다양한 분야에서 사용되고 있다. 다른 분야에서 플랫폼이라고 할 때는 "많은 사람이 쉽게 이용한다는" 특징을 가지고 있다. 플랫폼(Platform)이란 무엇일까? '플랫폼'이란 단어를 사전에서 찾아보면 '역에서 기차를 타고 내리는 곳'이라는 본뜻을 지니고 있다. 하지만 단어는 사용 용도에 따라 의미가 변화될 수 있다. 플랫폼이란 단어 역시 '연결 지점' 또는 '연결고리'라는 뜻으로 사용 용도에 따라 변형되었고, "한 지역에서 다른 지역으로 기차가 이동하면서 사람들이 타고 내림을 도와줌으로써 두 지역이 연결된다"라는 관점을 이용한 것이다. 즉, "플랫폼을 펼쳐라"라는 말은 "연결고리를 펼쳐라"와 같은 말로 인식하면 된다.

그런 연유에서인지 플랫폼에 대한 내용과 정의도 다양하다. 예를 들어, 다양한 상품을 판매하거나 판매하기 위해 공통적으로 사용하는 기본 구조, 상품 거래나 응용 프로그램을 개발할 수 있는 인프라, 반복 작업의 주 공간 또는 구조물, 정치·사회·문화적 합의나 규칙 등이 그것이다. 그러나 플랫폼의 속성을 분석해 보면, 근본 원리는 비슷하다는 것을 알 수 있다. 즉, 플랫폼은 공통의 활용 요소를 바탕으로 본연의 역할도 수행하지만, 보완적인 파생 제품이나 서비스를 개발·제조할 수 있는 기반이다. 플랫폼은 제품 자체뿐만 아니라 제품을 구성하는 부품이 될 수도 있고, 다른 서비스와 연계를 도와 주는 기반 서비스나 소프트웨어 같은 무형의 형태도 포괄하는 개념인 것이다.

플랫폼의 대표격인 승강장이 어떤 역할을 하는 존재인지 살펴보면, 플랫폼의 진정한 의미를 파악할 수 있다. 승강장은 기차, 지하철, 혹은 버스 등 교통수단과 승객이 만나는 공간이다. 승객은 돈을 지불하고 운송수단은 승객을 원하는 장소에 데려다 준다. 승강장에는 신문이나 잡지, 먹거리 등을 판매하는 매점이나 자판기가 설치되어 있다. 또한 승강장 근처에는 크고 작은 상가가 조성되어 있다. 심지어 승강장 주변에는 광고가 즐비하다. 이러한 현상은 승강장에 많은 사람이 몰려들기 때문이다. 즉, 사람이 많이 몰리는 곳에서는 다양한 형태의 비즈니스 모델로 부가적인 수익 창출을 할 수가 있는 것이다. 이와 같이 교통수단과 승객을 만나게 하는 공간이라고만 여겨 왔던 승강장이 다양한 비즈니스 모델을 만들어 수익을 창출하게 한다는 사실은 매우 흥미로운 일이 아닐 수 없다. 주요 수익 모델인 승차 요금 외에도 부가적인 비즈니스 모델로 상당한 수익을 창출하고 있는 것이다. 특히 별도의 마케팅을 하지 않아도 승강장에는 사람들이 몰려든다. 승객이 필요로 하는 교통수단을 탈 수 있는 유일한 곳이기 때문이다. 승강장은 교통수단과 승객이 만날 수 있는 거점 역할을 하며, 교통과 물류의 중심이 된다. 그리고 그 안에서 무수히 많은 가치 교환이 일어나고 거래가 발생한다. 다시 정리하면, 플랫폼이란 공급자와 수요자 등 복수 그룹이 참여해 각 그룹이 얻고자 하는 가치를 공정한 거래를 통해 교환할 수 있도록 구축된 환경이다. 플랫폼 참여자들의 연결과 상호작용을 통해 진화하며, 모두에게 새로운 가치와 혜택을 제공해 줄 수 있는 상생의 생태계라고 말할 수 있다.

1.2 연결과 제휴 플랫폼의 부상 배경

인터넷이 도입된 이래 많은 기업들이 기술 기반의 경영시스템을 구축하고 급변하는 시장 환경에서 살아남기 위해 노력하고 있다. 그 중에서도 최근 더욱 두각을 나타내고 있는 기업은 애플, 구글, 아마존, 페이스북 등 인터넷 혁명을 주도하는 '4인방(Gang of Four)'이다. 구글의 회장 에릭 슈밋(Eric Schmidt)은 이들의 성공 비결을 자기만의 강력한 플랫폼이라고 지적했다.

플랫폼을 성공적으로 운영하고 있는 대표적인 회사는 검색엔진을 활용해 정보를 연결하는 구글(Google), 친구의 관계를 공유하고 연결하는 페이스북(Facebook), 숙소를 연결 및 공유하는 에어비엔비(Airbnb), 택시 서비스를 연결하는 우버(Uber), 수 많은 회사의 제휴와 아이템의 연결과 공유하는 알리바바(Alibaba), 메신저 서비스 및 택시 등 제휴 형태의 플랫폼을 운영하는 카카오톡(Kakao Talk) 등 이다. 이들의 공통점은 공유경제시대 최고의 핵심가치이자 플랫폼의 핵심가치인 '연결과 제휴'이고, '연결의 판매'이다. 즉, 정보를 연결함으로써 수입을 이루어내는 것이다.

이처럼 플랫폼이 기업 성패의 핵심 요인으로 등장하면서 플랫폼에 대한 관심이 고조되고 있다. 국내에서도 플랫폼이 되겠다는 기업과 플랫폼 사업에 뛰어들겠다는 기업이 늘어나고 있으며, 관련되는 서적 출간과 연구도 활발해지고 있다. 이와 같이 플랫폼에 대한 관심이 폭발적으로 증가하고 있는 주요 원인을 정리해 보면 다음과 같다.

첫째, 선도 ICT 기업들이 플랫폼을 통해 수익을 확대하거나 거대 기업으로 급성장하고 있는 현상이 나타나고 있기 때문이다.

둘째, 이는 ICT의 혁명적 진화에 힘입어 플랫폼 구축과 활용이 더욱 용이해진 것과 맥을 같이한다.

셋째, 글로벌 경쟁의 심화와 고객의 다양한 니즈 생성, 기술 혁신의 가속화 등으로 제품의 수명주기(Product life Cycle)가 단축됨에 따라 비용 증가를 최소화하면서 다품종 소량생산을 해야 하기 때문이다.

넷째, 여러 학문과 산업 영역의 경계를 무너뜨리는 융복합화가 가능해지면서 이종 산업 간 결합이 플랫폼을 통해 일어나고 더욱 활성화하기 때문이다.

1.3 플랫폼의 역할과 효과

플랫폼이 그것을 활용하는 기업에 주는 것은 무엇인지 살펴보면 다음과 같다. 첫째, 플랫폼은 지렛대 역할을 통해 단기간에 투자 대비 높은 성과를 제공한다. 플랫폼은 마치 작은 힘으로 무거운 물건을 들 수 있게 하는 지렛대 역할을 하기 때문에 그 효과를 레버리지 효과 라고도 한다. 만약 제품 개발과 생산 과정에서 공용화 가능한 부분을 중심으로 제품 플랫폼을 탄탄하게 만든다면, 그 다음부터는 고객의 욕구에 따른 다양한 제품들을 플랫폼 위에서 조금씩 변화를 주어 생산하면 된다. 당연히 그 기업의 효율성은 배가될 것이다. 만약 애플처럼 플랫폼을 개방한다면 이는 엄청난 힘을 발휘하기도 한다. 온라인 유통업체의 핵심 경쟁력은 판매하는 상품의 다양성이다. 애플이 앱스토어를 외부 개발자들에게 개방한 것처럼 아마존도 자신의 플랫폼인 ICT와 물류 인프라를 외부에 개방함으로써 그들의 힘을 빌려 상품의 품목을 다양화할 수 있었다. 플랫폼의 레버리지 효과는 단순히 동일한 성과를 얻기 위한 투자를 절감하는데 그치지 않는다. 앞서 설명한 네트워크 효과와 결합하게 되면, 고객 고착화와 세력 확장을 통해 산업 내 주도권 경쟁에서 우위권을 가지도록 하는 잠재력을 제공한다. 둘째, 플랫폼은 강력한 비즈니스 모델 구축의 토대가 될 수 있다. 가치 있는 플랫폼은 관련되는 공급자와 수요자들을 연결하므로 많은 관계자들을 모이게 한다. 사람들이 많이 모이도록 하는 가치 있는 플랫폼은 새롭거나 가치 있는 다양한 비즈니스 모델을 창출해 준다. 인터넷이야말로 다양한 참여자들을 연결하기에 가장 효과적인 도구다. 방대한 정보로부터 원하는 것을 찾고자 하는 사용자와 그들로부터 목표 집단을 선별하려는 광고주들을 연결하는 구글은 검색 플랫폼을 개발했다. 온라인상에서 지인들과 편리하게 소통하려고 하는 사용자들과 이들에게 광고하거나 앱을 제공하고자 하는 기업들을 연결하는 페이스북은 SNS 플랫폼을 개발했다. 셋째, 서비스 기반 경제의 핵심 동력이 될 수 있다. 서비스는 사람들이 쓴 만큼 대가를 지불하는(pay to use) 개념이다. 사용자가 필요한 만큼 자원을 원하는 순간에, 원하는 방식으로, 원하는 만큼 주는 것이 서비스라면 이는 플랫폼 속성과 잘 맞아 떨어진다. 결국 플랫폼의 폭넓은 적용으로 맞춤형 서비스 산업의 활성화가 촉진될 것이다. 넷째, 전략상의 체급을 결정짓는다. 플랫폼은 기본적으로 네트워크 기반 경제를 구성하는 시장을 의미한다. 이 시장은 네트워크의 일정 규모에 먼저 진입한 사업자와 후발주자의 격차를 갈수록 벌어지게 한다는 특징을 가지고 있다. 더구나 성공한 플랫폼은 플랫폼의 규칙을 즐기는 고객을 얻게 해주고 시간이 갈수록 그 규모를 확대해 간다. 결국 플랫폼이라는 지렛대를 활용하는 사업자와 그렇지 못한 사업자의 경쟁은 전략상 체급이 다른 선수가 한 링에서 싸워야 하는 상황과 같아진다는 것이다.

IT에서는 애플리케이션을 작동시키기 위한 기반이 되는 OS나 기술환경들을 말하기도 한다. 즉 많은 애플리케이션이 쉽게 사용될 수 있게 해준다는 특징을 말한다.

1.4 플랫폼의 종류

분야별로 플랫폼이라는 용어가 어떻게 사용되는지 아래와 같이 살펴 보았다.

가. 하드웨어 플랫폼

하드웨어 분야에서도 '플랫폼'이라는 용어를 사용한다. 위키피디아에서

Platform Technology의 정의를 살펴 보면 "제품개발을 가능하게 하는 기술이거나, 현재 또는 미래의 개발을 지원하는 프로세스"라고 정의 되어 있다. 일반적으로 기업들은 수익을 위해 TV와 같은 하드웨어를 '대량으로' 생산한다. 대량생산을 위해서는 동일한 품질의 제품을 안정적으로 만들기 위한 공산품화가 매우 중요하다. 그리고 공산품화에서는 '프로세스Process'와 '자동화Automation'가 필수적이다. 프로세스와 자동화는 결과물이 '사람들의 기분에 따라 달라지지 않게' 함으로써, '일정한 품질의 제품'을 '낮은 원가'로 만들 수 있게 해주기 때문이다. 하드웨어에서는 이런 프로세스와 물리적 장치가 '플랫폼'이다. 즉 하드웨어에서 플랫폼이란 표준 공정을 통해 다양한 제품을 만들어내는 기반이자 도구를 지칭한다.

나. 소프트웨어 플랫폼

소프트웨어가 하드웨어 부품과 같은 가치를 하면서 소프트웨어에도 플랫폼이라는 개념이 만들어졌다. 오래 전에는 컴퓨터의 종류마다 소프트웨어를 다르게 만들어야 했다. CPU와 OS등의 실행환경이 달랐기 때문이었다. 그러나 Java와 브라우저가 보급되면서 이 문제가 극복되었다. 여러가지 애플리케이션들이 하드웨어가 아닌 Java 및 인터넷 브라우저에서 만들어지기 시작했기 때문이다. 그러자 윈도우, 브라우저, 자바 등을 플랫폼으로 부르기 시작했다. 특정분야에 한정된 실행환경도 새로운 플랫폼으로 불렸다. 개발플랫폼이라는 개념을 가지고 있는 것도 플랫폼환경에서 게임 등 다양한 애플리케이션을 개발할 수 있도록 환경을 제공하고 있기 때문이다. 이렇듯 소프트웨어에서 플랫폼이란 여러가지 기능들을 제공해주는 공통 실행환경을 일컫는 말이 되었다.

다. 서비스 플랫폼

웹 서비스가 등장하면서 서비스 플랫폼이라는 용어도 등장하였다. 이 용어는 '인스타그램', '트위터'나 '페이스북'이 등장하면서 주목을 받았다. 개발자들은 인스타그램, 트위터와 페이스북를 쉽게 연동해서 자신들만의 앱을 만들었다. 그 수단으로 Open API가 이용되자 이에 대한 사회적 관심이 무척 높아졌다. 일반적으로 포털은 대부분 백화점식으로 자사 서비스만을 제공한다. 그러나 트위터나 페이스북은 타임라인을 검색하고 노출할 수 있게 함으로써 포털의 검색결과 화면으로 사용되기도 한다. 즉, 서비스 플랫폼은 트위터나 페이스북처럼 다른 서비스들이 쉽게 내 기능을 사용할 수 있게 하는 인터넷 기반의 기술 환경을 말한다.

라. 복잡해진 플랫폼

스티브 잡스가 플랫폼을 애플 생태계를 위한 도구로 사용하면서 개념이 어려워졌다. 애플은 PC 성능을 가진 모바일 기기에 PC OS를 탑재하고 앱스토어를 올렸다. 그러자 아이폰은 콘텐츠(애플리케이션) 판매자와 구매자가 오고가는 플랫폼이 되었다. 그리고 운영정책, 지원조직 등을 만들어 플랫폼이 스스로 유지될 수 있는 생태계를 만들어 버렸다. 이것은 성공했고 IT의 역사는 새롭게 바뀌었다.(*참고:아이폰의 역사)

여기에서 플랫폼은 '앱스토어'이다. '앱스토어' 내부에는 컨텐츠관리, 구매관리, 결제 시스템 등 다양한 단위 시스템으로 이루어져 있다. 단위 시스템들은 다른 애플 기기와 연계되면서 다른 관점에서의 플랫폼 역할도 하고 있다. 그리고 iOS는 앱스토어를 여러 기기에서 사용하기 위한 소프트웨어 플랫폼으로 사용되기도 한다. 이렇듯 애플은 소프트웨어 컨텐츠 시장을 플랫폼으로 만들었고 구축을 위해 다른 플랫폼들을 사용했다. 사업의 복잡성이 높아지면서 플랫폼이 복잡하게 사용되자 사람들은 여러가지 용도로 플랫폼이라는 용어를 사용하기 시작했다.

마. 비즈니스 플랫폼

유사하게 내 비즈니스가 다른 비즈니스의 일부로 사용되는 환경을 비즈니스 플랫폼이라고 말한다. 일반적으로 온라인 서비스에서 많이 일어나므로 서비스 플랫폼과 혼용되어 사용된다. 플랫폼 비즈니스는 이런 플랫폼을 사업수단이나 제품으로 사용하는 것을 말한다. 플랫폼을 이용해서 비즈니스를 한다고 할 때 두 가지 접근 관점이 있다.

첫번째는 비즈니스 주도형이다. 이것은 기본적으로 비즈니스가 먼저 잘 되어야 한다. 장사가 잘 되면 다른 기업들이 이용할 수 있게 플랫폼도 만들고 윈-윈 생태계도 넓힐 수 있다. 그러다가 어느 순간 뻥하고 터지듯 사업이 급성장 할 수 있다. 사람들은 비즈니스가 플랫폼이 되었다고 해서 비즈니스 플랫폼이라고 부른다. 트위터, 페이스북, 포스퀘어, 구글맵 등 다양한 서비스가 이런 접근을 하고 있다.

둘째는 기술 주도형이다. 처음부터 비즈니스를 지원하기 위한 플랫폼을 만드는 경우가 있다. 예를들어 어떤 사업을 지원하는 플랫폼을 만들면 대박이 날 거라고 기대한다. 그래서 먼저 플랫폼을 먼저 만든다. 사용자들은 기술의 진가를 알아보고 점점 유입될 수 있다. 플랫폼의 사용량이 조금씩 늘어나다가 어느 순간 대박이 터질 수도 있다. 두번째의 경우는 인프라형 서비스가 많다. Open API 유통서비스를 제공하는 Apigee나 Mashery, 또는 클라우드 인프라를 서비스 제공하는 AWS(Amazon Web Service)가 그런 케이스이다. 이런 서비스는 대부분 좋은 비즈니스가 알려지면서 함께 알려진다. 또는 Dropbox처럼 자체 서비스로도 인프라 서비스로도 딱 맞는 경우가 있다.

새로운 도전을 하고자 할 때 이 두가지는 헷갈리지 않았으면 한다. 성공한 비즈니스가 플랫폼이 되는 것과 플랫폼이 성공한 비즈니스가 되는 것은 완전히 다른 이야기이다.

우리는 많은 경우 첫번째 비즈니스 주도형을 두번째 기술 주도형의 경우로 착각한다. 비즈니스 플랫폼이 성공한 이유를 플랫폼으로 시작했기 때문이라고 착각한다.

하지만 일반적으로 전자의 경우가 많다. 곰곰히 살펴보면 아이폰은 비즈니스 주도형이다. 구글도 오픈소스 전략 때문에 두번째 기술주도형의 경우처럼 보이지만 사실은 첫번째 비즈니스 주도형인 경우라 할 수 있다.

어떤 비즈니스는 플랫폼으로 바뀔 때 크게 성장할 수는 있다. 하지만 모든 비즈니스가 그렇지는 않다. 만일 플랫폼으로 시작했다면 사용자들과의 간격을 메꿔줄 서비스가 필요하다. 인프라형 비즈니스라면 플랫폼을 빛내줄 킬러 서비스를 먼저 확보해야 한다.

바. 플랫폼은 신개척지

플랫폼은 범용성을 기반으로 한다. 범용성을 확보하기 위한 가장 쉬운 방법은 범용적인 하드웨어를 시장에 보급하는 것이다. 하지만 이미 널리 사용되어지고 있는 PC나 스마트폰은 이미 레드오션 시장이다. 반면 이외의 범용적인 하드웨어는 많지 않다. 새로운 범용 하드웨어의 등장은 새로운 플랫폼 시장을 열기도 한다. 그래서 개발자들은 구글 글래스나 구글 자동차에 주목하고 있다. 소프트웨어를 이용해서 다양한 형태의 플랫폼을 만들어낼 수 있기 때문이다. 이제는 어떤 산업이든 IT가 없는 미래를 상상하기는 힘들다. 그러나 종래의 산업에서 IT와 융합된 플랫폼으로 주목할만한 사례는 거의 없다. 이것을 긍정적으로 해석하면 이 시장은 아직 열리지 않은 신세계인 것이다. 하지만 미래를 상상해본다면 언젠가 누군가에 의해 열릴 시장임에는 틀림없다.

1.5 플랫폼의 경제적 가치

플랫폼의 가치는 기업의 비즈니스 구조나 시스템에서 차지하는 비중과 비례 관계에 있다. 만약 플랫폼이 전체 시스템에서 필수적으로 요구되는 기능들을 최대한 많이 포함하고 있다면, 그 가치는 상당할 것이다. 시스템을 개발할 때 필요한 핵심 기능들은 매번 새로 개발하는 것보다 이전에 개발된 것을 그대로 사용하거나 일부를 개선해 반복적으로 사용하는 것이 더욱 효율적이다. 즉, 시스템 내에서 핵심 기능이나 비즈니스 문제를 해결하는 기능을 수행하는 플랫폼, 다양한 용도로 활용할 수 있도록 설계된 플랫폼은 가치가 있다고 평가되는 것이다. 이와 같이 효율성을 제공하는 플랫폼은 세 가지 측면에서 기업에 가치를 제공해 줄 것이다.

첫째, 플랫폼이 어떤 기능(Function)을 수행하느냐에 따라 가치가 달라진다. 예를 들어, 핵심 비즈니스를 수행하는 기능을 한다면 가치는 대단히 크겠지만, 고객 서비스를 위한 플랫폼으로 기능한다면 상대적으로 그 가치는 적을 것이다. 종종 플랫폼의 개념 설명에 등장하는 제품의 골격, 운영체제, 검색엔진, SNS 알고리즘 등과 같은 플랫폼은 기업의 전체 시스템에서 핵심적이고 본질적인 기능들을 수행하므로 큰 가치를 제공할 것이다.

둘째, 플랫폼의 반복적 사용과 공유에 따른 경제적 가치가 발생한다. 즉, 플랫폼은 하나의 뼈대(골격)를 반복적으로 사용하도록 하기 때문에 범위의 경제(Economies of Scope)로 인한 비용의 절감 효과를 갖게 해 준다. 특히 각 참여자들이 개별적으로 처리할 경우 시간과 비용이 많이 드는 데 비해 플랫폼을 공유하면 이러한 비용이 대폭 절감된다. 또한 플랫폼을 구성하는 부품 등 다양한 요소들이 대량으로 사용되므로 규모의 경제에 따른 비용 절감 효과도 발생한다. 이외에도 검증된 모듈의 재사용으로 안정성 제고와 개발 기간 단축 등의 효과도 있다.

셋째, 플랫폼은 네트워크 효과(Network Effect)도 제공한다. 옥션은 판매자와 구매자를, 증권거래소는 매도자와 매수자를, 상점가는 점포와 고객을, 그리고 SNS는 다양한 개인들을 연결시켜 교류나 거래를 촉진한다. 즉, 플랫폼은 수요자와 공급자, 개발자와 사용자, 프로슈머(Prosumer, 생산에 참여하는 소비자)가 서로 원하는 것을 주고받는 공간이므로 참여자가 많아지면 많아질수록 네트워크 효과가 발생하고 이로 인한 가치가 극대화한다. 앱스토어의 예를 통해 설명해 보자. 개발자의 입장에서는 앱스토어를 이용하는 것이 자신이 개발한 제품을 홍보하고 판매하는 데 더 유리하다. 마찬가지로 사용자도 개발자들의 홈페이지를 일일이 찾아다니는 것보다 앱스토어의 검색 서비스를 이용하는 것이 시간과 비용을 줄이는 데 합리적이다. 결국 앱스토어에 참여하는 개발자가 늘어 등록 앱이 증가하게 되면 앱을 다운로드하는 사용자도 늘어나고 이는 다시 개발자의 참여를 증가시켜 네트워크의 효과에 따른 선순환 가치가 발생하게 된다.

2. 인공지능 플랫폼 비즈니스

2.1 인공지능 플랫폼

　인공지능 플랫폼(Artificial Intelligence Platform)은 무엇일까? 실리콘밸리를 중심으로 전세계는 인공지능 플랫폼 개발이 한창이다. 구글을 비롯한 다양한 글로벌 기업들이 새로운 제품을 선보이고 있어 경쟁은 갈수록 치열해지고 있다. 인공지능이 가장 포괄적 개념으로 그 안에 머신러닝과 딥러닝이 존재하고 있다. 인공지능은 인간의 지능을 기계로 구현하는 것이고, 머신러닝(기계학습)은 인공지능을 구현하는 구체적인 접근방식이며, 딥러닝(심층학습)은 완전한 머신러닝을 실현하는 기술이다. 딥러닝은 음성인식과 영상인식, 번역 등의 분야에서 큰 진전을 보이고 있다. 이 분야의 기반을 지탱하는 하드웨어 기술의 발달이 미래의 진화를 좌우할 것으로 보인다.

　인공지능 플랫폼은 '음성인식', '자연어처리', '추천' 등 인공지능 기술을 바탕으로 하는 클라우드 컴퓨팅 플랫폼이다. 스피커 등 다양한 기기와 서비스를 매개로 사용자의 요청을 처리하는 역할을 맡는다.

　인공지능 플랫폼은 인공지능 스피커나 인공지능 비서와는 구분되는 개념이다. 스피커와 비서는 사용자와의 접점에서 사용자의 명령을 접수하고, 처리한 결과물을 들려주거나 보여주는 역할을 맡는다. 사용자와 인공지능 플랫폼을 매개하는 인터페이스일 뿐이다. 실제 사용자의 요구를 처리하는 것은 클라우드 컴퓨팅 기반의 플랫폼에서 이뤄지며, 이 플랫폼을 구성하는 주요 기술이 '음성인식', '시각 인식', '자연어 처리', '추천' 등에서 성능향상을 가지고 온 소위 '인공지능' 기술이다. 때문에 이러한 형태를 통칭해 보통 '인공지능 플랫폼'이라고 부른다. 예를 들어, 아마존의 인공지능 스피커 '에코(Echo)'가 있다. 사용자는 웨이브를 통해 '알렉사'라는 호출명으로 비서를 부른다. 들을 준비가 된 알렉사(Alexa)는 사용자의 '오늘 날씨 알려줘'라는 음성을 듣고 요청을 클라우드(Amazon Web Services: AWS)에 전송한다. 아마존의 인공지능 플랫폼에서는 사용자의 명령을 이해하고 이해한 바에 따라 적합한 결과인 오늘 날씨를 보낸다. 사용자는 에코의 스피커로 알렉사의 목소리를 통해 오늘 날씨를 듣는다. 이처럼 인공지능 플랫폼이란 기기나 모바일 응용프로그램(앱) 등 다양한 사용자와의 접점에서 들어오는 요청을 더 이해하고 적합한 값을 보내주는 역할의 중추다.

2.2 인공지능의 플랫폼화

최근 개발되고 있는 인공지능은 범용적 특성을 갖는다는 점에서 기존 인공지능과 크게 다르다. 과거 IBM의 딥블루(Deep Blue)가 인간과의 체스 대결에서 승리하였을 당시의 인공지능은 단지 체스를 목적으로 한 체스 전용 인공지능이었다. 이 때문에 비록 인간과의 체스 대결에서는 승리하였지만 딥블루의 인공지능을 기반으로 다른 영역에 활용하는 것은 거의 불가능했다. 하지만 이와 달리 알파고 등 최근 딥러닝 기반으로 구현되고 있는 기술들은 하드웨어는 물론이고 소프트웨어 자체도 상당히 범용적 특성을 가지고 있다. 알파고를 구현한 딥마인드의 구글 관계자들은 자신들의 인공지능 기술의 범용성을 강조하고 있으며 한 분야에서 습득한 지능을 다른 분야에 응용 가능하게 하는 지능의 이식(Transfer)을 궁극적으로 지향한다고 밝히고 있다. 최근의 인공지능 기술들은 기계 학습을 위한 충분한 양질의 데이터와 일정 부분의 소프트웨어적 구현만 있다면 다양한 분야로 활용이 가능하다.

주요 기업들은 이러한 범용적 특성을 갖는 인공지능 핵심 기술을 개발해 인공지능을 플랫폼화 하고 있다.

스마트폰과 모바일 시대 소프트웨어 역량을 보유한 구글, 애플은 모바일 OS플랫폼을 구현하면서 다양한 분야의 앱/서비스가 기술적으로 구현되고 유통 가능하게 하였다. 이들의 OS플랫폼은 게임, 미디어 콘텐츠 뿐만 아닌 금융, 헬스케어 등에 이르기까지 다양한 산업을 포괄하는 범용 플랫폼의 역할을 하며 빠르게 생태계를 만들었다. 주요 기업들은 산업에 응용 가능한 핵심을 자신들이 보유하며 플랫폼화를 통한 인공지능 생태계 확장을 시도하고 다양한 산업 분야에 활용 가능한 범용적 특성을 갖는 인공지능 기술의 플랫폼화를 통해 생태계 확장에 나서고 있다.

인공지능 기술 중심의 개발사들은 인공지능을 자신들의 서비스를 고도화시키거나 새로운 서비스를 구현해 내기 위한 수단으로 주요 기업들의 플랫폼을 활용하는 것이 훨씬 효율적이다. 또한 개발사들은 자신들의 역량을 앱/서비스 개발에 집중함으로써 시장에서 경쟁력을 확보할 수 있게 된다.

기업의 특정 업무나 서비스 영역에 AI를 도입 또는 구축하기 위해서는 전사차원의 큰 그림을 통한 단계별 접근이 필요하다. AI를 성공적으로 도입 및 활용하기 위해서는 [그림1]에서 예를 든 것과 같이 통합성과 확장성을 고려한 AI서비스를 위한 별도의 플랫폼이 필요하다.

[그림1] 서비스 플랫폼으로서의 인공지능(A.I as a Service Platform)

시각화 및 응용 애플리케이션	항공	물류	의료	여행
시각화/응용 애플리케이션	항공/공항 APP	물류, 항공, 해운 APP	병원, 의료, APP	여행상품 APP
지능화 업무 서비스	• 항공기항행 (이륙, 운항, 착륙) 안전 분석 • 공항 이용고객 예측 서비스	• 물류 흐름 예측 • 운송, 보관, 하역 • 복합물류 서비스	• 개인별 맞춤 진찰, 진단, 처방 • 의료영상 분석 • 스마트 약물 감시 등	• 개인별 추천모델 • 개인별 맞춤 상품 추천 • 여행상품 개발

인공지능 기술 서비스

지능화 일반 서비스	복합지능	시계열 분석	이상탐지	이미지 검색	자연어 처리
	지식표현	챗봇	음성인식	객체인식	기타

인공지능을 위한 플랫폼

인공지능 플랫폼	인공지능 서비스 개발 도구(전처리, 학습모델, 학습, 튜닝, 평가/검증, 배포, 추론 관련 툴)		
	학습 실행 환경		추론 실행 환경
	프레임 워크	TensorFlow, Python, PyTorch, mxnet, Theano, Caffe	기타

빅데이터 플랫폼	수집	실시간 분석		배치 분석		시각화
		저장	원전 데이터	학습 데이터 생성	학습/결과 데이터	

인공지능을 위한 플랫폼

	가상화 엔진		
물리적 서버		스토리지	네트워크

플랫폼의 구성은 크게 4가지 영역으로 구분 할 수 있다. 첫째, 'AI를 위한 인프라 영역'은 AI를 위한 물리적 혹은 가상화 서버, 스토리지, 네트워크 등이다. 둘째, 'AI를 위한 플랫폼 영역'은 크게 AI 학습용 빅데이터 구축 영역과 AI플랫폼 구축영역으로 구분할 수 있는데, AI서비스 개발, 알고리즘 개발 등 학습실행 환경과 추론 실행 환경, AI서비스 관리 모니터링 등 AI를 위한 통합 플랫폼 역할을 한다. 셋째, 'AI 기술 서비스 영역'인데 AI 기술은 크게 코어 기술과 AI솔루션(AI SW, AI Module)으로 구분되며, 코어 기술에는 머신러닝, 컴퓨터비전, 자연어처리, 상황인지컴퓨팅 등이 있다. AI솔루션은 사용 형태나 목적에 따라 가상비서(Virtual Assistants), 대화형(Conversational), 예측분석(Predictive

Analytics), 프로세스 자동화(Process Automation), 임베디드 AI(Embedded AI) 등이 있다. 임베디드 AI란 서버연결 없이 소형기기에서 바로 구현되는 AI를 의미하며 최근 다양한 사물에 내장되는 인공지능 소프트웨어가 대표적이다. 또한 이상탐지, 지식표현, 객체인식, 음성인식, 챗봇 등 지능화 일반 서비스와 AI기반 각종분석이나 이상 징후 예측, 수요 예측 등 특정 업무에 적용된 지능화 서비스로 구분할 수 있다. 넷째, '시각화 및 응용 애플리케이션 영역'은 지능화 서비스의 시각화 활용 및 응용 애플리케이션을 제공한다.

2.3 글로벌기업들의 인공지능 플랫폼 비즈니스

Google의 인공지능 플랫폼

구글은 기술력과 방대한 데이터를 기반으로 한 범용 인공지능 플랫폼이다. 구글은 고도화된 인공지능을 구현하기 위해 필요한 핵심 요소인 알고리즘, 데이터, 컴퓨팅 인프라에 대해 모두 최고의 수준의 역량을 확보하고 있다. 개별 요소 기술들이 특정 산업에 목적성을 두고 개발된 것이 아닌 다양한 산업에 적용 가능하다는 것은 매우 큰 의미를 갖는다. 특히 데이터에 있어서 구글은 인터넷에서 생성되는 웹 기반의 정보뿐 아니라 안드로이드를 통해 모바일 환경의 실시간 정보도 수집 가능하다. 단순히 많은 양의 데이터를 갖고 있는 것이 아니라 높은 다양성을 갖는 데이터가 인공지능의 기계 학습 과정에 활용 가능하기 때문에 다양한 분야를 포괄하면서도 높은 수준으로 인공지능을 고도화 시킬 수 있다.

참고적으로 구글은 인공지능 개발용 오픈소스인 텐서플로우(Tensor Flow)를 공개하여 많은 개발자들이 사용하고 있다. 개발자들은 단순히 구글 인공지능 플랫폼이 제공하는 서비스만을 사용하는 것 뿐만 아니라 텐서플로우를 활용해 자신만의 인공지능 핵심 기술을 구현하고 있다. 직관적이고 쉬운 고급 프로그래밍 언어로 알려진 파이썬(Python)을 활용해 연산처리를 작성하므로 다양한 분야에 적용되고 있다. 구글은 이와 같이 개발자들의 플랫폼 종속성을 만들어 가며 궁극적으로 자신들의 인공지능 생태계 확장으로 이어질 수 있도록 유도해 갈 것이다.

마이크로소프트의 인공지능 플랫폼(Microsoft Brainwave)

마이크로소프트는 딥러닝 가속 플랫폼 '브레인웨이브(Brainwave)'을 개발해서 운영 중이다. 마이크로소프트의 접근방식은 구글과 달라서 특정 알고리즘에 특화된 전용 프로세서를 개발하는 것이 아니라 FPGA(Field-Programmable Gate Arrays)로 불리는 칩을 사용한다. AI 구동을 위해 데이터센터와 인터넷 환경을 아울러 '서비스형 하드웨어(Hardware as a Service: HaaS) 가속' 기술을 제공하는데, 이러한 분산 신경망 모델을 구현하기 위해서는 다수의 FPGA가 필요하다.

Facebook의 인공지능 플랫폼

Facebook의 인공지능 플랫폼은 정교화된 개인별 맞춤형 인공지능 플랫폼이다. 페이스북 CEO인 저커버그는 페이스북 개발자 컨퍼런스에서 페이스북의 미래 10년 로드맵을 발표했다. 그는 VR, 미디어콘텐츠와 함께 인공지능을 미래 핵심 기술로 꼽았다. 페이스북은 딥러닝 분야의 핵심 연구자인 얀 레쿤(Yann LeCun) 교수를 영입해서 인공지능 전용 연구소를 설립해 인공지능 핵심 기술 개발에 집중해 오고 있다. 페이스북은 인공지능 고도화를 위한 데이터 확보에도 집중하고 있다. 사용자들의 사회 관계망 정보(Social Network)를 활용해 사용자를 빠르게 확보한 페이스북은 이제 개별 사용자들의 성향, 특성을 유추할 수 있는 데이터를 집중적으로 확보하려 한다. 페이스북은 사용자들이 게시물에 감정을 표현할 수 있는 종류를 기존 "좋아요"에서 "기쁨", "슬픔" 등 6 종류로 세분화 하였다. 이를 통해 페이스북은 특정 사물, 상황에 대해 사용자가 느끼는 감정을 보다 세분화하여 축적할 수 있게 되었다. 이러한 개개인의 성향, 특성이 구체적으로 반영된 정보가 인공지능의 기계 학습 과정에 활용될 경우 매우 정교한 수준으로 개인화된 가치를 제공할 수 있다는 점에서 큰 의미를 갖는다. 따라서 페이스북의 인공지능 플랫폼은 개별 사용자의 성향과 특성을 반영한 맞춤형 인공지능 플랫폼으로 구현될 가능성이 높다. 기존에는 서비스가 모든 사람에게 동일한 형태로 제공되었던 것과는 달리 페이스북의 플랫폼을 활용하면 개별 사용자에 따라 서비스가 개인화되는 것은 물론 상황에 따라 최적화된 형태로 제공될 수 있다.

현재 페이스북은 업로드되는 사진에서 얼굴, 사물 인식, 실시간 번역 등에 GPU(Graphics Processing Unit)를 장착한 서버를 활용하고 있다. 전세계에서 가장 앞선 인터넷 기업의 머신러닝 서버가 GPU를 채택하면서 향후 서버 반도체 시장의 트렌드 변화가 예상된다. 이세돌과의 대결로 화제가 됐던 Google의 알파고에는 1202개의 CPU와 176개의 GPU가 포함 됐는데, CPU가 다양한 연산을 통해 승리 전략을 찾는 동안 GPU에서는 그 과정에 필요한 무수한 계산들을 처리하였다. 페이스북은 AI 알고리즘을 활용해 시각장애인들이 뉴스피드에 올라온 사진을 묘사한 내용을 스마트폰에서 음성으로 들을 수 있게 하고, 심각한 우울증 환자 등 정신 건강에 문제를 겪고 있는 사용자들을 분간하는 패턴인식 소프트웨어도 제공된다.

Amazon의 인공지능 플랫폼

아마존은 Amazon Web Services(AWS)를 통해 AI Platform as a Service(PaaS)로 불리는 인공지능 플랫폼을 구축하는 등 시장 주도권 싸움을 본격적으로 하고 있다. AWS는 아마존 및 고객 모두에게 인공지능의 핵심 서비스를 제공하고 있다. 아마존닷컴의 경우, 추천 엔진으로부터 주문 배송 예측을 통한 물류 센터의 로봇 활용에 이르기까지 고객의 구매 사이클에 걸쳐 시간을 단축하는 혁신을 이루고 있다.

실생활로 파고드는 인공지능 플랫폼 아마존은 2015년 알렉사(Alexa)라는 대화형 인공지능비서 에이전트를 출시 후 지속적으로 발전 시키고 있다. 인간과 대화하는 형태로 구현된 알렉사는 정보 검색에서부터 아마존 쇼핑몰을 통한 상품 주문, 결제에 이르기 까지 다양한 기능을 수행한다. 게다가 최근에는 가정 내 가전, 전등, 스위치 등과 같은 다양한 스마트 기능을 갖춘 디바이스들과 연동되어 사용자의 상황에 맞게 제어하는 기능을 제공하기도 한다. 아마존의 인공지능은 이렇게 사용자의 실생활과 밀접한 영역을 시작으로 점진적으로 확장되고 있다.

아마존은 이러한 알렉사의 기능에 자신들의 기존 사업 경험과 축적된 데이터를 접목해 인공지능을 플랫폼화 할 수 있다. 사용자가 아마존 쇼핑몰을 이용했던 기록을 분석해 개개인 별 구매 성향을 정확히 파악할 수 있다. 개인화가 가능한 아마존의 인공지능 플랫폼을 활용하면 쇼핑몰 내의 상품 판매자들은 단순히 사용자들의 주문을 받아 상품을 판매하는 것이 아니라 사용자 별로 최적화된 상품을 광고하여 주문을 유도하거나 혹은 주기적으로 소비하는 소모품에 대해 사용자가 필요할 순간을 파악해 알아서 적시에 배송해 주는 선제적 서비스로 고도화 될 수 있다.

알렉사는 자연어 처리와 자동화된 음성인식 딥러닝을 활용하며 최근에는 딥러닝 기술과 컴퓨터 비전을 통한 계산대가 없는 오프라인 가게인 아마존 고(Amazon Go)의 컴퓨터 비전 기술도 인공지능의 결과물이라 할 수 있다. 자율주행을 위한 컴퓨터 비전 시스템부터 미국 식품의약국(FDA)이 승인하는 의료 이미지 처리, 넷플릭스 동영상 추천, 핀터레스트의 이미지 검색 등은 AWS 클라우드 시스템을 기반으로 서비스가 제공되고 있다. 또한 AWS는 가능한 많은 개발자들이 직접 인공지능 기반 서비스를 만들 수 있도록 아마존의 엔지니어들이 얻은 전문 지식을 서비스화시켜 클라우드에 결합함으로써, 기술 수준에 따라 다양한 기술 스택 중 하나를 선택할 수 있게 해주고 있다.

애플, 마이크로소프트 또한 아마존과 같은 대화형 인공지능인 Siri, Cotana를 선보이며 실생활 영역에서 연동 서비스를 확대해 가고 있다. 하지만 아마존의 경우 쇼핑이라는, 사용자가 반복적으로 사용하는 킬러서비스가 존재하기 때문에 이를 기반으로 한 생태계 확장이 가능할 것으로 보이는 반면 Siri와 Cotana의 경우 아직 그러한 핵심 서비스가 자리잡지 못한 상황이다. 하지만 두 기업 모두 높은 수준의 인공지능 기술을 확보하고 있기 때문에 향후 플랫폼으로 중요한 역할을 할 가능성이 높다.

3. 인공지능 플랫폼 서비스 다양한 영역으로 활용 확대

지난해 코로나19 확진자가 급증하면서 지역사회 감염 차단을 위해 실시되고 있는 캠페인이 사회적 거리두기 이다. 많은 사람들이 모이는 행사 및 모임 참가 자제, 외출 자제, 재택근무 확대 등이 이에 해당한다. 사회적 거리두기라는 표현에 대해 세계보건기구(WHO)는 이 말이 사회적으로 단절되는 것을 뜻하지 않는다며, '물리적 거리두기(Physical Distancing)'라는 표현으로 바꾸고 있다고 한다. 이 영향으로 대다수의 사람들은 마스크를 착용하고 대부분이 손에 스마트폰을 들고 커뮤니케이션을 하고 있다. 특히 젊은 세대는 거의 모든 일을 스마트폰으로 해결하고 있다고 해도 과한 표현이 아니다.

어린 시절부터 디지털환경에서 성장하며 스마트폰과 컴퓨터 등 디지털 기기를 원어민(Native Speaker)처럼 자유자재로 활용하는 세대라는 의미가 있는 이른바 '디지털 네이티브 (Digital Native)' 세대들이다. 코로나 확산으로 원격 수업기간이 장기간으로 연장되어 학교에 갈 수 없는 기간이 길어지면서 스마트폰과 컴퓨터를 사용하는 시간이 더욱 늘어나고 있고 모든 일을 스마트폰으로 해결하려는 수요가 다양한 연령층으로 확산되고 있다.

디지털 기술의 급속한 발전과 고성능의 디지털기기의 보급이 학생들의 정보 습득과 사고방식을 변화시키고 있으며, 기존의 교육 방식은 이들에게 효과적이지 않을 수 있다는 주장이 제기되고 있다. 디지털 네이티브는 멀티태스킹에 능숙하고 신속한 반응을 추구하는 경향이 있다고 알려졌다. 다양한 디지털 기기를 사용해 동시다발적으로 여러 정보를 얻거나 인스턴트 메신저 등을 통해 다른 일을 하면서도 상대방과 즉각적인 의사소통을 하는 데 익숙하기 때문이다. 인터넷을 적극적으로 사용하고 온라인을 소통과 협업의 공간으로 여기며 SNS 등에서 공통 관심사를 공유하는 방식으로 트렌드를 만들어

내는 특징이 있다.

팬데믹(Pandemic)으로 사회적 거리두기 시행이 지속되면서 많은 사람들이 혼자 있는 시간이 점점 더 많아지고 있다. 더 똑똑한 스마트폰과 더 편리한 개인 맞춤형 융합서비스가 가능한 디지털 기기 등 일상생활에 필요한 것을 좀 더 편리하게 해줄 수 있는 다양한 서비스를 원하는 수요가 증가하고 있다. 이러한 갑작스럽게 증가되고 있는 수요는 국내뿐만 아니라 전세계로 확산되고 있고 필요성이 더 증대되고 있다.

이러한 다양한 서비스를 제공할 수 있는 것은 인공지능 플랫폼(AI Platform) [그림2]을 이용하면 가능하다. 인공지능 플랫폼은 '음성인식', '자연어처리', '추천' 등 인공지능 기술을 바탕으로 하는 클라우드 컴퓨팅 플랫폼이다. 스피커 등 다양한 기기와 서비스를 매개로 사용자의 요청을 처리하는 역할을 맡는다. 인공지능 플랫폼은 인공지능 스피커나 인공지능 비서와는 구분되는 개념이다. 스피커와 비서는 사용자와의 접점에서 사용자의 명령을 접수하고, 처리한 결과물을 들려주거나 보여주는 역할을 맡는다. 사용자와 인공지능 플랫폼을 매개하는 인터페이스일 뿐이다.

실제 사용자의 요구를 처리하는 것은 클라우드 컴퓨팅 기반의 플랫폼에서 이뤄지며, 이 플랫폼을 구성하는 주요 기술이 '음성인식', '시각 인식', '자연어처리', '추천' 등에서 성능향상을 가지고 온 소위 '인공지능'의 단일 기술들이다. 때문에 이러한 형태를 통칭해 보통 '인공지능 플랫폼'이라고 부른다.

인공지능 플랫폼의 형식적인 특징은 '음성 기반의 사용자 인터페이스'다. 대부분의 사용자는 보통 디스플레이를 기반으로 마우스나 키보드 같은 입력기기를 이용해 디지털 기계와 대화하는게 일반적이다. 그러나 일상에서의 인공지능 서비스의 활용은 대부분 음성을 이용한 활용이 대부분이고 당연히 그렇게 생각하고 있다. 음성인식으로 홈의 전자기기를 작동할 수 있고, 전화를 걸고, 문자를 보낼 수 있고, 음악을 들을 수 있고, 주소도 찾을 수 있고, 인터넷 검색도 할 수 있고, 스케줄 관리 등도 할 수 있다.

    음성은 기계와 사람의 접점에서 서로의 언어를 해석하고 원활한 커뮤니케이션을 가능케 하는 인터페이스로 인공지능 플랫폼의 수요가 증가하고 있는 지금 시대에 상징처럼 주목 받고 있다. 인공지능 플랫폼을 활용할 수 있는 기기나 장소가 아마존 에코, 구글 홈과 같은 가정용 스마트 스피커처럼 가정에만 한정되는 것도 아니다. 인공지능 플랫폼은 다양한 기기와 앱으로 생활에 스며들고 있다. 인공지능 플랫폼의 인터페이스인 인공지능 비서가 이미 스마트폰으로 들어왔고 다양한 영역에서의 활용이 확대되고 있다. 어디든 들어갈 수 있기 때문에 그간 활용되지 못했던 공간과 기기에서의 활용을 통해 삶을 편안하게 하며 시간이 지날수록 인공지능 기술의 거대한 잠재력을 기대해 볼 수 있을 것이다.

[그림2] 인공지능 플랫폼(AI Platform)

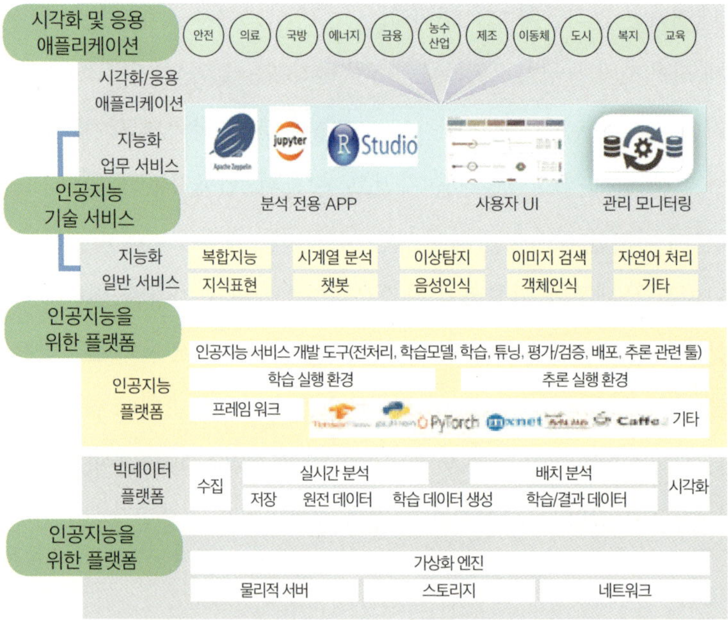

4. 플랫폼을 통한 기업간 상호 협력과 공존의 시대

　글로벌 경쟁시대에 피할 수 없는 도전은 빠르게 변하는 디지털 환경이다. 지난 세기를 선도해온 산업과 기업들이 뒤로 물러 앉고, 상상을 뛰어 넘는 신생기업과 산업이 시장을 주도하고 있다. 그러나 그것도 현실에 안주하는 순간 곧 도태의 나락으로 떨어진다. 이처럼 하루가 다르게 급변하는 글로벌 경제환경은 모든 기업을 기회의 문과 위기의 벼랑 앞에 마주 서게 한다. 디지털 혁신은 전세계 각 산업분야에서 빠르게 진행되고 있고, 디지털 기술을 활용하여 기존 사업의 프로세스는 물론 기존 산업의 비즈니스 구조와 가치사슬의 변화를 이끌어 내고 있다. 4차 산업혁명의 핵심은 플랫폼(Platform) 서비스이다. ICT와 제조의 융합으로 제품과 설비, 인간이 모두 연결되는 사물인터넷에 의한 혁신 즉, '소프트 파워'를 통한 공장과 제품의 '지능화' 그리고 서비스를 자동화하는 것이다. 플랫폼이란 다양한 상품을 생산하고 소비하는 활동을 위해 반복적 그리고 공통적으로 사용하는 토대를 말한다. 제품, 부품, 서비스, 기술, 자산, 인프라, 노하우 등 무엇이든, 이를 토대로 경제활동이나 비즈니스가 이루어진다면 모두 플랫폼이라 할 수 있다. 플랫폼은 4차산업혁명시대에 연결과 융합의 중요한 중심 역할을 하는 생산 양식이다.

플랫폼을 통한 상호 협력과 공존

　세상을 지배하는 패러다임은 바뀌었다. 항상 지금까지와는 전혀 다른 새로운 환경에 대한 도전에 직면한다. 개인과 기업, 국가는 서로 유기체적 관계 속에서 각각 지속가능경영을 통한 생존을 위해 질주하고 있다. 글로벌 초경쟁환경 속에서 기업은 플랫폼을 통해 어떤 기회를 찾고 만들 수 있을 것인지 그리고 비즈니스를 강화하고 비즈니스의 생산성을 극대화 할 수 있는 효율적인 비즈니스 혁신 방안이 필요하다. 플랫폼은 다양한 산업에서 확산되고 있다. 기존에는 제조업에서 하나의 플랫폼을 만들고 이를 여러 모델에 공통으로 적용하는 방법을 도입하여 개발비와 생산비 등 생산비용을 줄일 수 있었다. 그러나 이제는 금융을 비롯한 대부분의 산업에 확산되어 경제, 사회 변화의 중심축으로 부상하고 있다. 정보통신기술의 발달로 국경이 사라지고 모든 사람과 사물, 사물과 사물이 인터넷을 통해 연결되는 초 연결사회가 되어 전 세계가 실시간으로 소통과 융합이 가능해졌다. 그래서 다양한 산업분야에서 이뤄지는 연결과 융합은 새로운 가치를 창출해 내고 있고 새로운 비즈니스 모델을 만들어 다양하게 시도되고 있다. 많은 기능을 탑재한 스마트 기기가 확산되고 모바일과 디지털 플랫폼 기술의 발달은 기업의 경쟁력 강화를 위한 중요한 전략적 도구로 활용되고 있으며 중요성이 더 증대되고 있다. 이제는 플랫폼을 통해 경쟁 대신에 상생과 상호이익을 위해 협력해야 한다. 그 동안은 같은 업종이나 업계에선 서로 우위를 차지하려는 경쟁이 치열하게 전개되었지만 이제는 상호 이익을 위해 협력을 필수적으로 고민해야 급변하는 글로벌 경쟁환경에서 경쟁력을 높여 상생할 수 있을 것이다.

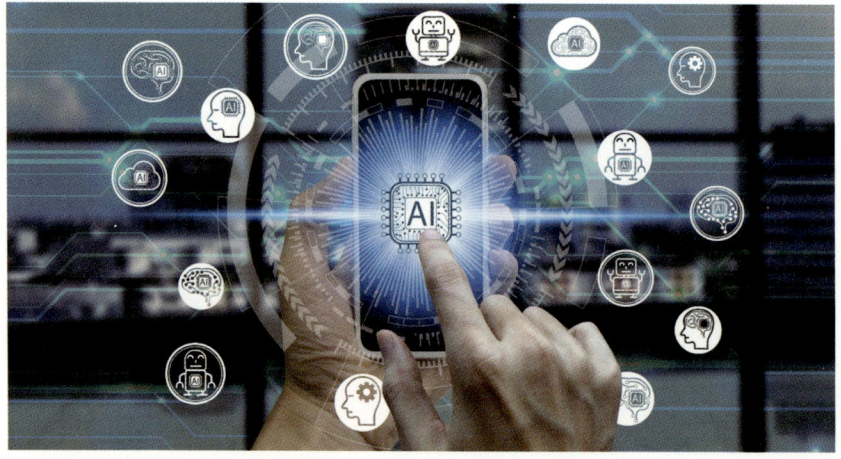

금융과 블록체인 관련 서비스도 플랫폼을 통한 협력 필수

최근 우리 기업들도 플랫폼 전략에 관심을 갖고 전략적 움직임을 보이고 있지만 플랫폼의 장점을 살리지 못하고 서로가 앞다퉈 우후죽순처럼 각각의 서비스기반 플랫폼을 만들어내고 제한된 서비스에 집중하고 있다. 플랫폼으로써의 시너지를 창출하기 위해서는 정보통신기술과 디지털 기술을 통한 스마트한 기능이 모든 대상에 연결될 수 있어야 하고, 다수의 기업이 협력하며 다양한 효용을 서비스 이용자에게 제공할 수 있어야 한다. 네트워크에서 참여자 개체(Node)와 참여자 간 연결(Link)의 수가 증가할수록 이를 매개하는 플랫폼의 역할이 중요해진다. 제품과 연계된 플랫폼을 통해 제공되는 서비스가 제품 경쟁력의 주요한 요소가 되는 것처럼 시장 경쟁은 플랫폼 간 협업을 통한 경쟁력을 키워나가야 할 것이다. 빠르게 변화하는 시대에 발맞춰 적응하거나 선제적으로 대응하려면 같은 업종 차원에서 함께 움직여야 할 일들이 점점 많아질 수밖에 없다. 최신 기술을 개발하는 단계에서 플랫폼을 통한 협력이 더 타이트해지고 빨라져야 한다.

새로운 플랫폼 경제에서 필요한 것은

새로운 세상은 누구나 새롭게 Global Leader로 부상할 수 있는 기회를 잡을 수 있지만, 아무도 내일이 승자로 남을 수 있다고 확신할 수는 없는 상황이다. 4차산업혁명 시대에 새로운 질서를 모색하는 과정에서 플랫폼을 중심으로 한 산업과 비즈니스의 협업의 이슈는 매우 중요한 시사점이며 기업의 지속성장의 화두로 제기되고 있다. 플랫폼을 중심으로 한 디지털화가 산업 생태계에 확산되어 제품 및 서비스의 생산성증가와 비용(Cost) 절감, 새로운 비즈니스 플레이어와 새로운 사업 모델 협업을 통한 새로운 영업이익(Operating Profit)과 부가가치(Value Added) 등이 창출될 수 있도록 해야 한다. 이것은 기업의 비즈니스 연속성을 극대화 하는 것이다. 플랫폼은 4차산업혁명시대에 핵심이며 연결과 융합의 중요한 중심역할을 하는 생산 양식이다. 플랫폼을 통해 변화될 미래 산업 생태계에 대한 글로벌한 분석을 통해 산업 전반에 미칠 잠재적 경제효과를 극대화하고 기업간의 상생과 경제성장의 동력으로 활용될 수 있도록 해야 한다.

5. AI기반 지능형 챗봇 새로운 거대 플랫폼 '메타앱' 으로 발전될 것

인공지능기술의 발달로 기업은 경쟁이 더욱 치열해졌고 개인은 지능적인 편리함을 더욱 추구하게 되었다. 기업에서 고객은 그 기업의 생존과도 같다. 그래서 기업고객의 서비스의 목표는 고객에게 더 질 높은 서비스를 더 저렴하게 제공하는 것이다. 이를 위한 가장 효율적인 방법이 "인공지능 기반 커뮤니케이션 소프트웨어"를 이용하여 맞춤형 고객만족 서비스를 하는 것이다.

일반적으로 기업이 고객을 잘 알고 고객이 대접받고 싶은 방식으로 편리하게 잘 대접할 때, 고객은 재방문과 재구매로 반응한다. 고객과의 관계가 밀접하면 밀접할수록 고객은 기업에게 필수적인 정보를 제공하게 되고, 이는 곧 기업의 수입과 이익의 증가를 가져오게 된다. 이러한 고객의 만족스런 행동 패턴이 다른 가망고객에게 전파되어 그 기업은 고객과 함께 지속성장 할 수 있는 경쟁력 있는 기업으로 거듭날 수 있게 되는 것이다.

"인공지능 기반 커뮤니케이션 소프트웨어"는 명령어방식에 따라 크게 3가지로 분류할 수 있다. 먼저 "챗봇(Chatbot)"은 문자 기반 명령방식에 의한 것으로 페이스북에서 개발한 모바일 메신저(Facebook Messenger), 카카오톡, 라인, 텔레그램 등 소셜 기반 커뮤니케이션 솔루션이 있고, 두 번째로 "음성인식봇"은 음성 언어 명령방식에 의한 것으로 Amazon Echo, Siri(Apple) 등이 있는데, 아마존 에코(Amazon Echo) 장치에 삽입된 알렉사(Alexa)는 음성서비스로 음성을 통한 상호 작용이 가능하고 자연어처리 알고리즘을 통해 음성명령을 받고, 반응하고, 인식한다. 시리(Siri)는 지능형 개인비서로도 이용되며 애플의 IOS의 한 부분이다. 질문에 대답하기 위해 자연언어를 사용하며, 다양한 과제 수행이 가능하다. 그리고 "가상개인비서(Intelligent Personal Assistant)"는 문자 메시지, 음성, 검색패턴, 위치, 사용패턴에 의한 것으로 Google Now, Cotana(MS) 등이 있는데, Google Now는 구글 검색 모바일 앱을 위해 구글에 의해 개발되었고 질문에 대답하기 위해 자연어 사용자 인터페이스를 사용하며, 일련의 웹서비스에 요청을 위임하여 작업을 수행 한다. 그리고 코타나(Cotana)는 마이크로소프트에서 고안된 지능형 개인비서로 자연 음성 명령을 인식하고, 상기시켜주며, 빙(Bing) 검색엔진을 사용하여 질문에 응답 한다.

챗봇 서비스 이전에 메신저 서비스라는 것이 있었는데, 메신저의 친구는 가족, 친구, 동료와 같은 사람들인데, 챗봇은 이런 주의의 친구가 아니라 가상의 대화 상대라 할 수 있다. 정해진 응답 규칙(Rule)에 따라 사용자의 질문에 응답할 수 있도록 시스템을 구현한 것이다. 챗봇의 기술은 갑자기 등장한 혁신적인 기술이 아니고, 2000년대 초반에 PC 기반의 메신저(MSN, 네이트온'심심이' 서비스)에서 제공한 기술이 유사한데 그때의 서비스는 API를 활용해서 증권 정보, 뉴스 정보 같은 서비스를 했다. PC가 개인화된 디바이스가 아니었고 접근성이 스마트폰에 비해 낮았고, 항상 로그인 기반의 서비스 문제점 등이 있었다.

현재의 카카오톡 같은 모바일 메신저는 항상 접속해 있는 상태가 유지되므로 챗봇을 비즈니스 마케팅 채널이나 커머스 채널로 활용하기에 적합한 상황이 되었다. 서버와 대화를 하더라도 검색을 통해 기업 친구를 찾아야 하고 대화를 시도하기 위해서는 친구 이름 또는 아이디가 필요하다. 이런 친구 이름을 기업계정이라 하고, 카카오톡에서는 '플러스친구' 나 '옐로아이디' 같은 명칭을 사용하고 있다.

기업계정과 채팅을 할 수 있도록 봇 API, 자동응답 API, 챗봇 API라는 명칭으로 대화용 API를 외부 사업자에게 제공하고 있다. 외부 사업자는 이러한 기업 계정과 챗봇 API를 이용해서 고객 상담, 방송 참여, 주문 채널 등으로 활용할 수 있다. 사용자가 보여줄 수 있는 메시지 타입은 단순 텍스트, 이미지, 영상, 링크 URL 등이 결합된 멀티 미디어 형식 모두 가능하다.

챗봇의 활용은 사용자와의 문자 대화를 통해 질문에 알맞은 응답과 각종 연관 정보를 제공하는 인공지능 커뮤니케이션 소프트웨어 이다. 챗봇의 구조는 대화 의도(Intent)를 추출하는 것과 의도 속에 담긴 중요한 개체(Entity)를 추출하는 과정이 중요하다. 인간과 비슷하게 직접대화가 가능하고 대화를 분석하여 맥락에 어긋나지 않은 답을 제공하고 다음에 올 질문을 예측하여 답변 할 수 있다. 챗봇은 RPA(Robotic Process Automation)과 연계되어 고객 또는 소비자의 이슈를 해결할 담당자에게 문자 또는 음성으로 내용 전달이 가능하고 해당업무를 자동으로 실행할 수 있도록 프로그램이 가능하다.

　인공지능기술을 적용한 챗봇은 업무 프로세스를 자동화하기 위해 문자 메시지를 수신하여 마치 인간과 비슷하게 사용자와 직접 대화를 나눌 수 있도록 프로그램화 되어있고 활용도가 확대되면서 계속 발전하고 있다. 특히, 고객 서비스 분야의 새로운 플랫폼으로 주목 받고 있으며, 온라인 텍스트 기반의 대화인 채팅 내용을 분석하여 필요한 서비스를 제공하고, 자동응답 상담 시 요구되었던 복잡한 다이얼링 단계, 음성인식 오류 등의 불편함을 해소할 수단으로 대체되고 있고 필요성이 더욱 증대되고 있다.

　최근 인공지능 기술을 적용한 가상 개인 비서 서비스가 금융권과 통신사를 중심으로 확대되고 있는데 몇 가지 사례를 들면, 지금은 주말이나 저녁 등 근무시간외에 콜센터로 응대하는 것이 사실상 어렵지만, 최근 폭넓게 사용되는 텍스트 기반 소셜 통신 기술인 챗봇을 이용하여 24시간 365일 고객이 원하는 정보와 서비스를 제공하는 기업이 증가하고 있다.

　기업에서 고객과 응대하고 있는 다양한 채널의 운영상황에 따라 차이가 있겠지만, 중요한 것은 고객의 요구사항을 즉시 최적의 맞춤서비스로 응대하면서 빠짐없이 데이터를 수집하고 고객의 소리를 기록 저장하여 학습시키는 것이다. 기능적으로는 챗봇의 셀프서비스와 연속성을 제공해서 고객이 수시로 고객이 편리한 채널로 전환해도 마지막 정보에 이어 기존 빅데이터를 통해서 학습된 지식을 토대로 고객에게 최고의 맞춤형 정보를 제공해야 주는 것은 매우 중요하다.

인공지능 기술을 활용한 챗봇은 더욱 똑똑해지고 있다. 메신저 기반인 만큼, 시공간의 제약 없이 대화가 필요할 때 끊김 없는 대화를 이어갈 수 있는 것이 특징이 있기 때문에 기업의 다양한 서비스 업무를 개선하고 있다. 기업의 기존 경영 커뮤니케이션 프로세스 또는 새로운 경영 커뮤니케이션 프로세스를 자동화하는 방법으로서의 챗봇으로 활용되고 있다. 카카오톡, 이메일, 유무선 통화, SNS를 통해서 들어온 상담을 각각 받아주는 정도의 개념이 아니라 여러 채널에 대한 기업의 대응 방식을 혁신적으로 바꾸고 있어 비용 절감 효과가 크다.

"가상개인비서"란 인공지능 기술을 적용하여 다양한 업무와 사용자가 요구하는 서비스를 가장 효율적인 방식으로 수행하도록 설계된 소프트웨어이다. 사용자 입장에서 주변 환경 맥락을 인식하고, 서로 다른 소프트웨어 간에 업무 수행이 원활하게 이루어지도록 구성하고 이를 실행하는 역할을 주 기능으로 한다. 최근 많이 사용되는 기능은 날씨 확인, 일정 알림, 교통정보 확인, 정보 검색 등이 있는데 점점 더 지능화되어 가고 있다.

최근 음성인식, 머신러닝, 자연어 처리 등 인공지능 관련 기술은 사용자 맞춤형 생활 편의를 지원하는 "가상개인비서" 서비스 제품과 특정 분야의 전문가적 조언을 제공하는 "인지 전문 어드바이저(Cognitive Expert Advisor)" 기술에 대한 기대감이 증가하고 있고 관련서비스 시장이 빠른 속도록 창출되고 있다.

머지않아 인공지능 "봇"이 앱을 대체하고 성능이 뛰어나고 인간적인 느낌을 주는 디지털 개인비서가 새로운 메타 앱이 되고 컴퓨터와 사람 사이의 모든 상호 작용에 인공지능이 관여하게 될 것이다.

6. 인공지능 플랫폼 경쟁 치열, 누가 선점 할 것인가?

인공지능을 플랫폼으로 활용해 산업을 혁신해 나가려는 주요 기업들의 경쟁은 이미 시작되었다. 인공지능의 성능을 결정짓는 3대 핵심 기술 요소인 알고리즘, 데이터, 컴퓨팅 파워를 둘러싼 기업들의 경쟁이 예상된다.

플랫폼(Platform)이란 무엇일까? '플랫폼'이란 단어를 사전에서 찾아보면 '역에서 기차를 타고 내리는 곳'이라는 본뜻을 지니고 있다. 하지만 단어는 사용 용도에 따라 의미가 변화될 수 있다. 플랫폼이란 단어 역시 '연결지점' 또는 '연결고리'라는 뜻으로 사용 용도에 따라 변형되었고, "한 지역에서 다른 지역으로 기차가 이동하면서 사람들이 타고 내림을 도와줌으로써 두 지역이 연결된다"라는 관점을 이용한 것이다. 즉, "플랫폼을 펼쳐라"라는 말은 "연결고리를 펼쳐라"와 같은 말로 인식하면 된다.

지금은 인공지능을 기반으로 한 글로벌 경쟁시대이다. 기업의 미래 비즈니스 생태계는 인공지능과 같은 소프트웨어(Software)기술 의존도를 높이는 방향으로 빠르게 진화되고 있다.

글로벌 기업의 미래 비즈니스 모델은 분산형 생태계로 진화할 것으로 미래 학자들은 전망하고 있다. 분산형 생태계란, 데이터, 소프트웨어기반 연결이 극대화되어, 어떤 기업과도 연계, 협업이 가능한 완전 네트워킹(Fully-networked) 생태계를 의미한다. 단일 가치사슬 생태계에서는 파트너와의 효율적 거래구조가 핵심이고, 플랫폼 생태계는 참여 기업간 연계를 통한 비즈니스 혁신이 경쟁력을 좌우한다.

인공지능 플랫폼(Artificial Intelligence Platform)은 무엇일까? 실리콘밸리를 중심으로 전세계는 인공지능 플랫폼 개발이 한창이다. 인공지능을 플랫폼으로 활용해 산업을 혁신해 나가려는 주요 기업의 경쟁은 이미 시작되었다. 구글을 비롯한 다양한 글로벌 기업들이 새로운 제품을 선보이고 있어 "인공지능의 플랫폼화" 경쟁은 갈수록 치열해지고 있다. 인공지능이 가장 포괄적 개념으로 그 안에 머신러닝과 딥러닝이 존재하고 있고, 인공지능의 성능을 결정짓는 3대 핵심 기술요소[그림3]인 알고리즘, 데이터, 컴퓨팅파워를 둘러싼 기업 간 경쟁이 심화되고 있다.

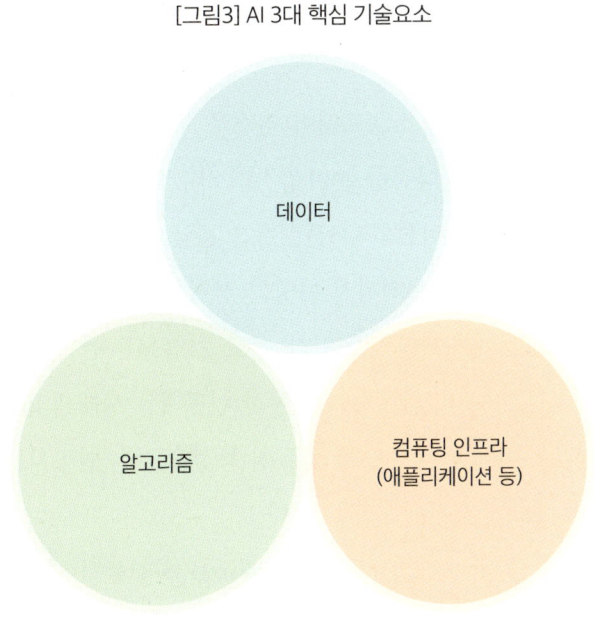

[그림3] AI 3대 핵심 기술요소

최근 개발되고 있는 인공지능의 플랫폼들은 범용적 특성을 갖는다는 점에서 기존 인공지능과 크게 다르다. 과거 IBM의 딥블루(Deep Blue)가 인간과의 체스 대결에서 승리하였을 당시의 인공지능은 단지 체스를 목적으로 한 체스 전용 인공지능이었다. 이 때문에 비록 인간과의 체스 대결에서는 승리하였지만 딥블루의 인공지능을 기반으로 다른 영역에 활용하는 것은 거의 불가능했다. 하지만 이와 달리 알파고 등 최근 딥러닝 기반으로 구현되고 있는 기술들은 하드웨어는 물론이고 소프트웨어 자체도 상당히 범용적 특성을 가지고 있다. 알파고를 구현한 딥마인드의 구글 관계자들은 자신들의 인공지능 기술의 범용성을 강조하고 있으며 한 분야에서 습득한 지능을 다른 분야에 응용 가능하게 하는 지능의 이식(Transfer)을 궁극적으로 지향한다고 밝히고 있다. 최근의 인공지능 기술들은 기계 학습을 위한 충분한 양질의 데이터와 일정 부분의 소프트웨어적 구현만 있다면 다양한 분야로 활용이 가능하다. 주요 기업들은 이러한 범용적 특성을 갖는 인공지능 핵심 기술을 개발해 인공지능을 플랫폼화 하고 있다.

　스마트폰과 모바일 시대 소프트웨어 역량을 보유한 구글, 애플은 모바일 OS플랫폼을 구현하면서 다양한 분야의 앱/서비스가 기술적으로 구현되고 유통을 가능하게 하였다. 이들의 OS플랫폼은 게임, 미디어 콘텐츠 뿐만 아니라 금융, 헬스케어 등에 이르기까지 다양한 산업을 포괄하는 범용 플랫폼의 역할을 하며 빠르게 생태계를 만들었다. 주요 기업들은 산업에 응용 가능한 핵심을 자신들이 보유하며 플랫폼화를 통한 인공지능 생태계 확장을 시도하고 다양한 산업 분야에 활용 가능한 범용적 특성을 갖는 인공지능 기술의 플랫폼화를 통해 생태계 확장에 나서고 있다.

　인공지능 기술 중심의 개발사들은 인공지능을 자신들의 서비스를 고도화 시키거나 새로운 서비스를 구현해 내기 위한 수단으로 주요 기업들의 플랫폼을 활용하는 것이 훨씬 효율적이다. 또한 개발사들은 자신들의 역량을 앱/서비스 개발에 집중함으로써 시장에서 경쟁력을 확보할 수 있게 된다.

구글(Google)은 기술력과 방대한 데이터를 기반으로 한 범용 인공지능 플랫폼이다. 구글은 고도화된 인공지능을 구현하기 위해 필요한 핵심 요소인 알고리즘, 데이터, 컴퓨팅 인프라에 대해 모두 최고의 수준의 역량을 확보하고 있다. 개별 요소 기술들이 특정 산업에 목적성을 두고 개발된 것이 아닌 다양한 산업에 적용 가능하다는 것은 매우 큰 의미를 갖는다. 구글은 인공지능 개발용 오픈소스인 텐서플로우(TensorFlow)를 공개하여 많은 개발자들이 사용하고 있다. 개발자들은 단순히 구글 인공지능 플랫폼이 제공하는 서비스만을 사용하는 것 뿐만 아니라 텐서플로우를 활용해 자신만의 인공지능 핵심 기술을 구현하고 있다. 직관적이고 쉬운 고급 프로그래밍 언어로 알려진 파이썬(Python)을 활용해 연산처리를 작성하므로 다양한 분야에 적용되고 있다. 구글은 이와 같이 개발자들의 플랫폼 종속성을 만들어 가며 궁극적으로 자신들의 인공지능 생태계 확장으로 이어질 수 있도록 유도해 가고 있다.

후발주자로는 페이스북(Facebook)의 인공지능 플랫폼은 정교화된 개인별 맞춤형 인공지능 플랫폼이 있다. 아마존은 Amazon Web Services(AWS)를 통해 AI Platform as a Service(PaaS)로 불리는 인공지능 플랫폼을 구축하여 시장 주도권 싸움을 본격적으로 하고 있다. 마이크로소프트(MS)는 딥러닝 가속 플랫폼 '브레인웨이브(Brainwave)'을 개발해서 운영 중이다.

향후 인공지능 플랫폼의 경쟁은 더욱 치열해지고 선점 효과가 크게 작용할 것으로 보인다. 시장에 먼저 진출해 생태계를 먼저 만들어 나가는 기업들이 절대적으로 유리하다. 지금은 다수의 플랫폼이 공존하며 경쟁을 하고 있지만 초기의 성능 격차와 그것으로 인한 쏠림 현상으로 인해 장기적으로는 소수의 플랫폼이 시장을 독과점하게 될 가능성이 높다. 그에 대한 대응 방안이 필요하고, 인공지능 플랫폼 후발주자 기업간 연계를 통해 더 큰 시너지를 창출하는 것도 인공지능 생태계 확산을 위한 하나의 방안이 될 수 있을 것이다.

전문가들은 클라우드를 기반으로 한 컴퓨팅 파워의 경쟁에서는 주요 IT 기업들이 모두 상당한 수준의 역량을 확보하고 있기 때문에 쉽게 승부가 나지는 않을 것으로 전망하고 있다. 또한 각 기업이 차별적으로 확보한 알고리즘 역량과 데이터가 주요 기업들이 구현해 내는 인공지능 플랫폼의 성능에 결정적인 영향을 미칠 것으로 전망하고 있다. 구글의 경우 인터넷 및 모바일 환경에서 엄청난 양의 데이터를 확보하고 있지만 상당 부분의 정보가 공공 데이터(Public Data)이다. 반면 페이스북, 아마존은 수 년간의 서비스를 제공하면서 수집한 정보들은 개별 사용자의 성향을 정교하게 분석할 수 있게 하는 개인 데이터(Private Data)가 중심이 된다.

이들 기업은 개인별 사회 관계망 정보, 선호도, 컨텐츠 소비 패턴, 온라인 쇼핑 이력 등 다양한 분야에 걸쳐 세분화된 개별 사용자의 정보를 확보하고 있다. 인공지능의 성능이 기계 학습 과정에서 주어지는 데이터에 의해 상당 부문 결정되는 것을 감안할 때, 개인별 특화된, 맞춤형 서비스 제공을 위한 인공지능 플랫폼으로는 페이스북과 아마존이 활용도가 높을 수 있다, 구글은 다양한 분야에 걸친 엄청난 양의 데이터를 보유하고 있고, 오랜 기간 내부에서 진행 중인 딥러닝 관련 집중적인 선행 연구들은 이러한 구글의 데이터에 의해 엄청난 수준으로 발전될 가능성이 높다. 구글이 구현할 인공지능 플랫폼은 다양한 분야에서 범용적으로 활용 가능한 동시에 높은 수준의 완성도로 구현되며 페이스북, 아마존의 플랫폼과 경쟁할 것이다. 인공지능 플랫폼의 경쟁은 선점 효과가 크게 작용할 가능성이 높기 때문에 시장에 먼저 진출해 생태계를 먼저 만들어 나가는 기업이 절대적으로 유리할 것이다.

대표적인 글로벌 기업의 인공지능 플랫폼 운영 현황 및 미래 예상되는 발전 방향을 정리하면 [표1]과 같다.

[표1] 글로벌 기업의 인공지능 플랫폼 운영 현황 및 미래 발전 방향

기업	현재의 플랫폼 운영 현황	미래 예상되는 발전 방향
Google	• 머신러닝 플랫폼 운영 • 음성/이미지 인식, 번역 서비스 제공	• 대부분의 분야에 활용 가능한 지능형 서비스 플랫폼(방대한 데이터 및 고도화된 인공지능 기술 기반)
facebook	• 대화형 인공지능 플랫폼 'Messenger Platform with Chatbot' • 사용자와 대화를 통한 연동 서비스 지원(쇼핑, 여행, 예약 등 서비스)	• 개인 성향을 정교하게 분석한 맞춤형 플랫폼 예) 여행서비스 개발사에게 개별 사용자가 좋아할 만한 여행 코스 및 식당을 여행사 DB에서 검색해 제공
amazon	• 대화형 플랫폼 'Alexa Voice Service' 제공 • 대화형 기반 서비스 플랫폼 • 클라우드 기반 머신러닝 플랫폼 운영 • 정보분석 서비스제공(예: 상점의 제품 판매 데이터 분석을 통한 수요 예측, 사용자별 선호도 분석 등)	• 생활 맞춤형 서비스 플랫폼(쇼핑, 홈, 미디어 콘텐츠 중심) 예) 쇼핑 서비스 제공자에게 사용자가 원할만한 상품을 선별해 제공, 미디어 서비스 제공자에게 사용자의 선호도가 반영된 음악, 영화 등 추천
IBM	• IBM Watson Health Platform 운영 • 영상, 생체 정보, 실시간 환자 정보 등 분석을 통한 질병 진단 및 이상 징후 사전 예측	• 기존 플랫폼 고도화 및 영역 확장(금융, 날씨 플랫폼)

7. 미래 자동차 혁명, 자동차의 무인화 시대 2030년에 가능!

정보통신기술의 급진전한 발달로 공상과학영화에서만 등장하거나 상상 속에서만 가능할 것 같았던 "자동차의 무인화 시대"가 과연 앞당겨질 것인가? 미국의 대표 전기자동차 브랜드 테슬라 창업자인 일론 머스크가 중국 상하이에서 개막한 세계인공지능 대회에서 영상 메시지를 통해 몇 년 안에 완전 자율 주행차 제작이 완성된다고 밝혀 관심이 주목되었다.

지금까지의 자동차 기술은 자동차 제조업체에서 주도했지만, 이제 자율주행 경쟁은 자동차 업계 내부의 경쟁만이 아닌 자동차 업체 간, IT 업체 간 또는 자동차와 IT 업체 간의 경쟁으로 확산되었다. 현재는 IT와 자동차 업체가 자율주행 개발을 위해 서로 협력하는 구조로 보이지만, 자동차 업체는 주도권을 갖기 위해, IT 업체는 인터넷, 모바일 혁명에 이어 미래 수십 년을 책임질 먹거리를 확보하기 위해 치열한 물밑 경쟁을 벌이고 있다. 특히, 검색엔진으로 출발한 IT기업 구글과 그래픽기술 전문업체 엔비디아가 대표적이다. 이들은 주변 사물을 인식할 수 있도록 돕는 첨단 센서와 높은 성능을 내는 그래픽 처리 장치(GPU)의 도움을 받아 정보기술업체다운 자율주행 자동차를 개발하고 있고 다양한 테스트를 실시하고 있다.

그러나 자율주행의 개화는 언제쯤 시작될 것인지에 대해서는 의견이 분분한 상황이다. 자율주행으로 가기 위해서는 기술적 한계의 극복뿐만 아니라 사고발생시 책임 소재, 사회적 합의, 규제 정비, 인프라 확충 등 쉽게 풀기 어려운 숙제가 곳곳에 산재해 있기 때문이다.

이러한 혼란을 막기 위해 미국도로교통안전국(National Highway Traffic Safety Administration: NHTSA)와 국제 자동차 공학회(Society of Automotive Engineers: SAE)

에서 자율주행에 대해 보다 구체적인 개념을 정립하여 선정하였고, 전세계 공통으로 사용되고 있다. 그 요지는 자율주행이란 갑자기 개화되는 것이 아니고 몇 단계의 자율주행기술 과정을 거친다고 밝혔다. 운전자의 운전 피로도를 줄여주고 더 안전한 주행이 가능하도록 도움을 주는 자율 주행 시스템은 얼마나 운전자의 주행과 운전에 관여 또는 컨트롤하는지에 따라 아래와 같이 총 6단계로 구분 된다.

자율 주행기술의 가장 첫 번째 0단계는 자율주행 기능 또는 관련 기술이 없는 단계(No Automation)이다. 지금의 일반적인 차량을 운전하는 것처럼 가속, 감속, 제동, 각종 동력, 조향장치 등 모든 부분을 운전자가 직접 조절하고 제어하는 단계라고 볼 수 있다.

자율주행 1단계는 속도와 제동에 일부 관여하는 보조단계(Driver Assistance)로 실질적으로 자율주행기술의 시작이라고 할 수 있다. 차량에 장착된 각종 카메라와 위치센서로 차량 간 속도를 제어하고 방향도 통제하게 된다. 일반적으로 계기판에 경고 표식 또는 경고음으로 운전자에게 통보하는 방식과 더불어 제동, 조향, 감속, 가속하는 부분에서도 일부 개입하는 단계이다. 즉, '직접 운전은 하되 각종 운전 보조 장치가 주행에 관여를 한다'라고 생각하면 된다.

자율주행 2단계는 자동화로 체감가능, 속도와 방향을 스스로 컨트롤 (Partial Automation)하는 단계이다. 많은 사람들이 자율 주행이 이 정도는 되어야지 하는 수준의 단계이다. 자율 주행기술 1단계를 포함해서 일부 세팅한 기준 값에 의해서 자동차가 직접 판단하여 방향을 조절하고 유지하고 앞차와의 간격도 상황에 따라 속력을 조절해 앞차와의 간격까지 조절할 수 있는 단계라고 볼 수 있다. 최근 오작동 문제로 이슈가 되고있는 테슬라의 '오토파일럿(Autopilot)' 기능이 이에 해당된다고 볼 수 있다. 테슬라는 자율주행 자동차의 기반이 되는 기술인 첨단 운전자 보조 시스템(Advanced Driver Assistance System: ADAS)으로 운전자 없이 자동차를 운행하는 것이 최종 목표이다. 자율주행 3단계는 운전자의 개입은 더 적게, 교통흐름과 신호까지 가능한 단계(Conditional Automation)이다. 3단계부터는 운전자가 운전을 크게 신경을 쓰지 않아도 큰 문제가 되지 않을 만큼 운행이 가능하게 된다. 하지만 돌발 상황에 대해서는 자동차 기능의 한계가 존재하기 때문에 아무리 자동화가 잘 이루어졌더라도 운전자가 즉각 대응할 수 있도록 어느 정도는 신경을 써주어야 한다고 한다. 3단계 기준으로 테스트 중인 차량은 대표적으로 도요타, GM, 볼보, 닛산, 아우디, 현대자동차, 독일의 아우디, 구글 등인데 구글은 수 차례 실제 도로 주행을 통해 연구와 개발이 지속적으로 이루어지고 있다. 자율주행 4단계는 운전자 개입이 없을 정도로 고도화된 자율 주행 시스템(High Automation)이다. 4단계가 적용된

차량은 내비게이션 길 안내대로 차량이 움직이는 수준이다. 구간별 속도, 방향, 신호, 교통흐름, 안전성까지 자동으로 실시간 파악하여 운전자가 신경 쓰지 않더라도 충분한 주행이 가능하게 된다. 자동차 제조사들이 추구하는 자율 주행기술이 이 4단계로 라고 볼 수 있다. 마지막으로 자율 주행 5단계는 무인자동차, 완전 자동화 단계 (Full Self Driving Automation)이다. 5단계에 이르면 영화속에 등장하는 또는 우리가 상상하는 그 자동차라고 할 수 있다. 전문가들은 자동차로서의 기능과 주행에 관련된 모든 부분이 완전 자동화되기 때문에 '운전을 한다' 라기보다는 자동차 안에는 좌석과 상황 확인을 위한 모니터 정도만 장착되는 수준으로 개발될 가능성이 높다고 한다. 즉, 자율주행 시스템이 모든 안전기능을 제어하고 상태를 모니터링해서 운행을 하는 것이다.

결론적으로 테슬라 창업자인 일론 머스크가 중국 상하이에서 개막한 세계 인공지능 대회에서 영상 메시지를 통해 완전 자율 주행차가 몇 년 안에 제작이 완성된다고 하는 것은 아직은 시기상조인 것 같고, 2030년 정도에 자율주행 5단계에 가깝게 완성되어 우리 일상에 파고들 수 있을 것으로 전망된다.

8. 인공지능 기술이 융합된 맞춤형 원격교육 플랫폼 필요

팬데믹(Pandemic)으로 사람들 간의 대면 접촉을 기피하는 언택트(Untact) 문화가 확산되고 있고 원격교육 및 재택근무를 하는 사람들이 급증하는 등 사회 전반에 큰 변화를 일으키고 있다. 이처럼 팬데믹으로 인한 변화가 일상화되면서 인류 역사는 코로나19 이전과 이후로 나눠지고 있다. 무엇보다 팬데믹으로 인해 전세계의 정치, 경제, 사회, 교육, 문화, 스포츠 등 모든 영역이 대변화를 맞은 가운데 가장 큰 변화는 물리적 접촉이 최소화되면서 집단주의 성향의 오프라인 문화가 개인주의 성향의 비대면 문화로 확산되고 있다는 점이다.

실제로 코로나19 감염을 우려한 많은 사람들이 외출을 피하고 대부분 집안에서만 생활하면서 실내에서 각종 경제 활동을 즐기는 것을 뜻하는 '홈코노미(Home+Economy)' 시장이 급부상했다. 이러한 변화는 온라인 비즈니스의 확장과 디지털 전환의 가속화를 부추기고 있다.

과학기술정보통신부가 전문가 논의를 거쳐 정리한 포스트 코로나19 시대의 4대 환경변화로 비대면·원격사회로의 전환, 바이오 시장의 새로운 도전과 기회, 자국중심주의 강화에 따른 글로벌 공급망 재편과 산업 스마트화 가속, 위험대응 일상화 및 회복력 중시 사회를 꼽았다. 이 4대 환경변화에 의해 큰 변화가 예상되는 사회·경제영역으로 헬스케어, 교육, 교통, 물류, 제조, 환경, 문화, 정보보안 등의 8개 영역을 선정했고 각 분야별로 5년 내에 현실화가 가능하면서 기술혁신성과 사회·경제적 파급효과가 큰 유망기술 25개를 선정했는데, 요약 정리하면 다음과 같다.

헬스케어부문에서는 디지털치료제, AI기반 질병진단, 실시간 생체정보 측정, 감염병 예측, RNA바이러스 대항백신 기술이고, 교육부문에서는 실감형 VR기술, AI빅데이터 기반 맞춤형 학습, 온라인수업용 대용량 통신기술, 교통부문에서는 감염의심자 이송 자율주행차, 개인맞춤형 라스트마일 이동 수단, 통합형 교통서비스, 물류부문에서는 ICT기반 물류정보 플랫폼, 자율주행 배송로봇, 유통센터 스마트화 등이고, 제조부문에서는 디지털트윈, 인간증강기술, 협동로봇기술, 환경부문에서는 의료폐기물 운반로봇, 인수공통감염병 통합관리 기술 등이고 문화부문에서는 실감중계 서비스, 딥페이크 탐지기술, 드론기반의 GIS 구축 기술 등이고, 정보보안부문은 화상회의 보안 확보, 양자얽힘화상 보안통신, 동형암호이용 동선추적시스템 등이 유망기술로 선정되었다.

그 중에서 코로나19 이후 확산되고 있는 온라인을 이용한 원격교육에 대한 필요성이 높아졌고 재택근무 등 비대면은 일시적인 사회 현상이 아니라 장기적으로 지속될 커다란 변화의 흐름이 될 것이기 때문에 기존 교육에 대한 빅데이터와 인공지능을 기반으로 하는 교육 패러다임의 대전환이 요구되는 시점이다.

교육관련 전문가들은 기존의 교수자 중심의 강의식 교육은 학생들의 무한한 상상력을 끄집어내는 데는 상당한 제약이 따르기 때문에 교육방법의 변화가 필요하고 무한한 상상력의 발상은 학습자 중심 교육 방법에서 가능하기 때문에 교과서 중심 수업에서 탈피하여 미래 세상의 창의성을 가진 세상에 필요한 주역들을 양성할 수 있도록 지식 습득의 채널을 바꿔야 한다고 강조한다.

오프라인에서의 교수중심에서 학생주도의 자기학습 형태의 교육 패러다임의 변화는 미래 교육 기술의 토대가 될 수 있도록 빅데이터와 인공지능(머신러닝과 딥러닝) 기술이 융합된 혼합형 학습(Blended Learning)이 가능한 교육플랫폼을 개발하여 학생들이 쉽게 활용하고 학습효과를 높일 수 있게 해야 한다. 혼합형 학습은 학습 효과를 극대화하기 위해 칵테일처럼 온라인과 오프라인 교육, 그리고 다양한 학습 방법을 혼합하는 것으로 미국의 일부 온라인 교육학자들이 오래 전부터 사용하기 시작하여 현재는 고유명사로 자리 잡았다. 혼합형 학습 방법으로는, 집합교육을 중심으로 온라인 교육을 보완하거나 자율학습 방식에 온라인 협동학습을 접목하는 방식, 다양한 온라인 학습전략에 오프라인으로 보조하는 방법 등 각 교육주체마다 가능한 다양한 전략이 가능하다.

행동을 통한 학습개념에 기반하여 가상적인 의사 결정과 문제 해결 절차를 혼합형 교육 플랫폼을 통한 학습으로 경험하게 함으로써 다양한 이슈와 문제에 대한 대응능력을 키우는 미래지향적인 문제 해결 교육 훈련이 가능하도록 한다. 또한 블랜디드 러닝은 학습효과를 극대화하고, 학습기회를 확대하며, 교육시간 및 비용의 최적화를 가능케 하는 장점이 있기 때문이다. 학생에게는 실시간 지식 성취도 평가, 예측을 통한 맞춤형 학습을 제공하여 효과적인 학습이 가능하도록 하고, 교사에게는 실시간 학생들의 학업성취에 대한 분석자료 제공을 통해 적절한 수업과 액티비티(Activities)를 준비 할 수 있도록 도움을 주는 것이다.

코로나19의 확산으로 사상 초유의 유치원·초·중·고·대학의 온라인 개학이 실시되어 지금까지도 원격으로 수업을 진행하고 있다. 포스트 코로나에서는 이와 같은 원격수업이 정착되는 변화가 일어나고 있고 에듀테크 혁명 시대로의 전환이 더욱 가속화될 것으로 예측할 수 있기 때문에 학생들이 온라인상태에서 언제 어디서든지 맞춤형 개인학습이 가능하도록 빅데이터와 인공지능기술이 융합된 교육플랫폼이 개발되어 쉽게 활용하고 학습효과를 높일 수 있게 해야 할 것이다.

9. 인공지능 기술의 체계적인 학습과 활용이 국가 경쟁력

인공지능(AI)은 최근 의료, 자동차, 금융, 제조, 통신 등 다양한 산업 영역에서 매우 빠른 속도로 진화되고 있다. 과거 이론에 머물거나 제한된 기능만을 수행했던 인공지능은 이제 실제 구현을 통해 그 성능을 증명해내고 다양한 현실세계의 문제에 하나씩 적용되며 발전을 거듭하고 있다. 빠르게 발전하고 있는 인공지능은 이제 여러 분야에서 사람의 능력을 넘어서는 수준으로 구현되고 있다.

인공지능의 급속한 발전으로 인해 산업과 사회 전반에 찾아온 변화를 맞이하기 위해 정부가 발표한 향후 AI 관련 정책 발표 보고서를 보면 정부는 AI 강국을 목표로 다가오는 2030년까지 디지털 경쟁력 세계 3위, 관련 경제효과

455조원 창출, 삶의 질 세계 10위를 목표로 3대분야의 9대 전략과 100대 실행 과제를 발표했다. 3대분야와 9대 전략을 살펴보면 다음과 같다.

9.1 세계를 선도하는 인공지능 생태계 구축

AI인프라 확충전략으로는 공공데이터 전면 개방과 함께 광주 AI집적단지 조성, AI개발 인프라(데이터센터 등) 구축하고, 대학과 기업간 AI 산업 R&D센터를 구축하고 AI 창업 지원을 적극적으로 한다. AI 기술 경쟁력 확보전략으로는 AI 반도체 핵심기술(설계, 미래소자, 장비 및 공정 등) 및 신개념 AI 반도체 개발을 한다. 과감한 규제혁신 및 법제도 정비 전략으로는 포괄적인 네거티브 규제 로드맵을 수립한다. 그리고 글로벌을 지향하는 AI 스타트업 육성 전략으로는 AI 투자펀드 조성과 AI 전문가와 스타트업 교류 협력 활성화를 시킨다.

9.2 인공지능을 가장 잘 활용하는 나라

세계 최고의 AI인재 양성 및 전국민을 대상으로 AI교육을 시키고 AI 관련 학과 신설, 증설 및 교수의 기업 겸직을 허용한다. 일반 국민을 위한 온·오프라인 AI평생 교육 기회를 확대한다. 예를 들어서 학점은행제 내 AI 과정 포함, K-MOOC 등 온라인 플랫폼 및 도서관, 박물관 등을 활용한다. 산업 전반의 AI 활용 전면화 전략을 수립하여 추진한다. 최고의 디지털 정부 구현 전략으로는 공공 서비스부터 AI를 선도적으로 도입한다.

9.3 사람중심의 인공지능 구현

포용적 일자리 안전망 구축 전략으로는 국민 취업제도 도입 즉, 취업 취약계층에게 취업지원 서비스를 제공하고 구직활동 전제로 소득을 지원한다. 그리고 AI기반 사이버 침해 대응체계 고도화 및 글로벌 수준의 AI 윤리체계를 확립한다.

인공 지능은 사람처럼 학습하고 사고할 수 있는 능력을 가진 프로그램이다. 광범위한 분야에 걸쳐 인간처럼 외부의 정보를 인식하고 학습하며, 추론하고, 행동하는 인공지능에 대한 연구가 활발히 진행되고 있다. 특히 시각, 청각지능 분야의 발전으로 인해 인공지능은 이제 사람보다 더 높은 정확도로 사물을 인식할 수 있고, 사람과 비슷한 수준으로 언어를 이해할 수 있게 되었다. 인공지능을 기반으로 얼굴을 인식해 사용자가 누구인지 파악할 수 있을 뿐 아니라, 실시간 음성 텍스트 전환 기능과 자막 등이 편리하게 제공되면서 비즈니스의 효율을 극대화 시키고 있다. 이러한 인식분야의 발전으로 인공지능은 이제 외부의 수 많은 데이터를 스스로 인식하고 이해해 지식화할 수 있는 "정보"로 받아드릴 수 있게 되었다. 그 동안 축적되어 온 엄청난 양의 빅데이터와 실시간으로 만들어지는 다양한 데이터를 기계가 스스로 학습할 수 있게 되면서 인공지능의 지능이 혁신적으로 발전하고 있는 것이다.

과거 10년을 전후해서 혁신적으로 발전한 알고리즘, 컴퓨팅 소프트웨어 기술, 빅데이터 기술이 서로 융복합되며 이러한 큰 성과를 만들어내고 있다. 인공지능분야의 혁신적인 논문들을 실제 구현 가능하게 하는 컴퓨팅 인프라 즉, 클라우드 컴퓨팅 및 GPU 그리고 인공지능을 학습 시킬 수 있는 충분한 데이터가 확보되면서 인공지능이 이론에서 현실로 우리 곁으로 다가오게 된 것이다. 지능형 사물인터넷(AIoT)과 인공지능을 탑재한 서비스는 이미 우리의 일상생활에 다양한 형태로 다가오고 있고 상용화 단계로 발전되고 있다. 특히 딥러닝 알고리즘을 통해 개인화된 맞춤 서비스가 가능해서 일상생활에 필요한 것을 좀 더 편리하게 해줄 수 있는 다양한 서비스가 연구개발 되고 있고, 우리의 생활 환경과 기업의 비즈니스를 변화시키고 있다. 다양한 산업현장에서 자동화, 스마트화, 지능화가 빠르게 진행되고 있고 이를 더욱 가속화시키고 있는 것이 인공지능 기술이다.

정부도 AI에 많은 관심과 기대를 가지고 있다. 정부발표내용과 같이 AI교육을 포함한 교육체계 구축 및 대학내 관련학과 신설 및 증설, 공공-민간 데이터 지도 연계, 지역별 특성을 고려한 전국단위의 'AI 거점화 전략' 등의 교육, 경제, 기술 등의 분야에 관련된 정책들이 성공적으로 추진 될 수 있도록 산·학·연의 유기적인 협조체제를 구축하여 AI를 활용한 연구개발을 촉진하고 국가차원의 AI 인재양성을 위한 체계적인 학습제도가 마련되어야 할 것이다.

이제는 다른 정보기술들과 인공지능 기술이 융합해서 초등학교뿐만 아니고 대학까지의 교육과정에 큰 변화를 줘야 할 때가 되었다. 중국의 "허남인민출판사"에서 발행한 교과서 "인공지능 실험교재"의 목차를 보면 유치원, 초등학교, 중고등학교에서 인공지능을 학습하고 실험해야 할 내용이 정리되어 인공지능 교육을 체계적으로 실시 하고 있다.

우리나라도 중장기적인 관점에서 AI 기초교육을 강화하고, 중고등학교에서는 진로 맞춤형 다양한 AI역량을 위한 교육과정을 강화하고, 대학에서는 AI전문 역량교육을 강화해서 교육 전 과정이 인공지능 연구 및 활용을 위한 AI융합교육이 필요한 시점이다.

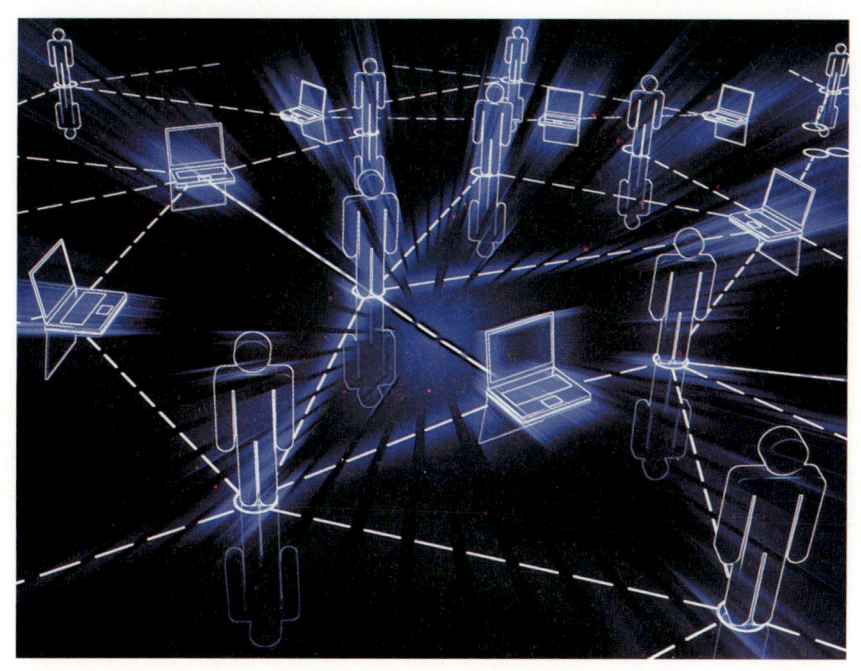

10. 암호화폐, 온라인과 SNS를 통해 다양한 비즈니스 만들어 질 것

미국의 간편결제서비스 회사인 페이팔(PayPal)이 블록체인 기술기반의 암호화폐(Crypto Currency) 거래 및 결제 서비스 사업 진출을 발표하면서 블록체인과 암호화폐 사용에 대한 관심이 다시 고조되었다. 페이팔은 전자 지갑을 통해 암호화폐를 매입하고 보유하고 매각 할 수 있는 서비스를 고객들에게 제공하고 있고, 서비스를 확산할 예정이다.

전 세계 2,600만 개 페이팔 가맹점에서 전자지갑의 암호화폐를 사용하여 결제하고 물건을 살 수 있게 되는 것이다. 페이팔은 온라인 가맹점에서 전자

지갑의 암호화폐를 사용하여 쇼핑과 결제가 가능하도록 서비스를 확산시키고 있다. 결제용 암호화폐를 자체적으로 발행하기보다는 단점을 감수하고도 비트코인 등 기존 암호화폐를 끌어안는 방식을 택했다. 사업 초기 단계에서 서비스가 우선적으로 지원되는 암호화폐는 비트코인(BTC), 이더리움(Ether), 비트코인캐시(Bitcoin Cash), 라이트코인(Litecoin) 등 4종이다.

블록체인은 암호화폐 거래 내역을 기록하는 장부라고 할 수 있고, 신용이 절대적으로 필요한 온라인 거래에서 해킹을 막기 위한 기술로 사용된다. 비트코인, 이더리움을 포함한 여러 암호화폐의 보안기술로 사용되고 있다. 암호화폐는 컴퓨터 등에 정보 형태로 남아 실물 없이 사이버상으로만 거래되는 전자화폐의 일종으로, 각국 정부나 중앙은행이 발행하는 일반 화폐와 달리 처음 고안한 사람이 정한 규칙에 따라 가치가 매겨진다. 지폐·동전 등의 실물이 없고 온라인에서 거래되는 화폐를 말한다. 해외에서는 눈에 보이지 않고 컴퓨터상에 표현되는 화폐라고 해서 '디지털 화폐(Digital Currency)' 또는 '가상화폐' 등으로 불렀지만, 최근에는 암호화 기술을 사용하는 화폐라는 의미로 '암호화폐'라고 부르며 우리나라 정부는 '가상통화'라는 용어를 사용한다.

암호화폐는 정부나 중앙은행에서 거래 내역을 관리하지 않고 블록체인 기술을 기반으로 유통되기 때문에 정부가 가치나 지급을 보장하지 않는다.

블록체인이 기업의 주목을 받게 된 것은 스마트 컨트랙트의 탄생으로 암호화폐뿐만 아니라 시공간 제약이 없는 P2P거래와 스마트계약에 활용할 수 있도록 확장되면서이다.

페이팔의 암호화폐 결제 방식은 사용자가 페이팔 가맹점에서 쇼핑을 하고 암호화폐로 결제를 하면 중간에서 페이팔이 미국 달러 등 법정 화폐로 정산을 한다. 페이팔 가맹점인 판매자는 암호화폐로 정산 받는 시스템이 아닌 것이다. 암호화폐는 가격 변동성이 심하고, 기존 결제 시스템에 비해 거래 처리 속도가 느리다는 암호화폐의 단점을 해결하기 위한 방책으로 보인다. 이것은 암호화폐 결제 시장에 진출한 기존 기업과는 조금 다른 행보라 할 수 있고 페이팔이 결제 플랫폼이라 자체 암호화폐를 발행하는 게 효용성이 떨어진다는 의견도 있다.

페이스북도 암호화폐 시장진출을 위해 다양하게 시도하고 있다. 페이스북이 '프로젝트 리브라'(Project Libra)라는 시스템을 구축하였고, 다양하게 테스트 중인 것으로 전해지고 있다. 리브라는 페이스북 이용자가 디지털 코인인 암호화폐를 이용해 SNS상에서 구매와 결제가 가능한 온라인 결제시스템을 구축하는 것이 목표이다. 현재는 비트코인, 이더리움, 비트코인캐시, 라이트코인, 리플 등을 포함한 기존 암호화폐는 가치 변동이 심해 지불 수단으로 활용하는데 어려움을 가지고 있다. 페이스북이 법정화폐로 표시되는 코인 가격에 거의 변동이 없는 이른바 가치안정화폐(Stable Coin)를 만들어 기존의 암호화폐의 단점을 보완한 스테이블 코인 '리브라(LBR)' 발행을 본격적으로 추진하고 있다. 또한 페이스북은 자체 코인을 발행해 페이스북 이용자가 광고를 보면 보상으로 코인을 지급하는 방식도 고려하고 있어 서비스가 런칭되면 확산 속도는 엄청날 것으로 예상된다. 만약 페이스북의 암호화폐 '리브라'가 성공한다면 전 세계 지불 수단을 지배하는 비자, 마스터 등 카드 업계에 큰 위협이 될 것이다. SNS를 대표하고 페이스북은 하루 18억명 이상의 이용자들로 무장하고 있기 때문에 생태계 확산에 강력한 경쟁력을 갖추고 있다. 머지않아 암호화폐가 국경을 넘어 전세계에 통용되는 자산으로 성장할 가능성이 있음을 예상 할 수 있다.

현재는 더욱이 대부분 온라인에서 익명으로 거래되는 암호화폐의 거래를 사회적으로 관리하는 것은 불가능에 가까운 것으로 보인다. 앞으로의 변화는 암호화폐가 현실세계의 실물경제에 원만하게 정착해서 생산적인 기능을 할 수 있을 것인지에 대해서 기대는 하고 있지만 넘어야 할 산이 존재하고 있다. 즉, 미국정부의 허가 사항과 범세계적인 암호화폐 거래소 규제방안에 글로벌 거래소들이 적지 않은 영향을 받고 있는 등 암호화폐 발행 및 거래에 대에 제제를 하고 있기 때문이다.

페이팔이 암호화폐 결제를 지원한다고 해서 갑자기 많은 사람이 암호화폐로 물건을 구매할지는 아직은 미지수이다. 그러나 페이팔이 암호화폐 거래 및 결제 서비스를 하고 있기 때문에 암호화폐 결제의 대중화를 이끌며 전세계 금융 인프라를 바꿔놓을 가능성은 있다.

4차 산업혁명의 핵심기술 중 하나인 블록체인과 블록체인 기반으로 만들어진 암호화폐인 비트코인과 이더리움 등 많은 코인들이 앞으로 화폐의 기능을 하고 기축통화로써 자리를 잡는 데는 일정한 시간이 필요할 것으로 보이지만 머지않아 글로벌 하게 통용될 것으로 보인다.

블록체인과 암호화폐는 온라인과 SNS를 통해 인간에게 다양한 비즈니스 기회를 제공하고 있다. 사업의 기회, 투자의 기회, 구매의 기회, 거래의 기회, 서비스의 기회 등을 제공한다. 따라서 블록체인 기술은 인간의 생활 곳곳에 스며들고 있으며 기업의 비즈니스에 필수적 요소가 되어가고 있다.

11. 뉴 노멀, 기업의 생존을 위한 신 성장동력은 '구독경제사업' 확산

코로나시대에 비대면(Untact) 문화가 확산되면서 구독경제 시장이 빠르게 성장하고 있다. 구독경제가 확산하는 데는 재택근무의 확산으로 새로운 소비 패러다임과 정보기술의 발달이 작용했고 Y세대(Millennial) 및 Z세대(Generation Z)의 특성인 소유보다 경험을 중시하는 소비성향이 구독경제를 빠르게 확산시키고 있다.

구독경제(Subscription Economy)란 '일정 금액을 내고 정기적으로 제품이나 서비스를 받는 것'을 통칭하는 경제 용어로 쓰이고 있다. 정보기술의 급속한 발전으로 세계는 '제품경제'와 '공유경제'를 지나 디지털 대전환과 함께 구독경제 시대가 도래했다. 과거에는 히트상품을 최대한 많이 판매해 고정 비용을 희석시키고 마진을 높이는 것이 목표였던 기존의 비즈니스 모델은 수명이 다했다고 볼 수 있다. 지속적인 가치와 서비스를 제공해 반복적인 수익이 창출될 수 있도록 고객을 구독자로 전환시키는 방향이 더 바람직한데 이것이 바로 구독사업이고, 이러한 비즈니스 모델이 꽃을 피울 수 있는 환경이 구독경제이다.

구독경제를 이용하는 형태에 따라 아날로그 구독경제와 디지털 구독경제로 구분할 수 있다. 먼저, 아날로그 구독경제는 신문, 잡지, 우유, 아침도시락, 선식제품(건강 기능식품) 등 매월 일정액을 지불하고 구독하는 방식과 안마의자, 공기청정기, 정수기와 같은 초기 구입시 비용이 많이 드는 특수기능의 가정용 전자제품들을 매달 일정액을 지불하고 할부금 판매방식으로 계약기간에 대한 비용을 청구하는 방식이 있다. 그리고 월 구독료를 납부하고 무제한으로 이용하는 방식이 있다. 대표적으로 넷플릭스, 아마존 프라임(비디오), 애플뮤직, 멜론, 지니 등이 있다. 다음은 정기 배송형 구독경제로 월 구독료를 납부하면 매달 지정한 제품을 배송해주는 형태이다. 대표적으로 쿠팡의 정기배송 하비인더박스(취미상품)인데, 코로나19로 재택근무를 하거나 사회적 거리두기로 집에 머무르는 시간이 길어지면서 정기구독자 수가 증가하고 있다. 렌탈모델은 월 구독료를 납부하면 본인이 원하는 고급 자동차를 바꿔가며 사용할 수 있다.

또 하나는 디지털 구독경제인데 이것은 사물인터넷(IoT)을 기반으로 한 디지털 방식이다. 이용기간 대신 실제로 해당 제품을 사용한 시간, 사용량, 사용한 기능에 대하여 비용을 청구한다. 예를 들어 정수기의 경우 정수한 물의 양 또는 얼음을 추출한 횟수, 안마의자의 경우 사용 기간이 아닌 사용시간을 기준으로 비용을 청구하게 된다. 또한 자동차보험의 경우 차를 운전한 만큼 보험료를 내는 보험도 디지털 구독경제라 할 수 있다.

구독경제사업은 영화, 미디어 콘텐츠, 이러닝, 소프트웨어 게임, 의류, 식료품, 자동차에서 비행기까지 영역이 지속적으로 넓어지고 있고, 최근에는 주택 및 주거 공간 사용 등 모든 분야로 확장되고 있다.

이미 마이크로소프트(MS), 오라클, GE, 어도비 등 세계 각 분야를 선도하는 전통적 기업들은 아마존(Amazon), 넷플릭스(Netflix), 구글(Google), 우버(Uber) 등 구독사업의 선구자들을 따라 발 빠르게 구독 사업을 강화하고 있다. 이는 국내 기업도 마찬가지이다.

구독경제의 선도적인 역할을 하고 있는 아마존 프라임(Amazon Prime)이 구독경제 중에서 가장 유명한 비즈니스 모델이다. 아마존 프라임은 아마존이 제공하는 유료 구독 서비스의 하나로, 일반 아마존 고객이 이용할 수 없거나 추가 비용을 내야만 이용할 수 있는 서비스를 사용자에게 제공한다. 여기에는 2일 무료 배송, 프라임 나우(Prime Now)를 통한 비용 지불 시 2시간내 배송, 영화, TV프로그램 무료시청, 스트리밍 음악과 비디오, 아마존 드라이브에 무제한 사진저장, 킨들 라이브러리에서 매달 한 권씩 무료 다운로드 등 기타 혜택이 포함된다. 아마존은 프라임 구독자 수가 전 세계에서 수억 명을 넘어섰다.

아마존이 세계 최대 '온라인 쇼핑의 황제' 기업(2019년 기준 9,500 달러1,113조 원)으로 자리를 잡을 수 있었던 중심에는 구독경제 모델인 아마존 프라임 멤버십 서비스가 있었기 때문이다. 프라임 멤버십을 도입한 후부터 아마존은 온오프라인 경쟁자들을 본격적으로 따돌리며 크게 가입자수를 늘렸고, 가입자들은 '아마존 중독자'가 되었다. 이후 이 멤버십은 계속 진화하면서 아마존 제국을 돌리는 동력이 됐다. 아마존은 유형의 상품을 판매하는 과정에 혜택을 부여하는 것 만으로 한계가 있다고 판단하여 유료가입자의 이탈을 방지하기 위해 무형의 콘텐츠로 유료가입자를 묶어두는 전략을 실행하여 큰 성공을 거두고 있다.

아마존은 멤버십 생태계를 계속 진화시키며 더 많은 고객을 '록인(Lock-in)' 했고 누구도 넘보지 못하는 유통 제국이 될 수 있었다. 아마존의 매출 상승과 기업가치 상승을 견인하는 것이 바로 구독경제 모델인 아마존 프라임이다.

모든 기업들이 소유경제에서 구독경제 형태로 판매방식을 변경하기 위해서는 그 기업의 서비스 형태에 따라 중장기적인 전략이 필요하고 일정기간 구독경제 서비스를 제공하며 사업을 운영할 수 있는 사업자금이 필요하다. 소유경제에서는 판매하면 판매대금 전체를 일시에 확보할 수 있지만, 구독경제에서는 월 정기적인 사용 또는 구독 수익으로 변경됨에 따라 일정기간이 지날 때까지 총 수익이 많이 줄어들기 때문에 안정적인 구독수익으로 이익이 발생하기까지는 일정기간이 소요된다. 구독경제는 제품 판매가 아니라 고객에게 서비스를 지속적으로 사용하게 하여 반복적인 수익(Recurring Revenue)을 창출하는 고객, 즉 구독자(Subscriber)를 많이 확보하는 것이 핵심이다. 코로나시대에 비대면(Untact) 문화가 확산되면서 모바일과 인터넷 기술의 발전 등 정보통신기술(ICT) 플랫폼을 기반으로 '구독경제'가 전 산업으로 확산 중에 있다.

이번 기회에 우리나라 기업의 경쟁력인 핀테크 기술과 정보통신기술을 기반으로 구독경제 시장의 생태계를 확장시켜 넷플릭스, 아마존과 같은 세계적인 기업이 탄생될 수 있기를 기대해본다.

MEMO

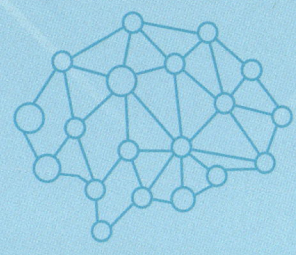

Part 4
글로벌 인공지능시대, 어떻게 인공지능 기업으로 변화할 것인가

1. 글로벌 인공지능 시대, 어떻게 인공지능 기업으로 변화할 것인가

정보기술이 하루가 다르게 급변해가는 요즘에 기업들의 고민은 무엇일까? 특히, 인공지능은 최근 수년간 매우 빠른 속도로 진화되고 있다. 빠르게 발전하고 있는 인공지능은 이제 여러 분야에서 사람의 능력을 넘어서는 수준으로 구현되고 있다.

1.1 기업에서의 AI 도입은 업계 경쟁자와 자사를 차별화하는 변곡점이 되었다.

글로벌 인공지능 시대에 기업에서의 AI 도입과 활용은 경쟁자와 자사를 차별화하는 변곡점이 되었다.

AI의 중심에는 자동화, 예측, 최적화라는 전략적인 동력원이 있다. 조직이 성장하려면 일상적인 작업을 자동화하고 결과를 예측하며 리소스를 최적화하는 능력이 필수적이다.

인공지능 기술은 인간의 인지(보다. 듣다. 읽다), 학습(반복 학습을 통해 지식 고도화), 추론(학습된 지능에 기반 인지된 환경에 대한 추론 및 예측) 등을 컴퓨터 기술을 이용하여 구현함으로써 문제를 해결할 수 있는 기술이다. 특히 자연어처리, 시각, 청각지능 분야의 발전으로 인해 인공지능은 이제 사람보다 더 높은 정확도로 사물을 인식할 수 있고, 사람과 비슷한 수준으로 언어를 이해하고 대화 할 수 있게 되었다. 이러한 인식분야의 발전으로 인공지능은 이제 외부의 수많은 다양한 데이터를 스스로 인식하고 이해해서 지식화 할 수 있는 '정보'

로 받아드릴 수 있게 되었다. 그 동안 축적되어온 엄청난 빅데이터를 기계가 스스로 학습할 수 있게 되면서 인공지능의 지능이 혁신적으로 발전하고 있는 것이다.

인공지능 기술은 딥러닝 기술 등 알고리즘과 하드웨어 기술의 발전으로 다양한 영역에서 급진전한 발전과 함께 르네상스를 맞고 있다. 국내외 적으로 인공지능 기술을 다양한 영역에 적용하기 위해 연구 개발이 활발하게 진행 중이다. 인공지능 기술을 구분하면 크게 학습지능(머신러닝, 추론 및 지식표현), 단일지능(언어지능, 시각지능, 청각지능), 복합지능(행동 및 소셜지능, 상황 및 감정이해, 지능형 에이전트, 범용 인공지능)으로 구분할 수 있다. 인공지능 연구기관 및 기업에서는 사람처럼 생각하고 사람과 비슷한 일을 하는 인공지능을 만들기 위한 연구가 진행 중이다. 예를들어, 사람과 대화하며 동시에 바둑도 둘 수 있는 인공지능 이다. 인공지능을 두 가지로 구분할 수가 있는데, 머신러닝은 기계가 명시적으로 프로그래밍 되지 않은 상태로 알고리즘을 사용하여 작업을 학습해서 실행하는 것이고, 딥러닝은 머신러닝의 부분집합으로 인공신경망을 사용하여 엄청난 양의 데이터로부터 적응하고 학습하여 활용 하는 것이다. 앞에서 예를 든, 구글의 알파고는 딥러닝 알고리즘으로 만들어진 것이다. 인공지능, 머신러닝, 딥러닝은 자율적으로 데이터에서 패턴을 찾고 예측과 대응방안을 활성화 하기 위해 애널리스트가 아닌 알고리즘에 의존한다.

인공지능은 데이터가 없으면 무형지물이다. 기업에서 핵심 비즈니스에서 만들어지는 데이터와 AI를 적용해서 효과를 낼 수 있는 학습용 데이터가 필요하다. 지능형 알고리즘을 통해 발전해가고 있는 인공지능 기술은 지능형 금융서비스, 법률서비스 지원, 의료진단서비스, 기사작성, 지능형 로봇, 지능형 비서, 지능형 감시 시스템, 지능형 추전 시스템, 지능형 스팸분류 등 다양한 산업 분야에서 이미 널리 사용되고 있다. 점점 더 빠르게 발전해 가고 있는 인공지능은 인식 및 판단 기능과 학습 기능을 활용해 스스로 빠른 속도로 똑똑해지고 있다.

인터넷, 모바일, DB 등 구 정보기술이 현재의 플랫폼 생태계를 이끌었다면, 인공지능, 블록체인, 클라우드, 등 신 정보기술은 제품과 서비스 간, 산업 간, 플랫폼 간, 경계를 허물고 데이터, SW기반 연결을 극대화시켜 분산형 생태계 구축을 주도하게 될 것이다. 그래서 경계가 사라진 비즈니스 환경에서는 이종 영역 간 연계 과정이 복잡해지고 활용 리소스도 다양해져, 인공지능과 같은 SW기술 의존도가 더욱 높아질 것으로 보고 있다. 미래에는 인공지능의 머신러닝을 통해 스스로 소프트웨어 설계를 최적화하여 이종 영역간 연계를 간단하게 할 수 있을 것이다.

1.2 인공지능 기업으로 변화하기 위해서는 단계별 성과 실현을 위한 전략

인공지능 기업으로 변화하기 위해서는 단계별 성과 실현을 위한 전략이 필요하다. 많은 기업들은 디지털 트렌스포메이션을 통한 기업의 현대화된 프로세스 변화를 요구하고 있다. 이제 기업에서는 대부분의 비즈니스 프로세스 혁신을 통한 현대화된 엔터프라이즈 분석의 시대에 적응해야 한다. 개별 솔루션을 통해 특정 활용 사례를 해결하더라도, 전사적 차원에서 더 빨리 성과를 내기 위해서는 전체론적 관점의 사고가 필요하다. 분석 에코 시스템의 구조와 AI 도입을 통한 현대화 전략을 연계함으로써 부분의 합보다 큰 시너지 효과를 내면서 성과 실현에 속도를 낼 수 있다.

기업에서의 효과적인 AI 활용의 문제점을 선진사례를 통해 분석하면, 첫째, 대부분의 기업에서 부정확한 AI 구축으로 사용자가 AI용 데이터 자산을 찾아 재사용할 수 없고, 사용자 간 협업이 거의 또는 전혀 이루어지지 않으며, 사용자의 스킬 부족으로 AI 구축에 참여하지 못하고 있다. 둘째, AI 모델에 대한 책임 소재를 규명할 수 없고, 모델이 특정 결론에 도달한 이유 및 모델 편향 여부를 알지 못하며, AI 모델의 편향 또는 부정확한 결정을 바로잡을 수 없다. 셋째, 확장 가능한 방식으로 AI 모델을 배포하고 관리하기란 거의 불가능하다. 현 상황의 결과로 기업에서 스킬이 뛰어난 데이터 사이언스 인력이 있더라도 예상하는 만큼 ROI를 거두지 못하고 있고, 모델 대부분이 프로덕션으로 가지 못하고, 설령 가더라도 신뢰성 부족으로 사용하지 못하고 있다. 기업의 기존 비즈니스 업무담당자 대다수는 스킬 부족 때문에, 또한 모든 스킬 레벨을 수용하는 통합 환경의 부재로 인해 AI 구축 및 배포에 적극적으로 참여하지 못하는 문제를 가지고 있다.

기업에서의 AI 도입 및 확산을 위해서는 모든 스킬 레벨의 사용자가 AI 구축 및 배포에 쉽게 참여하게 해줄 수 있는 AI 기술활용 통합 툴을 도입하는 것이 유용하다. 통합 툴을 통해 AI 모델의 배포 속도를 개선하고 AI 모델의 정확성 및 신뢰성을 강화할 수 있다. 또한 강력한 협업 사용자는 원하는 AI 데이터 자산을 확보하고 이를 토대로 협업할 수 있다. 게다가 모든 직원이 스킬 레벨에 구애받지 않고 AI 구축 및 배포에 참여할 수 있다. 학습용 데이터를 찾고 AI 모델을 구축하며 신뢰할 만한 AI 모델을 배포하는 전 과정에서 일관성 있고 강력하게 통합된 사용자 경험을 제공할 수 있다면 더 효과가 있다. AI를 통해 AI를 개발하는 기능으로 데이터 사이언티스트는 물론 다른 기술 레벨의 사용자도 더 신속하게 빌드하면서 타임라인을 효율적으로 활용할 수 있다.

기업에서의 AI 도입은 이제 선도적인 조직이 눈부신 결과를 실현하고 마켓플레이스를 재편성하며 업계 경쟁자와 자사를 차별화하는 변곡점이 되었다.

AI의 중심에는 자동화, 예측, 최적화라는 전략적인 동력원이 있다. 조직이 성장하려면 일상적인 작업을 자동화하고 결과를 예측하며 리소스를 최적화하는 능력이 필수적이다. 실제로 성장 가도를 달리는 기업의 경우 비즈니스의 필수 요소, 즉 우수한 고객 경험, 신속한 제품 및 서비스 출시, 원활한 운영, 에코시스템 활용을 모두 갖추었을 뿐만 아니라 규모에 맞는 규제 준수와 위험 관리 요구사항도 충족하고 있다.

1.3 기업의 비즈니스 성과 창출과 새로운 시장 기회 발견을 위해 AI 활용

기업들은 비즈니스 성과 예측, 운영 간소화, 효율성 향상, 사이버 위험과 범죄로부터의 보호, 새로운 시장 기회 발견을 위해 AI를 활용한다. 이러한 예측을 통해 선도 기업들은 경쟁과 시장 변동성에 맞설 돌파구를 마련할 수 있다.

미래의 분산형 생태계를 대비한 기업의 인공지능 활용의 성패는 다양한 리소스(데이터, 기술, 인력, 서비스)간의 창의적 연계를 통해 새로운 가치를 창출하고 활용하는 것이다. 그래서 기업의 경영진과 구성원들은 인공지능기술을 좀 더 적극적으로 이해하고, 학습하고, 다양한 활용사례를 분석하여 자체 기업의 비즈니스에 적용 및 활용할 수 있도록 하는 것이 기업의 지속성장에 중요한 요소가 될 것이다.

지금은 인공지능을 기반으로 한 글로벌 경쟁시대이다. 인공지능은 사업 전략, 조직 문화, 인재 발굴 등 기업경영의 모든 영역에서 패러다임을 바꿔놓을 것이기 때문에 인공지능이 변화시킬 기업경영의 영역을 종합적으로 고려한 큰 그림의 설계가 필요하고, 고객만족을 위한 고객 경험 개선, 제품, 서비스, 비용절감, 프로세스 자동화, 공급망관리, 경영, 의사결정 등 기업의 특정업무 영역에서부터 전사적으로 인공지능을 도입하여 경쟁력을 창출 할 수 있도록 단계별 도입 전략과 실행이 필요한 시점이다.

국내 기업들은 실리콘밸리의 기업들에 비해 상대적으로 인공지능기술 역량과 축적된 데이터 측면에서 상당히 열위에 있다. 단기적으로는 기 개발된 오픈소스 기반의 다양한 인공지능 개발 및 프로젝트 참여를 통한 역량 축적이 시급하며, 한국인공지능협회에 속해있는 다양한 산업 분야별 인공지능 전문기업들을 적극 활용하고, 보다 근본적으로 중장기적인 관점의 양질의 데이터 확보, 경쟁력 있는 인공지능 개발 역량을 높이기 위한 노력이 병행되어야 할 것이다.

이러한 인공지능 기반의 한계 극복을 위한 노력을 통해 "기업은 어떻게 인공지능 기업으로 변화할 것인가"가 기업의 성패를 좌우하는 경쟁력이 될 것이다.

2. 디지털 전환 가속화에 따른 기업의 경쟁력강화 방안

코로나19로 인한 비대면 일상이 '뉴노멀(New Normal)'로 사회 전반에 확산되면서 개인 및 기업 그리고 사회의 일상에 큰 변화를 가져다 줄 것으로 예상된다. 우리나라는 정보화 기술로 대변되는 지식정보사회를 거쳐, 인간 중심의 가치를 추구하는 스마트 사회로의 전환을 위한 거대한 디지털 트랜스포메이션(Digital Transformation)의 대 전환기에 있고, 정부에서도 코로나19로 인한 전례 없는 경제 위기를 극복하고, 포스트 코로나 시대의 디지털 선도 국가로 도약하기 위한 디지털 뉴딜 청사진을 제시하고 디지털 전환 가속화를 위해 모든 관계부처의 역량을 집중 시키고 있다.

한국판 뉴딜의 핵심은 일자리 창출, 미래투자, 분야별 혁신을 동시에 추진하는 '데이터 댐'을 구축하는 것이다. 공공과 민간의 네트워크를 통해서 생성되는 데이터들을 모으고, 그것을 표준화하고 가공·활용하여, 더 똑똑한 인공지능(AI)을 만들어, 기존 산업의 혁신과 혁신적인 서비스 개발을 통해 일자리를 창출하고자 하는 것이다.

'데이터 댐' 구축 등을 통해 데이터, 네트워크, 인공지능을 중심으로 한 신산업의 성장과 기존 전통산업의 융합과 혁신을 가속화 시키기 위한 전략을 추진하고 있다. 빅데이터 구축 사업과 인공지능의 활용이 거의 모든 산업에 광범위하게 확산 중에 있고, 제조, 교육, 의료 등 다양한 분야에서 혁신적인 제품과 서비스 창출에 기여하고 있다. 그에 따른 디지털 수요가 급증하면서 ICT 산업 전반에 호재로 작용하고 있고 많은 산업에서 신기술, 새로운 비즈니스모델 도입으로 디지털 전환이 더욱 가속화될 것으로 전망된다.

디지털분야 주요이슈 보고서(NIA)에서도 21년에는 업무의 변화, 공간의 변화, 생활의 변화를 중심으로 사회변화가 촉진될 것으로 전망하였다. 업무의 변화는 디지털 기술의 영향과 불확실성에 대한 기업의 대응 문제가 서로 얽히면서 새로운 모습의 업무환경이 만들어질 것으로 전망 했는데, 이것은 코로나19가 재택근무를 강제적으로 시도하게 했으나, 이후에도 일상으로 받아들여지면서 자연스럽게 재택근무가 증가하면서 화상회의가 증가하고 웨비나(Webinar)의 보편화로 디지털 전환이 이뤄지고 업무공간은 더 이상 사무실에 국한되진 않게 되면서 스마트워크 환경에서 개인은 자유롭고 능률적인 근무환경에서 일을 하게 된다.

뉴노멀 시대에서는 거주하는 집이 중요해지면서 공간의 재정의가 필요하다. 가정생활 중심의 소비가 지속적으로 확대되고 단순 스트리밍 온라인 수업을 뛰어넘은 가상현실(Virtual Reality: VR)과 증강현실(Augmented Reality: AR) 그리고 융합현실(Mixed Reality: MR) 공간에서의 교육 등 새로운 형태의 에듀테크 수요가 증가하게 될 것이기 때문에 그에 따른 홈코노미(Homeconomy) 산업이 다양한 형태로 성장할 것으로 예상된다.

비대면 생활의 장기화는 지속적으로 비대면 서비스를 발전시키고 있다. 개별 식사를 하는 횟수가 증가하고 있고 가정내 식사 빈도가 증가하면서 외식 및 단체 식사가 감소할 것이기 때문에 식료품의 생산과 가공 그리고 유통 단계로부터의 푸드테크 혁신이 발생할 것으로 예상된다.

물리적 거리를 유지하는 언택트 일상이 생활화 되면서 키오스크, 드론, 드라이브 스루, 배달 등 소비자 니즈에 맞춰 관련 산업도 언택트 서비스를 창출시키고 있다. 또한 비대면 생활의 장기화는 문화 콘텐츠의 인프라보다 플랫폼이 더 중시되면서 디지털 문화 콘텐츠가 인기를 끌고 있다. 온라인 쇼핑 역시 지속적으로 증가하고 있기 때문에 비대면 소비 트렌드에 적극적으로 대응한 기업들이 생존할 가능성이 높고 새로운 비대면 소비 트렌드로 새로운 가치를 창출할 것으로 전망된다. 이와 같이 온라인과 비대면 수요가 급속히 확대되는 가운데 디지털 산업분야의 미래 전망은 아주 밝다. 특히 우리나라는 ICT 강국이고 과거와는 달리 ICT기술의 변화가 미래사회의 변화에 미치는 영향력이 워낙 지대하다 보니, 디지털기술을 활용한 미래 유망기술에 대한 관심도가 높아졌다.

미래유망기술 중에 첫손가락으로 꼽히는 것이 인공지능 기술로, 인공지능 기술의 중요성과 우리 사회에 미치는 영향력이 가장 크리라는 것은 누구도 이견을 가지고 있지 않다. 인공지능 기술이 우리 사회 전반에 큰 영향을 줄 것이 확실시 되면서 정부를 중심으로 다양한 연구 기관이나 조직, 기업 등에서도 단순히 인공지능에 관한 기능적인 연구 이외에도 이 기술의 산업화와 사회적인 파장에 적극적으로 대처하기 위한 움직임들이 빠르게 가시화되고 있다.

인공지능이 더 이상 연구의 영역에 머물러 있는 것이 아니라 인공지능 기술을 활용한 상업화와 사회 전반에 영향을 크게 미치기 시작하면서 더욱 중요해지고 있고 필요성이 증대되고 있다.

여기에서 중요한 시사점은 이러한 변화를 주도하는 사람과 조직들이 단순히 인공지능 기술을 구현하기 위해 연구와 개발을 진행하는 사람들이 아니라는 점이다.

과거 인공지능 연구는 인공지능 기술이 실제로 가치가 있음을 증명하기 위해 그 성능을 끌어 올리고 과학적 원리를 정립하는 것에 초점을 맞추었기 때문에 컴퓨터공학, 통계학, 수학 전공자들의 역할이 중요했다. 그러나 인공지능 기술을 활용한 상업화가 되는 단계에서는 상용화된 이후의 문제점을 알아내고 이를 교정할 수 있는 프로세스, 생산성과 서비스의 효율을 높이고 고객들이 원하는 가치를 이해하고 이를 전달할 수 있어야 하므로, 디자이너나 심리학, 경제학, 경영학을 전공한 기획자 등 그에 적합한 전공자의 역할과 협력이 더욱 중요해 졌다.

　디지털 트랜스포메이션의 대 전환기에 ICT 기술을 포함한 인공지능 기술은 먼 미래가 아니 당장 닥친 가장 중요한 문제들을 해결하는 데 커다란 역할을 하는 것으로 급부상하고 있다. 이러한 기술들의 도입이 먼 미래에 있는 일이라고 생각하고 안일하게 대처한다면 이들 기술에 의해 새롭게 재편되는 미래사회에 대해 속수무책으로 지속해서 닥치는 문제해결을 하는 것에도 힘에 부치는 상황이 될 수도 있고, 그로 인해 기업의 경쟁력이 급격히 쇠퇴되어 위기에 처할 수도 있을 것이다. 우리 사회는 그 동안 예측 가능한 미래에 대해서도 눈앞에 문제가 닥칠 때까지 적극적인 대응을 하지 않은 경우가 많았다. 미래사회의 변화는 매우 빠르고 급격하게 진행될 것으로 예상되기 때문에 좀 더 적극적으로 대응해서 경쟁력을 갖춰나가야 할 것이다.

3. 기업에서 AI를 성공적으로 도입하기 위한 단계별 추진 전략

글로벌 경쟁에 따른 경영환경의 변화와 정보기술(IT)의 급진전한 발달에 따라 기업은 치열한 경쟁에서 이기기 위해 인공지능(AI)기술을 활용한 프로세스 및 서비스 개선 그리고 AI 기술을 접목한 다양한 비즈니스 모델을 수용 할 수 있는 시스템구축 수요가 증가 하고 있다. 이와 관련하여 AI산업은 양적 질적으로 빠르게 성장해가고 있고 경쟁환경 역시 변화되고 있다.

AI는 이제 다양한 산업에서 활용되고 있고, 사실상 기술 산업의 모든 분야에서 없어서는 안될 요소가 되어가고 있다. 지능형 자동화, 애플리케이션, 개발 툴, 컴퓨팅 플랫폼, 데이터베이스 관리 시스템, 미들웨어, 모바일, 관리 및 모니터링 툴 등 거의 모든 기업의 IT 분야에 영향을 미치고 있고 사람의 능력을 넘어서는 수준으로 구현되고 있다.

기업 경쟁력의 핵심은 산재한 기업의 리소스 즉, 데이터, 기술, 인력, 서비스를 연계하여 가치를 창출하는 것으로, AI와 같은 소프트웨어기술 의존도가 더욱 높아지고 있다. 기업의 성공적인 AI 도입과 차별화된 경쟁력을 높이기 위한 방안으로 AI 기술에 특화된 솔루션사업자와 시스템통합사업자간 컨소시엄을 통한 AI시스템 구축 형태의 파트너십이 증가되고 있고, 필요성이 더 증대되고 있다.

가트너 심포지움(Gartner Symposium)과 월드 이코노믹포럼(World Economic Forum)에서 전문가들은 글로벌 기업에서의 AI 활용 분야는 '고객 경험 개선, 비용 절감, 신규 비즈니스 창출' 의 순서로 AI의 활용 분야를 넓혀나가고 있다고 강조한다. AI 도입 초기 기업들은 주로 '고객 경험 개선' 등 기업 내 외부 커뮤니케이션강화에 AI 기술을 활용하고, AI 기술에 익숙해진 기업들은 기업 내

의사결정을 지원하는 업무 자동화 및 효율화 측면에 집중하고 스마트화 등 내부 프로세스를 혁신적으로 개선시키는데 AI 기술을 적극적으로 활용한다. 또한 AI 기술 활용 범위가 넓어진 기업들은 궁극적으로 AI 기술을 활용하여, 신규 제품, 서비스 개발 등 새로운 수익 원 창출에 활용한다.

기업의 특정 업무나 서비스 영역에 AI를 도입 또는 구축하기 위해서는 전사 차원의 큰 그림을 통한 단계별 접근이 필요하다. 일반적으로 기업에서의 시스템구축프로세스는 '업무적용 컨설팅', '시스템 분석 및 설계', '시스템통합 및 구축', '운영 및 사후관리'의 순서로 구성된다. 그러나 AI를 성공적으로 도입하기 위해서는 몇 가지 전략이 추가로 필요하다.

먼저, 기업이 특정업무 영역에서부터 전사적으로 AI를 도입하여 경쟁력 창출에 활용하기 위한 프래임(Framework)이 있어야 한다.

두 번째로 AI 도입에 대한 구성원의 공감대를 형성하고 기업내부의 데이터 사이언티스트(Data Scientist) 중심의 추진 주체를 확보해야 한다. 데이터 사이언티스트는 데이터 분석, 관리뿐만 아니라, 기업 비즈니스 영역에 대한 이해도가 높아 업무와 데이터 간의 연계를 원활히 수행할 수 있는 인력을 말한다. 기업 내부에서 업무 파악도가 높은 실무자들 중에 IT 스킬, 통계 등의 능력을 갖고 있거나 교육을 통해 습득 가능한 인력을 배양하는 것도 하나의 인력 확보 방안이 될 것이다. AI는 기존 기업의 업무 시스템 구축 시 도입하여 사용하고 있는 소프트웨어하고는 다르기 때문이다. 예를 들어 기업에서 도입된 머신러닝과 같은 데이터 학습은 지속적으로 알고리즘을 개선 시켜 "자가 발전"(Learning to Learn)을 할 수 있게 하여 더욱 높은 수준의 성능(Performance)를 창출 할 수 있도록 해야 한다. 또한 정의된 문제와 수행 목적에 맞는 양질의 데이터를 모의고, 데이터의 다양한 활용 가능성을 디자인하는 것은 AI적용 성공의 핵심이기 때문이다.

세 번째는 AI프로젝트 목적과 설계에 따라 적합한 AI 기술 및 솔루션을 선택하고, 보유 역량과 상황에 맞는 솔루션을 획득하는 방안이 수립 되어야 한다. AI 기술은 크게 코어 기술과 AI 솔루션(AI SW, AI 모듈) 으로 구분되며, 코어 기술에는 머신러닝(Machine Learning), 언어 인식(Language Recognition), 컴퓨터 비전(Computer Vision) 등이 있다. AI 솔루션은 사용 형태나 목적에 따라 가상비서(Virtual Assistants), 대화형(Conversational), 예측분석(Predictive Analytics), 프로세스 자동화(Process Automation), 임베디드 AI(Embedded AI) 등이 있다. 임베디드 AI란 서버연결 없이 소형기기에서 바로 구현되는 AI를 의미하며 최근 다양한 사물에 내장되는 인공지능 소프트웨어가 대표적이다.

기술 및 솔루션 도입 방안으로는 이미 검증된 외부의 AI 기술과 제품을 구입하는 방법 또는 자체개발, 인공지능 기술 기업과 협력해서 구축하는 방법도 고려해야 하다. 일반적으로 AI의 구현은 오픈소스 또는 클라우드 서비스를 활용하는 방안과 기업이 독자적인 플랫폼을 구축하는 방안이 있으며 기업의 상황에 맞게 선택하여 적용하면 된다.

네 번째는 대상 업무별 특성 및 전략적 우선수위를 고려하 AI를 도입하는 것이다. AI의 기업 적용은 주로 고객 접점 영역, 데이터 친화적 업무, AI 적용 후 기대성과가 큰 영역부터 도입하는 것이 일반적이다.

다섯 번째는 AI 적용 성과분석을 통해 성공사례를 타 부문으로 확산하고, 전사 AI 전략과 연계시켜야 한다. AI도입을 부정적으로 인식하던 이해관계자 및 내부 구성원을 대상으로 AI 도입과정과 현재까지의 성과, 향후 목표 등을 공유하여 향후 전사 AI 전략 추진의 동력을 확보해야 한다.

기업의 AI 도입 및 활용의 성패는 전사 AI 적용을 주도할 수 있는 데이터 사이언티스트 중심의 추진 주체의 역할과 AI 기술을 적용하여 다양한 리소스(데이터, 기술, 인력, 서비스)간의 창의적 연계를 통해 새로운 가치를 창출하고 효과를 극대화 할 수 있도록 활용하는 것이다.

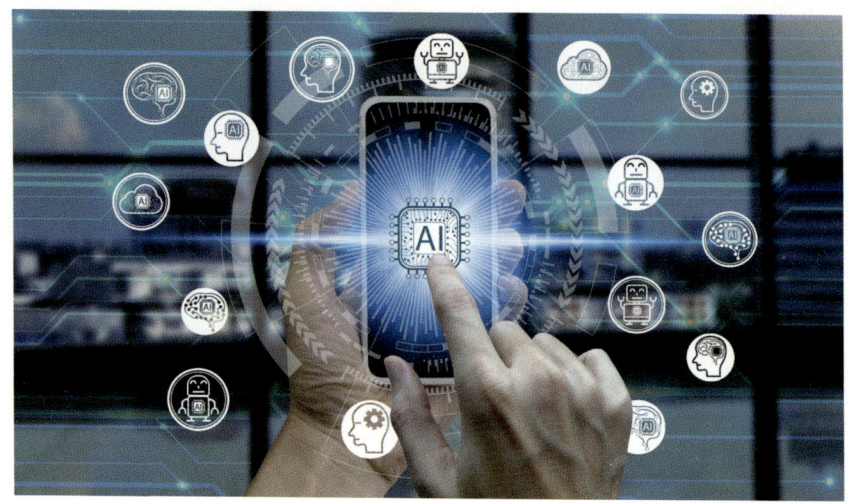

4. AI 시장 전망과 글로벌 기업의 AI 생태계 확산 전략

　코로나19 펜데믹으로 인한 비대면 서비스 수요 증가와 의료/헬스케어 분야의 인공지능 활용 등의 수요 증가로 세계 전반에 인공지능의 영향력이 확대되고 있다.

　IDC 등 시장예측 기관은 세계 AI 시장 규모가 2019년 1,565억 달러에서 2024년 3,446억 달러로 성장할 것으로 전망했다. AI 소프트웨어 플랫폼 시장은 2017년 23억 달러 규모에서 2021년 84억 달러 규모로 연평균 약 40%의 고속 상장을 예상하고 있다. 그 중에서 AI 개인비서(Intelligent Virtual Assistant: IVA) 시장은 AI 분야 중 급속히 확산되고 있는 분야로서 2017년 25억 달러 규모에서 2023년 252억 달러 규모로 연평균 약 46%의 성장을 예상하고 있다.

AI 시장 성장에 영향을 미치고 있는 중국은 다양한 산업과 서비스에 AI 기술을 접목시키고 있는데, 그 중에 대표적인 것이 스마트홈 시장과 의료/헬스케어 분야이다. 중국의 AI 스마트홈 기업은 원격 제어, 사물인터넷(IoT) 특히, 사람과 기기의 소통, 행동과 이미지 분석을 통해 서비스를 구현하고 있으며, 음성명령, 습관 설정으로 소비자들이 가전, 가구, 창문 등 가정 내 시설을 제어할 수 있도록 하는 서비스의 개발과 제품의 혁신에 주력하고 있다. 중국의 의료/헬스케어 분야 AI 기술은 주로 딥러닝 및 빅데이터 분석을 통해 구현되고 있으며, 병리진단, 영상분석, 의료데이터 처리, 헬스케어, 정밀의료, 신약개발 등에 AI 기술을 접목시키고 있다.

일본은 저성장 고령화 사회 극복을 위한 국가 경제 사회 혁신의 수단으로 AI 기술 경쟁력 확보를 위한 연구와 투자에 집중하고 있다. 제조업과 서비스업의 경쟁력이 높은 일본은 로봇을 중심으로 AI 기술 혁신을 가속화 하고 있다.

인공지능 로봇의 활용은 제조업 외에 일상생활에서의 활용에 대한 필요성과 수요가 증가하고 있다. 미국, 일본, 독일에서 활용되고 있는 각종 서비스 로봇은 안내, 경비, 간호, 복지, 고객응대, 음식조리, 물류창고, 호텔 접객, 포터, 딜리버리 등 인간을 대체하여 일부 서비스를 제공 하고 있다. 또한 의료 로봇 (수술 로봇, 재활/지원 로봇, 약국 로봇)과 케어 로봇 (노인, 장애인 케어, 어린이 보육, 커뮤니케이션, 학습 로봇 등)은 언택트 시대에 활용 성이 확대되고 있어 관련 연구와 시장이 빠르게 성장하고 있다.

AI 시장이 급성장함에 따라 구글(Google), 아마존(Amazon), 페이스북(Facebook), 애플(Apple) 등 글로벌 기업들은 적극적인 대규모 펀딩과 M&A를

확대하는 등 기술 경쟁력을 강화하기 위한 투자에 총력을 기울이고 있다. 주요 글로벌 기업들이 관심을 가지고 주력하는 AI 분야는 기업별로 상이하나 AI 기술을 다양한 분야에 접목하여 경쟁력을 갖춰나가며 시장을 확대하고 있다.

구글은 음성인식 기술, 언어 이해 기술, 모바일 기반 컴퓨터 비전, 딥러닝/머신러닝 시스템 개발 기술 보유 기업을 대상으로 M&A를 하고 있고, 디스플레이를 갖춘 인공지능 스마트 스피커, '구글 네스트 허브(Google Nest Hub)'를 지난해 7월 공식 출시했다.

아마존은 음악 검색엔진, 대화 비서, 컴퓨터 비전 보유 기술을 대상으로 M&A를 하고 있고, 인공지능 기반의 자사 음성인식 비서인 알렉사(Alexa)의 애플리케이션을 전면 개편하여 보급을 시작하였다. 알렉사는 클라우드 학습 기반으로 작동하여 음악재생, 알람설정, 날씨정보, 교통정보 제공 등 음성인식을 통해 다양한 기능을 제공한다.

페이스북은 통합 지식 플랫폼, 컴퓨터 비전 소프트웨어와 하드웨어 기술을 가진 기업을 인수하고 SNS를 중심으로 AI 플랫폼 서비스를 확대해나가고 있다.

애플은 이스라엘의 안면인식 기술 기업인 리얼페이스(Realface)의 인수를 통해 '아이폰X 페이스ID' 기술을 개발해 아이폰에 기능을 제공하고 있다. 애플은 최근 구글, 아마존, 등 어떤 테크기업 보다 많은 인공지능 스타드업을 인수하고 있는 것으로 전해지고 있다.

마이크로소프트(Microsoft)는 자사의 클라우드 서비스인 '애저(Azure)'에 음성인식 AI '코타나(Cortana)'를 결합하여 기존 오피스 및 운영체제 제품군을 강화하고 있다.

또한 아마존과 마이크로소프트는 양사의 기능을 접목해 서비스를 강화하고 있다. 아마존의 알렉사 검색에 'MS Bing' 검색 엔진을 활용해 알렉사를 통한 마이크로소프트 오피스 접근과 동시에 MS 코타나를 통한 아마존 전자상거래 플랫폼을 이용할 수 있다.

아이비엠(IBM)은 자사 인공지능 왓슨(Watson)을 이용해 금융, 의료 등에 적용을 확장하면서 관련 전문지식을 축적해 왓슨만의 생태계를 구축해 나가고 있다.

바이두(Baidu), 알리바바(Alibaba), 탄센트(Tencent)는 AI, 로봇, 자율주행 등과 같은 기술에 대규모로 투자해 미래 혁신 분야에서도 미국기업들을 추월하고 있고, 클라우드 시장 점유율 역시 크게 성장 시키고 있다.

알리바바은 중국의 스마트 보건, 양로 중심의 의료산업 육성정책에 힘을 받으며 스마트 의료 생태계 구축사업을 추진 중이다. 중국의 대형병원 100여 곳은 현재 알리바바가 개발한 AI CT 판독 시스템으로 코로나 감염 여부를 진단하고 있다.

국내에서도 인공지능을 중심으로 한 신산업의 성장과 기존 전통산업의 융합과 혁신을 가속화 시키기 위한 전략을 추진하고 있다. 한국판 뉴딜 사업을 통해 빅데이터 구축 사업과 인공지능의 활용이 거의 모든 산업에 광범위하게 확산 중에 있고, 제조, 교육, 의료 등 다양한 분야에서 혁신적인 제품과 서비스 창출을 위한 연구 개발이 진행 중이다.

국내 AI 산업은 기술 및 인력 모든 측면에서 후발주자지만 국가적인 대응전략을 마련하여 인공지능 역량개선에 집중하고 있고, 우수한 정보통신기술(ICT) 인프라와 신기술에 대한 빠른 수용성을 통해 빠르게 성장 할 것으로 전망하고 있다. 이유는 한국판 뉴딜 등 정부의 다양한 정책지원과 공공기관이 AI 인재양성 및 생태계 구축에 적극적으로 나서고 투자를 강화하며 디지털 트랜스포메이션을 가속하면서 적극적으로 추진하고 있기 때문이다.

국내의 경우에는 삼성전자, SKT, 네이버 등을 중심으로 인공지능 분야에서 크게 이슈가 되고 있는 분야인 기계학습, 지식추론, 시각지능, 언어지능 등 4가지 분야에 대해 집중적으로 기술개발이 가속화되고 있다. 한국은 이미 해외에서 검증된 시스템을 도입하는 것이 일반적이라 응용 수준이 어느 정도되어 보이더라도 향후 경쟁력 강화를 위해 해당 분야 연구 및 개발과 선제적 투자가 필요한 상황이다.

　인공지능 기술은 단순 신기술이 아닌 경제 및 사회 전반을 혁신할 근본 기술임을 고려하여 국민의 삶의 질과 국가 경쟁력 제고를 위해 인공지능 기술력을 체계적으로 확보하고 AI 생태계를 확산시켜 나갈 필요가 있다.

5. 디지털 혁신을 통한 기업의 새로운 가치 창출 전략

디지털이 세상을 지배하고 있는 이 시대에 디지털 트랜스포메이션은 글로벌 경쟁시대에 피할 수 없는 도전이다. 디지털 혁신은 전세계 각 산업분야에서 빠르게 진행되고 있고, 디지털 기술을 활용하여 기존 사업의 프로세스는 물론 기존 산업의 비즈니스 구조와 가치사슬의 변화를 이끌어 내고 있다. 4차 산업혁명시대에 디지털 기술은 빠르게 발전을 거듭하고 있기 때문에 섣불리 기업의 미래를 예측하고 그 예측을 가이드 삼아 비즈니스를 추진하기엔 너무도 많은 변수가 있다. 하지만 그렇다고 변화하는 시대의 이니셔티브를 잡지 못하고 따라가기만 한다면 경쟁에서 뒤쳐지고 시간이 지날수록 그 기업은 심각한 문제에 봉착 하게 될 것이다. 구글(Google), 넷플릭스(Netflix) 등 최근 빠르게 성장하고 있는 몇몇 세계적인 기업을 보면 단순하고 전통적이라고 생각했던 산업이 디지털 전략을 만나 새로운 부가 가치를 창출하고 경쟁력 있는 미래 산업으로의 혁신적인 변화를 만들어내며 빠르게 성장하고 있는 것을 확인할 수 있다. 이것이 바로 디지털 시대의 새로운 패러다임으로의 혁신이고 기회인 것이다. 우리는 급변하는 디지털 혁신을 통해 앞으로 벌어질 시대의 변화에 가능한 능동적으로 움직여 성공적인 디지털 시대의 생존전략을 찾아야 한다.

5.1 디지털 혁신을 통한 새로운 가치창출

디지털 기술은 모든 산업, 기업 그리고 개인을 움직이게 하고 있다. 우리 일상생활 모든 분야에 디지털 기술이 깊숙이 자리를 잡아가고 있다. 일하고 소통하고 혁신하는 방식을 바꾸는 힘이 디지털 기술에서 비롯되기 때문이다. 현재 가장 주목 받고 있는 혁신기술인 인공지능, 사물인터넷, 블록체인, 소셜 네트워킹, 챗봇 등은 디지털 혁신을 주도하고 있고, 스마트폰과 태블릿 등 다양한 스마트 기기가 확산되면서 모빌리티(Mobility), 데이터센터(Data Center), 클라우드(Cloud) 등 IT 기술을 활용한 스마트워크 환경구축이 국가 및 기업의 경쟁력 강화를 위한 중요한 전략적 도구로 활용되고 있으며 필요성이 더 증대되고 있다. 기업들은 경쟁우위 확보 수단으로 최신의 디지털 기술을 접목한 다양한 비즈니스 모델과 근무 환경을 수용할 수 있는 스마트워크 환경 구축의 수요가 증가하고 있다. 이에 따라 기업의 글로벌 경쟁력 강화와 비즈니스의 생산성을 극대화 할 수 있는 효율적인 비즈니스 혁신 방안이 필요하다.

5.2 생활 자체가 디지털 환경이고, 디지털이 곧 일상인 시대

디지털 기술의 발달로 개인의 일상 생활의 변화나 비즈니스적인 측면에서의 변화를 볼 때 우리는 우리가 모르는 사이에 생활 모든 분야에 디지털 기술이 깊숙이 자리 잡고 있는 것을 발견 할 수 있다. 즉 생활 자체가 디지털 환경이고 디지털에 곧 일상인 시대를 살고 있는 것이다. 비즈니스적인 측면에서 볼 때 과거 시대에 생산자, 유통자, 소비자가 나눠져 있었다면 이제는 생산자가 바로 소비자와 연결돼 있고, 심지어 소비자가 직접 생산을 담당하고 유통에 참여하기도 한다. 디지털 기술을 통해 우리는 연결 되어 있다. 디지털은 소통과 참여를 유발 시키며 확산하고 있고 창조적 혁신을 융합을 통해 가속시키고 있는 것이다.

5.3 혁신적인 비즈니스 연속성을 확보하려면

국내외적으로 경쟁이 치열한 오늘날의 기업 환경에서 비즈니스 연속성은 필수적이다. 기업들이 경쟁력을 높이고 혁신을 달성하기 위해서는 앞에서 언급한 여러가지 디지털 기술들을 적극적으로 수용해야 한다. 또한 혁신적인 비즈니스 연속성을 확보하기 위해서는 기업은 디지털 트랜스포메이션을 포용하며 기업의 핵심적인 비즈니스와 그에 따른 업무운영은 24시간 365일 기술적인 문제에 의한 장애나 통신적인 장애가 없어야 한다. 설령 장애가 발생하더라도 비즈니스를 지속적으로 운영할 수 있는 제로에 가까운 철저한 복구 시스템을 갖추고 있어야 기업은 경쟁력과 고객 만족도를 획기적으로 높이고 비즈니스 혁신을 지속 할 수 있을 것이다.

융합의 시대에 새로운 패러다임으로의 디지털 혁신은 비즈니스 라이프 사이클(Business Life Cycle) 즉 서비스, 생산 프로세스, 제품, 유통, 결제, 구매, 배송, 고객관리 등 전 분야에서 이뤄져야 한다. 이 이니셔티브들을 연결하는 공통적인 기반은 디지털 데이터이다. 디지털 데이터에 대한 기업들의 의존성이 커져가고 있고 비즈니스 연속성에 중요한 영향을 미치기 때문에 그에 따른

철저한 준비와 대안이 필요하다. 디지털 혁신은 개인과 기업의 파괴적 감성을 통한 성장 전략을 요구하고 있고 제품 중심의 산업화 시대를 뛰어 넘어 가치를 생성하는(비즈니스 운영)하는 방법과 고객에게 가치를 전달하는 방법 그리고 기업은 새로운 방식으로 수익을 창출하는 방법을 통해 지속 성장해 나갈 수 있다. 디지털 기술은 어제의 꿈을 오늘의 현실로 만들고 있다. 이것은 기업의 비즈니스 연속성을 극대화 하는 것이다. 그렇기 때문에 기업은 디지털 기술을 활용한 디지털 혁신을 통해 고객과 소비자가 원하는 경험과 가치를 발견하며 새로운 가치를 창조해 나가며 경쟁력을 갖춰나가야 한다.

6. 기업의 정보시스템 환경 "클라우드 컴퓨팅"으로 혁신적 변환 필요

위드(with)코로나 시대가 지속되면서 국내 및 해외 기업들이 재택근무를 확대하면서 시간과 장소 구별 없이 데이터에 접근할 수 있는 클라우드 컴퓨팅 서비스(Cloud Computing Service)가 주목 받고 있다.

클라우드 컴퓨팅이란 인터넷상의 서버(Server)를 통하여 데이터 저장, 네트워크, 콘텐츠 사용 등 IT 관련 서비스를 외부 사용자(기업, 개인)에게 인터넷을 통해 접속하여 한번에 사용할 수 있는 컴퓨팅 환경이다. 영어로 '구름(Cloud)'을 뜻한다. 컴퓨팅 서비스 사업자 서버를 구름 모양으로 표시하는 관행에 따라 '서비스 사업자의 서버'로 통한다.

클라우드 컴퓨팅은 웹(Web) 기반 애플리케이션(Application)을 활용하여 대용량 데이터베이스(Database)를 인터넷 가상 공간에 분산 처리하고, 이 데이터를 데스크톱·태블릿 컴퓨터·노트북·넷북·스마트폰 등의 IT 기기 등 다양한 단말기에서 불러 오거나 데이터를 가공할 수 있게 하는 컴퓨터 환경을 뜻한다.

인터넷 어딘가에 존재하는 전산자원(하드웨어, 소프트웨어)을 필요한 순간에 필요한 만큼 가변적으로 빌려 쓰고 이에 대한 사용요금을 지급하는 방식의 컴퓨팅 서비스이다.

클라우드 컴퓨팅의 적용 범위는 서버 컴퓨터, 통신회선, 자료저장 공간(스토리지), 소프트웨어 등 거의 모든 전산자원에 대해 서비스가 가능하다. 혁신적인 컴퓨팅 기술인 클라우드 컴퓨팅은 '인터넷을 이용한 IT 자원의 주문형 아웃소싱 서비스'라고 정의되기도 한다.

클라우드 컴퓨팅은 어떠한 요소를 빌리느냐에 따라 소프트웨어 서비스(SaaS: Software as a Service), 플랫폼 서비스(PaaS: Platform as a Service), 인프라 서비스(IaaS: Infrastructure as a Service)로 구분한다.

소프트웨어 서비스(SaaS)는 네트워크를 통해 소프트웨어를 온라인으로 이용하는 방식이다. 이용자가 필요로 하는 기능만을 골라 이용하고 사용한 만큼 요금을 지불한다. 가장 성공적인 소프트웨어 서비스 제공업체로는 세일즈포스닷컴(salesforce.com)이 있다. 이 회사는 기업의 영업활동과 고객관계관리(CRM)에 필요한 다양한 소프트웨어를 제공한다.

플랫폼 서비스(Paas)란 운영체제를 빌려 쓰는 방식을 말한다. 플랫폼이란 마이크로소프트의 윈도즈(Windows)처럼 컴퓨터 시스템의 기반이 되는 하드웨어 또는 소프트웨어와 응용 프로그램이 실행되는 기반을 말한다. 오라클 Cloud, 구글의 앱엔진(App Engine), 아마존의 EC2, 마이크로소프트의 윈도 어주어(Window Azure) 등이 대표적인 플랫폼 서비스 이다.

인프라 서비스(Iaas)는 서버나 스토리지, 데이터베이스, 네트워크를 필요에 따라 이용할 수 있게 서비스를 제공하는 형태다. 아마존웹서비스(AWS)의 S3가 대표적인 서비스다.

클라우드 컴퓨팅을 가능하게 해주는 핵심기술은 가상화(Virtualization)와 분산처리(Distributed Processing)다. 가상화란 실질적으로는 정보를 처리하는 서버가 한 대지만 여러 개의 작은 서버로 분할해 동시에 여러 작업을 가능하게 만드는 기술이다. 즉, 물리적으로 존재하지 않는 자원을 논리적으로 구성하여 존재하는 것처럼 구성하는 가상화 기술이 사용되며 하나를 여럿이 필요 한 만큼 나눠 쓰고 남는 자원을 수시로 재배치하는 등의 기술이 사용된다. 분산처리는 여러 대의 컴퓨터에 작업을 나누어 처리하고 그 결과를 통신망을 통해 다시 모으는 방식이다. 분산 시스템은 다수의 컴퓨터로 구성되어 있는 시스템을 마치 한 대의 컴퓨터 시스템인 것처럼 작동시켜 규모가 큰 작업도 빠르게 처리할 수 있다.

빅데이터를 처리하기 위해서는 다수의 서버를 통한 분산처리가 필수적이다. 분산처리는 클라우드의 핵심 기술이므로 빅데이터와 클라우드는 밀접한 관계를 맺고 있다. 빅데이터 선도 기업인 구글과 아마존이 클라우드 서비스를 주도하고 있는 이유도 여기에 있다.

기업에서 업무를 처리하기 위해 노트북이나 데스크톱에 자료를 보관할 경우 하드디스크 장애 등으로 인하여 자료가 손실될 수도 있지만 클라우드 컴퓨팅 환경에서는 외부 서버에 자료들이 저장되기 때문에 안전하게 자료를 보관할 수 있고, 저장 공간의 제약도 극복할 수 있으며, 언제 어디서든 자신이 작업한 문서 등을 열람·수정할 수 있다.

국내 및 해외의 대부분의 기업은 클라우드 컴퓨팅 서비스를 도입되기 이전에는 필요한 시스템을 구축하기 위해서 정보시스템실을 만들고 값비싼 하드웨어와 애플리케이션을 사서 기업 상황에 맞게 커스터마이징(Customizing)하는 온프레미스(On-premise, 구축형) 시스템을 구축하고 운영했기 때문에 시간도 수개월 이상 걸렸고 비용도 많이 들었다. 또한 기존의 대부분의 정보시스템실은 노후화되고 복잡하여 정보시스템의 운영유지가 어렵고, 전산실 직원의 임금원가와 에너지 소비가 크다는 등 문제를 해결 할 수 있는 방안을 고민하고 있는 것이 현실적인 문제이다. 이러한 많은 문제와 운영 유지보수 비용 절감은 클라우드 컴퓨팅의 등장으로 많은 부분에서 해결이 가능해졌고, 고정비용의 절감도 가능해졌다.

　클라우드 컴퓨팅은 현재 설비의 운행효율을 제고하고, 초기 투자와 운영원가(관리, 업데이트 원가)를 절감하며, 사용자의 전체적인 원가를 절감한다. 동시에, 클라우드 컴퓨팅은 IT자원의 집중과 통합적인 사용에 설비규모를 감소시킬 수 있다.

　코로나19가 지속되면서 많은 기업들이 직원들의 재택근무를 확대하고 있고 경쟁환경이 변하고 있기 때문에 기존의 정보시스템 서비스 환경을 클라우드 컴퓨팅 등 최신 IT기술을 적용하여 혁신적으로 재구축할 필요성이 있다. 클라우드 컴퓨팅 서비스를 단계별로 이용하게 되면, 시스템을 유지·보수·관리하기 위하여 들어가는 고정비용과 서버의 구매 및 설치 비용, 업데이트 비용, 소프트웨어 구매 비용 등 전체적인 원가(Total cost of ownership: TCO)를 절감

할 수 있다. 또한 직원들이 시간과 장소 구별 없이 데이터에 접근하여 업무를 쉽게 처리할 수 있는 편리성을 제공하고, 시간·인력을 줄일 수 있고, 에너지 절감에도 기여할 수 있다. 하지만 인터넷 접속이 곤란하거나 서버에 장애가 생기면 정보 이용이 불가능하다는 단점도 있다.

7. 인공지능의 진정한 가치는 지식 생산성을 획기적으로 높이는 것

인공지능(AI) 기술을 활용한 비즈니스 프로세스의 자동화와 고객서비스 업무를 지능화하려는 시도가 금융 및 통신 서비스업을 중심으로 확산되고 있다. 이론에 머물거나 제한된 기능만을 수행했던 인공지능은 이제 실제 구현을 통해 그 성능을 증명해내고 다양한 비즈니스 현실 세계의 문제에 하나씩 적용되어 효과를 보고 있는 것이다. 가트너가 발표한 2020년 10대 전략 기술의 핵심적인 내용을 보면 기존에는 기술 자체나 기술 활용을 강조하는 것이 일반적이었고, 기술과 비즈니스의 연계를 강조했었는데, 2020년 전략 기술은 구체적인 기술보다는 인공지능을 활용한 사람 중심(People-Centric)과 스마트 공간(Smart Space)으로 나누어 여러 기술이 관여된 융 복합적인 활용방안을 강조했다. 그러나 2021년은 여러 기업의 능력을 결합하여 혁신적인 제품과 서비스를 만들어 내는 '결합을 통한 혁신(Combinatorial Innovation)'을 강조했다. 가트너가 발표한 2021년 10대 전략기술의 핵심 내용을 [표1]과 같이 정리할 수 있다.

[표1] 가트너 10대 전략 기술 2021년

핵심 트렌드	전략기술
People-Centricity (사람 중심)	• 행동 인터넷(Internet of Behaviors) 사용자의 행동에 영향을 미치기 위해 데이터를 활용(IoB는 COVID-19 모니터링 사례처럼 사람 동작을 바꾸기 위해 데이터를 사용하는 것)
	• 총체적 경험(Total Experience) 멀티경험을 고객, 직원 및 사용자 경험 분야와 연계시키는 전략(코로나19로 인해 비접촉식 인터페이스가 일상화되는 등 디지털 경험이 크게 변화했으며, Interaction의 원격화/가상화/분산화 현상이 가속화됨에 따라 조직들은 총체적경험(TX)에 대한 대응 전략이 필요)
	• 개인정보보호 강화 컴퓨팅(Privacy-Enhancing Computation) 개인정보보호나 보안을 유지하면서 데이터 처리/사용에 따른 평가(기밀성과 개인정보를 보호)
Location Independence (위치 독립성)	• 분산 클라우드(Distributed Cloud) 퍼블릭 클라우드 서비스를 서로 다른 물리적 지역에 두는 것. 서비스 운영/거버넌스/개선은 서비스 제공업체가 담당하며, 이들은 저지연/데이터 비용 감축 요구/기업 요구 시나리오에 따라 민첩한 환경을 제공
	• 어디서나 운영(Anywhere Operations) 어디서나 운영한다는 개념은 분산 인프라 전체에 걸쳐 배치된 업무 및 서비스를 어디서나 관리하고, 직원에게 역할을 부여하며, 고객을 지원할 수 있도록 설계된 IT 운영 모델
	• 사이버 보안 메시(Cybersecurity Mesh) 확장 가능하고 유연하며 신뢰할 수 있는 사이버보안 제어에 대한 분산형 아키텍처 접근방식

Resilient Delivery (회복 탄력성)	• 지능형 구성 가능한 비즈니스(Intelligent Composable Business) 의사결정 방식을 근본적으로 재설계하여, 현 상황을 바탕으로 스스로 적응하고 근본적으로 재정비할 수 있는 비즈니스
	• 인공지능(AI)이 다양한 분야에 걸쳐 성숙 (AI 엔지니어링은 머신러닝이나 지식 그래프 등 AI 및 결정 모델의 거버넌스와 라이프사이클을 관리하는 데 초점)
	• 초 자동화(Hyper Automation) 조직에서 자동화할 수 있는 것은 무엇이든 자동화해야 한다는 생각
• 결합을 통한 혁신(Combinatorial Innovation) 여러 기업의 능력을 결합하여 혁신적인 제품과 서비스를 만들어 내는 것이다. 기업은 하나의 기업처럼 활동하여 제품과 서비스를 공급하는 것이다.	

*참고 : Gartner

　최근의 디지털 트랜스포메이션 흐름에서 주목받는 기술을 살펴보면 머신러닝, 딥러닝, RPA 등은 사람을 중심으로 한다는 공통의 특징을 가지고 있다. 주목 받는 기술들은 사람을 더 편하게 해주고 고차원적 업무에 집중할 수 있도록 지원하는 기술들이다.

　인공지능은 사람처럼 학습하고 사고할 수 있는 능력을 가진 프로그램이다. 인간의 지능이 필요한 작업을 컴퓨터가 수행하도록 훈련하는 기술을 말하며, 이 기술을 통해 기계는 로직을 적용하고 복잡한 데이터를 이해하여 추정할 수 있게 된다. 즉, 기계가 입력된 데이터에 숨겨진 패턴과 연관성을 식별하여 스스로 학습하는 것이다. 기계는 대량의 정보를 수집한 후 주요 특징 추출, 분석 기법 결정, 코드 작성 및 분석 실행을 거쳐 지능형 결과를 출력하며 이 모든 과정은 자동화된 프로세스로 진행된다. 또한 인공지능 기술은 인간의 지각, 추론, 학습 능력 등을 컴퓨터 기술을 이용하여 구현함으로써 문제를 해결할 수 있는 기술이다.

인공지능은 그 자체로 존재하는 것이 아니라, 컴퓨터 과학의 다른 분야와 직간접으로 많은 관련을 맺고 있다. 특히 현대에는 정보기술의 여러 분야에서 인공지능적 요소를 도입하여 그 분야의 문제 풀이에 활용하려는 시도가 매우 활발하게 이루어지고 있다. 이렇듯 인간의 고유 영역이라고 생각되었던 분야에서 하루가 다르게 인공지능이 구현되고 있으며 그 성능 또한 인간의 수준을 빠르게 따라잡고 있다. 주요 기업들은 이러한 인공지능 기술을 자신들의 제품과 서비스에 적용하고 있고 상용화하고 있다. 그러나 인공지능을 비즈니스 프로세스 관리에 결합하는 것은 쉬운 일이 아니다. 보스턴 컨설팅 그룹과 가트너의 전문가들도 기업이 AI로부터 가치를 창출하기 위해서는 전사차원의 접근이 필요하다고 강조 한다. 또한 인공지능으로부터 가치를 창출하기 위해서는 인공지능이 제공하는 기술적 기회뿐만 아니라 인공지능 기술을 구현할 수 있는 인재, 데이터, 프로세스 변화에 대한 투자가 필요한 전략적 이니셔티브라는 사실을 인식해야 한다고 강조하고 있다.

경쟁이 치열한 현대 기업고객의 서비스의 목표는 소비자에게 더 질 높은 서비스를, 더 저렴하게 제공하는 것이다. 그리고 이를 위한 가장 효율적인 방법이 인공지능 기술을 적용하는 것이다. 최근 금융권과 통신사를 중심으로 서비스가 확대되고 있는 몇 가지 사례를 들면, 지금은 주말이나 저녁에 콜센터로 응대하는 것이 거의 불가능하지만, 최근 폭넓게 사용되는 텍스트 기반 소셜 통신 기술인 챗봇을 이용하면 24시간 365일 고객이 원하는 정보와 서비스를 제공할 수 있다. 특히 인공지능 기술을 활용한 솔루션을 이용하면 셀프 서비스를 확대하고 기존에 수작업으로 처리 하던 업무를 자동화할 수 있어 비용 절감 효과가 크다. 실제로 인공지능 기술을 활용해서 서비스업무를 개선하는 기업이 늘어나고 있다. 카카오톡, 이메일, 유무선 통화, SNS를 통해서 들어온 상담을 각각 받아주는 정도의 개념이 아니라 여러 채널에 대한 기업의 대응 방식을 혁신적으로 바꾸는 것이다. 기업에서 고객과 응대하고 있는 다양한 채널의 운영상황에 따라 차이가 있겠지만, 중요한 것은 고객의 요구사항을 즉시 최적의 맞춤서비스로 응대하면서 빠짐없이 데이터를 수집하고 고객의 소리를 기록 저장하여 학습시키는 것이다. 기능적으로는 챗봇의 셀프서비스와 연속성을 제공해서 고객이 수시로 고객이 편리한 채널로 전환해도 마지막 정보에 이어 기존 빅데이터를 통해서 학습된 지식을 토대로 고객에게 최고의 맞춤형 정보를 제공해야 주는 것은 매우 중요하다. 새로운 소셜 미디어가 계속 등장하고 각 채널 간 연동이 긴밀해지고 있으므로 인공지능 기술과 빅데이터 기술을 기반으로 한 고객중심의 컨택센터에서의 인공지능 챗봇의 역할은 시간이 지날수록 가치가 더 해질 것이다. 일부 전문가들은 머지않은 미래에 카카오톡 또는 페이스북 메신저와 같은 소셜 기반 커뮤니케이션이

컨택센터 상담원 역할을 대체할 수도 있다고 예상한다.

인공지능의 어마어마한 잠재력은 누구도 부인할 수 없다. 모든 기업의 조직은 구체적인 성과를 목표로 한다. 인공지능의 진정한 가치는 지식 생산성을 획기적으로 높여서 더 큰 시너지를 만들고 기업의 성과를 높이는 것이라 할 수 있다.

8. 블록체인 기반 프로젝트 성공을 위한 전략적 접근 방안

전세계적으로 블록체인을 산업에 응용하려는 혁신 프로젝트가 대규모 조직을 중심으로 세계 곳 곳에서 벌어지고 있다. 다양한 산업 특히 금융, 유통, 제조, 가전제품, 의료, 음악, 게임, 헬스케어 등 미래 신산업의 근간 기술로 블록체인 기술을 접목해 효과적인 서비스나 기존의 문제점을 개선하기 위한 다양한 프로젝트들이 추진되고 있는 것이다.

블록체인이 유행이 아닌 미래임을 인지하는 순간 더 많은 기업들이 기세에 동참 할 것이다. 해외 대부분의 대형은행들은 암호해독을 전문으로 하는 부서를 가지고 있고 일부 은행들은 자신들만의 블록체인을 융합한 기술을 비즈니스에 적용하고 있다. 국내 금융권에서도 디지털 혁신 경쟁이 치열해지고 있다. 신한은행, KB국민은행, 하나금융지주 등 국내 시중은행 대부분이 블록체인을 디지털 뱅킹 핵심 기술로 인식하고 블록체인 분야와 다양한 기술 제휴를 통해 은행 상품을 개발하고 있다. 블록체인은 다양한 산업에서 신성장 동력을 만들어내는 중요한 핵심 인프라이면서 기술이다. 해외에서는 이미 다양한 산업군에서 블록체인 기술을 접목해 효과적인 비즈니스나 기존 문제점

을 개선하기 위해 블록체인을 활용하고 있고 도입을 시도하고 있다.

블록체인으로 무엇을 이루고자 하는가? 가장 현명한 경영진은 현재 비즈니스의 효율성 혹은 수익성을 높이는데 블록체인 기술이 어떻게 활용될 수 있는지 분석하고 예측하는 것이다. 이를 파악하기 위해서는 다른 비즈니스에서 블록체인이 어떻게 활용되고 있는지 조사 분석한 후 유사한 같은 사례를 자신의 비즈니스에 대입해 보는 것이다. 블록체인이 어떻게 비즈니스에 도움이 될 수 있는가를 먼저 파악하는 것은 블록체인 프로젝트 성공을 위한 전략적 접근 방안이 될 것이다. 최근 미국 학술저널에서 발표된 블록체인 프로젝트 분류와 사용 사례 및 타당성에 관한 연구내용을 보면 많은 기업에서 블록체인을 기반으로 한 서비스 및 소프트웨어 응용 프로그램 제안이 크게 증가했다. 블록체인을 사용하려는 대부분의 시도는 거의 금융 부문에서 생기고 있고 대부분 이는 블록체인을 전 세계에 알린 비트코인과 기타 암호화폐 때문인 것으로 분석했다. 연구 결과에 의하면 블록체인 사용의 약 30%가 은행 및 금융 서비스와 관련된 경우라고 추정했다. 이는 또 정부 (13%), 보험 (12%) 및 의료와 같은 다른 분야에서도 두각을 나타냈다.

미국 등 선진국에서 추진되고 있는 블록체인 프로젝트에서 사용된 소프트웨어 응용 프로그램과 사용 사례를 아래 [표2]와 같이 카테고리별로 분류하였다.

[표2] 블록체인 프로젝트 분류와 사용 사례

분류	사용 사례	분류	사용 사례
데이터 관리	네트워크 인프라	기타	예측 기록
	컨텐츠 및 출처 분배		소셜 투표 시스템
	클라우드 저장		카풀
	데이터 모니터링		도메인 이름 등록
	데이터 관리 확인		건강관리 기록 저장
	계약 관리		소프트웨어 라이선스 검증
	조직간 데이터 관리		컨텐츠 또는 제품 타임 스탬핑
	위조 방지 이벤트 로그 및 감사 추적		복권
	시스템 메타 데이터 저장		재산권 등록
	데이터 복제 및 삭제 방지		사회 등급 생성/ 모니터링
	디지털 컨텐츠 게시 및 판매		선거 투표
	IoT 센서 데이터 구매		혼인 신고
데이터 검증	사진 & 영상 증명		법정 소송
	문서 공증		기부
	작업 이력 검증		과학적 목적을 위한 계산력 아웃소싱
	학업 인증		전자 잠금장치

	신원 확인 및 키 관리		전자 에너지 판매
	제품 품질 검증		제품 추적
	원산지 증명		게임
금융	무역 금융		리뷰 & 승인
	환율 & 송금		
	P2P 결제		
	크라우드 펀딩		
	보험		
	주식 및 채권 발행		
	중앙 은행 자금 발행		
	공급망 관리		
	가치 이전 및 대여		

*출처: 「Blockchain Use Cases and Their Feasibility, K Zile, R Strazdiņa, Computer Systems, 2018, degruyter.com」 재구성

    블록체인 프로젝트에서 사용된 소프트웨어 응용 프로그램은 크게 분류하면 데이터관리, 데이터 검증, 금융, 기타로 분류할 수 있다. 전문가들은 블록체인 기반 프로젝트가 다양하지만 특히 블록체인 기반 데이터 관리 프로젝트의 성공을 위한 전제 조건인 의존성, 보안 및 신뢰성의 세 가지 기준이 매우 중요하다고 강조한다.

    기업은 기존 업무 시스템 개선 및 확장, 혹은 신규 서비스를 구축하는데 블

록체인 기술을 도입해 얻을 수 있는 효과를 사전에 확인해야 한다. 무작정 블록체인 프로젝트를 구현한다고 해서 효과를 얻을 수는 없다. 중요한 것은 어떤 문제가 있는지, 이를 해결하는 것인지, 개선하는 것인지, 또는 확장하는 것인지 도입 이유가 명확해야 한다는 점이다.

블록체인 기반 프로젝트 성공을 위한 고려 사항은 다음과 같다. 1. 블록체인으로 무엇을 이루고자 하는가? 어떤 효과가 있을 것인가? 2. 블록체인 기술을 접목해 기존의 비즈니스 프로세스 문제점을 개선할 수 있는가? 3. 블록체인 프로젝트 수행 범위 중, 비용 절감 영역과 비용 증대 영역을 사전에 검토했는가? 4. 현재 비즈니스의 효율성 혹은 수익성을 높이는데 블록체인 기술이 도움을 줄 수 있는가? 즉, 블록체인이 어떻게 비즈니스에 도움이 될 수 있는가와 비즈니스적, 기술적, 법률적 고려사항을 먼저 파악하는 것이 블록체인 프로젝트 성공을 위한 전략적 접근 방안이다.

블록체인 기반 프로젝트는 기존 IT 시스템 구축 방식과는 큰 차이점이 있다. 기업내 여러 사업조직이 연계하는 영역에서 새로운 비즈니스 프로세스를 구현하는 블록체인을 성공적으로 구현하기 위해서는 무엇보다 철저한 사전 준비가 필요하다. 블록체인 기술은 암호화, P2P, 합의 알고리즘 등 기존 기술과의 조합으로 공급망이나 추적 등과 같이 여러 조직이 연계하는 영역에서 실시간으로 새로운 비즈니스 프로세스를 구현해야 하기 때문이다. 해외 사례를 보면 블록체인 기반의 프로젝트는 기존 시스템 중에서 다른 업체나 계열사와 연관성이 있거나, 협력업체나 비즈니스 파트너 간 프로세스가 있는 부분에서 문제가 있는 사항들을 자동화하거나 개선하는 것과 현재 서비스 아키텍처에 수작업이 많은 것들을 자동화하는 것들이 대부분의 블록체인 프로젝트이다. 국내에서는 블록체인 도입을 검토하는 많은 기업들은 자사의 블록체인 프로젝트가 블록체인에 적합한지 여부를 검증하고자 하는데 국내에는 블록체인 프로젝트가 초기 단계이기 때문에 전문가가 부족한 현실이다. 그걸 해결하기 위해서는 다양한 산업에서 블록체인 프로젝트를 추진하면서 생기는 문제점과 개선방안을 적극적으로 공유하고 기업과 정부 그리고 학계에서도 좀 더 관심을 가지고 공동으로 성공사례를 만들어 나가야 할 필요가 있다. 또한 블록체인관련 해외 프로젝트 사례를 좀 더 면밀하게 조사 분석하여 블록체인 적용을 통한 프로젝트 성공 가능성을 높이는데 초점을 맞추어야 할 것이다.

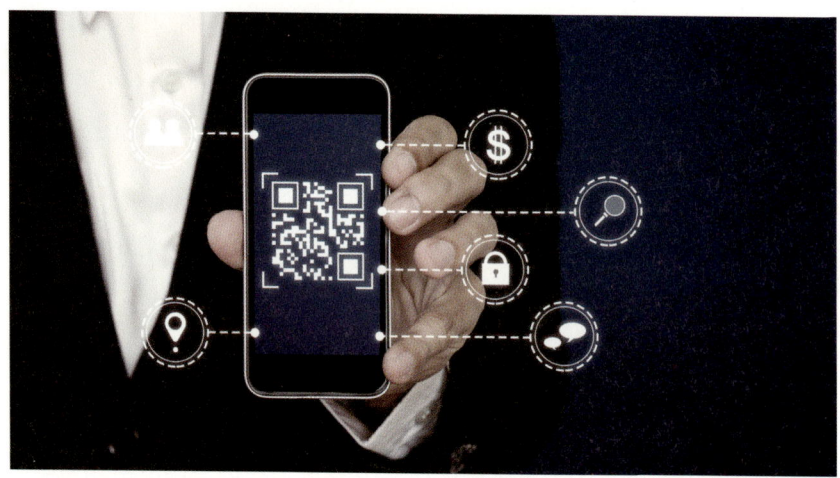

9. 인공지능의 '자연어 처리'시장 무한한 가능성을 가진 블루오션

인공지능(AI)은 인간의 지능으로 할 수 있는 지각, 학습, 추론, 자연언어처리, 문장이해, 시각인식, 영상인식, 음성인식 등을 컴퓨터가 실행하는 영역으로 '컴퓨터 두뇌'라고도 한다. 인공지능은 최근 4차 산업혁명을 주도하고 있는 핵심 신기술이지만 대부분 외국에서 주도하고 있고 한국이 주도하는 선도적인 분야는 아직 미흡하기 때문에 정부와 대기업 그리고 인공지능 기술을 전문으로 연구 개발하는 중소기업을 중심으로 다양한 연구 개발이 한창 진행 중이다. 국내외적으로 인공지능 기술은 이제 연구 수준에서 벗어나 실제 활용 할 수 있는 실행 단계에 접어들었고, 첨단 기술과 융합되어 빠르게 발전하고 있다.

최근 인공지능 개발 트렌드는 단순히 인지능력 즉, '보다', '듣다', '읽다' 정도의 인지능력에서 벗어나, 인지한 환경 속에서 목적 달성을 위해 최적의 답을 찾아내고, 반복 학습을 통해 지식을 고도화하고, 여기에 수행한 학습을 더해 추론 및 예측을 하며, 향후에는 문제를 스스로 발견하고 해결하는 자율적 판단과 행동 단계에 이르기까지 다양한 분야의 연구와 투자가 활발히 진행되고 있다.

최근 네이버가 AI 기술이 적용된 음성기록 서비스 '클로바노트(CLOVA Note)'를 출시했다. 클로바노트는 텍스트로 변환된 녹음 내용을 참고해 필요한 내용만 다시 '눈으로 보며 듣기'가 가능한 새로운 음성기록 서비스다. 이 서비스는 인터뷰나 업무 미팅 등 음성을 기록하는 다양한 상황에서 대화 내용을 받아 적거나 녹음을 다시 들으며 필요한 내용을 찾는데 들이는 시간과 노력을 크게 줄일 수 있을 것 같다. 이 음성기록 서비스는 앱을 다운받아 직접 녹음하거나 앱 또는 PC에서 음성 파일을 업로드 하면 해당 내용이 참석자의 목소리까지 구분된 텍스트로 변환돼 화면에 나타나고 다시 음성으로 확인하고 싶은 부분의 텍스트를 클릭하면 해당 내용을 바로 들을 수 있다. 앱과 PC는 자동으로 동기화돼, 앱에서 녹음을 마치면 PC에서 바로 텍스트로 변환된 음성 기록을 확인할 수 있기 때문에 기업에서의 업무 처리 및 비즈니스에 도움이 많이 될 것 같다. 일반적으로 많은 기업들이 거의 매일 회의와 미팅을 진행하는데 그때 마다 누군가는 노트에 기록을 하고 기록 정리된 미팅 내용을 참석자 및 이해 관계자에게 공유를 하는 것이 일반적이다. 기업은 이러한 솔루션을 이용해 시간과 인력, 비용을 절약해 기업업무를 효율적으로 운용할 수 있다. 그리고 많은 학생들이 강의를 들을 때 본인의 스마트폰이나 다른 녹음 기기를 이용해 강의 내용을 녹음하고 반복 학습하며 중요한 내용을 필기하여 이해하고 암기하는 경우가 많다. 이런 분들에게도 도움이 될 것 같다.

9.1 인공지능은 어떻게 사람의 말을 알아듣고 그리고 언어를 이해하고 답할 수 있을까?

음성인식(Voice Recognition)기술은 컴퓨터가 마이크와 같은 소리 센서를 통해 얻은 음향학적 신호(Acoustic Speech Signal)를 단어나 문장으로 변환시키는 기술을 말한다. 음성인식기술은 일반적으로, 음향 신호를 추출한 후 잡음을 제거하는 작업을 하게 되며, 이후 음성 신호의 특징을 추출하여 소리의 파동을 디지털 신호로 기록해 놓은 음성모델 데이터베이스(DB)와 비교하는 방식으로 음성인식을 하게 된다. 바로 여기서부터 인공지능, 딥러닝 기술이 사용된다. 인공지능 기술의 특징은 데이터에서 특정한 패턴을 찾아내는 것이다. 즉, 오디오 파일에서 각각의 소리의 파행에 대해 학습을 마치고 나면 이어진 음성의 파행을 분석해 소리를 분석해 내고 문법과 문맥에 적합한 문장을 완성시키는 방식이다. 어떤 문장이 더 적합한지를 판단하기 위해서는 수많은 문장에 대한 학습이 필요하다.

사람과 인공지능은 서로 다른 언어를 쓴다. 사람도 한국어, 영어, 일본어, 중국어를 쓰듯이 인공지능도 인공지능만의 언어가 있다. 그래서 사람과 인공지능이 대화하려면 이를 통역할 수 있어야 하는데, 사람이 쓰는 언어는 '자연어'라고 부르고, 인공지능이 쓰는 언어는 '인공어'라고 부른다. 자연어와 인공어의 가장 큰 차이는 정돈된 완벽한 문법이 있는지 여부이다.

사람이 살면서 자연스럽게 형성된 언어는 큰 규칙은 있지만, 완벽한 규칙은 없다. 그리고 언어를 글씨로 표현하는 것과 말로 표현하는 데서 담긴 뜻이 달라질 수도 있다. 하지만 인공지능기술로 개발된 컴퓨터의 인공어는 그렇지 않다. 정확한 규칙을 지키지 않으면 인공지능이 이해 자체를 할 수 없다. 이처럼 사람의 언어인 자연어를 인공지능이 이해할 수 있도록 하는 번역을 '자연어 처리(Natural Language Processing: NLP)', 그리고 처리를 거쳐 인공지능이 자연어에 담긴 뜻을 파악하는 과정을 '자연어 이해(Natural Language Understanding: NLU)'라고 한다. 예를 들어, 사람이 얘기하는 일반적인 자연어 중 그 중에서 주어-목적어-서술어가 무엇인지 파악하고, 주제는 무엇인지, 꼭 알아야 하는 핵심 단어는 무엇인지 분석해 인공지능이 알아들을 수 있는 형태로 번역하는 과정이 자연어 처리이다. 그리고 그 뜻과 내용을 알맞게 이해하는 과정이 자연어의 이해이다.

9.2 자연어 처리란 커뮤니케이션과 관련된 인공지능의 한 분야이다.

머신러닝을 통해 문구와 문장을 수집하여 단어의 패턴과 개념을 습득한 후 관련 정보를 바탕으로 발화자의 실생활 속 언어 사용 습관인 속어, 발음, 맞춤법 실수 등을 컴퓨터가 이해하고, 처리하여 구사하는 기술이다. 각 개인의 특성 및 성향에 따라 언어적 스타일이 상이하기 때문에 자연어 처리는 막대한 양의 데이터와 소프트웨어 기술이 요구된다.

자연어 처리 기술은 정서 분석, 맞춤법 검사, 인공지능 음성인식 스피커 등에 주로 사용되고 있다. 특히 인공지능 기반의 음성인식 스피커는 자연어를 기반으로 하고, 사용자의 음성과 명령어를 이해한 후 실시간으로 답변하고 수행 한다. 아직은 대부분의 솔루션이 음성인식 오류로 완벽하게 수행하지 못하기 때문에 정확도를 높이기 위한 기업들의 기술 개발과 기업간의 협력 사례가 증가하고 있다. 인공지능이 자연어를 이해하려면 자연어에 담긴 특성과 한국어나 중국어, 일본어나 영어마다 담긴 모든 특성을 파악해야 하고 특성에 맞게 해석할 수 있는 알고리즘이 필요하다.

자연어 처리기술을 보유한 대표적인 기업은 Apple, Google, Amazon, SamSung, IBM, Microsoft 등이다. Apple의 대표 음성인식 시스템인 시리(Siri)는 사용자가 음성명령을 할 때마다 반복적으로 사용하는 단어와 말투를 학습하여 사용자가 이메일, 메시지 확인과 같은 음성 명령을 내릴 시 기존에 구축해 놓은 음성정보와 대조해서 모바일 검색, 일정관리, 전화걸기, 음악재생 등 다양한 정보서비스를 빠르게 응대해 준다.

아마존(Amazon)의 자연어 처리 시스템(Amazon Comprehend)은 고객인 기업에 보낸 이메일, 제품 후기, 소셜 네트워크 서비스에 게재된 기업 평가 등을 해석하고, 언어 뒤에 숨겨진 고객의 심리 상태를 통찰해 기업이 제공하는 서비스 및 제품에 대한 고객만족도를 식별하여 고객관계관리를 더 잘 할 수 있도록 분석 정보제공까지 가능하다.

IBM의 자연어 처리 소프트웨어(Cognos Analytics)는 자연어 및 문서가 내포하고 있는 전반적인 정서 및 감정 또는 텍스트에 포함된 키워드와 관련하여 의도된 정서 및 감정을 파악하여 심층 분석이 가능하다.

최근 시장분석기관 statista.com에 따르면 자연어 처리시장은 2017년 약

32억 달러에서 2025년 약 432억 달러로 확대될 전망이다. 자연어 처리 기술은 다양한 사회분야에서 사용될 전망이다. 특히 가장 많이 사용하는 산업으로 인공지능 스피커시장이고, 시장규모는 2024년까지 약 7천억 달러 시장으로 성장할 것으로 전망하고 있다. 최근 다국어 지원을 필요로 하는 소비자가 증가하면서 스피커 시장과 음성인식 기술을 포함한 자연어 처리 시장이 동반 상승 할 것으로 보인다.

10. 디지털 전환 목표, 기업의 프로세스를 근본적으로 변화시키는 것

디지털 전환(Digital Transformation)은 단순히 디지털로 기술을 구현하는 작업을 의미하는 것이 아니다. 디지털 전환의 목표는 기업의 운영 방식을 근본적으로 변화시켜서, 테크놀로지라는 기회를 해당 기업의 새로운 DNA로 만드는 것이 되어야 한다.

 4차산업혁명은 초연결, 초지능 및 융합에 기반하여 상호 연결되고 보다 지능화된 사회로 변화하는 특성을 가지고 있다. 또한 ICT와 제조의 융합으로 제품과 설비, 인간이 모두 연결된 사물인터넷(IoT)에 의한 디지털 혁신 즉, '소프트 파워' 와 '디지털 파워'를 통한 공장과 제품 그리고 서비스의 '지능화'라고 정의할 수 있다. 이러한 현상은 특정 산업 분야에만 한정되지 않고 모든 산업 분야에서 매우 빠르게 전개되고 있다. 미국 라스베거스에서 열린 CES2020, CES2021에서도 사물인터넷(IoT), 인공지능(AI) 등 최신 기술을 활용해 다양한 비즈니스의 성장 모습과 디지털 혁신 기술을 접목한 다양한 제품들이 발전된 모습으로 선보였다. 이러한 발전은 '디지털 전환'이 점점 심화되는 과정으로 이해할 수 있다. 그렇지만 이렇게 중대한 변화가 이루어지는 동안, 대부분의 조직에서는 화려하면서도 새로운 디지털 도구에만 관심을 빼앗기는 경우가 많다. 조직 내부의 프로세스를 최적화하지 못한다면, 대부분의 기업들은 오랫동안 살아남을 수 없을 것이다. 반면에 디지털 전환을 통해서 내부의 프로세스도 개선한다면 다양한 방식으로 비즈니스에 도움이 될 수 있다.

디지털 전환은 글로벌 경쟁시대에 피할 수 없는 도전이다.

 디지털 전환은 이미 전세계 각 산업분야에서 빠르게 진행되고 있고, 디지털 기술을 활용하여 기존 사업의 프로세스는 물론 기존 산업의 가치사슬 변화를 이끌어 내고 있다. 독일의 아디다스와 같은 제조사, 미국의 아마존 등의 온라인 유통업체들이 관련 디지털 플랫폼과 이를 기반으로 하는 디지털 가속 기술들을 개발하여 제공하고 있고 경쟁력을 더욱 키워나가고 있는 것이 이러한 흐름을 반영한다. 디지털 전환의 핵심은 데이터이며, 블록체인의 핵심도 역시 데이터이다. 디지털 전환과 블록체인은 프로세스를 통한 참여와 보상을 통해 데이터가 형성되고 시간이 지날 수록 이 프로세스가 점점 지능화되어가는 것이다. 4차 산업혁명의 핵심 역시 플랫폼을 기반으로 한 자동화와 지능화를 통해 모든 것을 점증적으로 효율화시키는 것이다. 비즈니스의 모든 영역이 디지털 기술과 결합되어 초 연결 집단지성을 이루고 근본적인 변화를 일으켜야 한다. 기업에서는 비즈니스를 운영하는 방법 즉, 가치를 생성하는 방법이 다양하게 바뀌고 있고, 고객에게 가치를 전달하는 방법이 역시 바뀌어가고 있다. 기업에서는 새로운 방식으로 수익을 창출하는 다양한 모델이 만들어지고 있다. 최근에 정부에서 발표한 디지털 전환, 빅데이터, 블록체인, 공유경제와 인공지능 분야에 5년간 약 10조원을 전략 투자분야로 지정한 것도 이와 관련이 깊다고 할 수 있다.

블록체인과 디지털 기술 서비스가 기업의 핵심 경쟁력이다.

4차 산업혁명시대에 기업의 경쟁력을 높이기 위한 방안으로 제조업은 자동화 지능화에 초점을 맞추고 혁신을 거듭하고 있는 반면에 금융권에서는 앞다퉈 디지털 혁신 경쟁이 치열해지고 있다. 신한은행, KB국민은행, 하나금융지주, NH농협은행 등 국내 시중은행 대부분이 블록체인을 디지털 뱅킹 핵심 기술로 인식하고 블록체인 분야와 다양한 기술 제휴를 통해 은행 상품을 개발하고 있다. 또한 대부분의 은행에서는 디지털전략본부를 확대해서 블록체인 랩(Lab)을 만들고 블록체인 전문가를 앞다퉈 영입하고 있고 블록체인, 데이터분석, 클라우드 서비스, 인공지능, 생체인증 등 전문인력을 수시채용하고 있다. 이러한 전문 인력 채용은 내부의 금융전문가와 디지털 전문가들의 기술 지식을 융합해서 시너지를 창출하고 디지털 혁신 경쟁력을 갖춰 나가겠다는 전략으로 해석할 수 있다.

디지털 전환을 통한 혁신적인 제품과 서비스를 개발하기 위해서는

한 가지 기술만 필요한 것이 아니라 위에서 언급한 다양한 기술의 결합 또는 융합이 필요하다. 각각의 기본적인 핵심기술은 물론 하드웨어 및 소프트웨어 플랫폼 기술, 블록체인기술, API기술, 프로토콜, 사용자 경험, 전산보안, 센서, 클라우드 컴퓨팅 기술 등이 필요하다. 이러한 서로 다른 요소 기술을 융합하고 결합하는데 디지털 지식과 시스템 엔지니어링 인사이트가 필요하다. 인공지능기술은 이미 각종 산업 영역에 본격적으로 적용되기 시작하여 생산성과 효율성, 편리성 등을 향상시키고 있다. 인공지능을 기반으로 얼굴을 인식해 사용자가 누구인지 파악할 수 있을 뿐 아니라, 실시간 음성 텍스트 전환 기능과 자막 등이 편리하게 제공되면 비즈니스의 효율을 극대화 할 수 있을 것이다. 기업에서 활용하는 영상 회의나 토론을 위한 고화질 실시간 맞춤형 영상 서비스도 마찬가지이다. 가트너(Gartner)가 매년 발표하는 '하이퍼 사이클(Hype Cycle)'은 미래 기술의 성숙도 및 성장주기를 표현하기 위한 시각적으로 유익한 자료이다. 최근에 발표한 신기술 하이프 사이클 표와 10대 전략 기술 동향을 보면, 자율 사물(Autonomous Things), 증강 분석(Augmented Analytics), 인공지능 주도 개발(AI-Driven Development), 디지털 트윈(Digital Twin), 자율권을 가진 엣지(Empowered Edge), 몰입 경험(Immersive Experience), 양자 컴퓨팅(Quantum Computing), 블록체인(Blockchain), 인공지능(AI), 사물인터넷 플랫폼(IoT Platform) 등은 향후 몇 년간 지속하는 기술들이라고 강조하였다. 이런 '소프트 파워'와 '디지털 파워' 기술들은 상호 연결과 데이터 교환, 예측 불가능한 융합 등의 과정을 거쳐 성공적으로 구현될 것이다. 크고 강한 단위 디지털 플랫폼보다 작은 플랫폼들이 많이 만들어 질 것이고 소규모 디지털 플랫폼간 결합은 보다 융통성 있고 유연한 플랫폼을 탄생시켜 글로벌 시장 선점을 위한 경쟁력 강화에 큰 역할을 할 것이다.

참고로 디지털 전환으로 최상의 프로세스를 만드는 법 4가지를 정리하면 다음과 같다.

10.1 프로세스 매핑하기

전환이라는 것의 목표는 기업의 전략 프로세스를 자동화하고 단순화시키는 것이다. 그리고 전환은 그러한 프로세스의 현 상태를 조사하는 것으로 시작해야 한다. 단순히 프로세스를 매핑하는 것만으로도, 기업에서는 미처 스스로 알지 못했던 사각지대를 찾아낼 수 있고, 그렇게 작은 변화만으로도 커다란 영향을 만들어낼 수 있다. 매핑은 기업 전체의 모든 구성원들이 프로세스가 어떻게 만들어져 있는지를 볼 수 있게 해준다. 그리고 전환이 필요한 이유가 무엇인지를 보여주는 시각적인 도구이기도 하다.

10.2 자동화

수많은 기업들이 이미 오랫동안 자동화를 활용해왔다. 하지만 인공지능의 가능성이 크게 발전하고 테크놀로지 역시 급격하게 성장을 지속하면서, 자동화라는 것은 디지털 전환에 있어서도 최대의 트렌드가 되고 있다.

이제 우리는 미리 정의된 명령을 따르는 스크립트(Script)를 도입함으로써 많은 프로세스를 더욱 효율적으로 만들 수 있다. 그리고 로봇 스스로 자신이 수행하는 작업에 대해서 지속적으로 '학습'함으로써, 그러한 자동화를 더욱 유연하게 만들 수도 있다.

이러한 혁신은 이미 백엔드의 운영에서 보고서 생성, 청구서 처리, 데이터 수집과 같은 다양한 방식으로 구현되어 활용되고 있다. 이런 기술은 우리들에게 대부분의 일상적인 업무에 대한 부담을 덜어주며, 훨씬 더 복잡한 데이터도 처리할 수 있다. 그리고 고객을 대면해서 수행해야 하는 기능을 자동화 할 수도 있다. 즉, 클라이언트의 온보딩(Onboarding), 고객에 대한 응대, 그리고 판매까지도 자동화를 통해 개선될 수 있다.

10.3 커뮤니케이션의 개선

디지털 전환은 변화관리(Change Management) 프로그램이다. 그렇기 때문에 변화관리 방안으로 다루어져야 한다. 다가오는 변화에 대해서 기업 내부에서 직원들과 대화를 나누는 것의 중요성은 아무리 강조해도 지나치지 않는다. 모든 구성원들의 목소리를 들을 수 있도록 하기 위해서는, 정보가 양방향으로 흐를 수 있는 커뮤니케이션 채널을 만드는 것이 중요하다. 전통적인 대면(Face-to-Face) 채널도 여전히 중요하기는 하지만, 최근에는 디지털 채널도 아주 중요하다는 것이 입증되고 있다.

코로나19의 지속적인 확산에 따른 위기는 장기적인 관점에서 원격근무가 얼마나 중요한지를 입증하고 있다. 사내근무에서 원격근무로 전환할 준비가 되어있던 기업들은 현재의 위기를 보다 잘 견뎌내고 있으며, 그 전보다 더욱 강력한 결과를 만들어내는 사례들도 있다.

그러한 기업들이 성공하는 데 있어서는 디지털 커뮤니케이션이 중요한 역할을 했던 것으로 밝혀졌다. 팀원들이 모두 함께 사무실에 모여서 근무하지 못할 때에는 투명하면서도 쉽게 관리할 수 있는 디지털 커뮤니케이션에 대한 필요성이 더욱 커지게 된다. 메시징 소프트웨어와 보고용 도구에서부터 시작해서, 프로젝트 관리 앱에 이르기까지 수많은 디지털 도구들을 도입해야 한다. 이를 통해서 커뮤니케이션의 오류와 지루한 이메일 교환으로 인한 시간 지연을 줄일 수 있고, 직원들은 보다 가치 있는 업무에 집중할 수 있다. 보다 나은 협업과 유대감을 위해서는 기업 내의 모든 구성원들이 동일한 커뮤니케이션 도구를 활용해야 하며, 이를 통해서 서로 쉽게 연락할 수 있어야 한다.

10.4 데이터 거버넌스(Data Governance)의 도입

데이터 거버넌스란 어떤 조직이 자신들의 데이터를 관리할 수 있게 해주는 솔루션을 말하는 것이다. 데이터 거버넌스는 기존에 이미 갖고 있던 데이터를 예전에는 가능하지 못했던 방식으로 활용할 수 있게 해준다.

데이터 거버넌스는 데이터를 더욱 체계적으로 만들고 쉽게 활용할 수 있게 해주며, 이를 통해서 사용자들은 필요한 정보를 빠르게 찾을 수 있다. 또한 데이터 거버넌스에는 현재 사용중인 데이터가 무엇이며 어떻게 사용되고 있는지를 보여주는 추적 및 분석 기능도 포함되어 있다.

모든 디지털 전환에는 회사의 데이터를 디지털 형태로 만들고 메타데이터(Metadata)를 통해서 검색할 수 있게 하는 작업이 포함되어야 한다. 데이터 거버넌스는 조직의 워크플로우를 더욱 투명하면서도 효율적으로 만들어준다.

11. 인공지능 학습용 데이터셋 성공적 구축, 혁신성장 가속화

지금은 데이터를 기반으로 인공지능(AI)기술을 활용하여 새로운 제품과 서비스를 창출하는 경제 시대이다. AI와 데이터는 전체 사업에서의 혁신 성장을 가속화할 수 있는 중요 요소이다.

AI는 데이터가 없으면 무용 지물이다. 그래서 AI가 스스로 인식, 이해하기 위해서는 AI 소프트웨어(SW)가 사물간 연관성을 이해할 수 있는 형태로 가공된 대규모 AI 학습용 데이터가 필요하다.

미국, 유럽 등 AI 선도국에서는 대학 및 글로벌 기업, 연구소를 중심으로 300여개 이상의 AI 학습용 데이터 셋 공유 및 확산하는 민간 중심의 선순환 생태계 조성이 활발하게 진행되고 있다.

우리나라도 지능정보사회로의 패러다임 대 전환기를 맞아, 4차 산업혁명의 성공이 고도의 인공지능 기술 확보 및 데이터와 인공지능 간 유기적인 융합에 달려있다고 판단하고, 인공지능 및 데이터의 가치와 중요성을 그 어느 때보다 강조하고 있다. 이러한 추세에 맞춰 정부주도 '데이터 댐' 구축을 목표로 '디지털뉴딜' 사업 등 다양한 데이터 기반 정책을 추진하고 있다. '데이터 댐'

의 핵심 사업으로는 대규모의 인공지능 학습용 데이터를 구축하고 민간에 개방함으로써 인공지능 기반의 산업 생태계 확산을 추진하고 있다. 즉, 국가의 디지털 역량을 강화하기 위한 인공지능 학습용 데이터를 범국가적으로 모으고 있는 것이다.

국내 중소기업, 벤처기업들은 AI 학습용 데이터를 자체 구축하기에 많은 시간과 비용이 소요되고 원천 데이터 확보의 어려움을 호소하고 있고, 규모가 작은 스타트업은 데이터 확보가 쉽지 않을 뿐만 아니라 데이터 가공에도 많은 비용이 소요 되므로 정부 주도의 데이터 구축·보급 필요성이 더욱 강조되고 있다.

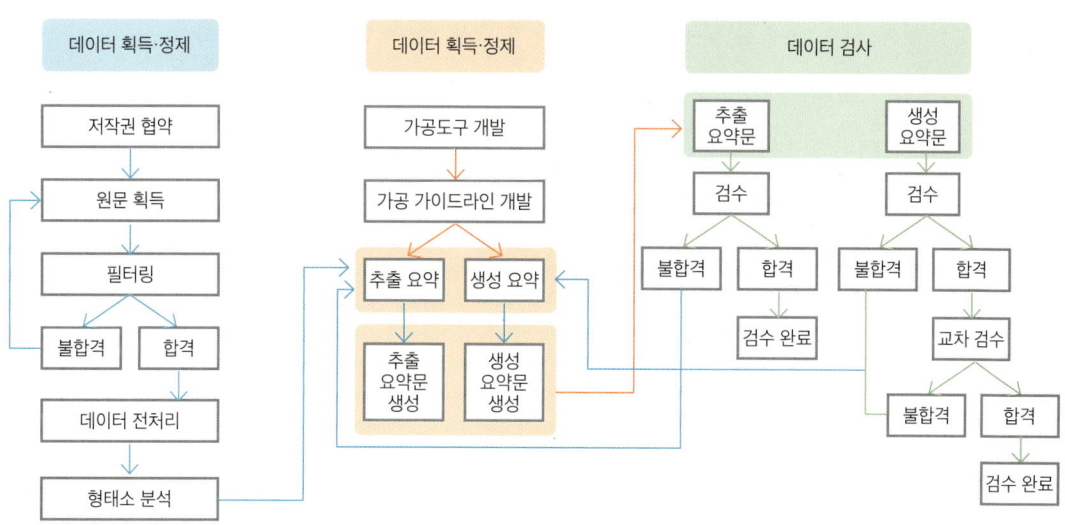

[그림1] 데이터 구축 프로세스(순서도 형식) 정의 예시(문서요약 텍스트)

*참고: 인공지능 학습용 데이터 셋 구축 안내서, NIA, 2021.2

인공지능 학습용 데이터 구축을 위해서는 학습 임무정의, 데이터 획득, 데이터 정제, 데이터 라벨링, 데이터 검사 등 인공지능 학습용 데이터를 구축하는 일련의 활동들이 필요하다[그림1].

　인공지능 학습용 데이터는 인공지능 기술인 추론 및 기계학습, 지식표현 및 언어지능인 자연어처리, 시각지능, 컴퓨터 비전, 청각지능, 복합지능 등에 활용하기 위한 학습용 데이터이다. 대표적인 학습용 데이터는 한국어-영어 번역 말뭉치, 사물 이미지, 글자체 이미지, 인도(人道) 보행영상, 멀티모달 영상, 사람동작 영상, 안면 이미지, 위해물품 이미지, 질병진단 이미지, 이상행동 CCTV 영상 등이 있다.

　위와 같은 인공지능 기술에 활용될 수 있는 인공지능 학습용 데이터를 구축하기 위해서는 데이터 구축의 필요성이 반드시 있어야 한다.

　인공지능 학습용 데이터 구축 시 고려 사항을 몇 가지로 정리하면 다음과 같다.

　첫째, 데이터 종류 및 규모: 인공지능 학습용 데이터 구축 시 고려사항으로는 먼저 획득해야 할 데이터의 규모를 설정한다. 이때 대상으로 하는 산업 분야 및 서비스에서 요구되는 수준과 사업기간과 획득에 드는 시간과 비용을 종합적으로 고려하여 구축 규모를 선정해야 한다. 그리고 데이터 활용 분야를 고려하여 구축되는 데이터의 어노테이션(Annotation) 타입을 정의한다.

　어노테이션이란 데이터 라벨링 시 원천데이터에 주석을 표시하는 작업을 의미하며, 추가 부착되는 설명정보 데이터는 기능 목적에 따라 다양한 형태로 표현될 수 있으며 이러한 설명정보 표현방식을 지칭한다.

　둘째, 데이터 구축 프로세스 정의: 데이터 구축 목적 정의, 데이터 획득, 데이터 정제, 데이터 라벨링, 데이터 검사에 이르는 일련의 데이터 구축 프로세스를 사전에 정의 하고, 각 프로세스에 따르는 이슈 및 검토사항 등을 도출한다. 데이터 구축 프로세스는 구축 단계별 주요 작업에 대해 서술하나, 순서도·표 등을 활용해 구조화하여 구축 관계자 및 작업자들이 쉽게 이해할 수 있도록 한다.

셋째, 데이터 획득 및 정제 방법: 인공지능 학습용 데이터 구축에 필요한 원시데이터 항목을 검토하고, 각 항목 별로 데이터 획득에 필요한 정보(데이터 획득정보, 획득방법, 획득 단계에서 필요한 요건 등)들을 검토하여 문서화 한다. 원시데이터 대상 및 획득방법을 육하원칙(5W1H)에 따라 정의 할 수 있다. 육하원칙(5W1H)의 핵심 내용은 What(측정대상, 획득 시 포함되어야 할 변수들), When(획득 기간, From, To), Where(획득장소 / 프로세스), Who(획득 담당자 / 획득하는 사람), How(획득 방법, 측정주기, 샘플 크기, 데이터 양식), Why(측정 목적 / 기대 결과) 이다.

넷째, 획득 데이터 정제 방식: 획득 데이터를 정제하는 방식은 먼저 정제 프로세스를 수립하는 것이다. 어노테이션 단계에 들어가기 전에 학습용 데이터로 적합한 데이터를 선별하고 처리하는 정제 프로세스를 획득방법 별로 수립한다. 데이터 정제는 도구(소프트웨어)를 활용하여 정해진 규칙에 따라 제외 또는 변환하는 방법, 작업자가 직접 눈으로 확인하여 검사하는 방법 등을 적용할 수 있다. 그리고 데이터 구축 목적, 데이터 유형, 도메인 특성에 따른 데이터 정제 기준을 수립한다. 텍스트 분량, 텍스트 문법의 정확성, 텍스트 내용의 적절성, 획득 주제와의 연관성 등을 고려하여 부적절한 데이터를 필터링하거나 라벨링하기 적합한 형태 및 내용으로 수정한다.

다섯째, 데이터 라벨링 작업: 원천데이터 내에서 어떤 항목들을 라벨링 해야 하는지 대상과 범주를 먼저 정의하고, 원천데이터 내에서 데이터 구축 목적에 부합하는 내용을 최대한 반영할 수 있는 정보를 라벨링할 수 있도록 라벨링 대상 범위를 정의 한다. 데이터 품질 및 구축 목적과 무관한 내용을 불필요하게 라벨링하는 사항의 존재 여부 등을 검토하여 가능한 데이터 특성 식별 분류 체계에 맞는 것만을 라벨링 한다.

인공지능 학습용 데이터셋을 구축하는 방법과 절차는 음성데이터, OCR 이미지 데이터, 영상 데이터, 사물 이미지 데이터셋 등도 앞에서 설명한 텍스트 데이터와 같은 방법으로 인공지능 학습용 데이터를 구축 한다.

지금은 데이터를 기반으로 인공지능(AI)기술을 활용하여 새로운 제품과 서비스를 창출하는 경제 시대이다. 데이터를 기반으로 AI를 가장 잘 활용하는 나라가 될 수 있도록 정부와 대기업 등 민간협업의 적극적인 투자로 대규모 데이터를 구축하여 국내 중소기업, 벤처기업들에게 공개해야 한다. 국내 중소, 벤처기업들은 AI 학습용 원천 데이터의 확보가 어렵고, 데이터의 자체 구축과 가공에 많은 시간과 비용이 소요되기 때문이다. AI와 데이터는 우리나라의 전체 사업에서의 혁신 성장을 가속화 활 수 있는 중요 요소이고, 그 가치와 중요성은 그 어느 때보다 강조되고 있다.

MEMO

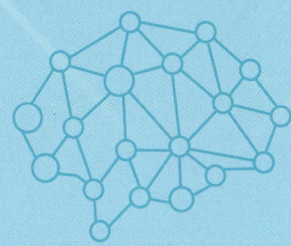

Part 5

인공지능 비즈니스 활용사례 150선

Part 5-1

인공지능 비즈니스 활용사례
- 해외사례 50선

해외 인공지능 비즈니스 활용사례 50선

순번	기업명	국가	적용분야	주요 비즈니스 적용 사례
1	테스코(TESCO)	영국	소매유통	성별, 나이를 분석한 적합한 광고 노출
2	테슬라(Tesla)	미국	자동차	자율주행
3	덴마크 정부 & 코펜하겐대학	덴마크	AI 119	응급전화 의사결정시스템
4	로레알(Loreal)	프랑스	미용.화장품	스킨컨설팅
5	슈나이더 일렉트릭(Schneider Electric)	프랑스	쿨링 솔루션	DCIM for Cooling Optimize
6	비피앤 마이크로소프트(BP & Microsoft)	영국	탄화수소개발	성별, 나이를 분석한 적합한 광고 노출
7	제이피모건체이스(JPMorgan Chase)	미국	인공지능 주식거래	딥러닝기반 인공지능 주문집행시스템
8	누로(Nuro)	미국	배송로봇	상품배송로봇
9	아이비엠(IBM)	미국	슈퍼컴퓨터	IBM Watson
10	록히드 마틴(Lockheed Martin)	미국	위성이미지 인식	GATR(Global Automated Target Recognition)

11	아마존(Amazon)	미국	아마존 AI	Polly, Rekognition, Lex 기계 학습을 통해 이미지 및 비디오 분석을 자동화
12	에이아이브레인(AIbrain)	미국	인공지능 솔루션	개인용 로봇, 에이전트 게임, 대화형 AI친구
13	애플(Apple)	미국	인공지능 Siri	인공지능 개인 비서
14	반조(banjo)	미국	감시 AI	머신러닝 기반 소프트웨어, 보안 카메라 피드, 이미지 분석
15	페이스북(facebook)	미국	이미지분류	오픈소스 DeiT Transformers를 활용하는 컴퓨터 비전 모델 훈련
16	아이카본엑스(iCarbonX)	중국	의료헬스	질병예측, 아이카본엑스
17	프리즈마랩스(Prisma labs inc)	미국	사진명화	프리즈마 사진편집 애플리케이션
18	비앰더블류(BMW)	독일	AI 생산공정	차체 도장 공정 AI 적용
19	인텔(intel)	미국	인공두뇌	인간의 뇌 신경망 작동 방식 이용 뉴로모픽 컴퓨팅 시스템
20	데이터그리드(datagrid)	일본	인공아이돌 얼굴	광고 및 의류분야 가상모델
21	세일즈포스(salesforce)	미국	마케팅지원	마이아인슈타인(myEnistein)

22	엑센시아 (Exscientia)	영국	신약개발	AI 활용 신약 개발(DSP-1181)
23	메드왓 (MedWhat)	미국	의료진단	의료 진단용 지능형 챗봇
24	버터플라이 네트 워크(Butterfly Network)	미국	AI 초음파	초음파 영상 이미지를 한장의 칩으로 구현한 의료 기술
25	마이크로소프트 (MS)	미국	시각장애 AI	Seeing(씨잉)
26	블루리버 (blue river technology)	미국	농업 AI	실시간 농장물 자동 관리 GATR
27	에이아이트릿 (Aitreat)	싱가폴	안마로봇	중국의술(TCM)에 기반한 마사지를 제공하는 로봇
28	월트디즈니 (waltdisney company)	미국	관객분석	영화 상영과 동시에 관람객의 표정을 AI가 평가, 감정 상태 유추
29	빌딩레이더 (building radar)	독일	AI 건축 정보	인공지능과 인공위성 기술을 활용 건축 정보제공
30	디에프로봇 (DFrobot)	중국	인공지능 카메라	AI 6개 기능이 탑재된 인공지능 카메라
31	오로라 이노베 이션(Aurora Innovation)	미국	자율주행 플랫폼	차량 제조・물류・모빌리티 서비스 통합 자율주행 플랫폼
32	그래프코어 (Graphcore)	영국	AI 플랫폼	ML 및 AI 연산을 가속화하는 지능형처리장치(IPU)

33	레모네이드(Lemonade)	미국	금융 AI	챗봇과 대화 보험처리 전과정을 간소화하는 AI 보험설계사
34	데이터로봇(DataRobot)	미국	AI 플랫폼	데이터로봇의 자동화 머신러닝 플랫폼 서비스
35	센티넬원(SentinelOne)	미국	AI 보안	사이버 공격을 방어하는 차세대 통합 EDR 보안 솔루션
36	버터플라이 네트워크(Butterfly Network)	미국	헬스케어	손쉽게 질병 진단이 가능한 휴대용 AI 초음파 기기
37	투심플(TuSimple)	중국	운송.교통	완전자율주행 솔루션을 접목한 투심플 자율주행 트럭
38	페어(Faire)	미국	유통.물류	소매점 상품 판매를 예측하는 AI 상거래 서비스 플랫폼
39	리커션 파마슈티컬즈(Recursion Pharmaceuticals)	미국	헬스케어	임상 워크플로우를 지원하는 AI 신약개발 플랫폼
40	바이트댄스(Byte Dance)	중국	미디어.콘텐츠	AI 알고리즘이 추천하는 맞춤형 콘텐츠 플랫폼
41	센스타임(Sense Time)	중국	보안	스마트시티의 보안을 위한 안면•영상인식 솔루션
42	아르고 AI(Argo AI)	미국	운송.교통	완전 통합형 자율주행 운전 시스템 개발 솔루션
43	오토메이션 애니웨어(Automation Anywhere)	미국	로봇 자동화	업무패턴을 스스로 학습하는 AI 기반 RPA 플랫폼

44	유아이패스 (UiPath) (미국)	미국	로봇 자동화	인간과 로봇간 협업을 지원하는 End-to-End RPA 플랫폼
45	메그비(Megvii)	중국	보안	컴퓨터 비전 기반 안면인식 오픈 소프트웨어 플랫폼
46	인디고 애그리 컬쳐(Indigo Agriculture)	미국	농업	곡물거래 및 수확량을 예측하는 AI 농업 플랫폼
47	클라우드워크 (Cloudwalk)	중국	보안	신체특성으로 신분인식이 가능한 AI 보안 솔루션
48	죽스(Zoox)	미국	운송.교통	자율주행 제어시스템과 공유형 택시 서비스 개발
49	호라이즌 로보 틱스(Horizon Robotics)	중국	운송.교통	AI 추론 가속화를 위한 자율주행 컴퓨팅 플랫폼
50	틱톡(tiktok)	중국	영상추천	AI기반 모바일 동영상 · 뮤직 비디오 제작 · 공유 플랫폼

1. 해외 인공지능 비즈니스 활용사례 50선

1(소매유통)/50

- 기업명 : TESCO(테스코) (영국) / www.tesco.com
- AI 적용 기술 : 얼굴인식
- 프레임(AI 프로그램) : OptimEyes
- 국내외 주요 고객 : 고객
- 제품명 및 서비스(비즈니스 모델) : 성별, 나이를 분석한 적합한 광고 노출

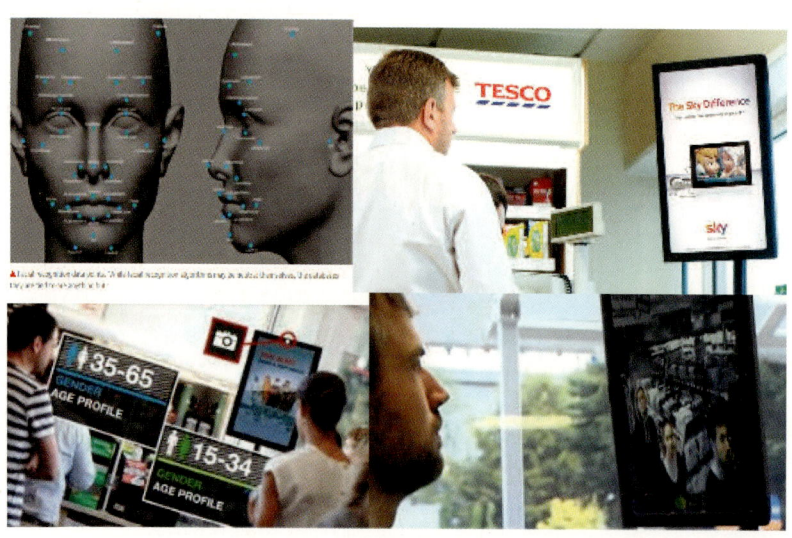

영국의 대형 유통업체인 Tesco(테스코)는 미국의 월마트와 프랑스의 까르푸와 함께 세계 최대의 소매유통업체이다. 일상용품 및 식품을 중심으로 전 세계에 7천개 이상의 슈퍼마켓 점포를 보유하고 있다. 테스코 멤버쉽은 3800만명의 회원을 보유하고 있고, 약 1600만명이 활발한 활동을 보이고 있다. 옵팀아이즈는 상품광고를 보러온 고객에게 스크린에 부착된 카메라를 활용해 고객의 성별 및 나이 통계정보를 활용하여 많이 선호하는 제품을 광고를 노출한다.

이 뿐만 아니라, 멤버쉽 회원들에게서 얻은 빅데이터를 분석하여 계절별 식품의 폐기로 인한 손실을 900만달러 이상 절감하였고, 점포 운영을 최적화하여 제품 전체의 폐기 비용을 4700만달러 절감하고, 창고의 재고비용을 7800만 달러 절감하였다. 발주 업무의 효율또한 빅데이터 활용하여 크게 향상 시켰다.

2(자율주행)/50

- 기업명 : Tesla(테슬라) (미국) / www.tesla.com
- AI 적용 기술 : 신경망 및 자율학습 알고리즘
- 프래임(AI 프로그램) : 오토파일럿
- 국내외 주요 고객 : 차량구매고객
- 제품명 및 서비스(비즈니스 모델) : 자율주행

　최첨단 연구를 적용하여 인식에서 제어에 이르기까지 다양한 문제에 대한 신경망을 학습한다. 각 카메라에 연결된 네트워크는 가공되지 않는 이미지를 분석하여 세분화, 물체감지 모노큘러(Monocular) 심층 판단을 수행한다. 모든 카메라 영상을 이용하여 도로 레이아웃, 정지 상태의 시설물, 3D물체를 하향식으로 출력한다. 테슬라 신경망은 실시간으로 전세계 수백만대에서 나오는 복잡한 시나리오를 학습하는데 이는 70,000GPU와 48개의 네트워크가 얽혀 있고, 1,000개의 다른 텐서(Tensor)를 출력한다.

자율 학습 알고리즘
　테슬라는 공간을 높은 정밀도로 표현하고 그 공간에서 궤적을 예측하여 주행하는 핵심 알고리즘을 개발했다. 공간과 시간에 걸쳐 차량 센서의 정보를 결합하여 대규모 실측 데이터를 생성하고 의사결정하는 시스템을 구축했다.

3(AI 119)/50

- 기업명 : 덴마크 정부 & 코펜하겐대학(덴마크) / www.corti.ai
- AI 적용 기술 : 음성인식
- 프래임(AI 프로그램) : Corti(코르티)
- 국내외 주요 고객 : 응급환자
- 제품명 및 서비스(비즈니스 모델) : 응급전화 의사결정시스템

Corti(코르티)는 덴마크 정부와 코펜하겐대학에서 공동 연구하여 긴급전화 시 생명을 구하는 결정결정을 내리는데 도움을 주는 AI 파트너이다. 긴급전화를 듣고 심장마비 상황을 인간과 동일한 시험에서 코르티는 93%의 정확도가 나오는 반면에 숙련된 응급 의료진그룹은 73%에 그쳤다.

코르티는 응급통화 상황에서 실시간으로 대화를 듣고 자체적으로 훈련하여 작동하는 모델이며 스스로 식별하고 개선하는 시스템이다. 환자가 사용한 단어, 숨소리, 숨을 쉬는 간격이나 상태를 분석하고, 누가 전화한 것인지까지 분석하여 의료진에게 실시간으로 경고를 보낸다.

응급종합상황실, 종합병원, 구급차에서 활약하고 있으며, 인간처럼 피로를 느끼지 않고 실수도 사람보다 적다. 추가적으로 환자가 발생한 주소까지 가는 최단거리를 이송의료진에게 알려주어 더욱 생명을 구할 수 있는 도움을 주고 있다.

4(스킨컨설팅)/50

- 기업명 : Loreal(로레알) (프랑스) / www.loreal.com
- AI 적용 기술 : 얼굴인식
- 프래임(AI 프로그램) : Skin Consult AI
- 국내외 주요 고객 : 고객
- 제품명 및 서비스(비즈니스 모델) : 스킨컨설팅

    거대뷰티기업 로레알은 인공지능전문기업 모디페이스를 인수하여 인공지능을 활용한 피부 컨설팅 서비스 "스킨 컨설트 AI(Skin Consult AI)"를 출시했다.

    스킨 컨설트 AI는 6,000개의 피부 이미지를 학습하였고 본인의 사진을 업로드하면 주름, 광채, 반점, 모공 등 7개의 변수를 통해 피부상태를 정밀하게 분석해 자사 제품을 기반으로 솔루션을 제안한다.

    7개의 주요 노화 징후를 추적하여 평가하고 이 평가는 피부 상태와 우선 순위를 고려하여 사용자가 피부 노화에 더 잘 대처할 수 있도록 개인에게 적합한 맞춤형 피부 관리 처방을 내린다.

5(쿨링 솔루션)/50

- 기업명 : Schneider Electric(슈나이더 일렉트릭) (프랑스) / www.se.com
- AI 적용 기술 : 냉각 장치 자동 조정
- 프래임(AI 프로그램) : Cooling Optimize
- 국내외 주요 고객 : 데이터센터
- 제품명 및 서비스(비즈니스 모델) : DCIM for Cooling Optimize

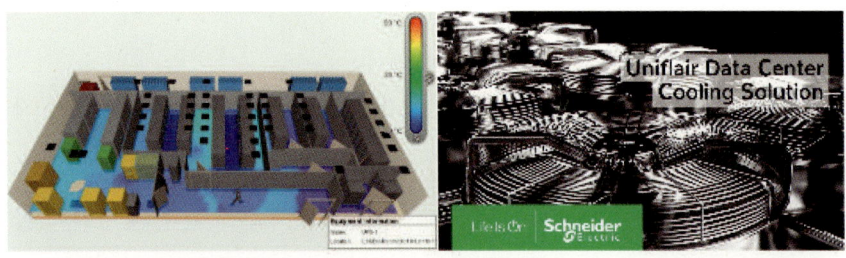

에너지 관리 및 자동화 전문 회사인 슈나이더 일렉트릭(Schneider Electric)은 에너지 기술, 실시간 자동화, 소프트웨어 및 서비스를 가정, 건물, 데이터, 인프라 및 산업에 통합 솔루션을 제공한다.

슈나이더 일렉트릭에서 개발한 DCIM 쿨링 옵티마이즈는 데이터 전체 사용 전력의 40%를 차지하는 쿨링 시스템에 IoT와 인공지능 기술을 적용한 것으로, 데이터 센터의 각 요소에 부착된 센서를 통해 다양한 데이터를 수집, 분석해 최적화 된 상태를 제공한다.

쿨링 옵티마이즈 소프트웨어는 모든 냉각 장치가 모든 랙에 미치는 영향을 지속적으로 학습한 다음 해당 정보를 기반으로 냉각 장치 설정 및 공기 흐름을 자동으로 조정해 적절한 냉각량을 제공하여 98%까지 핫 스팟을 제거하여 냉각 전력 소비를 크게 줄일 수 있다.

6(탄화수소개발)/50

인공지능 활용 해외 우수사례 : 탄화수소개발

- 기업명 : BP & Microsoft (영국) / www.bp.com
- AI 적용 기술 : Azure machine learning
- 프래임(AI 프로그램) : OptimEyes
- 국내외 주요 고객 : BP
- 제품명 및 서비스(비즈니스 모델) : 성별, 나이를 분석한 적합한 광고 노출

    세계 2위의 석유회사인 영국 최대기업 BP는 Microsoft Azure Machine Learning를 사용하여 잠재적인 석유 및 가스저장고의 회수 계수를 예측한다. 회수 계수는 지하 매장지에서 추출 할 수있는 탄화수소의 비율인데, 이 숫자를 계산하는 것은 중요하지만 복잡한 요소이다.

    암석의 특성이나 지질 및 지리적 특성과 같은 약 200가지의 요소를 분석하여 석유시추 시간을 줄이고 생산성 향상에 도움은 준다. 작업 시간 또한 몇주에서 하루로 며칠에서 몇시간으로 줄일 수 있을 뿐만아니라, 사람의 편견을 제거 할 수 있어서 더 정확하고 정보에 입각한 결정을 내리는데 도움을 준다.

7(인공지능 주식거래)/50

- 기업명 : JPMorgan Chase(제이피모건체이스) (미국) / www.jpmorganchase.com
- AI 적용 기술 : 강화학습(Deep Reinforcement Learning·DRL)
- 프레임(AI 프로그램) : LOXM
- 국내외 주요 고객 : 투자자
- 제품명 및 서비스(비즈니스 모델) : 딥러닝기반 인공지능 주문 집행 시스템

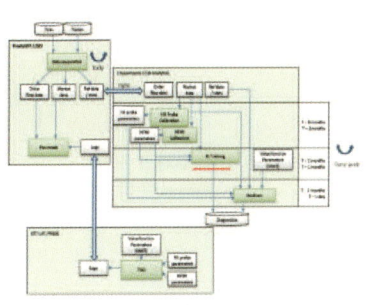

JP morgan chase는 세계 최대 투자은행 중 하나이다. 최적의 주식매매 타이밍을 찾아내 이익을 극대화한다. 고객의 주문을 가장 빠른속도에 최고의 가격으로 이행하는 것이 그 역할이다. 과거의 사례를 토대로 주식을 사고 파는 시점을 자문해주고 뉴스를 분석해 호재와 악재가 주가에 미칠 영향까지 분석한다.

강화학습(Deep Reinforcement Learning: DRL)은 AI가 방대한 양의 시나리오를 분석해 최상의 결과를 얻도록 하는데 중점이 맞춰져있으며, DRL은 자동헷징 등 여러 금융 부문에 쓰일 수 있다.

강화학습에는 금액, 시간, 목표, 특정 시장 조건, 특정 크기 및 시세, 외부 제약 조건을 고려하여 설계되었으며, 주문을 거래소에 보내고 어떻게 실행하는지 시뮬레이션하고, 시장에 미치는 영향을 시뮬레이션 한다음 어떤 행동이 좋고 안좋은지를 판단한다.

8(배송로봇)/50

- 기업명 : Nuro(누로) (미국) / www.nuro.ai
- AI 적용 기술 : 인공지능 자율주행차식
- 프래임(AI 프로그램) : R2
- 국내외 주요 고객 : 배송고객, 유통업체, 물류업체
- 제품명 및 서비스(비즈니스 모델) : 상품배송로봇

nuro

    캘리포니아주 마운틴뷰에 위치한 자율주행 상품 무인배송로봇 회사 누로는 벤처투자 라운드에서 15억달러(15조) 투자자금을 유치했다.

    누로가 개발한 R2는 로봇, 자율주행, 인공지능 등 다양한 기술 집약체이다. 라이더, 레이다, 360도 열화상카메라 등을 탑재하고 있고 보행자 및 자전거를 인식 할 수 있으며 무게는 약 680kg이고 너비는 106cm이다. 내부 공간은 식료품도 유지할 수 있도록 온도조절도 가능하며, 고객이 설정한 비밀번호를 누르면 문이 열린다. 미국 텍사스 휴스턴에서 도미노 피자, 월마트 식료품 등 성공적으로 배달했다.

9(슈퍼컴퓨터)/50

- 기업명 : IBM (미국) / www.ibm.com
- AI 적용 기술 : 자연어 처리(Natural Language Processing:NLP)
- 프래임(AI 프로그램) : IBM Watson
- 국내외 주요 고객 : 고객
- 제품명 및 서비스(비즈니스 모델) : IBM Watson

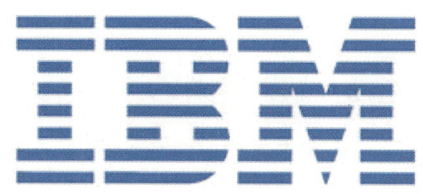

IBM은 인간 언어의 가장 까다로운 요소를 더 명확하게 식별하고 이해하고 분석하는 새로운 IBM왓슨 인공지능을 개발했다. 복잡한 주제로 인간과 토론할 수 있는 왓슨은 자연어 처리(Natural Language Processing: NLP)기술을 최초로 상용화 했으며 IBM 창립자 토마스 왓슨의 이름을 땄다.

항상 냉정하고 정확한 정보로 빠르게 답을 내리는 왓슨은 암 진단에 활용되고 의학연구소에 중심이 되어 암게놈 해석에 참여하였으며, 1개정도 걸리는 의학 문헌을 20분만에 읽고 해독했다.

6개월동안 해결법을 찾지못한 병을 불과 10분만에 병을 정확하게 진단하고 치료법까지 제시했고 환자는 통원치료를 할 정도로 회복했다. 의사는 고도한 진단과 높은 확신으로 의사결정을 할 수 있게 되고 실수를 사전에 막을 수있고 환자는 안심하고 정확한 검사와 치료를 받을 수 있게 됐다.

10(위성이미지인식)/50

- 기업명 : Lockheed Martin(록히드 마틴) (미국) / www.lockheedmartin.com
- AI 적용 기술 : 오픈소스 딥러닝 라이브러리
- 프래임(AI 프로그램) : GATR
- 국내외 주요 고객 : 항공사
- 제품명 및 서비스(비즈니스 모델) : GATR(Global Automated Target Recognition)

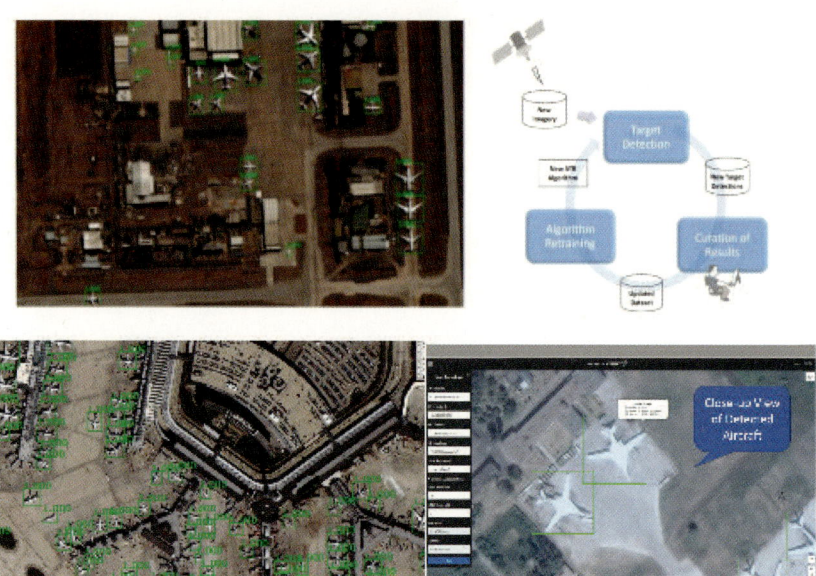

　록히드 마틴은 1995년에 록히드 사와 마틴 마리에타 사가 합병하여 설립된 세계 최고 전투기 제작사이자 첨단 기술 회사이다. 록히드 마틴은 오픈 소스 딥러닝 라이브러리를 사용하여 실시간 객체 발견 및 식별하는 위성 이미지 인식 시스템 GATR(Globally-scalable Automated Target Recognition)을 개발 했다.

　GATR은 가속 GPU 딥러닝을 사용하여 넓은 지역을 빠르게 분석한다. 하나의 GPU가 초당 16㎢을 처리한다. 위성 이미지를 분석하여 화물 비행기와 군용 수송기를 구별하고, 넓은 지역 이미지를 식별하여 항공기, 건물, 항만, 자동차 등 특정 대상을 식별한다. 예를 들어 펜실베니아주 석유기 전체를 검색하는데 불과 2시간 밖에 걸리지 않았다. 심지어 기존에 본적없는 지역에서도 90% 식별할 수 있는 결과가 나왔다.

11(아마존 AI)/50

- 기업명 : Amazon(아마존) (미국) / www.amazon.com
- AI 적용 기술 : 딥러닝
- 프래임(AI 프로그램) : AWS Lambda
- 국내외 주요 고객 : 고객
- 제품명 및 서비스(비즈니스 모델) : Polly, Rekognition, Lex
- 기계 학습을 통해 이미지 및 비디오 분석을 자동화

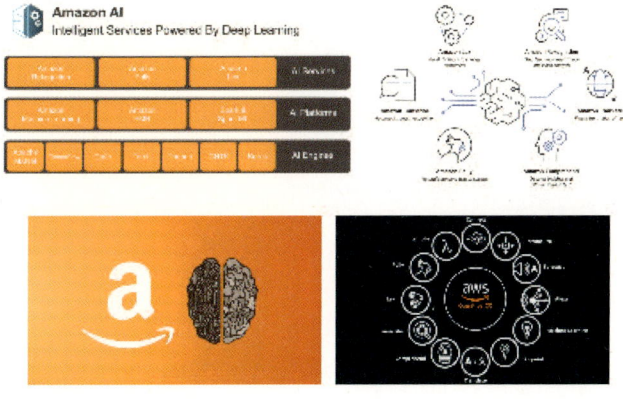

Amazon Polly는 텍스트를 생생한 음성으로 변환하는 서비스로서 이를 사용하면 말을 하는 애플리케이션을 만들고 전혀 새로운 유형의 음성 지원 제품을 개발할 수 있다. Polly의 TTS(텍스트 음성 변환) 서비스에서는 고급 딥 러닝 기술을 사용하여 자연스러운 사람의 음성을 합성한다. 다양한 언어로 수십 개의 생생한 음성이 제공되므로, 여러 국가에서 사용하는 음성 지원 애플리케이션을 구축할 수 있다.

Amazon Rekognition을 사용하면 기계 학습 전문 지식을 사용하지 않고도 확장성이 뛰어난 입증된 딥 러닝 기술을 사용하여 애플리케이션에 이미지 및 비디오 분석을 쉽게 추가할 수 있다. 이미지 및 비디오에서 객체, 사람, 텍스트, 장면 및 활동을 식별하고 부적절한 콘텐츠를 탐지할 수 있다. 또한 다양한 사용자 확인, 사람 수 계산, 공공 안전 사용 사례를 위해 얼굴 탐지, 분석 및 비교하는 데 사용할 수 있는 매우 정확한 얼굴 분석 및 얼굴 검색 기능을 제공한다.

Amazon Lex는 음성과 텍스트를 사용하는 애플리케이션에 대화형 인터페이스를 구축하는 서비스다. 음성을 텍스트로 변환하는 자동 음성 인식(ASR)과 텍스트의 의도를 이해하는 자연어 처리(NLU)라는 첨단 딥 러닝 기능을 제공하므로, 상당히 매력적인 사용자 경험과 생생한 대화형 인터페이스를 갖춘 애플리케이션을 구축할 수 있다.

12(인공지능솔루션)/50

- 기업명 : AIbrain(에이아이브레인) (미국) / www.AIbrain.com
- AI 적용 기술 : AICoRE(Adaptive Interactive Cognitive Reasoning Engine)
- 프래임(AI 프로그램) : AICore
- 국내외 주요 고객 : 어린이
- 제품명 및 서비스(비즈니스 모델) : 타이키(에이전트 토이, 영어학습, AI친구)

캘리포니아에 소재하는 AIBrain은 스마트폰과 로봇을 활용한 인공지능 솔루션을 개발 하고 있다. AIBrain의 포커스는 인간의 문제를 푸는 능력과 자율

학습 능력, 메모리에 저장하는 기능을 연구하여 인공지능에 접목하는 작업을 하고 있다. 이 회사의 주요 제품은 개인용 로봇, 대화형 AI 지원, 그리고 AI 에이전트 게임(Agent Game) 및 엔터테인먼트다.

AICoRE라는 추론 엔진과 Memory Graph라는 인간과 유사한 메모리를 가진 두 가지 핵심 구성 요소를 기반으로 하고있는 문제 해결과 학습을 통합인지 추론 엔진이다.

AICoRe는 끝에서 끝까지 추론 프로세스를 완전히 자동화한다. AICoRE는 감지, 추론, 발견, 계획, 학습, 기억, 응답 및 수행까지 추론의 전체 스펙트럼을 포함하는 인간과 유사한 추론이다.

Memory Graph는 AIBrain이 구축 한 인간과 유사한 AI 메모리 시스템으로 지능형 에이전트를 위한 일화 및 의미 기억을 통합한다. 메모리는 문제 해결 및 학습과 함께 인공 지능의 필수 구성 요소다. AIBrain은 AICoRe라는 통합 AI 플랫폼을 구축하고 있다. 메모리 그래프는 인간과 유사한 메모리 기능을 추가하기 위해 모든 AI 애플리케이션을 독립형 구성 요소로 사용할 수 있다.

13(인공지능 Siri)/50

- 기업명 : Apple(애플) (미국) / www.apple.com
- AI 적용 기술 : 음성인식 메소스
- 프래임(AI 프로그램) : SiriKit 프레임워크
- 국내외 주요 고객 : 고객
- 제품명 및 서비스(비즈니스 모델) : Siri

　Siri는 Apple의 iOS와 iPadOS, macOS, watchOS, tvOS 등 Apple의 소프트웨어 탑재 기기들 전반에서 작동하는 인공지능 개인 비서 응용 프로그램이다.

　시리는 이용하는 기간이 늘어날수록 시리가 사용자의 기호를 파악하고 음식점이나 택시 예약을 하는 등의 기능도 수행할 수 있다고 한다. 알람, 타이머, 미리 알림설정, 길 찾기, 캘린더 미리 보기가 가능하고 생활 패턴에 따라 다음에 필요한 일이 뭔지 예측하기까지 한다.

　받은 메시지를 에어팟을 통해 소리 내어 읽어 주기도 하고, 어디에 연락을 하고 싶어 할지 미리 판단해 능동적으로 제안해주기 때문에 소통이 한결 수월해진다.

애플 뮤직과 연동되어 좋아할 만한 새로운 노래를 추천해줄 수도 있고, 좋아하는 밴드에 대해서 물어볼 수도 있다. 헬스장에 도착하거나 집으로 돌아갈 때, 시리는 요즘 즐겨 듣는 플레이리스트를 제안하기도 한다.

시리는 구분 분석, 의미 분석, 담화 분석, 단어 및 문장 생성 기술인 자연어 처리를 기반으로 하고있으며 그 결과를 토대로 문장 단위, 문서 단위의 구문 분석, 의미 분석이 진행되기 때문에 복잡하며 어려운 기술이다.

14(감시 AI)/50

- 기업명 : banjo(반조) (미국) / www.ban.jo
- AI 적용 기술 : 시각지능
- 프래임(AI 프로그램) : 컴퓨터 비전
- 국내외 주요 고객 : 정부기관, 경찰, 911
- 제품명 및 서비스(비즈니스 모델) : 머신러닝 기반 소프트웨어, 보안 카메라 피드 이미지 분석

　Banjo는 머신러닝에 기반한 소프트웨어로 보안 카메라 피드 및 소셜 미디어 게시물과 같은 것들을 실시간으로 연구하는 기계 학습 기반 소프트웨어이다. 페이스북과 같은 소셜 미디어의 사진들, 친구들, 프로필 정보를 수집, 연구하여 진행중인 범죄와 같은 흥미로운 것을 발견한다.

　Banjo는 공공 안전 자원을 최대한 빨리 배치하는데 필요한 정보를 최초 대응 자에게 몇일이 아닌 몇초 만에 중요한 정보를 제공하여 사람들의 고통을 줄이고, 생명을 구하려는 것에 목적을 두고 있다.

　Banjo는 실시간 응급 상황, 사고, 화재, 자연 재해, 학교 총격 사건, 실종 및 아동납치와 같은 응급 상황에 신속하고 효과적으로 대응 할 수 있게 도와준다.

　911에 전화를 걸기전에 사고를 발견하고 응급 구조대에게 경고를 하는 가 하면, 긴급 차량이 현장에 더 빨리 도착하고 구급차가 환자를 더 빨리 병원에 데려다 줄 수 있게 하고, 사고를 유발할만한 위험한 도로 상태를 감지하고 안전기관에 경고를 보낸다.

15(이미지분류)/50

- 기업명 : facebook(페이스북) (미국) / www.facebook.com
- AI 적용 기술 : 오픈소스 DeiT
- 프레임(AI 프로그램) : DETR 기반 객체 탐지 아키텍처
- 국내외 주요 고객 : 연구원 및 엔지니어
- 제품명 및 서비스(비즈니스 모델) : DeiT

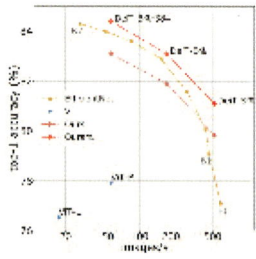

페이스북은 최근에 인공지능(AI)의 많은 분야에서 획기적인 심층 신경망 아키텍처인 트랜스포머(Transformers)를 활용하는 컴퓨터 비전 모델을 훈련시키는 새로운 방법을 개발했다.

이는 일반적인 학술 데이터 세트만 사용하여 이미지 분류를 위해 트랜스포머를 효율적으로 학습할 수 있다는 것을 보여줌으로써, 컴퓨터 비전 분야를 발전시키고, 트랜스포머를 새로운 사용 사례로 확장하며, 대규모 AI 모델을 훈련하기 위해 대규모 시스템에 접근할 수 없는 연구원과 엔지니어들이 이 작업을 더 쉽게 할 수 있도록 돕는다. 보통 이미지 분류는 이미지의 주요 내용을 이해하는 작업은 사람에게는 쉽지만 기계에게는 어렵다. 특히 DeiT와 같은 컨볼루션이 없는 트랜스포머는 이미지에 대한 통계적 우선순위가 많지 않기 때문에 어려운 작업이다. 일반적으로 서로 다른 객체를 분류하는 방법을 배우려면 많은 예제 이미지를 학습해야 한다. 그러나 DeiT는 수억 개의 이미지를 요구하는 대신 120만 개의 이미지로 효과적으로 학습할 수 있다. DeiT의 중요한 요소는 학습 전략이다. 특히, 훨씬 더 큰 데이터 세트에 대한 훈련을 시뮬레이션 하기 위해 데이터 증강 및 최적화를 시켰다.

16(질병예측)/50

- 기업명 : iCarbonX (아이카본엑스) (중국) / www.icarbonx.com
- AI 적용 기술 : 오픈소스 딥러닝 라이브러리
- 프래임(AI 프로그램) : iCarbon AI
- 국내외 주요 고객 : 고객
- 제품명 및 서비스(비즈니스 모델) : 아이카본엑스

아이카본엑스는 의료헬스분야 인공지능 업체다. 중국은 인구에 비해 의사 수가 매우 적다. WHO 통계에 따르면 중국의 1000명당 외과의사수는 1.5명에 불과하다. 멕시코의 2명, 호주의 3.5명에 크게 못미친다. 이처럼 중국의 의사수가 적기 때문에 의사들은 격무에 시달릴 수밖에 없다. 불만을 가진 환자로부터 폭행을 당하는 의사도 적지 않다고 한다.

인공지능은 의사수가 태부족인 중국에 새로운 대안으로 떠오르고 있다. 선전에 위치한 아이카본엑스는 의료 영상 분석, 의료 데이터베이스 구축, 예방적인 치료 분야에 인공지능 기술을 활용하고 있다. 아이카본엑스는 처음에 사람들을 위한 디지털 아바타를 만드는 사업을 했는데 지금은 사람들의 타액, 단백질, DNA 등 생체 데이터를 수집하고 있다. 이를 통해 미래의 질병을 예측하고 치료를 제안할 수 있다.

아이카본엑스는 유전체와 결합해 대사체부터 박테리아까지 개인의 건강과 관련된 다양한 요소들을 모두 포함해 분석해 개인이 자신의 삶을 더 잘 이해하고 관리할 수 있게 돕는 앱을 개발하는 것을 목표로 하고 있다. 최근에는 Meum이라는 디지털 건강 관리 플랫폼을 출시해 다양한 생활 데이터와 수집 가지 응용 프로그램을 사용자에게 제공하여 자신의 건강을 스스로 제어할 수 있게 돕고자 하는 초기 서비스를 선보였다.

17(사진명화)/50

- 기업명 : Prisma labs inc(프리즈마랩스) (미국) / www.prisma-ai.com
- AI 적용 기술 : 오픈소스
- 프래임(AI 프로그램) : Neural Network Compression Framework.
- 국내외 주요 고객 : 고객
- 제품명 및 서비스(비즈니스 모델) : 프리즈마 사진편집 애플리케이션

록러시아의 앱개발자 알렉세이 모이세엔코프(Alexey Moiseenkov)가 인공지능(AI)기술을 활용한 포토앱 프리즈마(Prisma)로 이 앱은 개발자가 인공지능으로 그림을 그리는데 10분 에서 1시간 내외가 걸리는 것이 불편한데 착안해서 최대한 빠르게 구현 되도록 만드는 집중한 결과, 지난 6월 런칭된 획기적인 앱으로 국내에선 잘 알려지지 않았지만, 다운로드 수 2천만건 육박, 프리즘 편집 기능을 거친 사진은 4억장에 달한다.

개개인의 사진들을 명화로 만들어 주는 이 앱은 뭉크, 피카소, 고흐, 리히텐슈타인, 세잔느, 몬드리안, 호쿠사이 등의 화풍으로 변신하는 것 외에 60년대 빈티지 스타일 스케치, 수채화, 모노크롬, 만화, 일러스트, 구름, 모자이크 등의 35가지 화풍을 지원한다.

18(AI 생산공정)/50

- 기업명 : BMW (독일) / www.bmw.com
- AI 적용 기술 : BMW Data Driven Decisions
- 프래임(AI 프로그램) : BMW-YOLOv3-Inference-API-CPU
- 국내외 주요 고객 : 생산라인 뮌헨공장
- 제품명 및 서비스(비즈니스 모델) : 차체 도장 공정

BMW는 인공지능으로 생산 공정라인의 품질 향상을 꽤 했다. 한대의 차량을 제조하는데 약 30시간의 소요되는데 그 동안 각각의 자동차공정은 엄청난 양의 데이터를 생산한다. 이를 인공지능과 스마트 데이터 분석을 통해 데이터를 사용하여 생산을 지능적으로 관리하고 분석할 수 있어 품질 검증과 스마트 데이터 분석을 통해 유지보수 시간을 절약하고 이 혁신을 통해 작업자의 부담을 덜어주고 효율성을 향상시킨다.

자동차 업계 최초로 BMW가 자동차 생산 및 분석 공정에 컴퓨터 단층촬영 장치 프로토타입을 개발하고 자동차도 사람과 같이 X선과 컴퓨터를 결합함으로써 자동차의 몸통의 수평단면, 몸통의 가로절 단면, 단층상 등 모든 중요 부분의 이미지를 얻을 수 있고, X선 촬영에서 식별할 수 없는 자동차의 세세한 부분까지 관찰하고 결함여부를 인공지능을 통해 진단한다.

　　실시간으로 클라우드에 업로드된 이 데이터는 프로덕션 팀에서 제조 프로세스를 보다 명확하게 파악 할 수 있고, 즉시 데이터를 사용할 수 있다. AI는 수집된 데이터에 근거하여 프로세스에서 반복적인 패턴을 식벽할 수 있는 잠재력을 제공하고 지속적인 공정의 최적화를 지원한다.

19(인공두뇌)/50

- 기업명 : intel(인텔) (미국) / www.intel.com
- AI 적용 기술 : 뉴로모픽 컴퓨팅 시스템
- 프래임(AI 프로그램) : 확장 로이히 아키텍처
- 국내외 주요 고객 : 고객
- 제품명 및 서비스(비즈니스 모델) : 포호이키 스프링스(Pohohiki Springs)

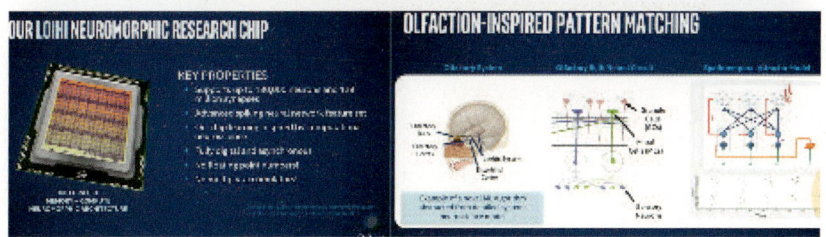

　인텔이 인간의 뇌 신경망 작동 방식을 이용한 새로운 개념의 뉴로모픽 컴퓨팅 시스템 '포호이키 스프링스(Pohoiki Springs)'를 개발했다.

　포호이키 스프링스는 데이터센터에 랙(Rack)으로 장착되는 시스템으로 현재까지 인텔이 개발한 뉴로모픽 컴퓨팅 시스템 중 가장 크다. 일반 서버 5대 크기의 물리적 프레임 안에 769개의 로이히 뉴로모픽 칩을 내장한 시스템이다

　인간의 뇌와 비슷한 뉴런 구조로 작동하는 로이히 프로세서는 반복적인 수학적 연산에 특화된 기존의 CPU, GPU 등 범용 프로세서와 달리, 인공지능을 비롯한 복잡하고 까다로운 워크로드를 최대 1000배 빠르게 처리할 수 있고 소비전력 대비 효율도 최대 1만 배에 달한다.

　인텔은 수십 밀리 와트의 전력만으로 움직임을 실시간으로 인식하고, 새로

운 인공지능 피부를 이용해 점자를 읽기도 하며, 미리 학습된 시각적 정보를 바탕으로 방향을 설정하며, 새로운 냄새 패턴을 배우는 능력을 선보이는 등 인간과 유사한 수준의 성능을 가지고 있다.

    신경과학의 원리를 적용해 기존의 컴퓨터처럼 작동하는 것이 아닌 인간의 뇌와 더 유사한 칩을 만드는 것이다.

20(인공아이돌얼굴)/50

- 기업명 : datagrid(데이터그리드) (일본) / www.datagrid.co.jp
- AI 적용 기술 : GAN
- 프래임(AI 프로그램) : datagrid AI
- 국내외 주요 고객 : 고객
- 제품명 및 서비스(비즈니스 모델) : 광고 및 의류분야 가상모델

http://www.datagrid.co.jp

데이터 그리드는 가상의 아이돌 얼굴을 자동으로 만드는 AI를 개발했다. 화질이 선명하고 표정이 풍부한 것이 특징인데, 광고와 게임에 등장하는 모델에 응용 할 수 있다.

데이터 그리드가 개발한 AI로 만들어진 가상의 아이돌 얼굴은 어디선가 본 듯한 아이돌이지만 실제세계에 존재하지 않는다. 지금까지 AI가 실제로 존재하지 않은 사람의 얼굴을 생서하는 사례는 보고되고 있었지만, 실존하지 않는 인물의 정밀한 전신을 생성하는 모델 선행사례는 존재하지 않았다.

생성적 적대 신경망(Generative Adversarial Network: GAN)이라는 딥러닝(Deep Learning)을 응용한 기술을 활용하여 AI에 대량의 전신 모델 이미지를 학습시킴으로써, 존재하지 않는 전신 모델의 이미지를 고품질 및 고해상도로 생성하는데 성공했다.

GAN은 두 신경망 모델의 경쟁을 통해 학습하고 결과물을 만들어내는 기술로 '진짜 같은 가짜'를 생성하는 모델과 이에 대한 진위를 판별하는 모델의 경쟁을 통해 진짜 같은 가짜 이미지를 만들 수 있는 차세대 딥러닝 알고리즘이다.

지금까지 AI가 주로 활용되어 온 것은 '예측'과 '인식' 이라는 두 영역인 반면, 데이터 그리드가 전문적으로 생성하는 AI는 창의력을 획득 한 신기술이다.

21(마케팅지원)/50

- 기업명 : salesforce(세일즈포스) (미국) / www.salesforce.com
- AI 적용 기술 : 화상,문자 인식 기술
- 프래임(AI 프로그램) : 메타마인드
- 국내외 주요 고객 : CRM
- 제품명 및 서비스(비즈니스 모델) : 마이아인슈타인(myEnistein)

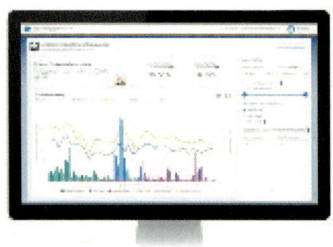 

글로벌 CRM 기업 세일즈포스는 이메일 마케팅 캠페인을 보다 효율적으로 지원할 수 있는 아인슈타인 AI(인공지능)을 개발했다.

AI접목 마케팅기능은 아인슈타인 인게이지먼트 프리퀀시, 아인슈타인 전송 시간 최적화, 아인슈타인 콘텐츠 태깅, 트랜잭셔널 메시지로, 마케팅 담당자가 보다 효과적이고 스마트한 이메일 마케팅을 기획 및 실행할 수 있는 환경을 제공한다. 고객 행동 패턴을 분석해 최적의 시간에 적절한 횟수의 이메일을 발송할 수 있게 하거나 이미지 인식 기능을 통해 마케팅에 활용할 이미지 태그를 자동으로 삽입할 수 있도록 하는 것이다. 고객 인게이지먼트를 향상 시키고 브랜드에 대한 고객의 싫증을 유발하지 않는 마케팅이 가능하도록 돕는다. 아인슈타인 발송시간 최적화는 AI가 분석한 고객 데이터에 기반해 마케터가 최적의 시간대에 이메일을 전송할 수 있도록 지원하는 기능으로, 고객이 가장 편안한 시간에 마케팅 메시지를 확인할 수 있도록 하여 브랜드에 대한 충성도는 높이면서 구독취소와 같은 역효과는 최소화한다.

마케팅 클라우드에서는 고객에게 발송하는 구매 확정, 배송 알림, 암호 초기화와 같은 같은 메일을 발송하는 것이 가능하고 프로모션 관련 내용도 포함할 수 있다.

22(신약개발)/50

- 기업명 : Exscientia(엑센시아) (영국) / www.exscientia.ai
- AI 적용 기술 : 능동학습 알고리즘
- 프래임(AI 프로그램) : Centaur Chemist 플랫폼
- 국내외 주요 고객 : 신약

- 제품명 및 서비스(비즈니스 모델) : DSP-1181

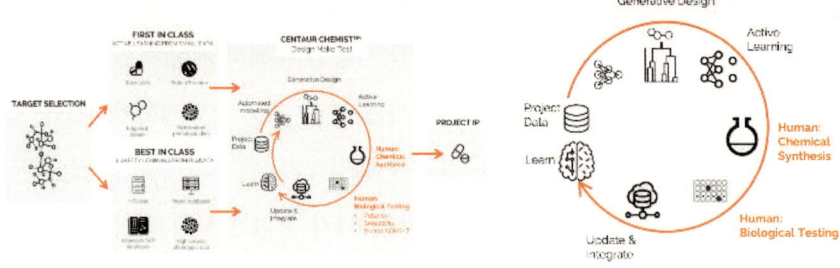

　엑센시아는 2012년에 창업한 회사로 GSK, 로슈, 바이엘, 세엘진, 사노피 등과도 인공지능을 활용한 신약개발 분야에서 협력하고 있다.

　세엘진과는 암 자가면역질환 치료제 후보물질 발굴 관련 협업을 진행하며 약 2500만 달러(265억원) 마일스톤 및 로열티 계약을 체결했다. 일본 다이닛폰스미토모는 엑센시아 인공지능을 활용하여 개발한 신약후보 화합물 DSP-1181의 임상 1상시험을 일본 국내에서 시작했다.

　독자적인 AI 기술에 숙련된 신약개발연구자를 융합한 'Centaur Chemist 플랫폼'은 신약개발 연구에 대폭적인 생산성 향상 및 약효 개선을 가능하게 하는 새로운 접근이라는 평가를 받고 있다.

　DS1181은 강박성 장애 치료약으로 평균 4년6개월이 걸린다고 하지만 엑신시아의 AI플랫폼 효과로 12개월 미만으로 완료됐다. 올바른 신약 화합물 분자를 찾아내려면 수십억번의 판단 작업이 이루어져야하는데 엔세시아 AI

를 통해 350개의 화합물만 직접 제조해 테스트 할 수 있다.

　엑센시아 AI 능동학습 알고리즘은 적은 데이터량으로도 효율적인 학습이 가능하다. 수천만개의 가상 분자를 생성한 뒤 이를 데이터베이스에 넣고 약효를 점검해 걸러내는 과정을 거친다.

23(의료진단)/50

- 기업명 : 메드왓(MedWhat) (미국) / www.medwhat.com
- AI 적용 기술 : 지능형 NLP 시스템, 기계학습
- 프래임(AI 프로그램) : 의료용 챗봇
- 국내외 주요 고객 : 고객
- 제품명 및 서비스(비즈니스 모델) : 의료 진단용 지능형 챗봇

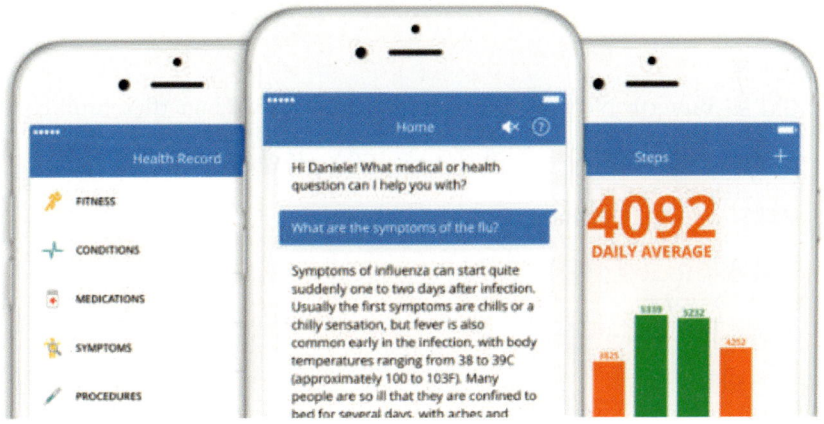

*참고 : MedWhat

이 챗봇은 환자와 의사 모두에게 의료 진단을 더 빠르고, 쉽고, 보다 투명하게 하는 것을 목표로 한다. 이 챗봇을 웹MD의 지능형 버전처럼 생각할 수 있다. MedWhat은 인간과 상호 작용하여 '학습'하는 행동을 기반으로 사용자 질문에 점점 더 정확한 응답을 제공하는 정교한 기계 학습 시스템으로 구동된다.

MedWhat이 다루는 의학 질문의 범위가 계속 증가하고 있는 것 외에도, 이 봇은 이미 상당한 양의 의학 전문 지식을 확장하기 위해 방대한 양의 의학 연구와 동료 검토 과학 논문을 사용한다.

여러 가지 면에서, MedWhat은 대화 에이전트보다는 (Google Now와 같은) 가상 도우미에 훨씬 더 가깝다. 또한 지능형 NLP 시스템과 기계 학습 기술을 결합하여 사용자에게 정확하고 반응하는 경험을 제공하는 흥미로운 챗봇 개발 분야를 대표한다.

24(AI 초음파)/50

- 기업명 : Butterfly Network(버터플라이 네트워크) (미국) www.butterflynetwork.com
- AI 적용 기술 : 시각지능, 청각지능, 학습지능, 복합지능
- 프레임(AI 프로그램) : Butterfly AI
- 국내외 주요 고객 : 환자
- 제품명 및 서비스(비즈니스 모델) : 초음파 영상 이미지를 한장의 칩으로 구현한 의료 기술

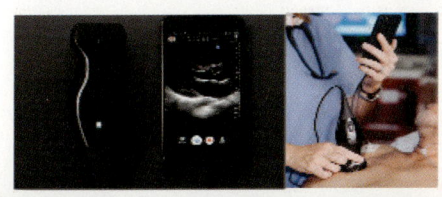

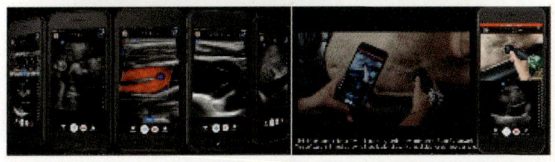

　버터플라이 네트워크(Butterfly Network)는 초음파 영상 이미지를 한장의 칩으로 구현한 의료 기술을 개발 했다. UoC(Ultrasound on a Chip)기술은 초음파 스캔 장치를 아이폰에 연결하여 환자의 신체를 스캔하면 이미지가 뜨는 기술이다. 일종의 청진기 역할을 수행하는 것이다. 기존의 카트형 초음파 기계는 크기가 크고 3개이상의 탐촉자로 구성돼 신체 부위에 따라 다른 탐촉자를 사용해야 했지만, 버터플라이 iQ는 크기도 작고 탐촉자를 하나로 합쳐 불편함을 해소했다.

　근골격, 심장, 말초혈관, 태아 및 산모 검사 등 13개의 진단을 할 수 있는 데다 FDA의 승인까지 받았다. IQ는 또한 인공지능을 사용하여 다른 초음파 장치에서 사용할 수 없는 사용 사례를 만든다. 예를 들어 IQ의 기능 중 하나는 사용자가 환자의 몸에서 프로브를 움직이면 슬라이더가 이동하여 장치가 잘 캡처되고 있는지 여부를 표시한다. 이 기능은 좋은 이미지와 나쁜 이미지를 구별하기 위해 수만개의 이미지에 대해 훈련된 인공 신경망을 사용한다. 예를 들어, 초음파에 대한 전문 지식이 없는 사람이 이 장치를 사용하여 적절한 이미지를 얻고 추가분석을 위해 전문가에게 보낼 수 있는 것이다.

　버터플라이는 다른 제조업체와 차별화되고 시장의 미개발 부문에 대한 잠재가치가 뛰어나다.

25(시각장애 AI)/50

- 기업명 : Microsoft(MS) (미국) / www.micrososoft.com/en-us/ai/seeing-ai
- AI 적용 기술 : 이미지캡셔닝
- 프래임(AI 프로그램) : Inception V3
- 국내외 주요 고객 : 시각장애인
- 제품명 및 서비스(비즈니스 모델) : Seeing AI

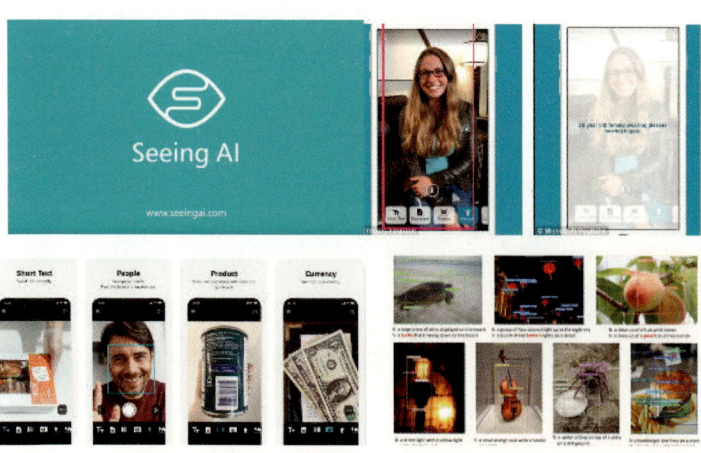

사람보다 더 정확히 이미지를 묘사하는 인공지능 기술을 마이크로소프트가 개발했다. 시각장애인 보행 보조는 물론 다양한 분야에 적용할 수 있다. 마이크로소프트가 개발한 이미지 캡션 AI는 사람과 비슷하거나 뛰어넘는 상황 묘사 기능을 가지고 있다. 색깔이나 형태를 통한 개관적인 설명이 아닌 정확한 사물 인식을 기반으로 이미지를 설명하는 것이다.

마이크소로프트의 Seeing(씨잉)은 저시력이나 시각장애로 앞을 볼 수 없는 이들에게 음성으로 주변을 읽어주는 무료 프로그램이다. 씨잉은 간판이나 휴대폰 카메라에 비춰진 문자를 인식하고 읽을 수 있다. 테이블 위를 비추면 책, 포크와 같이 AI가 인식한 물건의 이름을 말해주는가 하면 쥐고 있는 지폐와 옷의 색을 음성으로 안내해 시간장애인을 돕기도 한다. 또한 물건의 바코드만 찍어도 해당 제품 정보를 제공할 수 있으며, 이용자가 정확하게 물건이나 사람을 찍도록 기기를 오른쪽이나 왼쪽으로 움직이라는 조언까지 가능하다.

미리 등록한 가족이나 친구의 얼굴을 인식해 알려주는 기능도 있으며 처음 보는 사람이라도 대략적인 연령대와 성별을 추측해 정보를 제공하고, 표정을 읽어 상대방 감정을 설명하기도 한다.

26(농업 AI)/50

- 기업명 : Blue River Technology(블루리버) (미국) / www.bluerivertechnology.com
- AI 적용 기술 : 머신러닝
- 프래임(AI 프로그램) : GATR(Global Automated Target Recognition)
- 국내외 주요 고객 : 항공사
- 제품명 및 서비스(비즈니스 모델) : 실시간 농장물 자동 관리 GATR

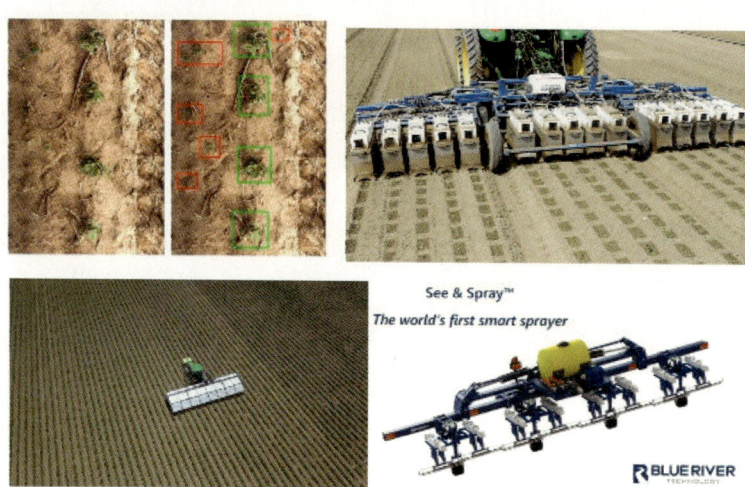

블루리버테크놀로지는 빅데이터 수집, 머신러닝, 농장관리 자동화 기술에 특화된 스타트업 개발업체이다. 상추를 상품성 없는 상추를 수작업으로 제거하는 작업에서 시간이 오래 걸린다는 점을 착안해 머신러닝 기반 프로그램을 설계하기 시작했다.

AI가 탑재된 'seed & spray' 로봇은 실시간으로 잡초와 곡물을 분당 5,000장을 촬영해 0.02초안에 상추와 잡초를 0.635mm단위까지 구분하고 제초제를 잡초가 자란부분에만 제초제를 분사하는 자동화 로봇이다. 제초제를 수작업으로 분무할 때 보다 90%까지 비용을 절감 할 수 있게 되었다. 또한 제초제와 같은 화학 약품의 사용을 줄여 토지의 화학 물질의 누적 잔류량이 줄어 들어 환경을 보호하고 후세대 농업의 지속성을 유지할 수 있게 된다.

상추로봇 See & spray를 통해 얻은 데이터를 바탕으로 농작물의 간격, 높이, 잎의 크기 등을 측정하고 필요한 물의 양과 작물 성장 가능성을 파악할 수 있는 3D 농작물 스캐너 'ZEA'를 개발하기도 했다.

27(안마로봇)/50

- 기업명 : Aitreat (에이아이트릿) (싱가폴) / www.aitreat.com
- AI 적용 기술 : 오픈소스 딥러닝 라이브러리
- 프래임(AI 프로그램) : Ai트리트의 클라우드 기반 인텔리전스 플랫폼
- 국내외 주요 고객 : 근육 긴장과 부상 등으로 인해 물리치료가 필요한 고객
- 제품명 및 서비스(비즈니스 모델) : 중국의술(TCM)에 기반한 마사지를 제공하는 로봇

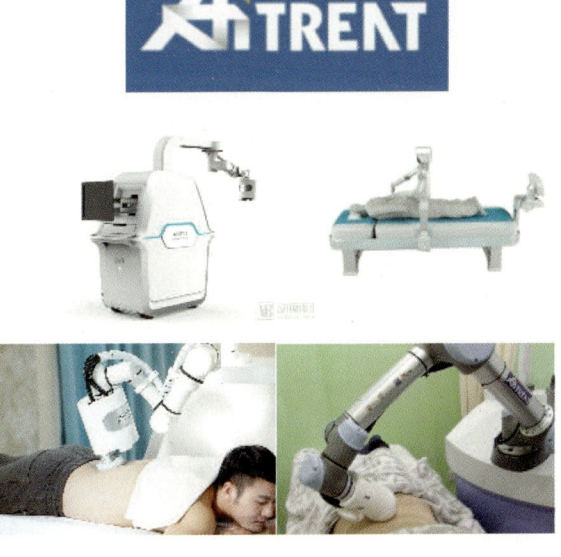

싱가포르 기업인 Ai트리트(AiTreat)는 최근 근육 긴장과 부상 등으로 인해 물리치료가 필요한 환자들에게 전통 중국의술(TCM)에 기반한 마사지를 제공하는 로봇 EMMA(Expert Manipulative Massage Automation)를 개발했다.

엠마는 고관절 운동을 할 수 있는 로봇 팔 하나와 3차원 비전 입체 카메라, 3D프린트로 만들어진 풀 회전형 마사지팁(tip)을 포함하고 있다. 센서와 진단 기능이 있어 특정 근육 및 힘줄에 닿는 강도를 정확하게 측정할 수 있는 것은 물론 환자의 경과를 체크해 일관된 치료 품질을 보장한다. 치료 과정에서 추출된 데이터는 Ai트리트의 클라우드 기반 인텔리전스 플랫폼에 업로드돼 분석된다.

엠마는 손가락과 손가락 끝의 실리콘은 사람과 같은 체온을 위해 섭씨 38~40도 정도까지 올라간다. 또 엠마에는 카메라가 있어서 정확한 위치에 마사지를 실시할 수 있다. 환자는 리모컨을 사용해서 엠마의 마사지 압력을 바꿀 수 있다. 또 엠마를 사용하면 비용이 절감된다. 사람 마사지사를 고용하는 것보다 매달 3,000 싱가포르 달러(약 245만 원)를 절약할 수 있다.

28(관객분석)/50

- 기업명 : The Walt Disney Company (월트디즈니) (미국) / www.thewaltdisneycompany.com
- AI 적용 기술 : FVAE
- 프래임(AI 프로그램) :
- 국내외 주요 고객 : 관중
- 제품명 및 서비스(비즈니스 모델) : 영화 상영과 동시에 관람객의 표정을 AI

가 평가, 감정 상태 유추

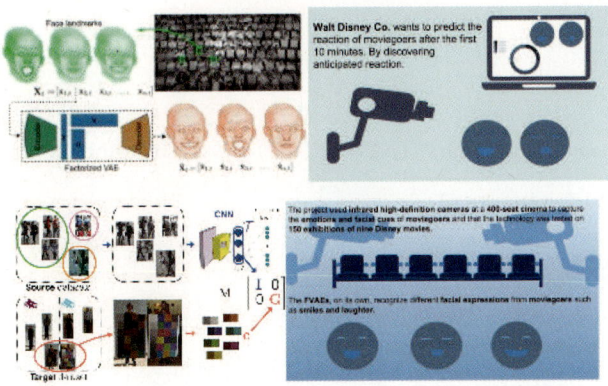

월트 디즈니는 인공지능과 머신러닝을 차세대 엔터테인먼트에 핵심으로 목표를 잡은 월트 디즈니는 인기를 끌만한 스토리를 골라내고, 캐릭터에 표정을 입히고, 관객들의 반응을 분석해 영화를 평가 하는 등 적극적으로 인공지능을 활용하고 있다.

SNS를 활용하여 추천 수를 척도로 인기를 가늠한 뒤 추천수가 많은 5만 4484개의 글 중 스토리에 걸맞는 구조를 갖춘 2만 8320개를 추려내고 인과관계에 중점을 두고 시간에 따라 서술한 글들 이었다. 이후 인공지능은 새로 올라온 글의 추천 수를 예측하도록 했다. 독자의 지역, 종교 26개의 조건을 고려했을 때 인공 신경망의 예측 정확도는 기존 기계 분석에 비해 약 18% 향상 됐다.

FVAE(Factorized Variational Autoencoders)는 영화 상영과 동시에 적외선 카메라로 관람객의 표정을 평가해 감정 상태를 유추한다. 디즈니는 '빅 히어로', '정글북', '스타워즈:깨어난 포스'같은 영화를 상영하며 3179명의 표정을 분석했다. 프베스는 초반 몇 분의 분석만으로도 관람객들이 전체적으로 영화평을 어떻게 내릴지 예측 할 수 있다.

29(AI 건축정보)/50

- 기업명 : Building Radar(빌딩레이더) (독일) / www.buildingradar.com
- AI 적용 기술 : 머신러닝
- 프래임(AI 프로그램) : Building Radar
- 국내외 주요 고객 : 건축 기자재 및 인테리어 용품 제조 및 서비스 기업
- 제품명 및 서비스(비즈니스 모델) : 인공지능과 인공위성 기술을 활용 건축 정보제공

독일회사인 빌딩 레이더는 기계학습에 기반을 둔 인공지능과 인공위성 기술을 활용하여, 건축 프로젝트 기업에 사업성 있는 정보를 제공함으로써 부가가치 및 신규 서비스 시장을 창출하는 서비스 회사이다.

　온라인 상의 정보를 스캔하고, 건설 부지 매입이나 건축 설계 공모와 같은 빌딩 건축 프로젝트 초기 정보와 유럽 항공우주국(European Space Agency: ESA)으로부터 24시간 실시간으로 3D 지도 정보를 제공받고 있으며, 세계 각지의 새로운 이미지 정보는 10일주기로 받고 있다. 정보 서비스 이용 비용은 계정 수나 관심 지역의 범위에 따라 다르지만 1개의 계정에 399달러이다.

　가구 디자인 제조 업체 비트라(Vitra)는 위성 이미지 정보가 있어 리드 정보 확인에 일 평균 1시간 절감하고 고객의 신규 건축 프로젝트 참여정보 입수가 가능하여 매출이 25% 증가했다.

　대규모 건축 조립회사인 게어하르트 브라운(Gerhardt Braun)은 건설 프로젝트 담당자가 입찰 마감 업무에 일일 평균 3시간 절감, 고객 유지율 80%의 효과를 보았다.

30(인공지능카메라)/50

- 기업명 : DFrobot(디에프로봇) (중국) / www.dfrobot.com
- AI 적용 기술 : 머신 러닝
- 프래임(AI 프로그램) : 허스키렌즈
- 국내외 주요 고객 : 교육용, 고객
- 제품명 및 서비스(비즈니스 모델) : 머신러닝이 적용된 인공지능 카메라

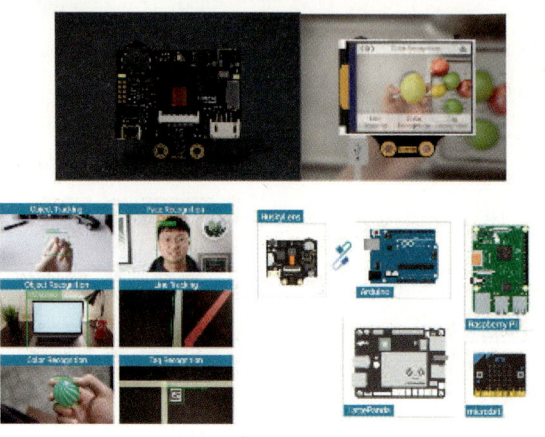

　　디에프로봇은 중국의 로봇제조 회사다. 디에프로봇이 만든 제품중 허스키렌즈는 머신러닝이 적용된 인공지능 카메라다. 허스키 렌즈를 활용하면 데이터를 입력하여 학습시키고 프로그래밍을 할 필요없이 허스키렌즈 자체에서 이미지 데이터들을 학습시켜 인공지능 카메라로 사용할 수 있다. 추가적으로 허스키렌즈를 '아두이노'나 '마이크로비트'에 연결하면 쉽게 간단하게 인공지능 로봇도 만들어 볼 수 있을 만큼 호환성이 매우 뛰어나다.

　　허스키렌즈는 물체 추적(Object Tracking), 얼굴 인식(Face Recognintion), 사물 인식(Object Recogonition), 라인 트래킹(Line Tracking), 색깔 인식(Color Recognition), 태그 인식(Tag Recognintion) 6가지기능이 탑재 되어 있다.

　　머신러닝이 학습되어 있기 때문에 사람, 컴퓨터, 물병 등 다양한 물체를 인식 할 수도있으며, 원하는 물체나 얼굴을 학습시켜 구분하게 할 수도 있다. 허스키렌즈는 많이 학습할수록 더욱더 스마트 해진다. 대화형 제스처 제어도 할 수 있으며, 사용자 또는 환경과 상호 작용할 수 있는 새로운 방법을 가진다. 특정 손동작을 학습한다거나, 학습된 손동작의 패턴 인식을 인식하고 위치를 알려줄 수도 있다. Vehicle과 결합하면 태그인식과 라인 트래킹을 결합하여 적절한 방향을 자동으로 결정하는 간단한 자율주행 로봇을 만들 수도 있다.

31(자율주행 플랫폼)/50

- 기업명 : 오로라 이노베이션(Aurora Innovation) (미국) / www.aurora.tech
- AI 적용 기술 :
- 프래임(AI 프로그램) : 자율주행 플랫폼, 클라우드 플랫폼
- 국내외 주요 고객 : 운송·교통
- 제품명 및 서비스(비즈니스 모델) : 차량 제조·물류·모빌리티 서비스 통합 자율주행 플랫폼

자동차 제조·물류·모빌리티 서비스를 통합하는 자율주행 플랫폼이다.
오로라 창립 멤버는 구글의 자율주행 기술 총책임자였던 크리스 엄슨(Chris Urmson), 테슬라의 오토파일럿 총괄인 스탈링 앤더슨(Sterling Anderson), 우버의 영상인식 기술개발 담당자 드류 배그넬(Drew Bagnell) 3인방으로 구성되었다.

이 회사는 자율주행 분야 소프트웨어 솔루션 개발, 인지 및 판단 분야 각종 센서와 제어 기술, 클라우드 시스템과 연결되어 정보를 주고받는 백엔드(Back-End) 솔루션 등 독자적 기술력을 보유하고 있다.

< 오로라의 핵심 플랫폼 서비스1 >

구분	주요 서비스
자율주행 플랫폼	오로라 드라이버(Aurora Driver) - 오로라 드라이버는 전 세계 어떤 차량이든 안전하게 운행할 수 있도록 필요한 하드웨어 및 소프트웨어 설계, 데이터 서비스를 지원하는 플랫폼 - 자율주행차량 주변 환경을 정확히 인지하는 고성능 라이다(LiDAR)·레이더·카메라와 최적 안전 운행 경로를 도출하는 첨단 소프트웨어 모듈이 탑재
클라우드 플랫폼	오로라 클라우드(Aurora Cloud) - 오로라 클라우드는 오로라 드라이버가 장착된 차량과 연결되어 사람과 물품의 운송을 지원하는 네트워크 및 차량 관리 장치에 공통 인터페이스를 제공 - 물류 서비스 : 오로라 클라우드와 완성차 업체, 모빌리티 업체 등 자율주행차 생태계 내 당사자들과 통신하여 차량을 파견 및 운송하고 항구, 유통센터, 가정 및 기업간 물품을 배달 - 모빌리티 서비스 : 일반적인 API를 통해 클라우드로 차량과 탑승자를 모니터링하고 운전자와 차량 상태를 지속적으로 점검 - 차량관리 서비스 : 오로라 드라이버와 함께 구동되는 차량을 주차, 충전, 보관 및 유지·관리를 위해 오로라 클라우드와 연계하여 차량 관리 서비스를 지원

32(AI 플랫폼)/50

- 기업명 : 그래프코어(Graphcore) (영국) / www.graphcore.ai/products/ipu
- AI 적용 기술 :
- 프래임(AI 프로그램) : AI 플랫폼
- 국내외 주요 고객 :
- 제품명 및 서비스(비즈니스 모델) : ML 및 AI 연산을 가속화하는 지능형처리장치(IPU)

AI를 위해 설계된 최초의 프로세서인 IPU AI 반도체 칩 개발

- 영국의 AI 반도체 스타트업 그래프코어는 기계학습 및 AI 애플리케이션 처리를 가속화하는 새로운 개념의 프로세서인 IPU(Intelligence Processing Unit, 지능형처리장치)을 개발
- 독자적으로 설계한 'Colossus IPU'는 CPU나 GPU 등 기존 시스템 반도체와 달리 프로세서에 직접 메모리를 배치하여 AI 학습 및 추론 모델을 메모리 간 전송지연 없이 연산 속도를 획기적으로 향상
- 콜로서스 IPU는 16코어 팩과 236억개의 트랜지스터를 탑재한 세계 최초의 메모리 중심적 병렬 프로세서로 칩 안에 메모리가 들어가 있어 학습 및 추론 모델을 메모리에 적재한 후 즉각적으로 연산이 가능
- 최근 글로벌 공급망 확대를 위해 '엘리트 파트너 프로그램(Elite Partner Program)'을 추진하여 파트너사에 자사의 AI 컴퓨팅 플랫폼을 제공하고 있다.

<그래프코어의 주요 기술 및 제품>

구성	주요 기술 및 제품 특징
기술	지능형처리장치, Colossus IPU ① 병렬 연산 - 독립적인 1,216개의 IPU 코어로 각 IPU 코어마다 프로세스 내 메모리 타일을 탑재하여 IPU 코어당 100GFLOP 이상의 속도로 7,000개 이상의 프로그램을 병렬 실행 ② 최적화된 대역폭 - 300MB의 프로세서에 메모리를 탑재하여 칩당 45TB/s의 메모리 대역폭으로 초저지연 연산 가능
제품	프로세서 SW 스택, Poplar ① ML프레임워크 지원 - TensorFlow, ONNX와 호환되어 개발자가 기존 머신 러닝 SDK 및 모델을 사용할 수 있도록 지원 ② 오픈소스 라이브러리 - 머신러닝 기본 요소 및 빌딩 블록을 지원하는 완전한 라이브러리 세트가 포함

33(금융 AI)/50

- 기업명 : 레모네이드(Lemonade) (미국) / www.lemonade.com
- AI 적용 기술 : AI 챗봇, 딥러닝
- 프래임(AI 프로그램) :
- 국내외 주요 고객 : 금융
- 제품명 및 서비스(비즈니스 모델) : 보험처리 전과정을 간소화하는 AI 보험설계사

<AI 챗봇을 활용한 보험처리, 레모네이드 앱>

AI 챗봇의 도입을 통해 보험 시장의 판도를 바꿔놓은 레모네이드

- 온라인 모바일 보험 플랫폼으로 보험 가입과 보험금 지급까지 보험처리의 전 과정을 스마트폰 앱으로 수행
- 보험 계약·지급 업무에 AI와 챗봇을 도입해 사고 피해를 앱을 통해 신고하면 5분 이내 보험금 산정 및 지급되는 간소한 보험 절차로 보험 가입자들에게 큰 인기
- 기존 보험사와 달리 레모네이드의 차별화 전략은 AI 기술 기반으로 합리적 보험금 책정 및 지급 시스템을 구축과 P2P 사업 모델을 통한 보험료의 투명한 운용

※ 레모네이드는 보험료 운용은 플랫폼 사용료(20%), 보험급 지급(40%), 재보험 가입(40%)로 구성되어 있으며, 정산 후 남은 보험료는 계약자가 가입할 때 지정한 비영리 단체에 기부

프로세스	주요 서비스
보험 계약	AI 챗봇 기반 보험설계사, '마야(Maya)' - 마야는 보험 가입에 필요한 몇 가지 질문을 통해 신규가입자의 입력 사항을 수집해 보험약관을 구성
보험금 청구·지급	사고발생 시, 보험청구를 도와주는 챗봇 '짐(Jim)' - 가입자가 앱을 통해 피해 사실을 증명하는 사진, 서류, 영상을 업로드하여 간단한 보험금 청구가 가능 - AI가 보험처리 매뉴얼과 가입자의 빅데이터 정보를 분석하여 보험사기 여부, 보상 규모의 적정성 등을 판단하고 보험금 산정을 통해 3분 안에 보험금을 송금

34(AI 플랫폼)/50

- 기업명 : 데이터로봇(DataRobot) (미국) / www.datarobot.com/platform
- AI 적용 기술 :
- 프래임(AI 프로그램) : 누구나 쉽고 빠르게 구축하는 머신러닝 자동화 플랫폼
- 국내외 주요 고객 :
- 제품명 및 서비스(비즈니스 모델) : 데이터로봇의 자동화 머신러닝 플랫폼 서비스

누구나 쉽고 빠르게 구축하는 엔터프라이즈 AI 플랫폼

- 머신러닝 자동화 플랫폼을 제공하는 데이터로봇은 설립이후, 불과 6년만에 기업가치 약 7,000억원으로 고속 성장 - 1억달러 규모 투자유치를 통해 머신러닝 자동화 솔루션에 지속적으로 투자하여 금융, 의료, 보험 및 제조를 포함한 다양한 산업 분야로 사업 영역을 확대
- 데이터로봇의 자동화 머신러닝 플랫폼은 완전 자동화된 AI 개발 워크플로우(데이터 준비→모델링→모델 학습·보정→배포)를 지원하며, 기존의 머신러닝 모델 개발에 많은 시간이 소요되었던 작업을 자동화하여 모델링 속도를 10배 이상 향상

프로세스	서비스 설명
데이터 준비	데이터로봇은 원시 데이터(raw data)의 요구사항을 파악하여 각 알고리즘이 최적 성능을 위해 필요한 형태로 변환
특징 추출	데이터의 숫자, 범주 및 텍스트와 같은 변수에 대해 알고리즘 및 비즈니스 과제에 맞는 변수를 선택 및 생성하고 불필요한 변수를 삭제하여 데이터 특성에 맞는 기능을 추출 및 수정하는 프로세스
다양한 알고리즘	다양한 상황과 조건으로 인해 하나의 알고리즘이 모든 비즈니스 문제 또는 데이터를 해결할 수 없으므로 수백 가지의 다양한 알고리즘과 적절한 사전 처리를 통해 AI 과제에 가장 적합한 알고리즘 탐색 - 수백 개의 알고리즘을 탐색할 시간이 없는 경우, 데이터에 적합한 알고리즘만 실행 가능

모델 학습 및 최적화	(모델 학습) 선택된 각 알고리즘에 대해 모델 학습 및 하이퍼 파라미터 튜닝을 통해 모델 최적화 - (모델 결합) 각 알고리즘을 찾아 서로 결합하고 각 알고리즘의 가중치를 조정하여 알고리즘의 약점 보안 및 일반화 성능 향상 - (모델 순위 경쟁) 수십 개의 모델을 구축 및 교육하고 결과를 비교하며 정확도, 속도 등 가장 효율적인 조합으로 모델 순위 생성 - (모델 설명) 해석할 수 있는 방식으로 모델 결정을 설명하여 각 모델의 정확 도와 각 기능에 적합한 패턴에 가장 큰 영향을 미치는 예측의 이유를 설명
배포 및 모니터링	(배포) 모델 생산 준비 완료 시, 표준시스템 하드웨어에 여러 방법으로 배포 - (모니터링) 모델 예측을 실제 결과와 비교 및 최신 데이터에 대한 새 모델을 교육, 모델 성능이 저하되는 시기를 사전에 식별 가능

35(AI 보안)/50

- 기업명 : 센티넬원(SentinelOne) (미국) / www.sentinelone.com/platform
- AI 적용 기술 : 자율 사이버 보안
- 프래임(AI 프로그램) : 센티넬원의 Endpoint 보안 솔루션 플랫폼
- 국내외 주요 고객 :
- 제품명 및 서비스(비즈니스 모델) : 사이버 공격을 방어하는 차세대 통합 EDR 보안 솔루션

진화되는 사이버 공격을 방어하는 차세대 통합 EDR 보안 솔루션

- AI 기반으로 악성코드 유형을 학습하여 실시간으로 신·변종 악성 코드 및 공격을 사전 차단 및 공격 행위에 대한 사후 분석을 지원
- 악성코드 및 해킹 감지를 위한 시그니처 백신, 정적 AI, 동적 AI 등 독자적 AI 기술을 적용하여 다양한 형태의 공격에 통합적 방어를 제공하는 통합 EDR 보안 솔루션을 개발

※ EDR(Endpoint Detection and Response) 보안 솔루션 : PC, 서버, 가상 데스크톱 환경 등 단말에서 보안 위협을 탐지하고 최적의 대응 조치하는 보안 솔루션 기술

<센티넬원의 Endpoint 보안 솔루션 플랫폼>

프로세스 주요 서비스	주요 서비스	
ERP	사전 차단	시그니처 기반, 정적 AI 탐지를 통한 사전 공격 방지 - 기존에 알려진 악성코드 및 신종 악성코드가 실행되기 전에 시그니처 기반의 백신 및 파일 평판 조회, AI 기반으로 학습된 파일 패턴 분석 등을 통해 사전 차단 - 정적 AI 엔진은 기존의 서명을 대체하고 최종 사용자의 생산성을 저하시키는 반복적인 스캔을 방지
보험금 청구·지급	공격 행위 탐지·차단	동적 AI로 사이버 공격 탐지 및 차단 - 악성코드가 실행 중에 시그니처 기반 백신에서 차단하기 어려운 Exploit, Fileless 공격, 스크립트 공격 등 이상행위를 동적 AI가 탐지하여 차단

EDR	사후 대응	자동화된 EDR을 통한 실시간 사고 대응 - 포렌식 데이터를 제공하고 위협으로부터 자동으로 네트워크 격리를 수행하여 랜섬웨어 등에 의한 데이터 피해 등 엔드포인트를 사전 감염 상태로 복구가 가능

36(헬스케어)/50

- 기업명 : 버터플라이 네트워크(Butterfly Network) (미국) / www.butter flynetwork.com
- AI 적용 기술 :
- 프래임(AI 프로그램) :
- 국내외 주요 고객 :
- 제품명 및 서비스(비즈니스 모델) : 손쉽게 질병 진단이 가능한 휴대용 AI 초음파 기기

질병 진단 영상인식 솔루션에 혁신을 가져온 휴대용 AI 초음파 기기

- 버터플라이 네트워크를 설립한 조나단 로쓰버그(Jonathan Rothberg)는 반도체 기술을 생물학에 응용하는 전문가로 AI를 탑재한 저가 휴대용 초음파 장비인 'Butterfly iQ'를 개발
- 버터플라이 iQ는 청진기 같은 네트워크 기기로 사용자가 직접 자신의 몸을 스캔하여 스마트폰에서 간단하게 건강 이상 유무를 판단하고 클라우드에 업로드 및 영상을 공유하여 다른 의사 소견 확인 가능

- 스마트폰에 연결되어 단일 실리콘 칩으로 구동되는 버터플라이 iQ는 2,000달러 미만의 가격으로 기존의 시스템보다 10배 저렴한 가격으로 원격 의료진단 솔루션을 제공

< 버터플라이 네트워크의 휴대용 AI 초음파 기기 >

구분	주요 기능
Butterfly iQ	누구나 손쉽게 질병 진단이 가능한 '버터플라이 iQ' - 버터플라이 iQ는 모바일, 태블릿PC 등 여러 디바이스 기기와 호환이 가능하며, 버터플라이 안드로이드 App을 설치한 후, 심장 스캔, 근골격 검사, 암 진단 등 19가지 스캔 기능을 사전에 설정 가능
Butterfly Cloud	암호화된 데이터를 관리하고 모니터링하는 '버터플라이 Cloud' - 버터플라이 App에서 버터플라이 클라우드로 전송된 의료영상은 심장, 폐 등 카테고리별로 관리하며, 기록된 개인정보는 암호화되어 지속적인 모니터링을 통해 보호
Butterfly Link Software	진료 워크플로우 통합 솔루션 '버터플라이 연결 SW' - 버터플라이 클라우드에 저장된 개인의 의료영상과 신상정보를 버터 플라이 연결 소프트웨어가 전자의무기록(EMR) 및 의료영상저장전송 시스템(PACS)로 전송할 수 있도록 지원

37(운송.교통)/50

- 기업명 : 투심플(TuSimple) (중국) / www.tusimple.com
- AI 적용 기술 :
- 프레임(AI 프로그램) :
- 국내외 주요 고객 :
- 제품명 및 서비스(비즈니스 모델) : 완전자율주행 솔루션을 접목한 투심플 자율주행 트럭

자율주행 시장에 혁신을 불러온 트럭의 무인주행 상용화

- 중국 최초로 레벨4 수준의 완전자율주행 솔루션을 트럭 운행에 접목을 시도하여 엔비디아, 시나닷컴 등으로부터 총 9,500만 달러 규모의 투자유치에 성공
- 투심플의 공동창업자 첸 모(Chen Mo)와 호우 샤오디(Hou Xiaodi)는 시나 웨이보 연구소에서 자동차 식별 도구를 만들던 경험으로 카메라 기반의 독자적 자율주행 트럭 기술개발에 주력

※ 현재 출시된 투심플의 자율주행 서비스는 운전자와 엔지니어가 각각 1명씩 동승하는 형태로 운행이 되고 있으나, 21년까지 레벨4 수준의 완전자율주행 솔루션을 개발하여 무인 트럭 상용화할 계획

< 투심플의 자율주행 트럭 구성요소 >

자율주행 트럭	핵심 구성요소
	안전한 자율주행을 위한 8개의 HD 카메라 - ASIL(Automotive Safety Integrity Level)-ISO 26262 표준을 충족하도 록 설계된 카메라 어레이는 어두운 터널, 야간주행 등 다양한 조명 시나리오에도 안전한 운행이 가능
	안전한 자율주행을 위한 8개의 HD 카메라 - ASIL(Automotive Safety Integrity Level)-ISO 26262 표준을 충족하도 록 설계된 카메라 어레이는 어두운 터널, 야간주행 등 다양한 조명 시나리오에도 안전한 운행이 가능
	200미터 이내 거리 측정이 가능한 라이다(Lidars) - 태양열, 헤드라이터 등 빛 감지 및 거리 측정 센서를 사용하여 전방 200미터 범위내 교통상황을 분석하여 제어가 가능

38(유통.물류)/50

- 기업명 : 페어(Faire) (미국) / www.faire.com/support
- AI 적용 기술 :
- 프래임(AI 프로그램) :
- 국내외 주요 고객 :
- 제품명 및 서비스(비즈니스 모델) : 소매점 상품 판매를 예측하는 AI 상거래 서비스 플랫폼

< 페어 리테일 비즈니스 지원 방식 >

※출처: 투이컨설팅

1. **AI 기반 소매점 상품 판매를 예측하는 새로운 리테일테크 전략**
   - 온라인 도매 전문 마켓플레이스로 영세 소매상이 자신의 상점에 맞는 상품을 찾아 주문할 수 있도록 유통 비즈니스를 지원하는 상거래 서비스 플랫폼
   - 설립 2년 만에 3만 5천개 이상의 벤더를 보유한 거대 플랫폼 기업으로 성장했으며, 최근 1억 5천만 달러 규모의 시리즈 D 투자유치를 통해 리테일 분야 AI 유니콘으로 성장함
   - 머신러닝 기반의 빅데이터 분석을 통해 AI가 소매점에 적합한 제품을 추천하며, 타 점포 데이터와 결합하여 향후 시장 트렌드 예측을 통해 마케팅 전략을 소매점에 제안하여 매출 신장에 기여

2. **자본력이 취약한 소매상과 IT 인프라가 취약한 지역 제조업체 간 Win-Win**
   - 페어의 유통 비즈니스 지원 방식은 오프라인 소매점을 위한 일종의 도매시장으로, 소매점 업주는 원하는 상품을 장바구니에 넣은 후 결제를 하지 않아도 주문이 가능
   - 또한, 재고 리스크를 해결하기 위해 구매 60일 이내 반품이 가능하며, 상

품 구입대금도 60일 후에 결제하는 시스템으로 소매점은 재고 부담 없이 판매할 수 있는 점이 가장 큰 장점

39(헬스케어)/50

- 기업명 : 리커션 파마슈티컬즈(Recursion Pharmaceuticals) (미국) / www.recursionpharma.com/platform
- AI 적용 기술 :
- 프래임(AI 프로그램) :
- 국내외 주요 고객 :
- 제품명 및 서비스(비즈니스 모델) : 임상 워크플로우를 지원하는 AI 신약개발 플랫폼

AI 임상 워크플로우(실험설계·임상실험·예측분석) 지원 신약개발 플랫폼

- 미국의 제약회사 리커션 파마슈티컬즈는 유타대학에서 희귀성 질환 치료법을 연구하면서 설립된 머신러닝 기반 신약개발 플랫폼으로 실험설계부터 예측 및 분석까지 임상의 모든 단계를 자동화
- 리커션의 딥러닝 모델은 수백만 장의 현미경 이미지를 분석하여 약물 화합물이 질병 세포 치료에 대한 효과성을 판단하고, AI를 활용하여 일주일 만에 1천개 이상의 세포에서 다양한 기능을 발견
- AI 기반 신약개발 자동화 프로세스를 통해 치료법이 부족한 희귀 질병을 포함한 노화, 종양 등 일반 질환을 치료하기 위한 15개의 신약개발 후보물질을 탐색

< 리커션 신약개발 플랫폼의 주요 구성요소 >

구분	구성요소
ReCursion 신약개발 플랫폼	• 화합물 선택 및 조합 : 과거 선별된 후보물질 결과 데이터와 통합하여 학습된 AI가 새로운 화합물을 선택하고 평가 • 후보물질 스크리닝 : 세포 이미지 인식 기술을 이용하여 세포의 크기, 세포핵의 형태, 세포 구성 요소간 거리 등 실험대상 세포의 특성을 파악하여 후보물질을 효율적으로 탐색 • 신약 효과 분석 및 예측 : 각 약물 화학물에 대한 효과 및 부 작용을 분석하여 최적의 화합물을 선정
RXRX.AI 데이터	• 신약개발을 위한 AI학습용 RxRx1 데이터셋 - 6개의 다른 형광 염료를 사용하여 세포를 염색하는 세포 페인팅 기법이 적용된 고해상도 현미경 이미지 데이터로 구성 - RxRx1의 이미지는 특정 유전자를 표적화하고 표적화된 mRNA를 분해하도록 설계된 siRNA를 사용하여 실험을 수행하며, 유전자 특이적 변화를 확인 가능

40(미디어.콘텐츠)/50

- 기업명 : 바이트댄스(Byte Dance) (중국) / www.bytedance.com/en/products
- AI 적용 기술 :
- 프래임(AI 프로그램) :
- 국내외 주요 고객 : 미디어·콘텐츠
- 제품명 및 서비스(비즈니스 모델) : AI 알고리즘이 추천하는 맞춤형 콘텐츠

플랫폼

AI 기반 맞춤형 콘텐츠 서비스로 전 세계 구독 플랫폼 장악

AI 기술력을 활용한 맞춤형 콘텐츠를 통해 탄탄한 이용자층을 확보하여 기업가치 750억 달러(약 83조 7300억) 달성
- 머신러닝 기반 콘텐츠 플랫폼을 보유하고 있으며, AI가 뉴스 구독 패턴이나 SNS 정보 등을 분석하여 구독자 맞춤형 서비스를 제공 특히, 소셜미디어 플랫폼인 틱톡(Tic Tok)은 페이스북, 트위터 등 경쟁사의 플랫폼과 달리 정교화된 알고리즘으로 개인화된 콘텐츠 제공
※ 페이스북, 인스타그램, 트위터 등 기존 소셜미디어 플랫폼은 사용자들의 피드가 주로 개인의 소셜 네트워크나 팔로워들로 구성

< 바이트댄스의 주요 서비스 >

서비스	주요 사례
진르 터우탸오 (今日头条)	• 인공지능 기반 뉴스 콘텐츠 모바일 플랫폼 - AI 기반의 사용자 분석을 통해 사용자가 관심 가질 뉴스 및 콘텐츠를 미리 예측하여 사용자에게 최적화된 정보를 신속하게 제공 - 기계학습과 사용자의 피드백을 통해 거짓 정보, 불필요한 정보를 차단하고, 서비스 사용자에게 필요한 정보를 제공
Tic Tok	• 모바일 동영상·뮤직 비디오 제작·공유 플랫폼 - 15초 이내 짧은 형태의 비디오 앱으로 누구나 쉽게 영상을 편집하고 공유가 가능 - 이용자가 자주 보는 영상의 핵심요소를 AI가 인물의 행동과 음성, 음악, 문자 등을 분석 후 유사한 동영상을 추천

Helo	• 인도의 콘텐츠 작성 및 공유 소셜 미디어 플랫폼 - 힌디어, 델루구어, 타밀어, 말라얄람어 등 14개 인도어를 지원하며 AI 기반 사용자의 관심 주제를 추천하는 커뮤니티 공간 제공
Vigo Video	• 쇼트클립 비디오 편집·공유 플랫폼 - 사용자가 직접 창의적인 편집도구, 필터 및 특수효과로 짧은 동영상을 제작 및 편집하고 비슷한 관심사를 가진 사용자 커뮤니티와 공유
Lark	• 기업의 협업 툴을 지원하는 엔터프라이즈 솔루션 - 일정관리, 문서작업, 회의 채팅, 클라우드 스토리지 및 앱센터를 포함하여 상호 연결되는 단일 플랫폼에 수많은 필수 협업도구를 결합

41(보안)/50

- 기업명 : 센스타임(Sense Time) (중국) / www.sensetime.com/Technology core_technology.html
- AI 적용 기술 :
- 프래임(AI 프로그램) :
- 국내외 주요 고객 :
- 제품명 및 서비스(비즈니스 모델) : 스마트시티의 보안을 위한 안면·영상인식 솔루션

자체 개발한 딥러닝 기술로 자동차, 의료 등 여러 산업을 지원

- 2014년 설립된 센스타임은 세계 최초로 딥러닝 플랫폼 및 슈퍼컴퓨팅 센터 구축과 얼굴인식, 텍스트인식 등 다양한 AI 기술을 독자적 개발
- 설립 5년 만에 기업가치가 75억 달러(약 8조 9300억원)로 고속 성장한 배경에는 중국 정부의 전폭적 지원이 있었기에 가능
- ※ 센스타임은 사업 초기 중국 국영기업인 차이나모바일의 얼굴인식 시스템 구축 프로젝트 수주 등 중국의 방대한 데이터베이스(DB)에 접근할 수 있도록 정부의 전폭적인 지원을 받음 - 향후 안면인식 기술 사용의 안전성 향상과 비용 절감을 위해 안면 인식 기술 및 제품의 표준화 체계 구축을 추진하는 등 안면인식 기술의 글로벌 표준화에 참여하여 국제 표준 제정을 주도할 계획

< 센스타임의 주요 서비스 >

서비스	주요 내용
스마트시티	• SenseFoundry Ark 스마트 도시의 오픈 비전 플랫폼 - 독립적이며, 비정형 및 구조화된 정보 융합 처리 및 분석 기능으로 확장할 수 있는 도시 수준의 개방형 비전 플랫폼으로 GPU기반의 최대 1,000억명의 보안 분석 및 관리가 가능
스마트폰	• Sense ID 모바일 얼굴 잠금 해제 솔루션 - 얼굴인식 및 실시간 감지를 기반으로 딥러닝 알고리즘과 대량의 데이터 축적을 기반으로 얼굴 잠금 해제, AR 특수 효과, 인물 조명 효과 등 다양한 스마트 단말기 기능을 제공

콘텐츠	• Sense Media 지능형 미디어 분석 플랫폼 - 딥러닝 기반 지능형 비디오 분석 솔루션으로 비디오 분석, 콘텐츠 캡쳐 및 다양한 비디오 제작할 수 있도록 지원하며 개방형 API 인터페이스로 누구나 동영상 편집 및 분석 기능을 활용 가능
스마트카	• Sense Drive 고급 운전자 지원 시스템 - 인공지능 알고리즘과 시각 인식 기술을 사용하여 차선 이탈 경고, 전방 차량 충돌 경고 및 보행자 감지 경고 기능 등을 탑재하여 자율주행 안전성을 향상
의료	• Sense Care 스마트 진단 및 치료 플랫폼 - 의료 인공지능 및 영상 인식 기술을 활용하여 폐 결절 분석, 심혈관 질환 분석, 뇌질환 분석 등 의사의 임상 질환 진단, 치료 및 재활을 지원

42(운송.교통)/50

- 기업명 : 아르고 AI(Argo AI) (미국) / www.argo.ai
- AI 적용 기술 :
- 프래임(AI 프로그램) :
- 국내외 주요 고객 :
- 제품명 및 서비스(비즈니스 모델) : 완전 통합형 자율주행 운전 시스템 개발 솔루션

완전 통합형 자율주행 운전 시스템, 자율주행 기술 플랫폼

- 아르고 AI는 구글에서 자율주행을 담당했던 브라이언 살레스키 (Bryan Salesky)와 우버의 엔지니어 피터 렌더(Peter Rander)가 2016년에 공동 설립한 자율주행 기술 플랫폼 스타트업
- 전력공급 SW, 센서 및 컴퓨팅, 클라우드 등 자율주행 시스템 개발에 주력하며, 자동차 제조업체와 협력하여 차량공유 및 상품 배송 서비스를 제공
- 전기차 개발에 주력 중인 폭스바겐과 포드의 협업을 통해 유럽, 미국 등에 상업적인 목적으로 최초로 활용될 것으로 기대

< Argoverse : 자율주행 연구를 위한 데이터 및 HD맵 솔루션 >

구분	주요 내용
3D 추적 데이터셋	• 모든 객체에 대해 3D 추적 레이블이 있는 센서 데이터 - 3D 추적 데이터셋에는 360도 시야각, 전방 스테레오 이미지, 장거리 LiDAR의 3D 포인트 클라우드, 비디오 영상 등을 제공 - 15초에서 30초 사이인 113개의 장면에 대한 센서 데이터를 수집하며 각 장면에 대해 3D 추적 레이블(Lable)이 포함
모션 예측 데이터셋	• 자율주행 운행에서 관찰된 시나리오 데이터 - 모션 예측 데이터셋에는 자율주행차 운행 시, 교차로 통과, 속도 조절, 보행자 감지 등 300,000개 이상의 시나리오가 포함 - 각 시나리오에는 5~10초 동안 샘플링된 추적 대상의 2D 조감도를 중심으로 모션 예측 알고리즘을 구축하여 3초 후 차량의 방향 및 속도를 예측

HD맵(고정밀지도)	• 피츠버그와 마이애미 내 지역에 대한 고정밀지도 데이터 - HD맵 데이터셋에는 290km의 매핑된 도로 지도 이외에 차선 위치 변경, 원활한 교통흐름에 대한 정보도 포함 - 지면 높이와 1m2 해상도의 주행 가능한 영역을 분할하는 기능을 통 해 필요한 부분만 LiDAR 반환을 지원하며 운전자가 따르는 차선을 먼저 추론하여 주행 궤적을 예측

43(로봇 자동화)/50

- 기업명 : 오토메이션 애니웨어(Automation Anywhere) (미국)
  / www.automationanywhere.co.kr
- AI 적용 기술 :
- 프래임(AI 프로그램) :
- 국내외 주요 고객 :
- 제품명 및 서비스(비즈니스 모델) : 업무패턴을 스스로 학습하는 AI 기반 RPA 플랫폼

업무 패턴을 스스로 학습하는 'RPA+AI'로 디지털 워크포스 가속화

  - RPA as a Service 플랫폼을 로봇 프로세스 자동화(RPA) 기술과 AI 기반 인지, 분석을 결합한 RPA 디지털 워크포스를 통해 전 세계 3,500여 기업의 디지털 트랜스포메이션을 지원

  ※ 디지털 워크포스는 로봇이 사람 대신 데이터를 수집하고 분석하며 행동으로 옮기는 과정을 의미하며, ▲인지단계(비구조화 데이터 식별 및 분류), ▲

이해단계(데이터 의도 이해), ▲보강단계(데이터 유효성 검사), ▲개선단계(데이터 학습 및 정확성 향상)를 거쳐 비즈니스 프로세스 개선

- 세계 최초로 웹 기반 클라우드 디지털 워크포스 플랫폼을 출시 등 AI를 접목한 RPA 기술 차별화 전략 등 지속적인 기술 및 인력 투자를 통해 독자적 RPA 발전시키고 있음

< 오토메이션 애니웨어의 AI 기반 RPA 플랫폼 >

구성 요소	주요 서비스
Enterprise A2019	• 웹 기반 클라우드 디지털 워크포스 플랫폼 - AI 기반 서비스형 RPA 플랫폼으로 웹 브라우저를 통해 별도의 프로그램 설치 나 설정 변경 없이 드래그 앤 드롭 방식으로 AI 기능을 지원 - 내장된 175개의 AI 기능과 컴퓨터 비전, 자연어 처리, 예측 모델링 등 AI 솔루 션을 손쉽게 통합이 가능하여 로봇 개발 프로세스의 간소화
IQ Bot	• 비구조화된 데이터의 처리 방법을 학습하는 인지 자동화 프로세스 - 로봇이 의사결정 데이터를 지능적으로 추출할 수 있도록 비구조화 데이터 를 식별 및 분류 등 데이터 처리 방식을 학습
Bot Insight	• 즉시 사용이 가능한 실시간 RPA 데이터 분석 솔루션 - 데이터 통합 과정 없이 대시보드에서 자동으로 분석 결과를 제공하는 RPA 데이터 분석 플랫폼으로 기존에 구축된 모델, 스키마에 대한 제약 없이 태깅된 모든 데이터를 수집하고 기록하며 분석 결과를 자동으로 생성

Discovery Bot	• AI 기반 통합 프로세스 디스커버리 솔루션 - 자동화 이전 단계에서 사용자의 업무 패턴을 스스로 파악해 한 번의 클릭 으로 맞춤형 소프트웨어 봇을 생성하며 업무 자동화의 우선순위를 설정함으 로써 사람 대비 최대 5배 빠른 속도로 프로세스 디스커버리 과정을 가속화

44(로봇 자동화)/50

- 기업명 : 유아이패스(UiPath) (미국) / www.uipath.com
- AI 적용 기술 :
- 프래임(AI 프로그램) :
- 국내외 주요 고객 :
- 제품명 및 서비스(비즈니스 모델) : 인간과 로봇간 협업을 지원하는 End-to-End RPA 플랫폼

인간과 로봇 간 협업을 지원하는 End-to-End 로봇 자동화 플랫폼
 - '1인 1로봇(A robot for every person)'을 비전으로 내세우며 로보틱스와 AI 기술을 활용한 RPA 플랫폼 시장을 개척하고 있다.
 - 최근 유망 자동화 프로세스 기술개발 기업을 인수하여 머신러닝, 로봇자동화 기능을 하나로 통합된 하이퍼오토메이션 플랫폼을 구축하며, RPA 시장의 최정상 기업으로 성장하였다.
 ※ 하이퍼오토메이션 플랫폼은 자동화의 과제 발굴 단계부터 ROI 측정까지 모두 진행할 수 있는 End to End 자동화 플랫폼으로 AI, 챗봇, OCR

등 기술을 접목하였다.

2세대 유아이패스 RPA 플랫폼은 AI 기능이 적용되어 로봇 설계에서 운영까지 모든 기능을 갖춘 End-to-End 자동화 프로세스를 지원하며 전문적인 코딩 기술 없이도 쉽게 RPA를 적용할 수 있도록 설계되었다.

< UiPath의 하이퍼오토메이션 플랫폼 >

단계	주요 기능
계획	• 기본 플랫폼에 프로세스 인지 및 분석을 수행하는 '익스플로러(Explorer)' - 자동화 구조를 쉽게 코딩하고 파이프라인을 재구성할 수 있는 기능을 제공하며, 자동화 프로세스를 쉽게 식별하고 자동으로 문서화하며 업무의 우선순위를 지정
구축	• RPA를 기획하고 설계하는 '스튜디오(Studio)' - 사전 제작된 다양한 템플릿과 자동화 구성요소로 코드 입력 없이 드래그 앤 드롭 기능으로 누구나 손쉽게 자동화 로봇 설계가 가능
관리	• 자동화 전체를 관리하고 보안을 담당하는 '오케스트레이터(Orchestrator)' - 중앙 집중식 로봇 관리 대시보드로 로봇 자동화 프로세스를 쉽게 배포, 보호 및 관리할 수 있도록 지원하는 서버 기능
실행	• 자동화 기능을 수행하는 '로봇(Robot)' - 스튜디오에서 생성한 자동화를 실행하는 로봇으로 사용자가 직접 실행시켜야 동작하는 로봇(UiPath Attended Robot)과 무인 로봇(UiPath Unattended Robot)으로 구성
측정	• 전체 프로세스에 사람과 로봇의 지속적 교류를 도와주는 '앱스(Apps)' - 최종 사용자가 무인으로 작동하는 로봇과 실시간으로 교류해 프로세스 승인 및 예외 설정을 관리할 수 있는 사람 참여형 기능을 제공

참여	• 자동화 프로세스 운영 상태를 측정하는 '인사이트(Insights)' - RPA 운영 전략 및 비즈니스 성과를 측정, 보고 및 분석 기능을 제공

45(보안)/50

- 기업명 : 메그비(Megvii) (중국) / www.faceplusplus.com
- AI 적용 기술 :
- 프래임(AI 프로그램) :
- 국내외 주요 고객 :
- 제품명 및 서비스(비즈니스 모델) : 컴퓨터 비전 기반 안면인식 오픈 소프트웨어 플랫폼

누구나 커스터마이징하여 앱 개발이 가능한 얼굴인식 SW 오픈 플랫폼이다.
- 중국 칭화대 졸업생 3명(Yin Qi, Yang Mu, Tang Wenbin)이 2011년에 공동으로 설립한 메그비는 'Face++' 얼굴인식 소프트웨어 오픈 플랫폼을 개발하여 현재 글로벌 최대 얼굴인식 플랫폼으로 부상하였고, 중국 AI 기업 최초 홍콩 상장에 성공 가능성 높다.
- 페이스++는 API와 SDK 기술을 활용하여 안면인식 소프트웨어를 오픈 플랫폼으로 제공하며, 누구나 무료로 알고리즘을 활용하여 앱 개발이 가능
  ※ 응용 프로그래밍 인터페이스(Application Programming Interface: API) : 응용프로그램 에서 사용할 수 있도록 운영체제나 프로그래밍 언어가 제공하는

기능을 제어

※ 소프트웨어 개발자 키트(Software Development Kit: SDK) : 소프트웨어 개발자가 특정 운영체제용 응용프로그램을 만들 수 있게 지원하는 개발도구 패키지

< Face++의 주요 기술 및 서비스 >

서비스	주요 내용
신원확인	FaceID, 얼굴 인식 기반 신원 확인 서비스 - 움직임 감지, 음성 인식 검증과 같은 여러 기술을 적용하여 복잡한 조건에서도 정확한 식별을 통해 신원확인이 가능
마케팅	얼굴 상호작용 H5, 온라인 마케팅 솔루션 - 얼굴 병합 기술인 얼굴 상호작용 방식을 적용하여 새로운 마케팅 기법 제공과 연령, 피부, 표정 등 사진으로 광고 시청자의 속성을 분석
스마트폰	Face Unlock, 모바일 AI 기술 - 얼굴인식을 통해 스마트폰의 잠금 해제 및 인물 사진 자동 클러스터링 등 사용자 경험을 최적화
자동차	Face Comparing, 자동차 산업의 AI 솔루션 - 얼굴 비교 알고리즘을 통해 자동차 소유자 확인이 가능하며, 시선 추정, 감정 인식 등 기술을 통해 운전자 상태를 분석하여 피로 운전이나 질병 안전을 위해 적시에 경고

46(농업)/50

- 기업명 : 인디고 애그리컬쳐(Indigo Agriculture) (미국) / www.indigoag.com/atlas-insights
- AI 적용 기술 :
- 프래임(AI 프로그램) :
- 국내외 주요 고객 :
- 제품명 및 서비스(비즈니스 모델) : 곡물거래 및 수확량을 예측하는 AI 농업 플랫폼

농업 + AI로 극한 환경에서도 생존 가능한 작물 재배
- 극한 환경에서도 생존력이 뛰어난 작물의 재배와 성장을 돕기 위해 미생물 배양에 중점을 두고 AI 기반 농업테크를 연구하는 인디고 애그리컬쳐는 2019년에 농업 분야 최초의 유니콘으로 부상
- 옥수수, 면화, 밀 등 작물에 대한 미생물 종자 처리를 비즈니스 모델로 사업을 시작했으나, 종자의 제공에서 최종판매까지 공급자와 수요자를 연결하는 온라인 전자상거래 플랫폼 서비스를 확장
- 사업의 다각화를 위해 토양의 환경, 곡물 상태 등 데이터에 머신 러닝을 적용하여 전 세계 작물의 생산량을 실시간으로 예측하는 '인디고 아클라스(Indigo Atlas)' 플랫폼을 구축

< 인디고 애그리컬쳐의 곡물 거래 및 수확량 예측 플랫폼 >

플랫폼	주요 서비스
Indigo Marketplace	• 생산자와 소비자 간 합리적 곡물 거래를 위한 디지털 플랫폼 - 인디고 마켓플레이스는 곡물을 사고 파는 온라인 시장으로 생산자 구매자 간 직접 연결을 통해 해당 곡물에 대한 가장 적합한 가격을 제시 - 입찰가 등록, 입찰, 배송, 결제 등 4단계로 나누어진 마켓플레이스는 곡물에 대한 합리적 가격 책정을 위해 곡물 마케팅 전문가의 고문을 통해 Marketplace 가격 보호 정책을 지원하며, 농장 내 픽업 및 배송 서비스도 제공
Indigo Atlas	• 실시간 전 세계 작물의 성장 및 수확량을 예측하는 세계 식품 지도 - 인디고 아틀라스는 AI 기반 위성 이미지 분석을 통해 실시간으로 전 세계 작물 건강 및 토양 환경 상태를 파악하여 작물 건강지수(CHI)를 생성 - 날씨, 원격 감지 데이터에 머신러닝을 적용하여 다양한 날씨 패턴을 추적 하고 과거 데이터와 비교하여 당해연도 곡물 수확량 및 생산량을 예측

47(보안)/50

- 기업명 : 클라우드워크(Cloudwalk) / (중국) / www.cloudwalk.cn
- AI 적용 기술 :
- 프래임(AI 프로그램) :
- 국내외 주요 고객 :
- 제품명 및 서비스(비즈니스 모델) : 신체특성으로 신분인식이 가능한 AI 보안 솔루션

얼굴 없이 신체 특성만으로 신분인식이 가능한 안면인식 기술

- AI 기술 연구와 컴퓨터 비전에 중점을 둔 충칭 과학 아카데미로부터 설립되어, 중국 정부의 막대한 자금 지원에 힘입어 유니콘으로 성장
- 중국의 국무원 산하기구인 국가발전개혁위원회와 함께 AI 기반 인프라 공공 서비스 플랫폼을 구축하여 공항, 은행 등 공공 보안을 위한 서비스 제공과 안면인식 기술에 대한 국가 표준 개발을 가속화

※ 중국의 공공보안부, 중국민용항공총국(CAAC)과 공동 실험실을 운영하여 AI 제품 벤치마크를 설정하고 안면인식 기술에 대한 국가 표준 개발 중

< 클라우드워크의 핵심 기술과 서비스 >

구분	핵심 기술 및 서비스
얼굴 인식	• 얼굴인식 : 클라우드 기반 얼굴인식 알고리즘을 이용하여 사진에서 얼굴 좌표를 설정하고 정확하게 얼굴의 위치와 크기를 반환 • 얼굴비교 : 얼굴 데이터베이스에서 특정 얼굴과 N개의 얼굴 사진을 비교하여 일치하는 정도에 따라 사용자 정보, 유사도 등을 반환
텍스트 인식	• OCR 텍스트 인식 : 문서에서 불법 텍스트를 검출하여 위변조를 식별하고 다양한 문서 종류, 다국어 지원 등 텍스트 인식 서비스를 제공 • 신원 확인 : 은행카드, 신분증, 사업자등록증 등 개인정보가 담긴 카드유형, 이름, 생년월일 등 모든 텍스트 정보를 식별하여 원격 신원 인증이 가능

차량 및 보행자 분석	· 차량 분석 : 사진상에서 보여지는 모든 차량을 인식하고 각 차량의 브랜드, 모델, 색상, 번호판 등 자동차 속성뿐만 아니라 차선에서의 위치, 방향 전환 등 정보를 분석 · 보행자 분석 : 자체 개발한 크로스오버추적기술(Person Re-identification, ReID)을 이용하여 얼굴을 인식하지 않고 복장, 체형, 모발 등 신체의 각종 특징을 파악해 신분 인식과 이동궤적을 추적

48(운송.교통)/50

- 기업명 : 죽스(Zoox) (미국) / www.zoox.com
- AI 적용 기술 :
- 프래임(AI 프로그램) :
- 국내외 주요 고객 :
- 제품명 및 서비스(비즈니스 모델) : 자율주행 제어시스템과 공유형 택시 서비스 개발

자율주행 택시와 제어시스템에 초점을 둔 자율주행 기술개발

- 스탠퍼드대의 구글 자율주행차 프로그램을 이끌었던 제시 레빈슨 (Jesse Levinson)과 디자이너 팀 켄틀리 클레이어(Tim Kentley-Klay)가 미국 실리콘 밸리에 죽스(Zoox)를 공동 설립
- 홍콩 기반 벤처캐피탈로부터 메가투자 유치를 통해 유니콘 반열에 올랐으며, 현재 시가총액은 32억 달러(3조 6000억원)으로 평가

- 죽스는 기존 차량을 개조해서 자율주행차를 개발하는 방식이 아니라 독창적인 자동차를 설계해서 디자인하며, 자율주행, 전기자동차 등 여러 기술을 동시에 개발하고 있는 것이 차별화된 경쟁력, 장기적으로는 차량 공유형 자율주행 택시 서비스를 상용화할 계획

< Zoox의 자율주행 모델과 설계 방식 >

자율주행차 VH5 모델	설계 방식
그림 출처 : 로봇신문 ('17.4월)	• 외관 설계 : 죽스의 자율주행차 가장 최신 버전인 'VH5'는 레고로 조립한 것처럼 보이는 마이크로 버스 형태를 띠고 있으며 앞뒤가 동일한 디자인이 특징적 • 내부 디자인 : 운전석 없이 4개의 좌석이 중앙쪽을 마주보는 자가용과 대중교통의 중간 형태를 지향 • 조작 기능 : 차량이 사고를 당하거나 낯선 환경을 만나면 원격조작이 가능하도록 센서 데이터, 충전 잔량, 지역의 속도 제한 등에 관한 정보를 제공하는 원격조작 사용자 인터페이스를 지원 • 알고리즘 : 자동차 주변 보행자, 다른 운전자, 자전거 이용자들이 불합리하게 행동할 가능성에 관해 확률적 수치를 제공하며 자율주행차의 이동궤적을 조정 • 연료 기술 : 기존의 내부 연소기관과 연료전지 기술을 적용하는 방식에서 완전 전기 구동방식의 드라이브트레인 (drivetrain) 기술을 적용하여 에너지 효율 극대화

49(운송.교통)/50

- 기업명 : 호라이즌 로보틱스(Horizon Robotics) (중국) / www.horizon.ai
- AI 적용 기술 : 딥러닝 기반
- 프래임(AI 프로그램) : 2세대 AI 추론 가속 컴퓨팅 플랫폼
- 국내외 주요 고객 :
- 제품명 및 서비스(비즈니스 모델) : AI 추론 가속화를 위한 자율주행 컴퓨팅 플랫폼

AI 추론 가속화를 위한 '칩+알고리즘+클라우드' 자율주행 컴퓨팅 플랫폼

- AI 추론 반도체 칩을 개발하는 스타트업으로 자율주행 솔루션, 차세대 AIoT 애플리케이션 가속 엔진 개발 등 기술개발을 통해 창립 3년 만에 AI 유니콘으로 성장
- 호라이즌 로보틱스의 초고속 성장은 AI 구현에 기반이 되는 AI 칩, AI 프로세스, 첨단 컴퓨팅 기술의 조합을 통해 글로벌 기술 경쟁에서 우위를 선점하고 빠른 상용화를 추진했기에 가능

< 호라이즌 로보틱스의 주요 인공지능 솔루션 >

구분	주요 서비스
자율주행 솔루션 컴퓨팅 플랫폼 및 제품 매트릭스 기반 자율주행 단계별 솔루션 지원	• Horizon Matrix2 자율주행 컴퓨팅 플랫폼 : 딥러닝 기반 2세대 AI 추론 가속 컴퓨팅 플랫폼으로 레벨 3~4 자율주행을 위한 고성능 인식 시스템을 제공 • 360도 시각 인식 : Matrix 자동 조종 장치 컴퓨팅 플랫폼을 기반으로 곡선 형태의 구현 및 차체 주위에 360도 시각 감지가 가능

	• 고정밀 클라우드 매핑 프로세스 : 포인트 클라우드 매핑 프로세스가 에지에서 수행되어 설정된 로컬 3D 맵을 출력 • 자율주행 보조 주행 시스템 : 보행자, 차선, 교통 표지판 등 목표물을 정확하게 배치하여 레벨2 보조 주행 기능(ADAS)을 제공
지능형 사물인터넷 솔루션 AIoT의 시각·음성 인식 및 맞춤형 데이터 분석 시스템	• Horizon Bootprint X2 Edge AI SDK : AI 개발 키트로 코어, 엣지, 클라우드를 통합한 엣지 AI 컴퓨팅 개발 플랫폼으로 엣지 AI 인식 애플리케이션 개발 및 검증에서 엔터프라이즈 솔루션까지 지원 • 스마트 센서·카메라 솔루션 : 저전력 소비로 대규모 얼굴 감지, 추적, 스냅 샷 등 최대 50,000 개의 얼굴 데이터베이스를 지원 • 개방형 보행자 분석 솔루션 : 공공 보안, 세관 검사 등 보행자의 궤적 자동 추적, 신원 확인 등을 위한 인터페이스 제공

50(영상추천)/50

- 기업명 : 틱톡 (중국) / www.tiktok.com
- AI 적용 기술 : 시각지능(컴퓨터비전), 지식추론, 언어지능
- 프래임(AI 프로그램) :
- 국내외 주요 고객 : 글로벌
- 제품명 및 서비스(비즈니스 모델) : AI기반 모바일 동영상·뮤직 비디오 제작·공유 플랫폼

AI 기반 모바일 동영상·뮤직 비디오 제작·공유 플랫폼.

15초 이내 짧은 형태의 비디오 앱으로 누구나 쉽게 영상을 편집하고 공유가 가능함

이용자가 자주 보는 영상의 핵심요소를 AI가 인물의 행동과 음성, 음악, 문자 등을 분석 후 유사한 동영상을 추천해 준다. 틱톡의 전략은 'AI 플랫폼을 사용하여 전 세계를 장악'하는 것이다.

- 바이두, 알리바바, 텐센트가 중국에서 인터넷 검색, 전자상거래, 메시지, 게임 등을 장악하고 있는 Horizon Bootprint X2 Edge AI SDK : AI 개발 키트로 코어, 엣지, 클 라우드를 통합한 엣지 AI 컴퓨팅 개발 플랫폼으로 엣지 AI 인식 애플리케이션 개발 및 검증에서 엔터프라이즈 솔루션까지 지원
- 스마트 센서·카메라 솔루션 : 저전력 소비로 대규모 얼굴 감지, 추적, 스냅샷 등 최대 50,000 개의 얼굴 데이터베이스를 지원

개방형 보행자 분석 솔루션 : 공공 보안, 세관 검사 등 보행자의 궤적 자동 추적, 신원 확인 등을 위한 인터페이스 제공가운데, 그 성공 사례 중 하나가 비디오 플랫폼인 TikTok을 통해 전 세계적으로 방대한 소비자 시장을 확보하는 데 성공했다. 10대와 밀레니얼 세대에게 큰 인기를 끌고 있는 TikTok은 짧은 비디오를 만들고 공유하는 데 사용되는 소셜 미디어 애플리케이션이다. 15초 이하로 지속되는 이 전형적인 동영상은 재미있는 음악, 촌극, 립싱크, 댄스

또는 가벼운 유머를 특징으로 한다.

이 앱은 지금까지 10억 번 이상 다운로드 되었으며, 인도, 미국, 일본, 한국, 유럽 국가, 브라질 및 동남아시아의 상당 부분을 포함한 전세계적인 설치 공간을 가지고 있다.

틱톡은 AI 기술에 의존하고 있다. 소비자 측에서 알고리즘이 사용자의 "좋아요"와 코멘트뿐만 아니라 각각의 비디오를 실제로 보는 시간을 캡처하기 때문에 개인의 선호도를 빠르게 학습한다. 클립이 매우 짧기 때문에 TikTok의 알고리즘은 크기가 큰 데이터 세트를 빠르게 구축한다. 새로운 TikTok 전략은 글로벌 플랫폼 우위를 위해 AI를 활용을 적극적으로 하고 있다. 동영상 제작뿐 아니라 전달에도 AI를 활용한다. 사용자는 플랫폼에 가입할 때 기본 설정을 지정할 필요도 없다. AI 알고리즘은 단순히 권고만 하는 것이 아니라 행동을 분석하고 콘텐츠를 전달하는 작업을 즉시 수행한다. 아주 짧은 시간 안에, 그들은 어떤 비디오가 사용자의 흥미를 끌지 놀라울 정도로 정확한 예측을 할 수 있어 사용자 참여를 적극적으로 유도한다.

MEMO

Part 5-2

인공지능 비즈니스 활용사례
- 국내사례 100선

국내 인공지능 비즈니스 활용사례 100선

순번	회사명	적용분야	적용사례
1	㈜깃플	서비스	CS 플랫폼 '깃플챗'
2	나인와트	기업	데이터 수집 및 가공
3	나인프스	교육	컨텐츠개발, 로봇개발
4	네오사피엔스 주식회사	교육	Typecast (타입캐스트)
5	㈜넷온	건설	인공지능 안면인식 솔루션
6	㈜노타	교통	AI 모델 자동 경량화 플랫폼
7	뉴로핏 주식회사	의료	뇌구조 측정 및 뇌모델링 엔진
8	㈜니어스랩	시설물관리	자율비행 드론점검
9	노을	의료	혈액 진단 플랫폼
10	네이버 클로바노트	기관	녹음하거나 업로드한 음성이 텍스트로 자동 변환 되는 솔루션
11	㈜단비아이엔씨	금융,교육	기업용 챗봇빌더
12	㈜데브언리밋	헬스	홈코치
13	㈜데이터앤 애널리틱스	금융	금융의사결정서비스
14	㈜디비엔텍	시설물관리	터널사고감지 시스템
15	㈜디플리	육아,생활	음성 사운드 분석 솔루션

16	㈜딥픽셀	뷰티	가상 착용/피팅 기술
17	㈜데이터쿱와	빅데이터 분석	교육서비스 및 FPGA를 활용한 맞춤형 솔루션
18	㈜라온피플	제조	AI비전검사,교통/덴탈/팜
19	㈜레인보우브레인	금융,제조, 유통	TimeBees(타임비즈)
20	㈜로민	금융	문자인식,의료영상시분석
21	㈜로앤컴퍼니	법률	로톡(LawTalk)
22	㈜록스	생활	싸이킥 디거
23	㈜뤼이드	교육	AI 토익 튜터 '산타'
24	로보그램 인공지능 로봇연구소	교육	AI 코딩교육 스마트기기 '로보미'
25	㈜마인즈랩	AI 플랫폼	maum.ai(클라우드 서비스)
26	㈜매크로액트	생활	반려로봇 마이캣
27	㈜머니브레인	금융,쇼핑, 의료	대화형 인공지능 서비스
28	㈜메디리타	제약	MuN-AI
29	㈜메디웨일	의료	심혈관 위험평가 SW
30	㈜메디컬아이피	의료	의료영상처리
31	㈜모라이	교통	자율주행차 시뮬레이션 플랫폼
32	㈜모빌테크	교통	자율주행 정밀 측위 솔루션

33	㈜몬드리안에이아이	기업	데이터 시각화, Playground, Vision Factory
34	㈜미스터마인드	생활	어르신 말동무 인형 '돌돌이'
35	㈜미스터리코	생활	챗봇 빌더 라떼 AI
36	매스웍스코리아(유)	AI 플랫폼	MATLAB을 활용한 AI 모델 및 AI 시스템 설계
37	㈜바이칼에이아이	금융,통신	deeq BRAIN
38	뷰노	의료	의료인공지능 솔루션
39	㈜블루바이저	금융	투자 플랫폼 하이버프
40	㈜블루시그널	교통	교통상황 예측정보 제공
41	㈜블루프린트랩	뷰티	얼굴인식 가상피팅
42	㈜비주얼캠프	교육,헬스	SeeSo SDK
43	빅밸류	금융	부동산 시세 자동산정 솔루션
44	㈜빅트리	금융	BIGBOT / BIGBOT LINGUIST
45	빈드컴퍼니	예술(음악)	인공지능 음악 작곡
46	㈜세미콘네트웍스	제조	Raspberry Pi 기반 동작 로봇
47	㈜세진마인드	법률	상표등록
48	㈜셀렉트스타	기업	데이터 수집 및 가공, 캐시미션
49	㈜소이넷	기업	소프트웨어 기반의 추론전용 프레임워크
50	㈜솔루게이트	금융,기관	음성인식 솔루션,챗봇 솔루션

51	솔리드웨어	금융	다빈치랩스(DAVinCI LABS)
52	㈜슈퍼브에이아이	제조,교육	기업용 서비스형 소프트웨어
53	㈜스칼라웍스	기관, 서비스	대형폐기물처리시스템, 장애예측 분석 시스템
54	㈜스캐터랩	금융,커머스	일상대화 기술 빌더(핑퐁 빌더)
55	소프트온넷	보안	인공지능 X-Ray 보안 검색 자동 판독시스템
56	스켈터랩스	기업	AI 기반 고성능 챗봇 개발
57	㈜스타셀	교육	교육을 위한 전용 교육키트
58	㈜스프링클라우드	기관	타시오 (자율주행 모빌리티)
59	㈜시스메틱	기업	뉴스 빅데이터 분석 서비스, 종합 데이터 수집 및 가공
60	㈜시스트란	기관	SYSTRAN Enterprise Server PNS (번역엔진)
61	시어스랩 (Seerslab)	통신,제조	올인원 AR 솔루션 플랫폼
62	㈜심심이	일반	챗봇의 감성대화/일상대화를 제공하는 대화처리엔진
63	㈜씨사이드코리아	의료	인공지능 음성 진료 솔루션
64	㈜씽크웨이브	의료	웨어러블의 센서를 통해 반려견의 생체신호 인식
65	아이도트	의료	써비레이 AI

66	㈜아크릴(ACRYL)	금융,의료	AI 플랫폼, 어펙티브 컴퓨팅 (Affective Computing)
67	㈜아이콘에이아이	뷰티	인공지능 스마트 메이크업미러 디바이스
68	㈜아임클라우드	제조,금융	빅데이터 플랫폼 공급 및 구축
69	㈜아큐플라이에이아이	교육,기관	인공지능 회의용 단말기,통번역,음성상담
70	아틀라스랩스	제조,건설	음성인식 솔루션
71	㈜알디프로젝트	기관	인공지능 학습용 데이터 라벨링 솔루션
72	알체라	제조	AI 기반 이미지 인식 소프트웨어 공급 기술
73	에듀테크기업 매스프레소	교육	AI 기반 맞춤형 교육 플랫폼
74	㈜애자일소다	금융,제조	알고리즘 기반 문서/Text 검색. 분석·분류 솔루션
75	어반유니온	의류	트렌드분석 리포트
76	㈜어플라이	기업	드론활용 - 원터치 시설물 모니터링 서비스
77	㈜얼라이언스코리아	일반	인공지능기반 전문가 1:1 지식공유 서비스 플랫폼, 고수톡(챗봇)
78	㈜에버트란	기업	AI번역 서비스 플랫폼
79	㈜에스아이에이	기업	위성영상 분석 플랫폼 제공
80	㈜에이모	제조	인공지능 모델의 목적과 상황을 고려한 플랫폼과 서비스를 제공
81	㈜에이아이플랫폼	의료	의료정보공유 플랫폼 서비스

82	㈜에이엘아이	기업	자연어를 처리하여 요약노트 제공, 대화 주제 참여 로봇
83	㈜에이젠글로벌	금융	금융특화머신러닝 자동화 플랫폼 ABACUS(아바커스)
84	㈜에이치알엠	제조	재활용 원료(제지,플라스틱) 트레이딩
85	에이치엔에스커뮤니케이션	유통	물류데이터를 기반으로한 AI 상품 추천 서비스
86	㈜엘렉시	제조,기관	딥러닝 기반 이상패턴감지솔루션
87	㈜엘젠아이씨티	유통, 서비스	텍스트 및 자연어처리, 업무에 필요한 대화셋 제작
88	㈜오드컨셉	유통, 서비스	인공지능을 기반하여 분석/추출/검색
89	옴니어스	유통,의류	상품 속성 자동 추출 AI
90	워트인텔리전스	법률	인공지능형 글로벌 특허검색엔진
91	㈜원더풀플랫폼	의료	시니어 케어 전용 플랫폼서비스
92	㈜웨저	의료	의료전문 챗봇 솔루션
93	㈜위세아이텍	기업	머신 러닝 프로세스 자동화 플랫폼
94	플랫비(PLAT.B)	교육	영상답변 교육 Q&A 플랫폼 '큐리(Curi)'
95	플리토	기관	언어인공지능 서비스,인공지능 솔루션
96	포티투마루	제조,금융	단 하나의 정답만을 도출해 내는 Deep Semantic QA(Question Answering) 플랫폼

97	㈜펄스나인	일반	인공지능 화가 이메진AI, 딥리얼 AI 가상인물 제작
98	키이테크	교육	코딩로봇 클릭봇(ClicBot)
99	한컴로보틱스	교육	개인용 서비스로봇 '토키2'
100	휴런	의료	치매 분석 소프트웨어

2. 국내 인공지능 비즈니스 활용사례 100선

1(서비스)/100

- 기업명 : ㈜깃플 https://gitple.io/
- AI 적용 기술 : 음성지능, 언어지능
- 프래임(AI 프로그램) : 자체개발
- 국내외 주요 고객 : 상담이 필요한 다양한 분야, 특히 O2O 앱서비스기업
- 제품명 및 서비스(비즈니스 모델) : SaaS형 클라우드 서비스

깃플은 최고의 고객 경험을 위한 대화형 고객지원 CS 플랫폼인 '깃플챗'을 제공하고 있다.

'깃플챗'은 클라우드 기반의 채팅 상담시스템이다. 다양한 산업군의 고객들이 도입 비용없이 바로 전문 상담시스템을 이용 할 수 있는 전형적인 SaaS 서비스이다.

챗봇과 상담사의 하이브리드 응대하고, 앱 내에 상담기능을 내장하여 고객이 탈방지가 강점이다.

2(데이터 가공)/100

- 기업명 : 나인와트 https://ninewatt.com/
- AI 적용 기술 : 시각지능, 종합데이터 가공, 시계열 데이터드리븐/모델링
- 프레임(AI 프로그램) : 자체개발
- 국내외 주요 고객 : 건물(주택, 빌딩) 에너지절감 서비스 고객
- 제품명 및 서비스(비즈니스 모델) : AI 플랫폼, 에너지절감비용쉐어(HW+SW결합, 유지관리)

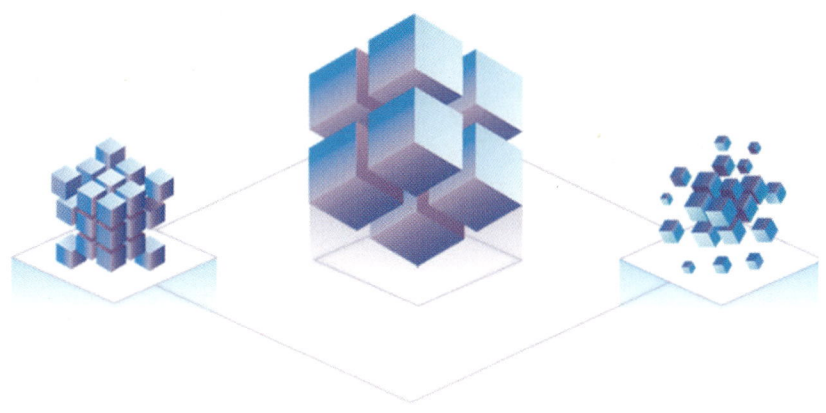

ninewatt는 환경, 에너지 등 다양한 분야에서 ICT 기술 혁신과 사회적 임팩트가 만나는 교차점에 주목합니다.

보편적 에너지 절감을 위해 비용 투자를 통한 기존의 에너지 절감방식에서 낭비되는 에너지를 찾아 줄여주는 평범하지만 보편적인 방식을 제시하고 있다.

데이터(Data)와 혁신적인 기술(tech)의 융합을 통해, 기존 투자를 통한 에너지 절감방식이 아닌 낭비되는에너지와 비용을 찾아 절감 해드리는 서비스를 제공한다.

3(교육)/100

- 기업명 : 나인프스 http://ninefs.com/ninefs/
- AI 적용 기술 : 시각지능, 시계열, 데이터드리븐/모델링, 언어지능, 하드웨어/로보틱스
- 프래임(AI 프로그램) : ddoyiAI(TensorFlow, Keras)
- 국내외 주요 고객 : 에듀테크분야 - 교육, 컨설팅, 시연, 프로토타입, 프로젝트
- 일반고, 특성화고, 마이스터고, 대학, 예비창업자, 스타트업, 중소기업등
- 스마트팩토리분야 - AI SoC, 자동하, 메카트로닉스, 로보틱스
- 제품명 및 서비스(비즈니스 모델) : ddoyi(또이)

ddoyi 또이 - 컨텐츠 개발 플랫폼

ode, Web, Layout, Collect, Network, App, .R, VR, File 등, 다양한 컨텐츠를 더욱 쉽고 빠르게 개발 할 수 있는 도구를 제공합니다! 많은 관심 부탁드립니다!

AI Robot - 인공지능 로봇 개발

IT융합기술을 기반으로 인공지능 로봇을 개발하고 있습니다. 데이터 수집 및 관리 웹 어플리케이션과 다양한 머신러닝과 딥러닝 알고리즘으로 분석 및 결과로 다양한 응용 단계의 프로젝트를 진행하고 있습니다!

ddoyi : 또이

ICT 기술융합을 위한 도구 및 빌더 플랫폼이다.(온라인, 오프라인버전)

ddoyiAI

인공지능을 위한 머신러닝 도구 및 빌더 서비스이다.(ddoyi 플랫폼에 포함)

4(교육)/100

- 기업명 : ㈜네오사피엔스 http://neosapience.com/
- AI 적용 기술 : 음성지능, 감성지능
- 프레임(AI 프로그램) : 자체음성모델
- 국내외 주요 고객 : 대교 (대한민국)&출판산업, 투스라이프 (대한민국)&도네이션산업,

- MBC(대한민국)&언론사, IT News (대한민국)&언론사등
- 제품명 및 서비스(비즈니스 모델) : Typecast (타입캐스트)

타입캐스트(TypeCast)는 문자 컨텐츠를 오디오로 쉽게 만들 수 있는 웹서비스 이다.

인공지능 성우서비스 타입캐스트는 대본이나 스크립트를 서비스화면에 입력하여 화자를 선택 후, 스피드/감정스타일을 선택한 다음 URL이나 음성파일로 다운로드 가능하다.

이러한 기술을 통해 목소리 연기자들은 자신의 목소리를 상품화 할 수 있고, 사용자들은 다양한 개성을 가진 목소리를 이용하여 원하는 컨텐츠를 만들 수 있다.

5(건설)/100

- 기업명 : ㈜넷온 http://www.neton.co.kr/
- AI 적용 기술 : 시각지능
- 프래임(AI 프로그램) : 자체 AI 프레임웍
- 국내외 주요 고객 : 증흥건설, 신세계 I&C, 광주광역시, 한국전력공사, 완도군등
- 제품명 및 서비스(비즈니스 모델) : CPU와 NDIVIA GPU의 엔진을 저사양에서 작동하도록 최적화하였고, 하드웨어소형화를 위한 스마트 임베디드 비전을 개발하여, 산업, 의료, 방송, 자동차, 항공 우주 및 방위시장에서 저전력 소형 폼팩터 기계를 설계를 위한 IP, 하드웨어, 엔진을 포함한 제품 제공

㈜넷온은 인공지능 안면 인식솔루션을 활용해 인물을 검색하여 각종 사건, 사고시 빠르고 정확한 신원 파악하여 첨단 안전 스마트 시티구현을 목표로 하는 회사이다.

인공지능 안면인식은 이전의 이미지 프레임과 현재의 이미지 프레임을 비교하여 새로운 객체를 검출하며, 블록별 그래디언스 패턴을 이용해 이미지 내에 있는 얼굴을 적은 연산으로 빠르게 인식하는 기술이다.

6(교통)/100

- 기업명 : ㈜노타 https://nota.ai/
- AI 적용 기술 : AI 모델 경량화 기술, Vision 기반 AI 솔루션
- 프래임(AI 프로그램) : TensorFlow, Keras etc.
- 국내외 주요 고객 :
  - Factory : 아시아 최대 규모 건설현장의 보안 구역 통제 및 위험 구역 출입 관리
  - Home/Office : 공동 구역 및 개별 구역의 출입 관리
  - Healthcare : 디바이스 내 개인 인증 및 회원 정보 관리
  - Government : 교통 체증 구간 내 지능형 교통 신호 제어
- 제품명 및 서비스(비즈니스 모델) :
  - 넷츠프레소 : AI 모델 자동 경량화 플랫폼
  - 노타FR : 온디바이스얼굴인식 솔루션
  - 노타ITS : 온디바이스실시간 교통 분석 솔루션

노타는AI 모델 경량화 원천기술을 기반으로 온디바이스(On-device)AI 솔루션을 제공한다.
넷츠프레소(Nets Presso)는 AI 모델 자동 경량화 플랫폼으로, 압축률을 최대

한 높이면서도 기존 모델과 동일한 정확도를 유지하는 것이 특징이다. 넷츠프레소는 기존 경량화 대비 시간적, 인적 자원을 최소화하며 타깃 디바이스에 최적화된 경량화 모델을 제공한다.

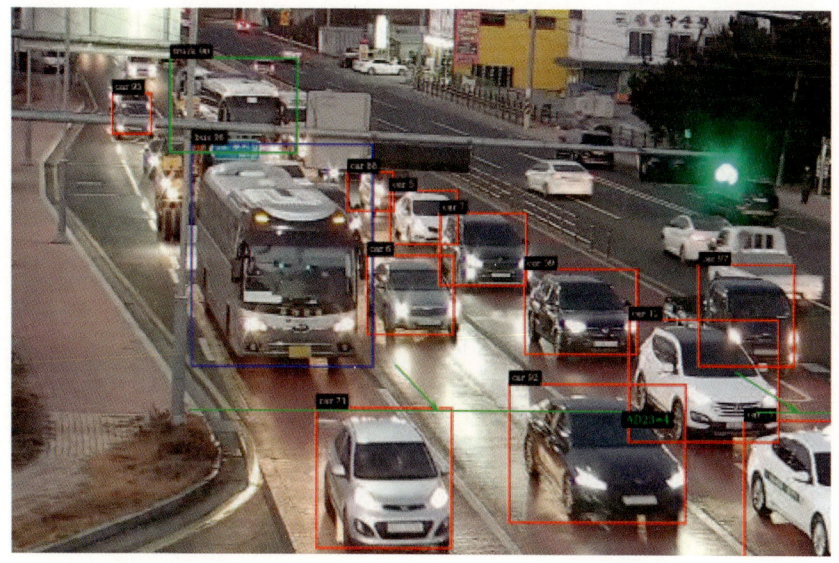

노타FR은 경량화 원천기술이 접목된 안면인식 솔루션으로 엣지 단말에서 최대 1만 명까지 사람을 구분하고 인증한다. 마스크 등의 장비 착용 시에도 뛰어난 인식률을 보여 출입문 인증, 회원 인증 등 다양한 환경에서 활용할 수 있다.

노타ITS는 경량화된 AI 모델을 활용한 교통 분석 솔루션으로 교통 정보를 실시간으로 분석하여 최적의 교통 신호를 생성하고, 이를 통해 교통 흐름을 개선한다.

7(의료)/100

- 기업명 : ㈜뉴로핏 https://www.neurophet.com/
- AI 적용 기술 : 시각지능, 기타
- 프래임(AI 프로그램) : TensorFlow
- 국내외 주요 고객 : 삼성서울병원(한국), 노스캐롤라이나 대학교(미국), 브레인박스(영국)
- 제품명 및 서비스(비즈니스 모델) : 뇌MRI 영상 분할을 통한 뇌 구조 측정 및 뇌 모델링 엔진

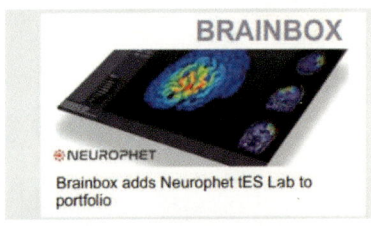
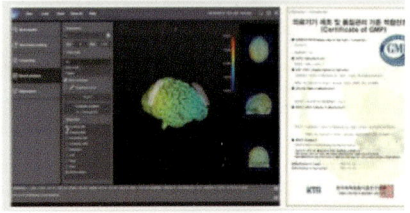
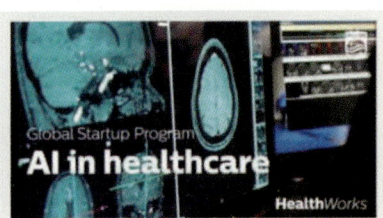
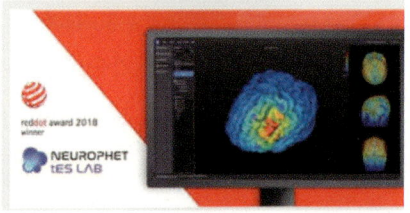

뉴로핏은 뇌 영역별 구조 측정을 위한 인공지능 기반 뇌 MRI 영상 분할 기술력을 갖추고 있다.

인공지능 뇌영상 분할 기술로 각 뇌영역의 구조 정보를 정량화하여 다양한 뇌영상 분석, 뇌질환 진단 및 수술 계획을 위한 유용한 정보를 제공하고 있다.

인종/MRI/제조사/스캐닝 파라미터에 상관없이 1분 내에 뇌 MRI 영상을 107개 영역으로 자동 분할이 가능하다.

8(시설물)/100

- 기업명 : ㈜니어스랩 https://www.nearthlab.com/
- AI 적용 기술 : 시각지능, 종합데이터가공, 하드웨어/로보틱스, 자율주행
- 프래임(AI 프로그램) : Tensor RT
- 국내외 주요 고객 :

  국내 : 한국남동발전, 한국남부발전, 한국동서발전, 한국서부발전, 한국중부발전, 수자원공사

  일본 : 소프트뱅크(SoftBank), 베스타스(Vestas) 일본지사, 유러스에너지(Eurus Energy)

  미국 : 지멘스 가메사 리뉴어블 에너지(Siemens Gamesa Renewable Energy) 북미지사

  유럽 : 지멘스 가메사 리뉴어블 에너지(Siemens Gamesa Renewable Energy) 유럽지사

  유럽 10여개의 국가에서 드론 점검 프로젝트를 진행하고 있습니다.

  대만 : 지멘스 가메사 리뉴어블 에너지(Siemens Gamesa Renewable Energy) 대만지사

- 제품명 및 서비스(비즈니스 모델) :

  니어스윈드 프로(NearthWIND Pro) : 자율비행 드론점검 솔루션, 2가지 비즈니스 모델이 있다.

1. 서비스 모델 : 니어스랩의 파일럿이 현지 풍력발전단지에 방문해 점검부터 보고서 생성까지 모든 것을 서비스로 제공하는 모델이다.
2. 임대 모델 : 드론을 일정 기간동안 고객사에게 임대해주고, 고객사 내부 파일럿을 교육시켜 니어스랩의 드론과 시스템을 운용하게 해주는 모델이다. 데이터 가공 및 보고서 생성은 서비스 모델과 동일하게 니어스랩이 제공하고 있다.

- 주머블(Zoomable) : 데이터 관리 및 보고서 생성 웹 플랫폼

[니어스랩 드론의 특성]
- 드론이 블레이드의 위치와 형태를 인식하고 안전점검을 위한 최적의 비행경로를 구한다.
- 충돌회피 기술과 거리유지 기술을 활용하여 블레이드와 7미터 거리를 일정하게 유지하며 비행한다.
- 0.3mm 크기의 결함을 잡아낼 수 있는 고해상도의 사진을 수집한다.

9(의료)/100

- 기업명 : 노을 https://noul.kr/
- AI 적용 기술 : 시각지능, 종합데이터가공, 하드웨어/로보틱스
- 프래임(AI 프로그램) : PyTorch
- 국내외 주요 고객 : 병원
- 제품명 및 서비스(비즈니스 모델) :miLab(마이랩)

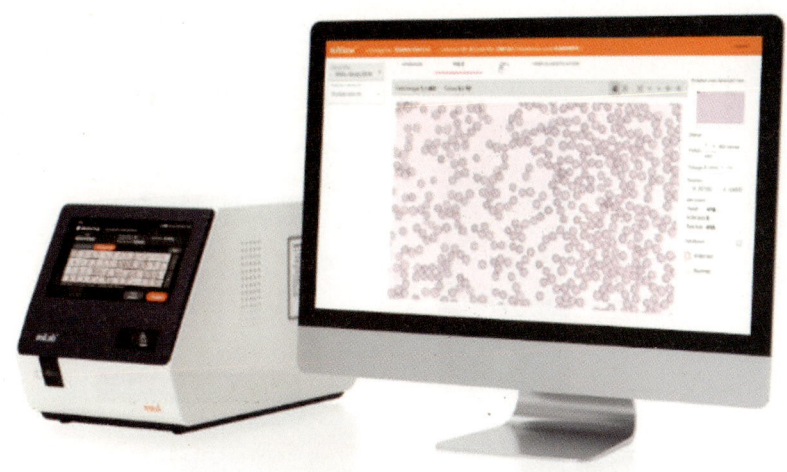

진단실험실을 하나의 장비와 진단 카트리지로 대체하는 AI 기술과 형태학 기반의 차세대 혈액 진단 플랫폼이다. 노을의 특허 받은 Next Generation Staining and lmmunoassay(NGSI) 기술을 사용하여 miLab은 진단 실험실의 액체시약이나 워싱 없이 정확한 진단을 할 수 있는 진단 카트리지이다.

10(기업)/100

- 기업명 : 네이버 클로바노트 https://clovanote.naver.com/
- AI 적용 기술 : 자연어처리, 언어지능, 지식표현
- 프래임(AI 프로그램) : NAVER CLOVA
- 국내외 주요 고객 : 일반기업
- 제품명 및 서비스(비즈니스 모델) : CLOVA Note
- 녹음이 필요한 순간, 클로바노트와 함께하세요

메모. 음성 기록을 보기 쉽게 정리할 수 있는 기능 제공한다. 녹음 중에 PC에서 메모 기능을 활용할 수 있다. 메모한 내용은 작성한 시간과 함께 저장되어 음성 기록을 더 쉽게 확인하고 정리할 수 있다.

북마크. 중요한 대화 순간을 체크해두어 필요할 때 확인 할 수 있다. 클로바노트앱에서 북마크 기능을 사용하면, 중요한 대화를 나누는 순간에 미리 북마크 해두면, 필요할 때 음성 기록에서 북마크를 쉽게 찾아서 들을 수 있다.

클로바노트에서 음성 기록을 검색해서 들을 수 있다. 녹음하거나 업로드한

음성은 텍스트로 자동 변환되고, 참석자 목소리가 구분되어 필요한 정보를 찾아 들을 수 있다.

11(금융)/100

- 기업명 : ㈜단비아이엔씨 https://danbee.ai/, https://ailearn.co.kr
- AI 적용 기술 : 언어지능, 기타(챗봇)
- 프래임(AI 프로그램) : danbee.Ai
- 국내외 주요 고객 : NH농협은행, NH농협캐피탈, 민병철어학원, 과천과학관 등
- 제품명 및 서비스(비즈니스 모델) : 기업용 챗봇빌더 서비스, 단비AI(SaaS)
- 초등 고학년 이상을 위한 AI교육 프로그램, 에이아이런(비대면교육)

　단비아이엔씨의 대화형 UX는 모두를 위한 것이다. 챗봇이나 가상비서와 같은 대화형 인터페이스를 소규모 팀이 쉽게 만들고 운영할 수 있는 클라우드형 챗봇 빌더, 단비AI를 제공한다. 단비AI를 기반으로 한 AI교육프로그램 에이아이런도 서비스 중이다.

12(헬스)/100

- 기업명 : ㈜데브언리밋 https://www.devunlimit.com/ko
- AI 적용 기술 : 시각지능
- 프래임(AI 프로그램) : TensorFlow
- 국내외 주요 고객 : 900+ 초기유저
- 제품명 및 서비스(비즈니스 모델) : ChoomChoom 및 홈코치

　댄스, 요가, 피트니스 등 집에서 운동을 배우고자 하는 분들 위한 맞춤형 교육 플랫폼(싱글 RGB 카메라 사용한 실시간 모션 캡처)

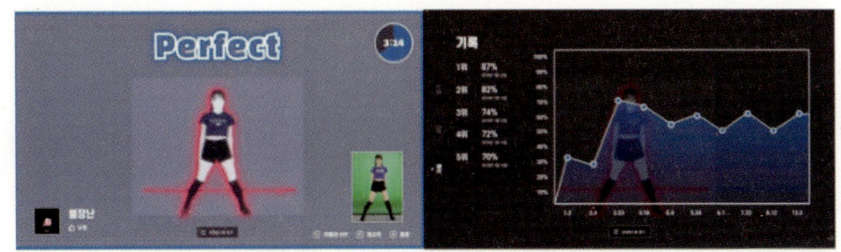

　DevUnlimit은 업무 및 피트니스 관리를 즐겁고 효과적으로 경험할 수 있도록 만드는 AI 플랫폼 솔루션을 개발한다. 현재, NVIDIA, Google 등의 큰 글로벌 기업에서 연구 하고 있는 기술을 사용하여, 손에 들 수 있는 미래의 개인 트레이너 및 비서를 만나게 한다.

13(금융)/100

- 기업명 : ㈜데이터앤애널리틱스 https://www.dna.uno
- AI 적용 기술 : 시계열 데이터드리븐/모델링, 종합데이터 가공, 강화학습, 일반지능
- 프래임(AI 프로그램) : Use self-developed, artificial neural network, and Google's TensorFlow
- 국내외 주요 고객 : 개인 투자자 고객 대상, 키움증권, 신한금융투자 , 미래에셋대우증권, 하이투자증권, DGB금융지주, 신한금융지주 외 SI개발 & 핀테크 분야
- 제품명 및 서비스(비즈니스 모델) : FASST 엔진, 도너츠 외 금융의사결정서비스

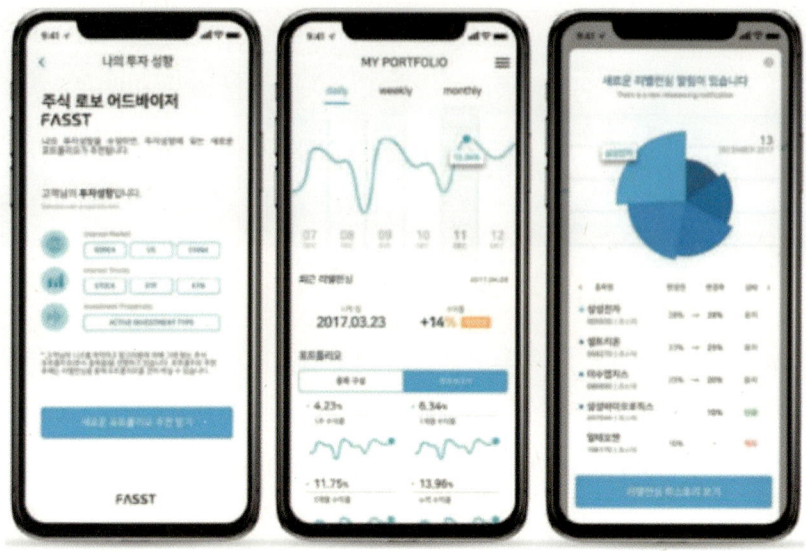

　FASST는 인공신경망을 이용한 금융자산관리 서비스로 아래의 프로세스를 따른다.

　1. 고객정보입력(나이, 기대수익, 리스크 톨러런스, 투자목적, 투자기간, 투자경험)

　2. 고객 입력정보 바탕 최적의 포트폴리오 복수 제공

　3. 포트폴리오를 선택

　4. 주문　5. 모니터링　6. 리밸런싱　7. 성과보고

　이렇게 지시하는 프로세스대로 따라 하면 금융정보를 활용해서 의사결정 하는데 도움을 받을 수 있다.

14(시설물관리)/100

- 기업명 : ㈜디비엔텍 http://www.dbnt.co.kr/
- AI 적용 기술 : 시각지능, 일반지능
- 프레임(AI 프로그램) : TensorFlow
- 국내외 주요 고객 : 국토교통부(국가), 지자체 통합관제센터
- 제품명 및 서비스(비즈니스 모델) : 딥러닝 기반 터널사고감지 시스템

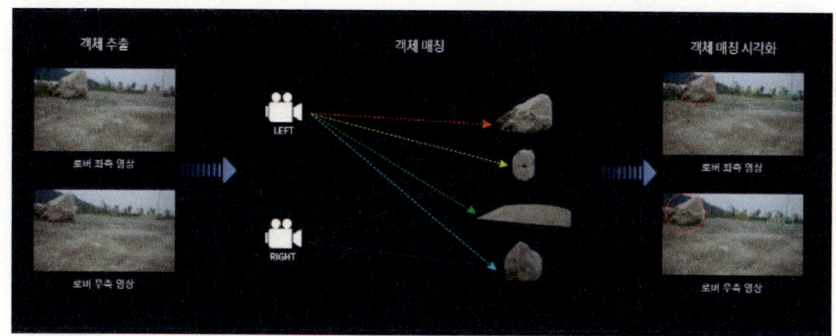

디비엔텍은 딥러닝으로 대표되는 인공지능과 빅데이터 기술에 기반한 차세대 영상분석솔루션 개발 전문기업이다. 디비엔텍은 공공 SOC(Social Overhead Capital)에 설치되어 수집되는 방대한 CCTV 영상 빅데이터의 분석 및 실시간 연계를 통하여 국민의 안전과 시설물관리 및 지능정보화 구현을 위한 기술정보서비스제공을 주요 목적사업으로 수행하고 있다.

15(육아)/100

- 기업명 : ㈜디플리 https://deeplyinc.com/kr/
- AI 적용 기술 : 음성지능, 시계열 데이터/모델링, 감성지능
- 프래임(AI 프로그램) : 자체개발
- 국내외 주요 고객 : N/A
- 제품명 및 서비스(비즈니스 모델) : 아기소리 분석 애플리케이션 바뱌(babba)
- 디지털 헬스케어 음성 사운드 분석 솔루션 "마음정원(Mindgarden)"

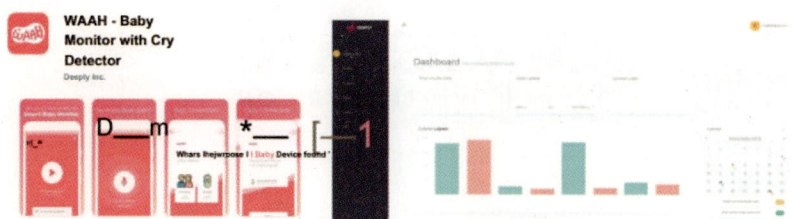

소리에 담긴 의미를 이해하는 사운드 기반 AI 스타트업이다. 우리 주변에서 발생하는 다양한 소리를 인공지능 엔진으로 분석해 어떤 의미인지 알려준다. 텍스트로 표현되는 음성을 넘어 웃음, 울음, 비명소리를 이해하는 서비스를 만든다.

소리에 담긴 의미를 이해하는 사운드 기반 AI 스타트업이다. 우리 주변에서 발생하는 다양한 소리를 인공지능 엔진으로 분석해 어떤 의미인지 알려준다. 텍스트로 표현되는 음성을 넘어 웃음, 울음, 비명소리를 이해하는 서비스를 만든다.

16(뷰티)/100

- 기업명 : ㈜딥픽셀 http://www.deepixel.xyz/
- AI 적용 기술 : 시각지능
- 프래임(AI 프로그램) : TensorFlow
- 국내외 주요 고객 : 온라인 쥬얼리 쇼핑몰, e-커머스 플랫폼
- 제품명 및 서비스(비즈니스 모델) : 스타일AR, StyleAR, 가상 착용/피팅 기술

딥픽셀은 컴퓨터 비전 및 기계학습을 기반으로 시각지능 알고리즘을 개발하고 있는 딥-테크 스타트업으로, 차세대 주얼리/뷰티 AR커머스를 위한 가상착용/피팅기술을 개발하고 있다.

17(빅데이터분석)/100

- 기업명 : ㈜데이터쿱와 https://datakubwa.com/
- AI 적용 기술 : 시각지능, 시계열 데이터드리븐/모델링, 종합데이터 가공, 언어지능, 하드웨어/로보틱스
- 프래임(AI 프로그램) : TensorFlow, PyTorch, openVINO

- 국내외 주요 고객 : 인텔코리아(한국)& IT, IPIST(한국)&특허법률, ZEEPS(한국)&부동산, kspsoft(한국)&IT제품명 및 서비스(비즈니스 모델) : 쿱와 FPGA / 트렌드 트래커
- 제품명 및 서비스(비즈니스 모델) : 스타일AR, StyleAR, 가상 착용/피팅 기술

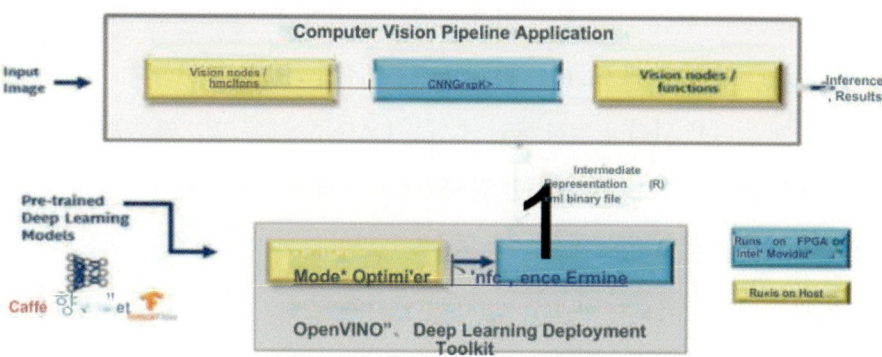

인텔 openVINO와 FPGA를 활용한 딥러닝으로 영상, 이미지, 텍스트 데이터 분석 Data Kubwa는 아프리카 스와힐리어로 Big Data라는 의미이다.

데이터쿱와 주식회사는 인공지능과 빅데이터 전문 기업으로 빅데이터 수집, 분석, 교육 서비스 및 FPGA를 활용한 맞춤형 솔루션을 제공하고 있다.

18(제조)/100

- 기업명 : ㈜라온피플 http://www.laonpeople.com
- AI 적용 기술 : 시각지능, 소프트웨어, 하드웨어
- 국내외 주요 고객 : 삼성전자, LG디스플레이, 대덕전자, Amazon, Microsoft

- 제품명 및 서비스(비즈니스 모델) : 스마트팩토리(AI비전검사 SW/HW/장비), 스마트라이프(교통/덴탈/팜)

㈜라온피플은 미래를 선도하는 기술과 제품으로 더 행복한 세상을 만들고자 노력하는 AI 전문기업이다.

AI 코어 알고리즘 기술, 이미지 데이터 프로세싱 기술, 광학 시스템 기술을 기반으로 국내에서 유일하게 머신 비전 시스템의 소프트웨어에서 하드웨어까지 AI를 통한 고객 특화된 비전 검사 내 전주기 기술을 제공한다.

자체 개발한 딥러닝 검사 솔루션 NAVI AI는 스마트 팩토리 분야의 기존 Rule 기반 + 육안으로 이뤄지던 검사를 편리하게 만들고 높은 검증율을 보장함으로써 제조 공정을 혁신하여 효율성, 유연성, 안정성을 높였다. 또한, 머신 비전 카메라를 포함한 다양한 머신비전 제품을 제조 환경에 최적화하여 다양한 고객사에 제공하고 있다.

㈜라온피플는 AI 비전 기술을 산업 분야에 국한시키는 것이 아니라, 일상생활에서도 AI를 경험할 수 있도록 비즈니스 영역을 확대하고 있다. 첨단 모빌리티 시스템과 인프라 구축을 위한 AI 교통, 디지털보다 한단계 더 업그레이드된 AI 디지털 덴탈 그리고 새로운 가치를 창출하는 지능형 팜 솔루션에 이르기까지 우리의 삶에서 AI의 편리함을 느낄 수 있도록 노력하고 있다.

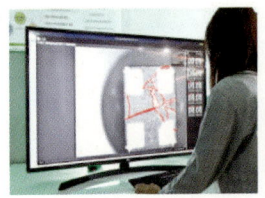
[AI 머신비전 솔루션]

[AI 교통 솔루션]

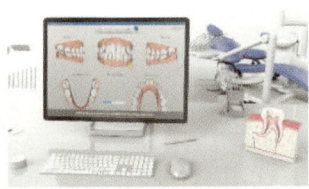
[AI 덴탈 솔루션]

19(금융,제조,유통)/100

- 기업명 : ㈜레인보우브레인 http://rbrain.co.kr/
- AI 적용 기술 : RPA, OCR, AI
- 프래임(AI 프로그램) : RPA PaaS(Platform as a Service), RPA as a Service
- 국내외 주요 고객 : 금융,제조,유통,서비스 80+ 고객, 2,000+ 업무 프로세스 자동화
- 제품명 및 서비스(비즈니스 모델) : TimeBees(타임비즈)(RPA as a Service, Digital Workforce 모델)

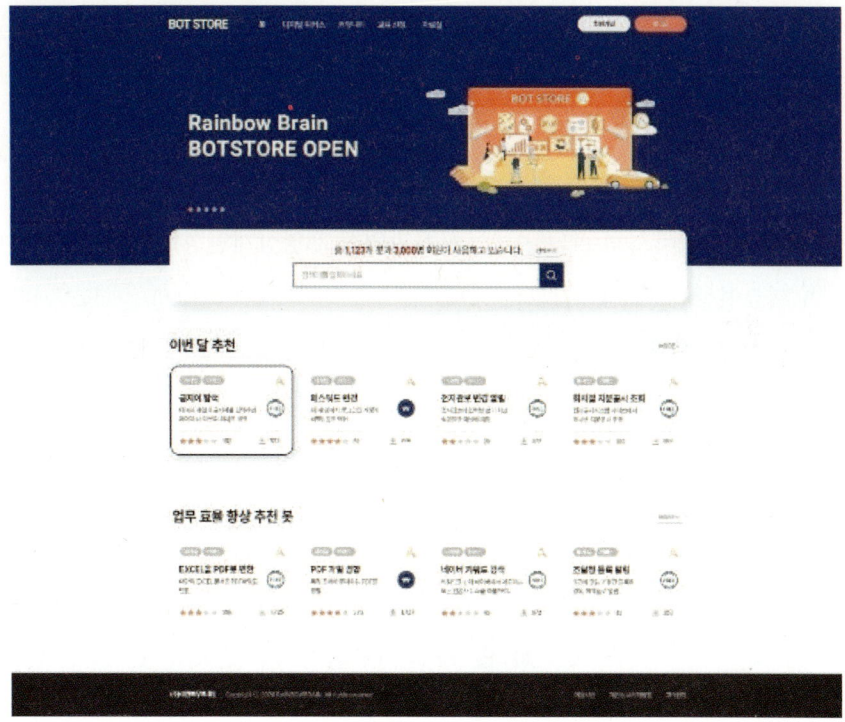

다양한 산업군의 업무 프로세스 자동화를 클라우드 상에서 서비스하는 디지털 워커(Digital Worker) 플랫폼이다. RPA 봇 및 Digital Workers 서비스 제작을 위한 공급 시장과 디지털 노동력(업무) 서비스 구독을 위한 수요자 시장을 겨냥한 방대한 자동화 컨텐츠 제공 예정. Virtual Assistant 서비스를 위한 AI, UI/UX 기술을 지속 고도화 중이다.

20(금융)/100

- 기업명 : ㈜로민 https://www.lomin.ai/
- AI 적용 기술 : 시각지능
- 프래임(AI 프로그램) : PyTorch, TensorFlow, TensorRT
- 국내외 주요 고객 : 금융사(은행,보험사,증권사), CCTV 솔루션기업, 핀테크 기업 등
- 제품명 및 서비스(비즈니스 모델) : 1. 문자인식 2. 영상개인정보 비식별화 3. 의료영상시분석 4. 가짜사진 판별

Key-Value

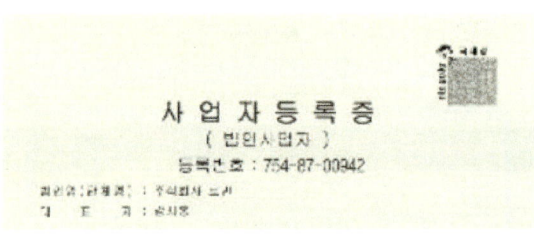

Textscope™ AI 기반의 비정형 문서 이미지 인식 솔루션 로민의 텍스트스코프(Textscope™)는 스마트폰 촬영 이미지와 팩스 등으로 제출되는 다양한 문서 이미지에서 AI 기반의 엔진을 활용해 문자를 정확하고 빠르게 인식하여 업무에 투입되는 시간과 비용을 획기적으로 절감한다.

21(법률)/100

- 기업명 : ㈜로앤컴퍼니 http://lawcompany.co.kr/
- AI 적용 기술 : 강화학습, 종합데이터 가공, 기타(텍스트마이닝)
- 프레임(AI 프로그램) : PyTorch
- 국내외 주요 고객 : 국내 법률사무소 및 법무법인 변호사
- 제품명 및 서비스(비즈니스 모델) : 로톡(LawTalk) - https://www.lawtalk.co.kr

딥러닝(Deep Learning) 기반의 자동화된 법률 지식 그래프화를 통해 지능적인 법률검색과 법적 추론 서비스를 개발한다.

22(생활)/100

- 기업명 : ㈜록스 http://www.locslab.com/
- AI 적용 기술 : 음성지능, 언어지능, 시계열 데이터드리븐/모델링, 감성지능, 설명가능한 지능
- 프래임(AI 프로그램) : PyTorch, TensorFlow
- 국내외 주요 고객 : 국내외 인플루언서, MCN
- 제품명 및 서비스(비즈니스 모델) : 싸이킥 디거

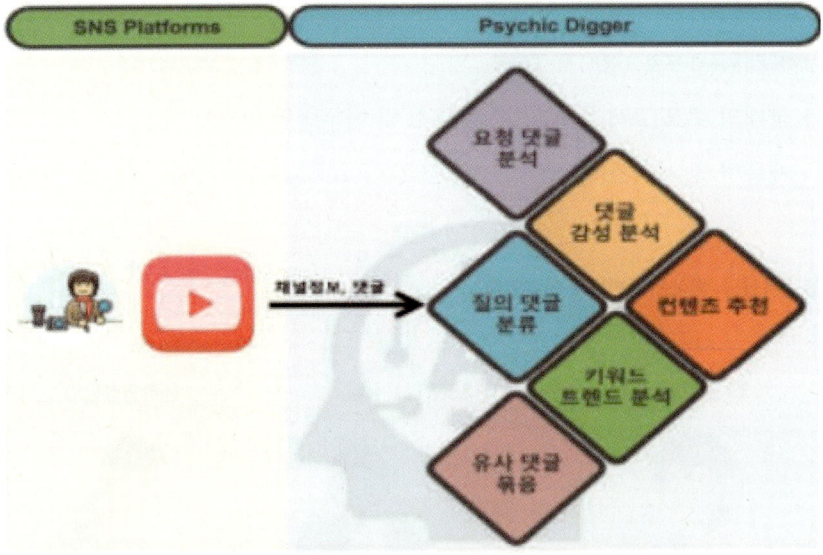

'록스'는 사람들이 가진 불편함을 이해하고 인공지능 기술로 그 문제를 해결하여 인간의 삶의 질을 높이는 것을 목표로 하고 있으며, 성공적인 프로젝트 경험을 바탕으로 통찰력 있는 전략 수립과 다양한 범위의 인공지능 기반 플랫폼을 제공한다.

23(교육)/100

- 기업명 : ㈜뤼이드 https://www.riiid.co/ko/
- AI 적용 기술 : Knowledge Tracing / Score Prediction
- Learning Path Recommendation / Dropout Prediction
- 프레임(AI 프로그램) : PyTorch / Kubernetes / Kubeflow / TensorFlow Extended / mlflow
- 국내외 주요 고객 : 캐플란, 커넥미에듀케이션, 이니시에, 카사그란데, 한화생명 등
- 제품명 및 서비스(비즈니스 모델) : B2B) AI 튜터구축 솔루션 'R인사이드'
- B2C) AI 토익 튜터 '산타' / 산타공인중개사 / Riiid for GMAT등

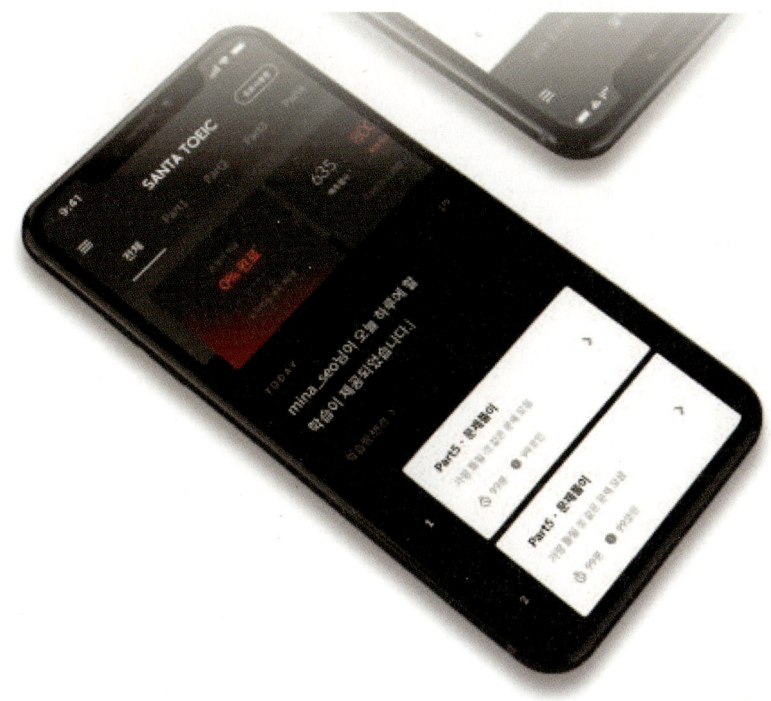

뤼이드의 인공지능은 학습자의 점수향상을 위한 개인 맞춤형 최단 학습동선을 제공한다.

　학습자가 최소 6문항의 진단 테스트만 거치면 인간의 컨텐츠 분석과정 없이 오로지 머신러닝, 딥러닝 만으로 학습자와 콘텐츠를 모델링해 학습자의 학습패턴을 분석한다.

　분석이 완료되면 인공지능은 학습자가 어떤 문제를 맞히고 어떤 보기를 선택해 문제를 틀릴지 90% 이상의 적중률로 분석, 해당 데이터를 활용해 학습자의 점수를 실시간으로 예측한다.

　이후 인공지능은 학습자가 문제를 풀고 학습하는 매 순간마다 가장 높은 점수 향상이 예측되는 문제를 학습 이탈률까지 고려해 추천하게 되며, 이를 통해 학습자가 가장 빠르게 목표 점수에 도달할 수 있는 학습 커리큘럼을 실시간으로 제공하게 된다.

24(교육)/100

- 기업명 : 로보그램 인공지능 로봇연구소 http://www.robogramrobot.kr/
- AI 적용 기술 : 머신러닝
- 프래임(AI 프로그램) : 블록코딩
- 국내외 주요 고객 : 학생, 중·고등학교, 대학
- 제품명 및 서비스(비즈니스 모델) : 로보그램

㈜로보그램 인공지능 로봇연구소(이하 로보그램)의 AI 코딩교육 스마트기기 '로보미'는 학습자가 연동된 소프트웨어 '로보미 코딩 도우미'를 통해 블록화한 명령어를 배열하면서 머신러닝의 원리를 쉽게 이해할 수 있도록 제작됐다. 머신러닝은 컴퓨터가 데이터 수집과 정보 처리 경험을 바탕으로 미래 행동을 개선하도록 스스로 학습하는 일련의 작업 과정이라고 정의할 수 있다.

25(생활)/100

- 기업명 : ㈜마인즈랩 https://www.maum.ai/
- AI 적용 기술 : 시각지능, 종합데이터 가공, 언어지능, 강화학습, 음성지능, 사고지능
- 프래임(AI 프로그램) : maum.ai(클라우드 서비스)
- 국내외 주요 고객 : 대기업 뿐만 아니라 인공지능이 필요한 중소기업 및 일반 고객

- 제품명 및 서비스(비즈니스 모델) : 인공지능 플랫폼 'maum.ai'

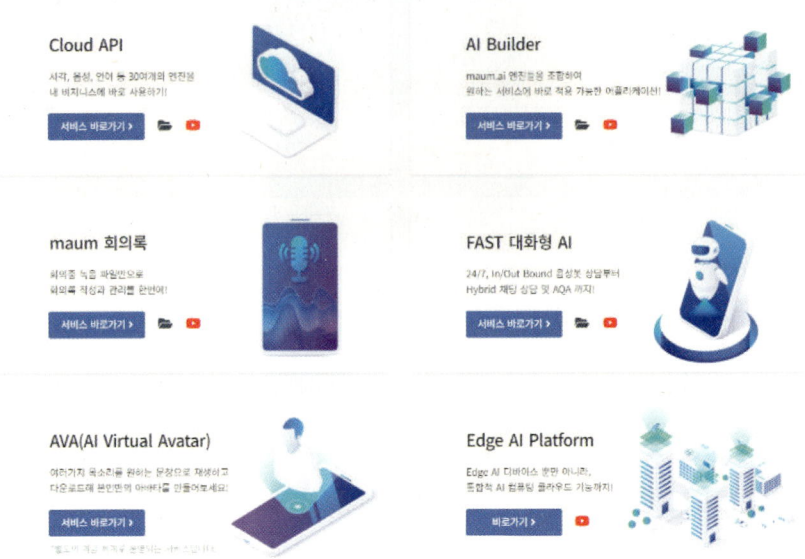

마인즈랩의 마음 AI는 대기업 뿐만 아니라 일반인, 중소기업 등 인공지능이 필요한 곳에 쉽게 쓰는 맞춤형 AI 서비스이다. 인공지능을 비즈니스에 접목하여 한층 더 업그레이드된 서비스를 제공할 수 있다.

* 음성생성(Speech Generation) : 3분 분량의 목소리를 모아서 나만의 목소리를 만들 수 있다.

* AI Human 'M1' : 마음 AI의 음성지능, 언어지능, 시각지능, 그리고 사고지능까지 포함하는 AI 기술이 결합된 메타버스 서비스

26(생활)/100

- 기업명 : ㈜매크로액트 https://www.macroact.com/
- AI 적용 기술 : 하드웨어/로보틱스
- 프래임(AI 프로그램) : PyTorch
- 국내외 주요 고객 : B2C로 2030 및 실버 세대
- 제품명 및 서비스(비즈니스 모델) : 반려로봇 마이캣, 로봇 인공지능 동작 제어 플랫폼

인공지능 로봇 전문기업 매크로액트, 반려로봇 '마이캣'으로 'CES 2021' 참가했다.

로봇의 동작 제어를 학습하고 스스로 최적화하는 플랫폼이다.

플랫폼에서 가상의 반려로봇은 기본적인 동작과 인식능력 등을 학습한다.

27(금융, 의료)/100

- 기업명 : ㈜머니브레인 https://www.moneybrain.ai/
- AI 적용 기술 : 시각지능, 음성지능, 언어지능, 감성지능, 복합지능
- 프래임(AI 프로그램) : TensorFlow, PyTorch, Keras
- 국내외 주요 고객 : 챗봇 : 금융, 쇼핑, 의료, 주문, 음성합성 : 차량정보, 오디오북, 콜센터, 교육
- 영상합성 : 방송, 교육, 커머스 엔터테인먼트
- 제품명 및 서비스(비즈니스 모델) : 대화형 인공지능 서비스, 영상합성, 딥페이크 탐지 AI 서비스

사업모델
머니브레인의 사업 방향성

[B2C]
- AI 뉴스 서비스 : AI 아나운서가 읽어주는 가장 빠른 뉴스
- AI 교육 서비스 : AI 캐릭터와 실시간 대화하며 영어공부
- AI 엔터테인먼트 서비스 : 내가 좋아하는 스타와 대화 기능 제공
- AI 쇼핑 서비스 : AI 스타가 상품을 소개하여 쇼핑몰 상품 판매 촉진

자연어처리 : 사용자의 질문이나 응답을 표정을 통해 긍정, 부정, 기쁨, 슬픔 등의분석하고 이해하여 사람처럼 대화하는 감성을 표현하는 기술이다. (ex.챗봇)

음성합성 : 문자를 음성으로 바꾸는 기술로서 학습하여 실제 사람과 똑같은 말투, 억양특정인의 목소리, 억양을 그대로 재현한다.

영상합성 : 특정인의 영상을 AI 기술로 학습하여 실제 사람과 똑 같은 말

투, 억양 등의 목소리뿐만 아니라 영상으로 말하는 얼굴, 표정 및 움직임까지 합성하는 기술이다.

감성표현 : 사람의 목소리 또는 얼굴 표정을 통해 긍정, 부정, 기쁨, 슬픔 등의 감성을 표현하는 기술이다.

28(제약)/100

- 기업명 : ㈜메디리타 https://www.medirita.com/
- AI 적용 기술 : 종합데이터 가공, 일반지능, 설명가능한 지능
- 프래임(AI 프로그램) : Multiscale Network , Framework
- 국내외 주요 고객 : 제약 및 바이오기업
- 제품명 및 서비스(비즈니스 모델) : MuN-AI(Multi-omics Network AI)

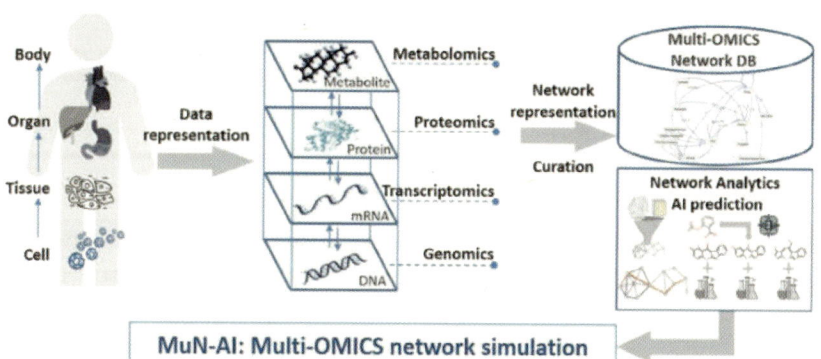

신약개발을 위한 인공지능 기술을 개발하는 인공지능 전문기업이다.

인공지능 기술로 희귀 질환을 포함한 다양한 질병을 치료 할 수 있는 신약을 빠르고 저비용으로 개발할 수 있는 솔루션을 제공한다.

'인류의 건강한 삶과 행복 추구'라는 경영철학으로, 제약•바이오 산업발전에 기여하고자 한다.

29(의료)/100

- 기업명 : ㈜메디웨일 http://www.medi-whale.com/
- AI 적용 기술 : CNN, 의료 인공지능, 설명가능한 지능
- 프래임(AI 프로그램) : TensorFlow, PyTorch
- 국내외 주요 고객 : 연세의료원, 필립메디컬센터, 비앤빛강남밝은세상안과, Singapore National Eye,
- Center, Jakarta Eye Center, SankaraNethralaya, Topcon Healthcare
- 제품명 및 서비스(비즈니스 모델) : DrNoon for CVD - 심혈관 위험평가 SW
- DrNoon for RED - 의료영상 검출보조 소프트웨어(안과)
- 비즈니스 모델 : 구독 및 사용당 과금(SaaS)

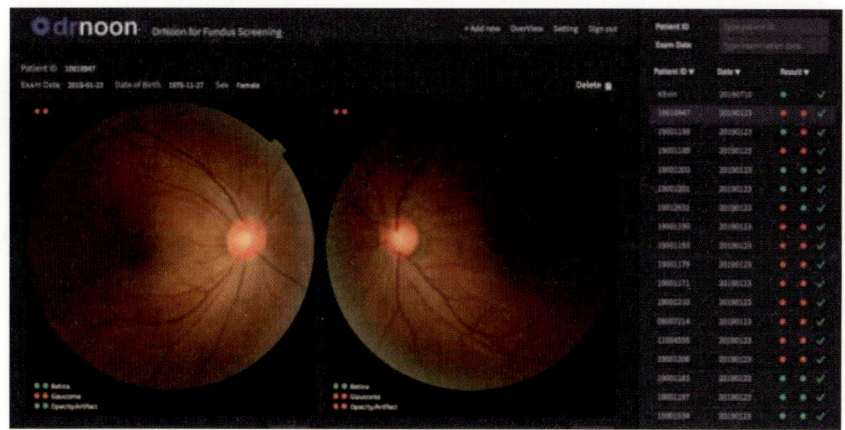

망막 AI바이오마커를 통해, 심뇌혈관질환 및 대사질환을 예측하는 AI검진 시스템이다.

30(의료)/100

- 기업명 : ㈜메디컬아이피 http://www.medicalip.com/
- AI 적용 기술 : 시각지능
- 프레임(AI 프로그램) : MEDIP(Private Framework)
- 국내외 주요 고객 : 서울대학교병원을 비롯한 중대형 병원
- 제품명 및 서비스(비즈니스 모델) : 의료영상처리 딥러닝 소프트웨어 플랫폼

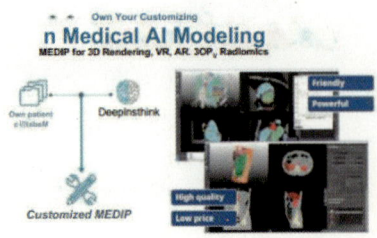 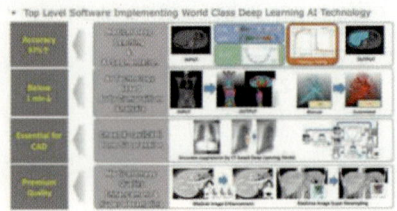

인공지능을 통한 의료 영상의 입체화, 3D프린팅(PRINTING), 가상현실(VR), 증강현실(AR) 기술을 실제 임상자료에 적용하고 필요한 의료환경에서 서비스하고 있다.

31(교통)/100

- 기업명 : ㈜모라이 https://www.morai.ai/
- AI 적용 기술 : 시각지능, 하드웨어/로보틱스, 강화학습, 자율주행, 기타(데이터셋 생성)
- 프래임(AI 프로그램) : PyTorch
- 국내외 주요 고객 : 차세대융합기술연구원(한국, 자율주행차) KAIST, 충북대, 국민대, 한양대 등 다수 국내 대학(한국, 자율주행차), 항공우주연구원(한국, 드론)
- 제품명 및 서비스(비즈니스 모델) : MORAI 자율주행차 시뮬레이션 플랫폼

모라이는 자율주행차 개발 및 검증을 위한 시뮬레이션 플랫폼을 제공하는 스타트업이다.

모라이는 시뮬레이션 플랫폼을 통해 고객이 보다 효과적인 자율주행차 소프트웨어 개발 및 검증 프로세스를 구축하여, 더 높은 성능과 신뢰성을 갖는 자율주행 솔루션을 개발 할 수 있도록 돕고 있다.

32(교통)/100

- 기업명 : ㈜모빌테크 http://www.mobiltech.io/
- AI 적용 기술 : 시각지능, 종합데이터 가공, 하드웨어/로보틱스, 자율주행
- 프레임(AI 프로그램) : TensorFlow, PyTorch
- 국내외 주요 고객 : 자율주행 모빌리티 기업/자율주행차 생산을 목표로 하는 완성차 업체
- ICT기업 및 무인로봇서비스 기업
- 제품명 및 서비스(비즈니스 모델) : 정밀도로지도(HDMap) / 레플리카 시티 / 자율주행 정밀 측위 솔루션/3D스캐너

　모빌테크는 자율주행 고도화를 위한 도시 데이터 구독 서비스 및 정밀 위치 정보 서비스를 제공하는 AI 기반 공간정보 서비스 기업이다. 무인 모빌리티를 위하여 정밀도로 지도(HDMap)와 자율주행 정밀 측위 솔루션을 제공하고 다양한 스마트시티 서비스를 위하여 도시 3D공간정보를 공급하고 있다.

　현재 다양한 도시에서 3차원 도시 데이터를 구축하고 시설물의 위치 변경 및 도로파손 등으로 인해 기존지도에서 변경된 부분을 감지하여 업데이트하는 기술을 보유하고 있다. 이러한 도시데이터는 실제 위치와 지도와의 정확도 ±15cm 이내, 건물 등 형상 정밀도 ±3cm 이내의 고정밀로 제작이 되며, 도시 내 건물, 시설물, 도로, 지형 정보 등을 파악하여 기존 지도의 갱신의 한계성을 극복하여 최신성을 유지한다. 모빌테크의 '레플리카 시티'는 라이다+고해상도 카메라+GPS 등 다양한 센서를 융합하여 완성된 디지털 트윈 도시모형으로 디지털 트윈, 정밀도로정보,시설물 정보를 포함한다. 또한, 실제색상이 포함된 점군 데이터로 3D 모델링이 필요 없어 제작시간 및 업데이트 속도가 빨라 레플리카 시티를 통해 공간정보 선도 기업으로서의 위치를 확보하였다.

33(기업)/100

- 기업명 : ㈜몬드리안에이아이 https://mondrian.ai/
- AI 적용 기술 : 시각지능, 시계열 데이터드리븐/모델링, 일반지능
- 프래임(AI 프로그램) : TensorFlow, Keras, Caffe, Caffe2
- 국내외 주요 고객 : KT, 오리온, 인천시, 서울시, 인천 테크노파크, 인천 스마트 시티
- 제품명 및 서비스(비즈니스 모델) : AI Playground, Vision Factory, AI Box Workstation, Data Catalog

Mondrian AI는 빅데이터, 인공지능, 데이터 시각화 분야의 전문성을 활용하여 데이터 기반 혁신과 변화를 이끌어 내고 있다.

다양한 산업분야의 데이터를 분석하여 강력한 지능형 대시보드를 설계한다.

데이터 시각화를 통해 데이터에 생명을 불어 넣어준다. 기업의 주요 성과 지표와 현황을 모니터링 하고 중요한 메트릭을 한눈에 확인할 수 있게 정보를 제공 한다.

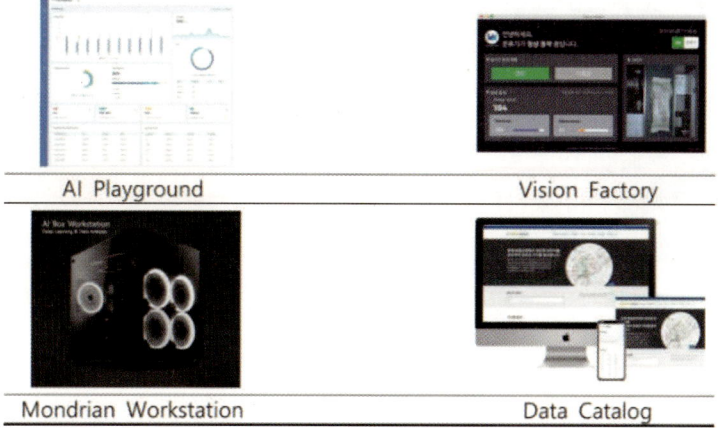

34(생활)/100

- 기업명 : ㈜미스터마인드 https://www.mrmind.ai/
- AI 적용 기술 : 언어지능, 강화학습, 감성지능, 자연어처리, 챗봇
- 프래임(AI 프로그램) : PyTorch, TensorFlow, Keras
- 국내외 주요 고객 :

  인공지능 말동무 인형: 서울시, 마포구, 동대문구, 경상북도 의성군, 청도군, 광주 서구청

  인공지능 조형물: 남해군, 충청남도교육청과학교육원, 논산시

- 제품명 및 서비스(비즈니스 모델) :

  어르신말동무인형 '돌돌이': 홀몸어르신 치매, 우울증예방돌봄로봇

  인공지능 조형물 '피노키오': 박물관, 전시관 및 체험관 안내 로봇

  AI캡슐 : 커스터마이징이가능한, 캡슐 형태의 소형 AI스피커 | 자사 특허제품

미스터마인드는 자연어 처리 기술을 기반으로 한 어르신 감성대화 인형을 만들고 있는 인공지능 스타트업이다. 어르신과 돌봄로봇의 일상 대화 속 리서치 알고리즘을 통해, 어르신질병(치매, 우울증, 자살) 진단을 사전에 확인 할 수 있으며, 120만개의 감성대화 데이터를 통해 치매, 우울증과 고독사를 예방한다. 어르신의 뇌활동 및 인지 강화를 위한 다양한 콘텐츠와 기능으로 구성되어 있으며, 깜빡깜빡 하시는 어르신들을 위해 알람 설정 기능을 접목하여 약 드실 시간을 일러주어 건강까지 케어하고 있다.

또한 일상 대화 속 위험(다쳤어, 응급차 불러줘) 및 부정적(우울해, 죽고싶어) 단어를 감지하고 경고하여 각종 어르신 문제를 사전에 예방한다.

35(생활)/100

- 기업명 : ㈜미스터리코 https://mysterico.com/
- AI 적용 기술 : 언어지능, 감성지능
- 프래임(AI 프로그램) : TensorFlow, PyTorch
- 국내외 주요 고객 : 국내외
- 제품명 및 서비스(비즈니스 모델) : 자연어 처리

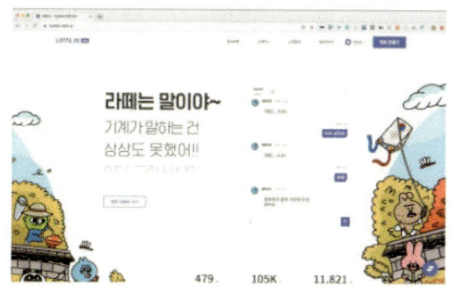

미스테리코는 라이프 솔루션에 최적화된 인공지능을 만들고 있다.

현재 자연어 처리(NLP)를 활용한 챗봇 빌더 라떼 AI를 운영 중에 있으며 추후 업무자동화, 푸드테크 등 다양하게 사업을 다각화 할 계획을 가지고 있다.

36(기업)/100

- 기업명 : 매스웍스코리아(유) https://kr.mathworks.com/
- AI 적용 기술 : 머신러닝, 딥러닝, 강화학습
- 프래임(AI 프로그램) : MATLAB Framework
- 국내외 주요 고객 : 제조업, 인프라 산업, 조선 해양 산업, 자동차 산업, 의료산업, 항공우주산업, 철강산업, 교육
- 제품명 및 서비스(비즈니스 모델) : MATLAB(매트랩)을 활용한 AI 모델 및 AI 시스템 설계

- MATLAB(매트랩) : 데이터 분석, 알고리즘 및 수학 모델 개발
  MATLAB은 수백만 명의 엔지니어와 과학자들이 데이터 분석, 알고리즘 개발 및 모델 생성에 사용하는 프로그래밍 및 수치 계산 플랫폼이다.(수학, 그래픽, 프로그래밍)
- SIMULINK(시뮬링크) : 시뮬레이션, 코드 생성, 임베디드 시스템 테스트 및 검증
  Simulink는 하드웨어로 구현하기 전에 Simulink 에서 시스템을 설계하고 시뮬레이션을 할 수 있도록 솔루션을 제공 한다. C, C++ 또는 HDL 코드를 작성할 필요가 없는 획기적인 방식으로 설계를 탐색하고 구현할 수 있다.

MATLAB 및 Simulink 활용 분야는 시스템 설계와 시뮬레이션, 무선통신, 전력전자 제어 시스템 설계 등 광범위한 영역에 활용 가능 하다.

- MATLAB 활용 분야:

제어 시스템 : 제어 시스템의 설계, 테스트, 구현

딥러닝 : 심층 신경망에 사용할 수 있는 데이터 준비, 설계, 시뮬레이션 및 배포

영상 처리 및 컴퓨터 비전 : 알고리즘 개발과 시스템 설계를 위한 영상 및 비디오의 수집, 처리 및 분석

머신 러닝 : 모델을 학습시키고 파라미터를 조정하며 생산 시스템 또는 에지 기기에 배포

예측 정비 : 상태 감시 및 예측 정비 소프트웨어 개발 및 배포

로봇공학 : 로봇공학 관련 아이디어 및 개념을 실제 환경에서 원활하게 작동하는 자율 시스템으로 변환

신호 처리 : 신호 및 시계열 데이터 분석. 신호 처리 시스템 모델링, 설계 및 시뮬레이션

테스트 및 측정 : 데이터 수집, 분석, 탐색 및 테스트 자동화

통신 : 무선 통신 시스템 제작, 설계, 테스트 및 검증

37(금융,통신)/100

- 기업명 : ㈜바이칼에이아이(Baikal AI Inc.) https://www.baikal.ai/
- AI 적용 기술 :
  - 자연어처리엔진 / 형태소분석기, 개체명분석기, 텍스트분류, BERT 모델

- 인공지능 대화 시스템 / 계층형 질의응답시스템, 대화형 AI 플랫폼, SIP 연동
- 음성 자연어 전문 학습 데이터 저작 플랫폼
- 음성 기반 인지장애 위험도 예측
- 프래임(AI 프로그램) : TensorFlow
- 국내외 주요 고객 : 금융권, 포털 및 통신사, 의료기관 및 종합병원, 지방자치단체
- 제품명 및 서비스(비즈니스 모델) : deep NLP, deep WB, deep BRAIN

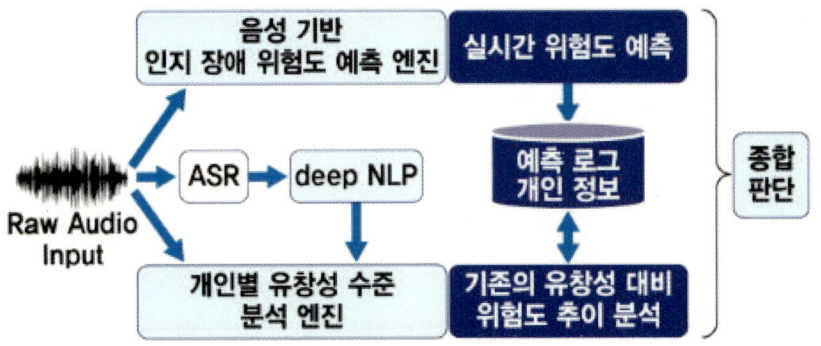

< AI 딥러닝 기반의 인지장애 예측 시스템 'deep BRAIN' 기술 구성도 >

2019년 6월11일 창업한 소프트웨어 기술 스타트업이다. 한국어 자연어처리(NLP) 원천 기술을 바탕으로 한 인공지능 플랫폼 기업이다.

언어 중심에서 의료 분야의 AI 알고리즘 개발까지 다양한 솔루션을 제공하며, 특히, 음성에 대한 딥러닝 학습을 통한 인지장애 위험도 예측 기술로 헬스케어 의료 분야로 사업 영역을 확대하고 있다.

현재 3가지의 핵심 기술 및 솔루션을 가지고 있다.

첫번째는 'deep NLP'. 바이칼AI가 자체 개발한 한국어 자연어처리 형태소 분석 엔진 기술이다.

두번째는 'deep BRAIN'. 인간의 두뇌 활동의 문제점을 발견하려는 인공지능 기술이다.

'디큐브레인'은 사람의 자연스러운 음성(Spontaneous Speech) 데이터를 인공지능 딥러닝을 통해 학습한 후 인지장애의 변화를 찾아내는 솔루션이다.

세번째 제품은 'deep WB(Workbench)', '디큐워크벤치'.

앞서 언급한 것처럼 인공지능 학습을 위해서는 데이터 전처리 및 재가공이 필수인데, 어떤 데이터로 학습을 하느냐에 따라 성능이 좌우된다. 디큐워크벤치는 데이터의 생성, 검수, 관리, 배포 등을 할 수 있는 서비스 플랫폼으로 특히, 음성 및 자연어 데이터에 강점을 가지고 있다.

38(의료)/100

- 기업명 : 뷰노 https://www.vuno.co/
- AI 적용 기술 : 시각지능, 음성지능, 강화학습, 종합데이터 가공
- 프래임(AI 프로그램) : 자체 딥러닝 엔진 VUNO-Net을 메인으로 사용 중
- 국내외 주요 고객 : 중대형병원 및 병의원 등 주요 의료기관
- 제품명 및 서비스(비즈니스 모델) : 뷰노메드 본에이지 포함8개 의료인공지능 솔루션을 Cloud로 제공 중
국내1호 인공지능 의료기기 '뷰노메드 본에이지' 포함 8가지 의료인공지능

솔루션 상용화에 성공했다.

　국내외 의료인공지능 시장 선도주자로서 글로벌 딥러닝 챌린지 및 임상학술지에서 기술력을 입증했다.

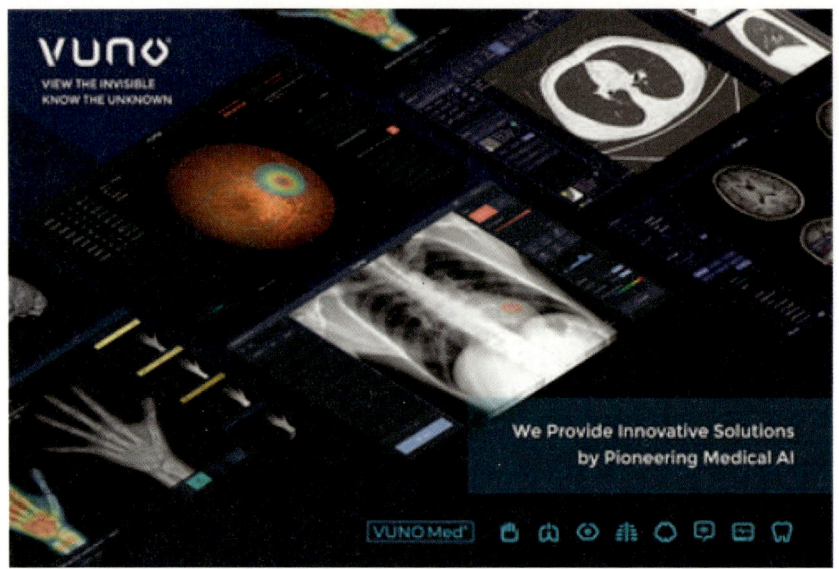

　뷰노는 다양한 의료데이터를 학습하여 분석하고, 의료진의 의료행위를 보조하는 의료 인공지능솔루션을 개발하고 상용화하는 기업이다. 자체 딥러닝 엔진인 'VUNO Net'을 기반으로 X-Ray와 같은 2D 이미지뿐 아니라 CT, MRI 등 3D 이미지를 포함한 방사선 영상 및 안저영상 등의 의료영상, 병리, 생체신호, 음성등 의료 빅데이터를 학습해 진단보조, 의료시스템개선, 질환예후/예측등 의료현장에서 활용되는 8가지 의료 인공지능 솔루션개발 및 상용화에 성공했다.

　뷰노메드솔루션은 임상 의사결정의 정확도와 효율성을 높여 의료진을 돕고 환자에게 향상된 의료서비스를 제공하고 있다.

뷰노는 글로벌 딥러닝 챌린지 다수에서 높은 성적을 기록하고 세계적으로 권위를 가진 임상학술지 및 관련 학회 등에 게재된 60편 이상의 논문을 발표해, 독보적인 인공지능기술력과 뷰노메드 솔루션의 임상적 유효성 및 안전성을 입증해 왔다.

39(금융)/100

- 기업명 : ㈜블루바이저 https://highbuff.com/
- AI 적용 기술 : 언어지능, 시계열 데이터드리븐/모델링, 종합데이터 가공, 강화학습
- 프래임(AI 프로그램) : TensorFlow, Keras 등
- 국내외 주요 고객 : 기업 및 고액자산가 등
- 제품명 및 서비스(비즈니스 모델) : 국문: 하이버프, 영문: HighBull Plus/HB+

인공지능(이하 "AI")이 재무분석, 포트폴리오 산출, 자산배분, 투자 시행, 리밸런싱, 모니터링의 전 과정을 수행하는 자동화된 투자 플랫폼 "하이버프"를 모바일 애플리케이션이나 인터넷을 통해 고객에게 제공하고 있다.

　머신러닝 기반 인공지능 솔루션 개발 회사 BLUEVISOR & BLUEVISOR SYSTEMS은 글로벌 시장에서 인정받은 인공지능 알고리즘으로 직,간접 투자의 문제점을 해결할 수 있는 인공지능, 재테크 솔루션, 비대면 시대에 공정한 면접을 이끄는 인공지능 면접 솔루션, 인공지능을 활용하여 다양한 콘텐츠 관리 솔루션까지 제공하고 있다.

40(교통)/100

- 기업명 : ㈜블루시그널 www.bluesignal.co.kr
- AI 적용 기술 : 언어지능, 종합데이터 가공, 자율주행
- 프래임(AI 프로그램) : 자체개발
- 국내외 주요 고객 : 자동차제조, 물류, 정부(스마트시티), 보험
- 제품명 및 서비스(비즈니스 모델) : 교통상황 예측정보 제공 서비스 시스템 개발

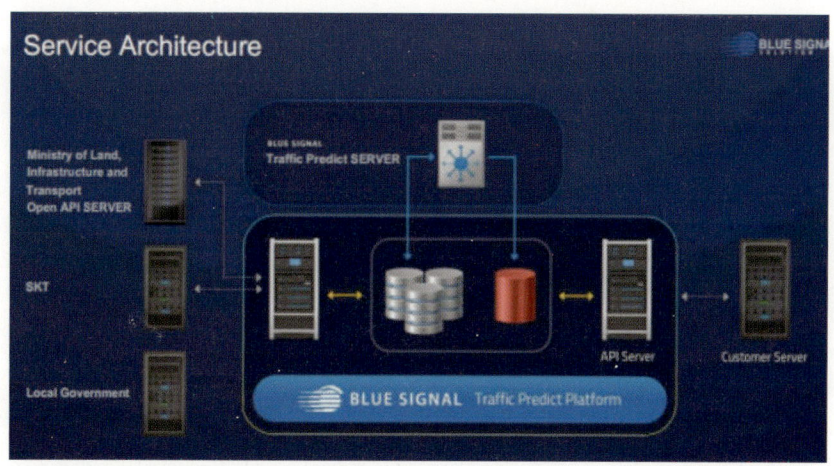

블루시그널은 자동차, 물류 등 도로에서 발생할 수 있는 교통상황을 미리 알고 대비할 수 있는 교통 예측 정보를 서비스한다. 예측 범위는 2분 후부터 6시간 이후까지이며 기상 예보로 날씨를 미리 예측하듯 운전자가 목적지까지 교통상황과 교통신호를 정확 시 예측해 가장 빠르고 사고 위험 없이 내비게이션이나 헤드업디스플레이(UHD)를 통해 안내 할 수 있다.

41(뷰티)/100

- 기업명 : ㈜블루프린트랩 https://www.blueprint-lab.com/
- AI 적용 기술 : 시각지능, 강화학습, 일반지능
- 프래임(AI 프로그램) : TensorFlow
- 국내외 주요 고객 : HotSunglass(한국), Blink(한국), McLaren(영국), L'amy(프랑스), MASQ(미국), Hyphen(미국)
- 제품명 및 서비스(비즈니스 모델) : V2, 얼굴인식 가상피팅 서비스

사용자가 카메라로 얼굴을 스캔하면 그 사용자의 얼굴 데이터를 기반으로 하여 어울리는 안경을 추천하고 추천된 안경은 AR기술을 사용하여 가상으로 착용해 볼 수 있는 가상피팅 서비스이다.

42(교육,헬스)/100

- 기업명 : ㈜비주얼캠프 https://visual.camp/
- AI 적용 기술 : 시각지능, 종합데이터 가공, 시계열 데이터드리븐/모델링
- 프래임(AI 프로그램) : TensorFlow, Keras
- 국내외 주요 고객 :
  - 교육: 교원, 웅진, 비상M러닝, 청담러닝, 아이스크림에듀, LG U+ 등
  - 디지털 헬스케어: 두브레인, Haii, Dotsoft(그리스)
  - UI : 밀리의서재
- 제품명 및 서비스(비즈니스 모델) : SeeSo SDK(https://seeso.io/), 세션 당 0.01$ 과금 SaaS 모델

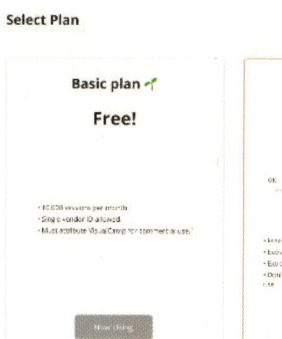

비주얼캠프는 국내 유일의 시선추적 소프트웨어 전문 개발 기업으로서 iOS/Android/Unity/JS/Window 까지 다양한 개발 환경을 지원하는 인공지능기반 시선추적 소프트웨어SeeSo를 보유하고 있다. SDK(Software Development Kit)를 활용하여 눈으로 화면을 조작하고 모바일 사용자들의 시선데이터를 분석하는 서비스를 개발할 수 있다.

43(금융)/100

- 기업명 : 빅밸류 http://bigvalue.co.kr/
- AI 적용 기술 : 분석지능, 공간데이터 분석, 시계열 분석, 공간 클러스터링 분석
- 프래임(AI 프로그램) : 자체개발, Python
- 국내외 주요 고객 : 하나은행, 신한은행, 농협중앙회, 페퍼저축은행, 한국투자저축은행, 뱅크샐러드, 리파인, 서울시, 대림건설, 원랩, 미스터홈즈

- 제품명 및 서비스(비즈니스 모델) : 부동산 시세 자동산정 솔루션

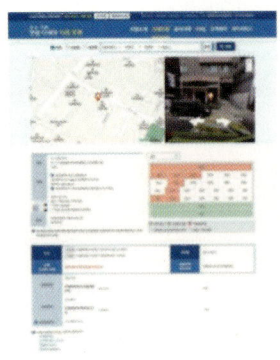 

빅데이터와 인공지능을 통한 부동산 및 금융혁신의 실현을 목표로 지난 2015년 설립한 스타트업 이다. 빅데이터와 인공지능 기술로 대형단지 아파트에만 제공되던 부동산 시세 서비스를 연립/다세대, 단독, 도시형생활주택 등 중소형 주택에 확대 제공하였으며, 금융위원회 혁신 금융 라이선스를 통해 담보대출의 기준가격으로 인정받아 주요 시중은행과 저축은행에 공급하고 있다. 최근에는 임대시세와 분양가 산정솔루션을 통해 지자체와 건설업으로 고객을 확대하는 중이다.

44(금융)/100

- 기업명 : ㈜빅트리 https://www.ibigtree.kr/
- AI 적용 기술 : 언어지능, 시계열 데이터드리븐/모델링, 강화학습
- 프래임(AI 프로그램) : LSTM & CNN 융합, BERT

- 국내외 주요 고객 : - 금융: 템피스투자자문, KB증권, 두나무투자일임
  - 일반: 삼성웰스토리, 삼성에스코어, 두산인프라코어, 코스콤
- 제품명 및 서비스(비즈니스 모델) : BIGBOT / BIGBOT LINGUIST

로보어드바이저 플랫폼(BIGBOT)

　금융이론과 인공지능 기술을 융합하여 과학적인 투자를 지향하고, 광범위한 데이터 수집 및 일상적인 모니터링을 통해 신속한 위험관리 및 안정적인 수익창출을 지향하고 있다. 일반 대중을 위한 투자자문 및 투자일임 서비스를 제공하고 있다.

빅데이터 플랫폼

　데이터의 수집·저장·처리·분석·예측 등 빅데이터 처리의 전 과정을 제공하여 비즈니스 가치 창출이 가능한 데이터 프로세스 환경을 구축하고 있다.

45(예술)/100

- 기업명 : 빈드컴퍼니 http://vvind.in/
- AI 적용 기술 : 음성지능, 기타
- 프래임(AI 프로그램) : Music TransFormer
- 국내외 주요 고객 : 광고음악 분야 음악 PD 및 일반 소비자
- 제품명 및 서비스(비즈니스 모델) : 인공지능 음악 작곡

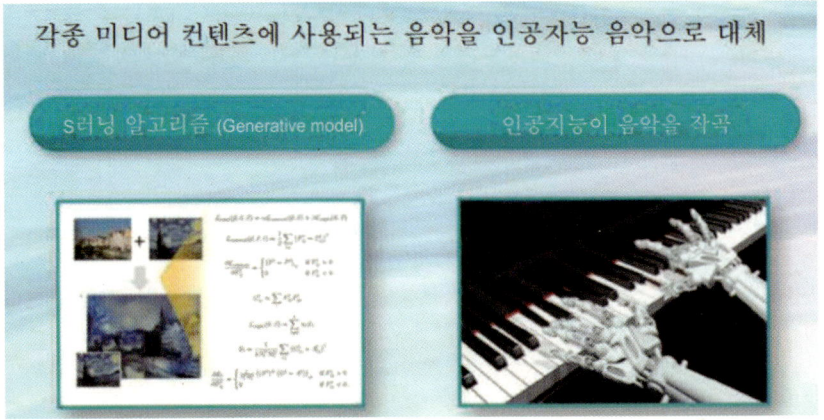

인간의 감정마저 전해주는 인공지능 음악을 만들기 위해 노력하는 빈드 컴퍼니 입니다.

46(제조)/100

- 기업명 : (주)세미콘네트웍스 http://www.sns.co.kr/
- AI 적용 기술 : 시각지능, 음성지능, 언어지능, 시계열 데이터드리본/모델링, 강화학습, 감성지능
- 프래임(AI 프로그램) : Ubuntu, PostgreSQL, TensorFlow, Python
- 국내외 주요 고객 : Archivist Workstation 2.0: 국내 국가 표준국내 700 여개의 지자체 및 공사 공단
  AIMDVF: 국내 로봇 제조사 및 광고회사, 국외 Oracle, IBM 및 Microsoft
- 제품명 및 서비스(비즈니스 모델) : Archivist Workstation 2.0, PePeRoNe Browser 및 Robot

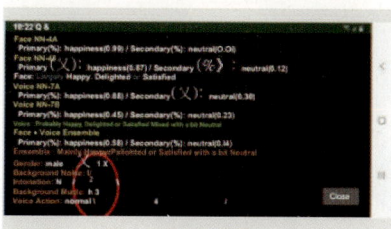 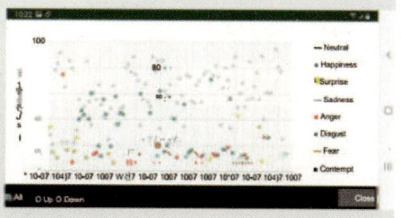

1. Archivist Workstation 2.0: 공공기관의 국가 표준 기록관 문서의 공개 재분류, 보존 기간 자동 설정을 지원하는 기록연구사용 Workstation 이다.
2. PePeRoNe Browser: Google Chrome의 API와 결합하여 검색 컨텐츠나 광고 및 동영상에 대한 소비자의 반응을 실시간 인식 판정하는 제품이다.
3. PePeRoNe Robot: Raspberry Pi 기반 동작 로봇, 화자의 목소리, 표정과 눈동자를 파악하여 화자의 감정 상태를 파악하고 이애 친밀하게 대응하는 로봇이다.

47(기업)/100

- 기업명 : ㈜세진마인드 https://markiny.com/
- AI 적용 기술 : 시계열 데이터드리븐/모델링, 종합데이터 가공, 언어지능
- 프래임(AI 프로그램) : TensorFlow
- 국내외 주요 고객 : 기업
- 제품명 및 서비스(비즈니스 모델) : 지식재산권 서비스

데이터와 인공지능 기술을 활용한 지식재산권 서비스 기술 기업 세진마인드는 지식재산권 확보와 관리에 차별화된 경험을 제시하고 혁신을 추구한다.

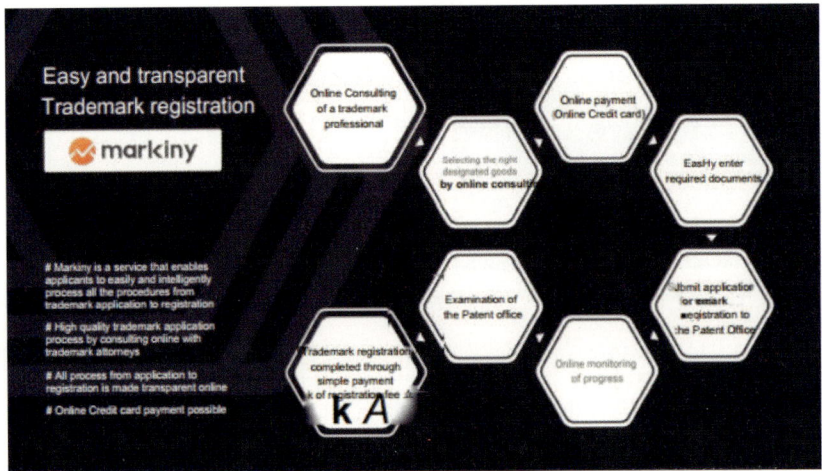

상표등록의 방법, 절차, 비용을 모두 투명하게 공개하고 있다.
합리적인 마키니의 상표서비스를 상표컨설팅과 프로답게 상표등록출원을 만나 볼 수 있다.

48(데이터 수집 및 가공)/100

- 기업명 : ㈜셀렉트스타 https://selectstar.ai/
- AI 적용 기술 : 종합데이터 수집 및 가공
- 프래임(AI 프로그램) : 자체개발
- 국내외 주요 고객 : 네이버, LG CNS, 한국전력, 카이스트 AI 연구센터, 롯데정보통신
- 제품명 및 서비스(비즈니스 모델) : 캐시미션(모바일 크라우드소싱 앱), 데이터 수집 가공

AI 학습데이터를 위한 모바일 크라우드소싱 플랫폼 Selectstar.ai

셀렉트스타(주)는 "데이터를 통해 IT 산업을 발전시켜 세상을 더 편하게 만든다" 라는 미션을 가지고, 인공지능 개발에 필요한 데이터를 크라우드소싱을 통해 수집 및 레이블링하는 플랫폼을 운영하고 있다. 대중(불특정 다수)이 자유롭게 모바일 앱 / PC 웹 '캐시미션'에 가입해 AI 기업에 필요한 데이터 작업을 수행하고 보상을 받는 형태이다.

셀렉트스타를 통해

- AI 기업은 다양한 사람들로 구성된 수집 풀을 확보함과 동시에 대량 데이터를 빠르고 정확하게 생산할 수 있고
- 캐시미션 사용자는 언제 어디서든 매력있는 보상을 얻을 수 있으며, 현재 9만명의 작업자 분들이 이용하고 있다.
- 다양한 기업과의 제휴를 통해 고객사 사업에 도움이 되는 각종 혜택(Benefit)을 제공하고 있다.

고객사가 요청한 사진/음성/영상/텍스트의 데이터 수집/가공 업무를 자체 스마트폰 앱(캐시미션)의 작업자를 통해 수행하고, 모든 작업을 검사하여 고품질 데이터를 제공하고 있다. 딥러닝 경험과 지식을 바탕으로 고객사를 위한 명확한 데이터 가이드라인을 함께 도출하고, 모바일 서비스·기획/개발 역량을 통해 모바일에 최적화된 플랫폼을 운영하고 있다.

49(AI플랫폼)/100

- 기업명 : ㈜소이넷 ttps://soynet.io/
- AI 적용 기술 : 시각지능, 언어지능, 기타, 추론 가속기
- 프래임(AI 프로그램) : SoyNet(추론엔진)
- 국내외 주요 고객 : 포*코, 뉴로메카, 솔트*스, 메디컬*다드, 핀*, 모비* 외 다수
- 제품명 및 서비스(비즈니스 모델) : AI 플랫폼, SoyNet 2.0

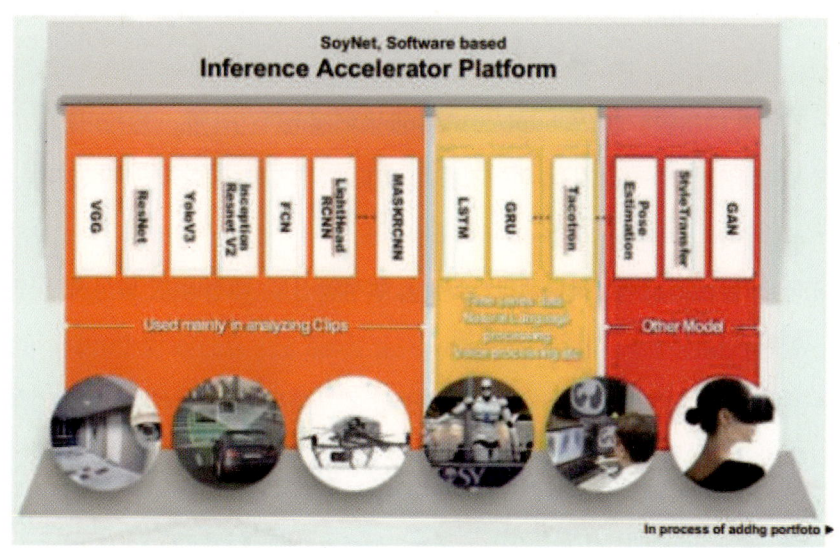

　SoyNet은 소프트웨어 기반의 추론전용 프레임워크로서 학습엔진이 없기 때문에 메모리가 1/6 정도 경량화 되며, 실행 시 인공지능 연산을 최적화 하고, CPU Code를 GPU Code로 전환 함으로써 기존의 구글텐서플로우 대비 속도가 모델에 따라 2배에서 5배 정도 가속화 되는 기술을 보유하고 있다. 최고의 인공지능 가속 솔루션 보유, 인공지능 서비스 실행을 위한 가볍고 유연하고 빠른 가속 솔루션 보유하고 있다.

　다양한 모델 포트폴리오 보유, 소이넷은 영상/비전/시계열데이터/자연어 등 다양한 인공지능 모델에 대한 가속 포트폴리오를 보유하고 있다.

50(금융,기관)/100

- 기업명 : ㈜솔루게이트 http://www.solugate.com/
- AI 적용 기술 : 음성지능, 언어지능, 종합데이터 가공, 강화학습, 감성지능
- 프래임(AI 프로그램) : TensorFlow, Elastic
- 국내외 주요 고객 : 하나생명, 국세청, 행정안전부, 대전방송, 화성시, 국민안전처, 대증권 외 다수
- 제품명 및 서비스(비즈니스 모델) : 지능형 컨택센터, 음성인식 솔루션, 지식기반 성문인증, 챗봇 솔루션, 텍스트 분석 솔루션

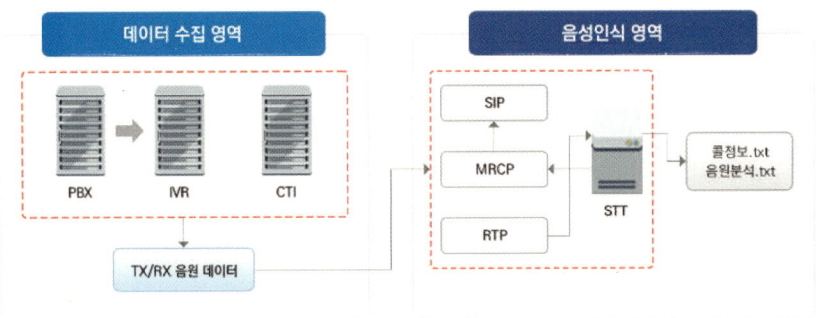

챗봇은 사람과의 문자 대화를 통해 질문에 알맞은 답이나 각종 연관 정보를 제공하는 '인공지능(AI)' 기반의 커뮤니케이션 소프트웨어이다. 사람들이 필요로 하는 서비스와 데이터를 적시에 찾아주며, 업무향상에 도움이 될 것이다.

51(금융)/100

- 기업명 : 솔리드웨어 https://davincilabs.ai/ko/
- AI 적용 기술 : 시각지능, 시계열 데이터드리븐/모델링, 종합데이터 가공, 설명가능한 지능
- 프래임(AI 프로그램) : Spark, Keras, Scipy
- 국내외 주요 고객 : 신한은행(한국), 신한생명(한국), DB손해보험(한국), BNK금융그룹(한국), 현대모비스(한국), SONY Assurance(일본), Mitsubishi Coporation(일본)

  ACS Servicing(태국), TP Bank(베트남), AEON Bank(말레이시아)
- 제품명 및 서비스(비즈니스 모델) : 다빈치랩스(DAVinCI LABS)

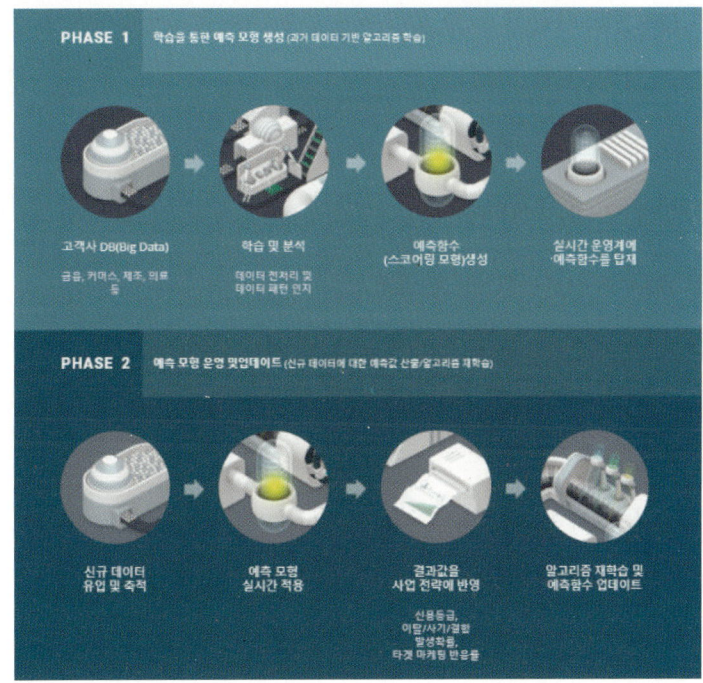

머신러닝 자동화 솔루션을 개발해 세계로 수출하는 인공지능 전문기술 기업이다.

52(제조,교육)/100

- 기업명 : ㈜슈퍼브에이아이 https://www.superb-ai.com/
- AI 적용 기술 : 시각지능, 종합데이터 가공, 설명가능한 지능
- 프레임(AI 프로그램) : TensorFlow, PyTorch
- 국내외 주요 고객 : 삼성전자, LG전자, 카카오, Qualcomm, Phantom AI, Niantic, TEMASEK, 국방연구소 , 브라운 대학교, 듀크 대학교 등
- 제품명 및 서비스(비즈니스 모델) : Superb AI Suite

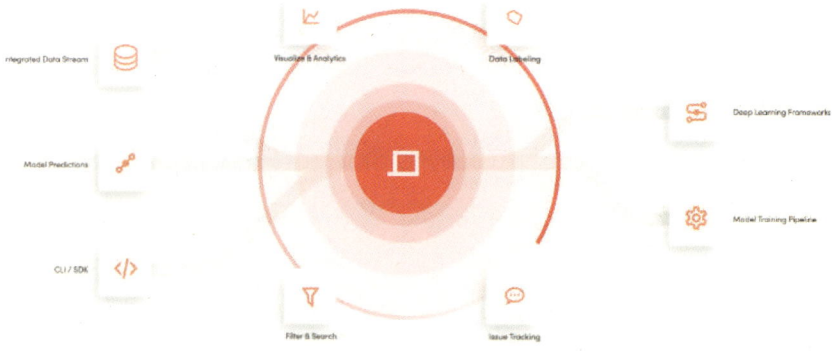

기업용 서비스형 소프트웨어 '슈퍼브에이아이 스위트(Superb AI Suite)'는 데이터 가공, 관리, 기존인공지능 모델 연동 및 고도화 등 다양한 기능을 갖추고 있으며, 이미지에 특화되어 있는 플랫폼이다. 컴퓨터비전 영역의 이미지,

비디오, 텍스트를 모두 지원할 예정이며, 인공지능을 탑재한 스마트툴의 기능을 지속적인 연구와 개발로 업그레이드하여 인공지능 산업의 발전에 기여하고자 한다. 슈퍼브에이아이(Superb AI)는 현재 삼성전자, LG전자, 카카오, Qualcomm 등 30개 이상 기업과 머신러닝 연구소와 파트너를 맺고 있으며, 한국, 미국, 캐나다 뿐만 아니라 유럽, 중동 시장까지 글로벌 사업을 확장하여 인공지능 기업의 글로벌 파트너로서 성장하고자 한다.

53(기관,서비스)/100

- 기업명 : ㈜스칼라웍스 http://www.scalawox.com/
- AI 적용 기술 : 시각지능, 시계열 데이터드리븐/모델링, 종합데이터 가공, 강화학습
- 프래임(AI 프로그램) : TensorFlow 및 Caffe 기반 프레임워크
- 국내외 주요 고객 : 각 지자체, 공공기관, 철도, 에스원과 같은 보안 서비스 업체 등
- 제품명 및 서비스(비즈니스 모델) : 인공지능 대형폐기물처리시스템, 장애예측 분석 시스템, 엣지기반 딥러닝 객체인식 시스템

영상을 이용한 비정형 데이터 분류 및 인식 기술과 데이터 분석을 통한 장애 분류 및 예측 기술을 제공하여, 대부분의 산업현장에서 요구되는 다양한 형태의 기술에 대응하고 있다.

1) 데이터 분석 및 장애 예측 시스템

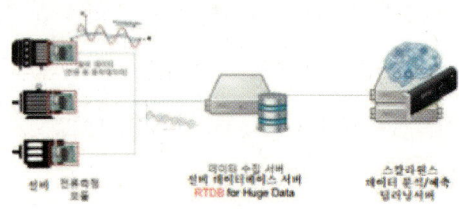

2) 인공지능 대형폐기물 처리 시스템

1. 데이터 분석 및 예측을 아래와 같이 한다.
1) 데이터 분석 및 모델링 2) 딥러닝 기반 장애 예측

2. 인공지능 대형폐기물 처리 시스템은 아래와 같이 진행된다.
1) 카카오플러스 친구 2) 결제 및 환불 시스템 3) 사진을 통한 폐기물 자동 분류

3. 엣지 기반 객체인식 시스템은 아래와 같다.
1) 엣지 컴퓨터와 같이 저사양의 제품에서 딥러닝 서비스 지원
2) GPU 가속 및 인공지능 전용칩을 지원하는 딥러닝 객체인식 기술 제공

54(금융,커머스)/100

- 기업명 : ㈜스캐터랩 https://scatterlab.co.kr/
- AI 적용 기술 : 언어지능, 일반지능, 감성지능

- 프래임(AI 프로그램) : Dialog-BERT, PyTorch, TensorFlow
- 국내외 주요 고객 : 하나은행(금융), 롯데e커머스(커머스), NCSOFT(서비스)
- 제품명 및 서비스(비즈니스 모델) :
  - 핑퐁: 대화형 인공지능을 위한 일상대화 기술
  - 핑퐁빌더 : 손쉽게 친근한 일상대화를 구성할 수 있는 AI 빌더

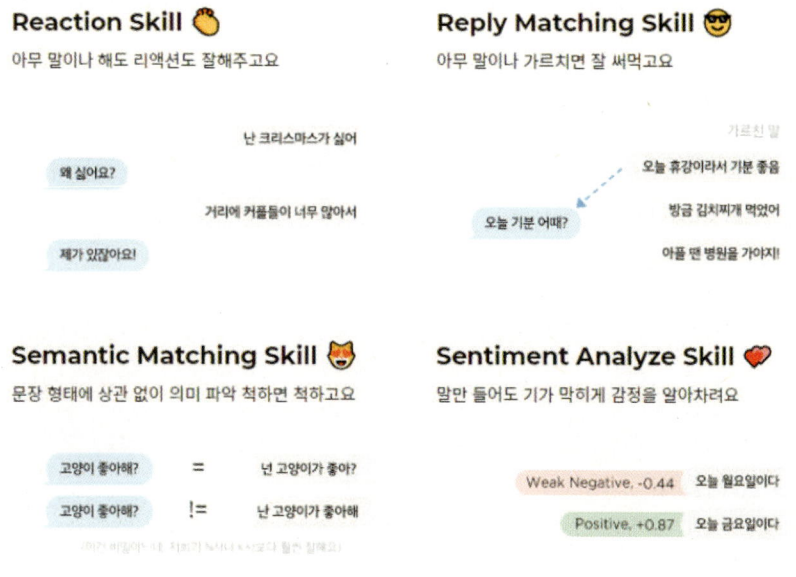

핑퐁 빌더: 시의 일상대화를 손쉽게 구성할 수 있는 빌더이다.
- 100억건의 일상대화 데이터가 학습되어 있다.
- 손쉽게 수준 높은 AI 일상대화 구현이 가능하다.

55(보안)/100

- 기업명 : 소프트온넷 http://www.softonnet.com/kor/
- AI 적용 기술 : AI기반 딥러닝 알고리즘
- 프래임(AI 프로그램) :
- 국내외 주요 고객 : 공항
- 제품명 및 서비스(비즈니스 모델) : 인공지능 X-Ray 보안 검색 자동 판독시스템

　기내 반입이 금지된 위해 물품의 판독을 돕는 시스템으로, AI 기반 딥러닝 알고리즘을 적용됐으며 보안 요원의 육안 검색보다 빠르고 정확한 게 특징이다.

소프트온넷의 인공지능(AI) 기반 X-ray 보안 검색 자동 판독 시스템

　인공지능(AI) 전문 기업 소프트온넷(대표 송동호)은 자사의 AI 기반 X-ray 보안 검색 자동 판독 시스템(이하 보안 검색 자동 판독 시스템)이 인천국제공항 제2터미널 출국장 보안 검색대에 도입된 뒤 상당한 효과를 보이고 있다. 해당 시스템은 2019년 1월 주관 사업자 LG CNS와 소프트온넷이 개발·구축했으며, 시범 운영을 거친 뒤 정식 도입됐다.

56(챗봇)/100

- 기업명 : 스켈터랩스 https://www.skelterlabs.com/ko/
- AI 적용 기술 : 자연어이해(NLU) 및 자연어처리(NLP), 기계독해(MRC),
- 음성인식, 음성합성, 예측 및 추천 기술
- 프래임(AI 프로그램) : Not public
- 국내외 주요 고객 : Not public
- 제품명 및 서비스(비즈니스 모델) : 챗봇 개발, AIQ.TALK(대화엔진), AIQ.AWARE(초개인화엔진)

 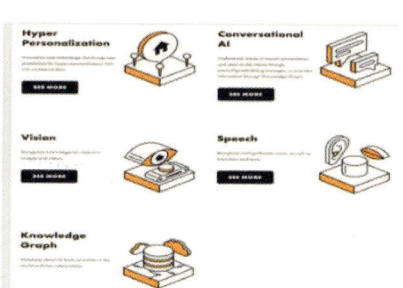

AIQ.TALK

- AIQ.TALK Chatbot: AI 챗봇 설계 솔루션이다

- AIQ.TALK Voicebot: 챗봇에 음성AI 기술을 결합한 보이스봇 설계 솔루션이다

- AIQ.TALK Answer: 음성인식과 기계독해 기술에 데이터베이스 관리 기능을 더해 파일 속 내용에 대해 자연어로 질문하면 답변을 제공하는 검색 솔루션이다

- AIQ.TALK MRC: AI가 스스로 문제를 분석하고, 질문에 최적화된 답안을 찾아내는 기계독해(Machine Reading Comprehension, MRC) 솔루션이다

- AIQ.TALK STT: 음성을 텍스트로 변환하는 음성인식(Speech Recognition) 솔루션이다

- AIQ.TALK TTS: 텍스트를 음성으로 자연스럽게 변환하는 음성합성(Speech Synthesis) 솔루션이다

AIQ.AWARE

- AIQ.AWARE Recommendation: 사용자의 실시간 행동 데이터를 분석하여 고객이 필요한 상품을 추천하는 솔루션이다

- AIQ.AWARE Prediction: 마케팅 목표 달성을 위한 소비자 예측 타겟팅(Predictive Targeting) 솔루션이다

- AIQ.AWARE Review: 자연어이해(NLU) 기술에 기반해 소비자 리뷰 속 의미와 감정을 분석하는 솔루션이다

57(교육)/100

- 기업명 : ㈜스타셀 http://www.starcell.co.kr/
- AI 적용 기술 : 시각지능, 기타
- 프레임(AI 프로그램) : TensorFlow, Keras, Intel Nauta, Caffe, Horovod
- 국내외 주요 고객 : 인제 대학교, 원광대학교, 한국화학연구원
- 제품명 및 서비스(비즈니스 모델) :

Deepcell CCRS(Conrainer Cluster Ready System) :
AI 프레임워크가 가상화컨테이너(booker)와 일체되어 있는 전용 AI 전용 서버 플랫폼

Deepcell EDU Kit :
원하는 사람 누구나 AI교육을 받을수 있는 AI실습
교육을 위한 전용 교육키트 , H/W와 S/W 그리고 교육 컨텐츠와 서비스까지 교육에 필요한 모든 것을 제공

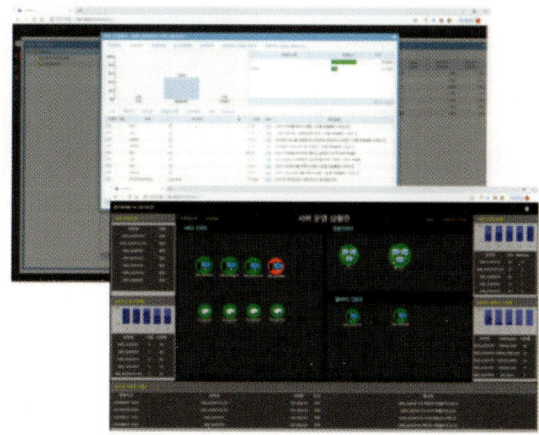

쿠버네티스는 클라우드와 온프레미스 시스템에서 애플리케이션을 실행하는데 가장 많이 사용하는 서버 인프라이다.

Deepcell은 서버에 쿠버네티스가 미리 설치된 시스템으로 도입 즉시 컨테이너화된 애플리케이션을 실행할 수있는 컨테이너 클러스터 레디 시스템이다.

58(기관)/100

- 기업명 : ㈜스프링클라우드 http://www.aspringcloud.com/
- AI 적용 기술 : 언어지능
- 프래임(AI 프로그램) : 자율주행
- 국내외 주요 고객 : 대구광역시(한국), 세종특별자치시(한국), 나브야(프랑스)
- 제품명 및 서비스(비즈니스 모델) : 타시오

자율주행 모빌리티 서비스   자율주행 데이터 서비스   자율주행 AI 솔루션

자율주행모빌리티 운영 서비스이다. (국토부 인증, 임시운행면허 국내 유일 보유)

59(데이터 수집.분석)/100

- 기업명 : ㈜시스메틱 http://moya.ai/
- AI 적용 기술 : 언어지능, 종합데이터 가공, 감성지능
- 프래임(AI 프로그램) : TensorFlow
- 국내외 주요 고객 : 예스스탁(한국), 뉴지스탁(한국), 크래프트테크놀로지스(한국)- SBCN(한국)
- 제품명 및 서비스(비즈니스 모델) : 모바일앱: 모야, 모바일앱 폴로(영문 버전)

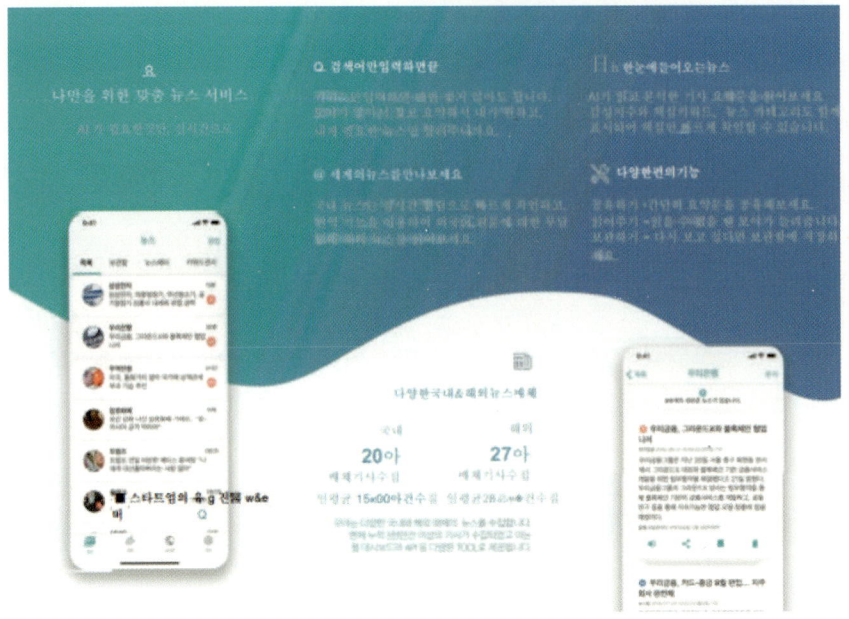

　자연어 처리 엔진을 기반으로 한 뉴스 빅데이터 분석 서비스이다.
　텍스트 요약, 감성분석, 실시간 데이터 수집 및 분석 등 다양한 유저 편의기능 제공하고 있다.

　국내(KRX)/미국(NYSE, NASDAQ) 주식시장에 상장된 기업의 뉴스를 실시간으로 수집하고 분석하는 인공지능 테크회사이다.

60(기관)/100

- 기업명 : ㈜시스트란 https://www.llsollu.com/
- AI 적용 기술 : 언어지능, 종합데이터 가공, 강화학습, 기타
- 프레임(AI 프로그램) : SYSTRAN NMT , WizardTraining System
- 국내외 주요 고객 : 특허청, 관세청, 워트인텔리전스
- 제품명 및 서비스(비즈니스 모델) : SYSTRAN Enterprise Server PNS, IP 킹콩

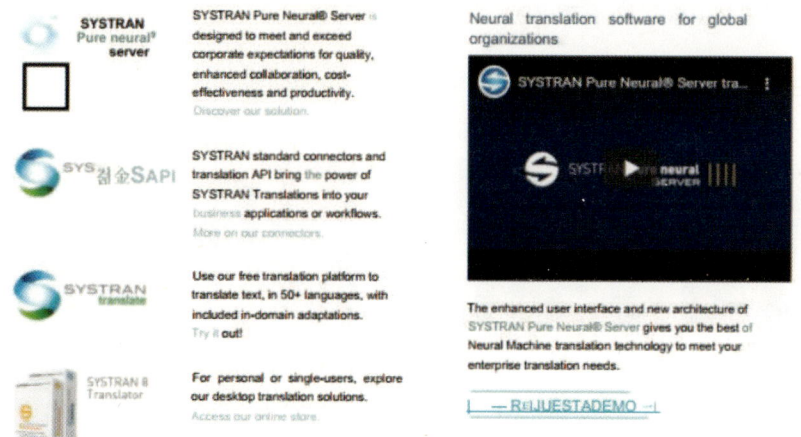

고객이 보유한 지식데이터를 기반으로 맞춤형 NMT 엔진을 제공하고, 다양한 언어 셋에 대해 도메인 별로 특화된 번역 품질이 우수한 번역엔진을 제공한다. 특히 최근 출시된 NMT 엔진은 오픈 소스용 NMT 엔진 대비 우수한 품질과 빠른 처리 속도를 보여준다.

61(통신,제조)/100

- 기업명 : 시어스랩(Seerslab) https://www.seerslab.com/
- AI 적용 기술 : 시각지능
- 프래임(AI 프로그램) : TensorFlow
- 국내외 주요 고객 : 삼성전자, LGU+, KT, Ebay, SK, Facebook, Instargram 등
- 제품명 및 서비스(비즈니스 모델) :
- ARGear - Face Tracker, Gesture Tracking 등 다양한 최신 기술이 적용된 기능을 제공
- ARGear SaaS Platform - ARGear SDK, Content API, Console을 포함한 올인원 AR 솔루션 플랫폼

2D&3D Sticker Segmentation 3D Mask 3D Reconstruction Engine Body Pose Estimation

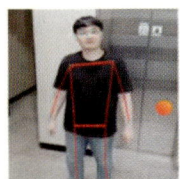

　카메라 입력 영상에서 실시간 얼굴 탐지, 얼굴의 랜드마크를 실시간으로 분석 및 얼굴 뷰티 / 성형 랜더링, 바디 영역 실시간 탐지 및 Body pose tracking 수행한다.
　Body pose tracking 정보를 활용한 카메라 영상 위에 AR 기술 오버레이 구현, 2D 이미지 한장으로 3D 아바타 얼굴 생성한다.

62(AI 플랫폼)/100

- 기업명 : ㈜심심이 https://www.simsimi.com/
- AI 적용 기술 : 언어지능, 일반지능, 감성지능
- 프래임(AI 프로그램) : AICR Engine(자체개발 대화엔진), DBSC(자체개발 CNN), HB10(자체개발 크라우드소싱 플랫폼)
- 국내외 주요 고객 : 전 세계 81개 언어 누적 사용자 약 4억 명 이상 대화엔진공급처 약 3만 2천 개발사
- 제품명 및 서비스(비즈니스 모델) : - 심심이(B2C AI 챗봇 서비스)
  - AICR Engine V2(B2B API 판매, 대화 DB 판매, 엔진 구축)
  - DBSC(API 판매 및 구축)
  - HB10(데이터 라벨링 플랫폼)

[AICR Engine]
- 챗봇의 감성대화/일상대화를 제공하는 대화처리엔진이다.
- 2천 7백만 명 이상의 패널이 참여해 작성한 81개 언어 1억 4천만건 이상의 시나리오를 바탕으로 사용자 요청 문장에 적절한 대응 문장 제공한다.

[DBSC(Deep Bad Sentence Classifier)]
- 딥러닝 기반 악성 문장 판별기(CNN, 한국어 F1 Score 0.99 이상)이다.
- 인터넷 댓글, 채팅, 방송, 콜센터 등을 위한 실시간 탐지 기능 제공한다.

[HB10]
- 딥러닝 문장 분류를 위한 Data Annotation 플랫폼이다.
- 각 데이터(문장)은 신뢰 가능한 투표를 10회 받아서 라벨링한다.

63(의료)/100

- 기업명 : ㈜씨사이드코리아 https://cside.co.kr/
- AI 적용 기술 : 시각지능, 음성지능, 언어지능, 시계열 데이터드리븐/모델링, 종합데이터 가공
- 프레임(AI 프로그램) : Not public
- 국내외 주요 고객 : Not Public
- 제품명 및 서비스(비즈니스 모델) : C.VIEW

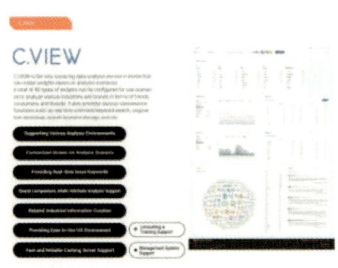

인공지능 음성 진료 솔루션

의료 행위에서 발생하는 의사의 진료 기록을 STT(Speech To Text)과정을 거쳐 데이터 베이스 저장 되어 진료 전후 의료 분쟁을 막고 의료진과 환자의 권익을 보호할수 있도록 서포트 하는 솔루션이다. (음성인식과,자연어 처리,자동스케쥴링)

인공지능 타스크 관리 솔루션

인공지능에 의한 소프트웨어(C.VIEW)를 이용한 테스크 관리로 인해, 의료 스케줄 관리 서비스(업무용 사내 메신저 도입)로 작업 비용 절감과 팀 작업의 의사소통 활성화를 실현 시키는 솔루션 이다.

64(의료)/100

- 기업명 : ㈜씽크웨이브 http://www.thinkwave.co.kr/
- AI 적용 기술 : 시계열 데이터드리븐/모델링, 종합데이터 가공, 강화학습
- 프래임(AI 프로그램) : TensorFlow, Keras, BeeAI
- 국내외 주요 고객 : 20~40대 보호자 중 동물병원에 주기적으로 방문하여 진료 및 예방
- 접종을 실시하는 반려인을 핵심 타깃 고객
- 제품명 및 서비스(비즈니스 모델) : Petmate, Pet HomeCare, Pet@ll Service

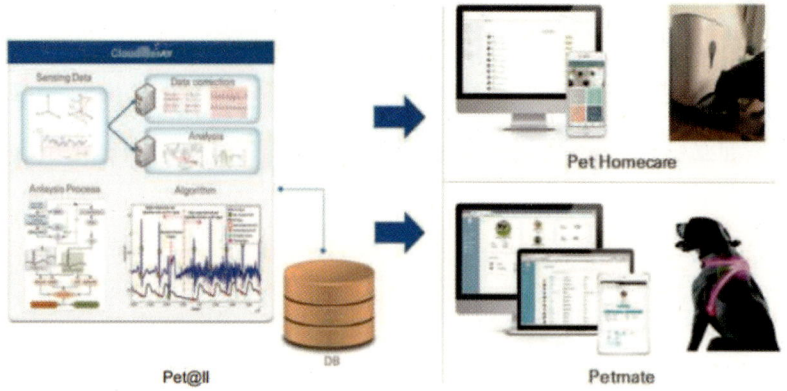

　Pet@ll은 감성추론 웨어러블(이하 "Petmate" 이라 함)의 센서를 통해 반려견의 생체신호를 인식하여 인공지능으로 "아퍼, 병원 데려다 주세요", "배고파, 밥 주세요."

　"심심해, 놀아주세요" 등과 같이 감성(언어)을 추론하여 사람의 언어로 제공하고, 감성 추론에 따른 "아퍼", "배고파", "심심해" 등을 연계하여 펫 케어 하는 감성 케어 서비스를 제공한다.

65(의료)/100

- 기업명 : ㈜아이도트 http://www.aidot.ai/
- AI 적용 기술 : 시각지능
- 프래임(AI 프로그램) : TensorFlow
- 국내외 주요 고객 : 의료환경이 열악한 지역의 산부인과 , VIP 여성 전문 병원

- 제품명 및 서비스(비즈니스 모델) : 써비레이AI

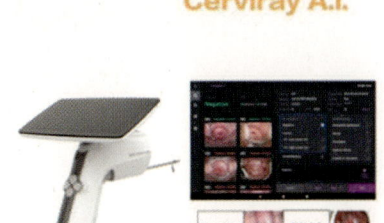

아이도트는 자궁경부암 초기검진을 인공지능을 이용하여 원격 판독할 수 있는 Cerviray™를 개발하였으며, 의료격차가 심한 중국과 동남아 시장을 주요 타겟으로 하고 있다.

66(AI 플랫폼)/100

- 기업명 : ㈜아크릴 https://www.acryl.ai/
- AI 적용 기술 : 자연어처리, 언어지능, 시각지능, 컴퓨터 비전, 추론 및 기계학습
- 프래임(AI 프로그램) : 조나단(Jonathan), 어펙티브 컴퓨팅(Affective Computing)
- 국내외 주요 고객 : KT, 롯데손해보험, 라이나생명 등 금융기관, 의료기관제품명 및 서비스(비즈니스 모델) : 조나단(Jonathan) 봇츠, 조나단 플라이트베이스, 조나단 인텔리 전스

 Jonathan Bots™

고성능 챗봇의 구축과 지속적인 관리를 돕는 스마트 도우미

 Jonathan Flightbase™

인공지능 구축 지원 운용 관리와 운용 자동화를 지원하는 만능 서비스

 Jonathan Intelligenc

기업에서 원하는 인공지능을 실현하는 인공지능 딥러닝 라이브러리

조나단은 자연어, 대화, 비전, 의료, 추천 등 6개 AI 기술 분야, 19개 모델로 구성된 플랫폼이다. 기업이나 기관이 AI를 도입해 서비스 할 때 필요로 하는 모든 AI 솔루션을 갖고 있다. 예컨대 서비스 기획에 필요한 솔루션은 '조나단 데이터스코프'를, 학습데이터는 '조나단 마커'가, 모델 학습과 학습 성능 검증은 '조나단 인텔리전스'가, 배포&운영은 '조나단 플라이트 베이스'가, 서비스 제공은 '조나단 봇츠'가 각각 지원한다. '조나단'을 도입하면 내부에 우수한 기술자나 숙련된 AI 인력이 없어도 원하는 AI를 쉽게 만들 수 있다.

"어펙티브 컴퓨팅은 보통 감성 컴퓨팅으로 번역한다. 사람 뇌가 자극을 받으면 처음에 생기는게 필링(feeling)이다. 필링이 사회적 환경과 교육에 따라 정제되면 이모션(emotion)이 된다. 이 이모션이 지속(롱텀)되면 무드(mood)가 된다. 사람이 외부에 표출하는 건 필링이 아니라 이모션이다. 필링과 이모션, 무드를 합친 것이 어펙티브다."

비즈니스 응용 사례 : 브랜드 평판 조사, 실제 에어팟의 소비자 반응을 분석, 대기업 가전 제품 출시 후 소비자 반응 조사, 미국 대선때 사용, 오바마 연설의 트위터 반응을 살필 때 적용, 첫 상용화 제품은 스마트TV다. 소비자가 어떤 특정한 감성 상태에 들어가면 자동으로 영화를 추천해 준다.

67(뷰티)/100

- 기업명 : ㈜아이콘에이아이 www.icon.ai/
- AI 적용 기술 : 시각지능, 하드웨어/로보틱스, 기타
- 프레임(AI 프로그램) : ICON Engine
- 국내외 주요 고객 : Amazon 알렉사의 3RD PARTY/ODM & 미용 산업부문의 소비자 시장
- 제품명 및 서비스(비즈니스 모델) :인공지능 스마트 스피커 솔루션 및 스마트
- 메이크업미러 디바이스

아마존 알렉사의 디스플레이가 탑재된 AI 스마트 디스플레이 스피커에 특화된 당사의 고유의 UX엔진을 보유하고 있으며, 이 기술을 기반으로 세계최초의 AI 스마트 메이크업 미러를 다양한 기능을 탑재한 디바이스의 제조 기술로 생산 및 판매를 한다.

68(제조,금융)/100

- 기업명 : ㈜아임클라우드 http://www.imcloud.co.kr/
- AI 적용 기술 : 이미지 인식, 자연어처리, 딥러닝, 종합데이터 가공
- 프래임(AI 프로그램) : Self-Development & TecsorFlow
- 국내외주요 고객 : 현대자동차, 삼성화재, 신한지주, 아모레, 도로공사, 경기도청, 연세의료원, 하나금융 등 다수의 빅데이터 및 AI 레퍼런스
- 제품명 및 서비스(비즈니스 모델) :
  (빅데이터) 빅데이터 플랫폼 공급 및 구축
  (인공지능) 빅데이터 기반 챗봇 솔루션 "ADDIE"
  (빅데이터/보안) 비식별화 솔루션 "SDGURARD"
  (인공지능) 패션쇼핑몰 개인화 맞춤형 추천 엔진 "RSTORM"

　IMCLOUD 빅데이터 : 오픈소스 하둡 기술 기반의 빅데이터 플랫폼 공급 및 구축 한다.

　IMCLOUD ADDIE : 국내 최고 수준의 자연어 처리와 딥러닝 기술을 적용한 자체 챗봇 빌더이다.

　IMCLOUD 비식별화 SDGUARD : 빅데이터 민감정보 비식별화 솔루션 "SDGUARD" 이다.

　IMCLOUD 인공지능 추천엔진 RSTORM : 개인화 맞춤 쇼핑몰 추천 솔루션 "RSTORM" 이다.

69(교육,기관)/100

- 기업명 : ㈜아큐플라이에이아이 https://accufly.ai/
- AI 적용 기술 : 음성지능, 언어지능
- 프래임(AI 프로그램) : 자체 프레임웍
- 국내외 주요 고객 : 한글과컴퓨터, 아이플라이텍, 금융사
- 제품명 및 서비스(비즈니스 모델) : 지니비즈, 지니톡고, AI 컨텍센터, OCR 솔루션

인공지능 콜센터

AI Check

인공지능 통번역기

Genietalk Go!

Geniebiz

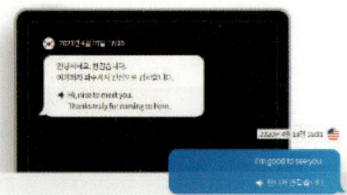

인공지능 통·번역기, 지니톡 고!(GenieTalk Go!)

- 온라인 통번역 : 한, 중, 일, 영, 베트남, 태국, 인도네시아를 비롯한 65개 언어를 통번역 한다.

인공지능 스마트 회의 솔루션, 지니비즈(GenieBiz)
- 회의 및 강연 기록, 통번역을 지원하는 인공지능 회의용 단말기이다.

콜봇 기반 AI 컨텍센터
- 인공지능 음성 상담 기능 구현 및 기간계 연동이 가능하도록 모듈화된 솔루션이다.

70(제조,건설)/100

- 기업명 : 아틀라스랩스 https://www.atlaslabs.ai/
- AI 적용 기술 : 음성지능, 언어지능
- 프레임(AI 프로그램) : Kaldi speech recognitiontoolkit, TensorFlow
- 국내외 주요 고객 : 포스코 ICT, 소리자바, 예스이십사(YES24), 스카이라이프, 케이티디에스(ktds), 솔트룩스, ETRI, 마인드웨어웍스
- 제품명 및 서비스(비즈니스 모델) : 제로스 엔터프라이즈 Zeroth Enterprise Edition

　전 세계적으로 활용되는 Kaldi 툴킷을 사용하여 한국어에 최적화된 음성인식 솔루션을 직접 개발했다. 기술이전이 아닌 자체개발이기 때문에 음향 모델의 기본적인 트레이닝부터 디코딩까지 음성인식기 구축에 필요한 각 과정의 기술을 모두 직접 보유하고 있으며 이를 기반으로 각 고객사의 니즈에 맞춰 커스터마이징이 가능한 전체 솔루션을 제공한다.

71(기관)/100

- 기업명 : ㈜알디프로젝트 https://www.datamaker.io/
- AI 적용 기술 : 종합데이터 가공, 강화학습
- 프레임(AI 프로그램) : N/A
- 국내외 주요 고객 : 2019년 5월 정식 런칭 이후 KAIST, 씨드로닉스㈜, ㈜퍼즐에이아이 등
- 현재 30여개의 인공지능 개발 기업 및 연구 기관에 가공 데이터를 납품하고 있다.
- 제품명 및 서비스(비즈니스 모델) : 데이터메이커

인공지능 학습용 데이터 라벨링 솔루션

컴퓨터비전　　자연어처리　　음성인식

Video Annotation　Semantic Segmentation　Bounding Box　Polygon　Polyline　Keypoint

데이터메이커는 인공지능 학습을 위한 글로벌 데이터 가공 플랫폼이다.
1. 대한민국과 가나의 데이터랩에서, 데이터 반출 및 유출이 원천 차단된 강력한 보안 장치를 갖춘 작업 환경 하에 데이터 가공 작업과 검수가 이

루어진다.
2. 다중 작업 및 검수로 높은 정확도의 결과물 품질을 보증한다.
3. 가나 작업자 및 자체 개발 전처리 S/W 사용으로 압도적으로 낮은 가격에 데이터가공 서비스를 제공한다.
4. 자체 개발 라벨링 S/W 사용으로 사용 목적에 따라 음성, 이미지, 영상 데이터의 맞춤 가공이 가능하다.

72(제조)/100

- 기업명 : 알체라 https://alcherainc.com/ko/
- AI 적용 기술 : 시각지능, 시계열 데이터드리본/모델링, 종합데이터 가공
- 프레임(AI 프로그램) : 학습: PyTorch,TensorFlow Inference 및 배포: 자체 프레임웍
- 국내외 주요 고객 : 한국 : 삼성전자, SKT, LGU+, LGCNS, KT, NAVER, SNOW Camera,POSCO, KETI
- Hansol, KEPCO, CGV 외 다수미국 : ALERTWildFire, PG&E
- 제품명 및 서비스(비즈니스 모델) : 얼굴인식, VADT(이상상황감지)

사회의 안전과 편의성을 향상시키는 AI 기반 이미지 인식 소프트웨어 공급 기술 업체이다.

Spatio-temporal 기반 딥러닝 기술, 이상상황에 대한 데이터 합성 기술, 딥러닝 고속화 기술이다.

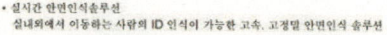

　　Spatio-temporal 기반 딥러닝 기술, 이상상황에 대한 데이터 합성 기술, 딥러닝 고속화 기술실시간 안면인식 솔루션 및 영상기반 이상상황 감지 솔루션이다.

73(교육)/100

- 기업명 : 에듀테크기업 매스프레소 https://www.mathpresso.com/ko/
- AI 적용 기술 : 광학문자판독(OCR) 기술로 촬영한 문제 이미지 속 한국어와 수식을 인식
- 프레임(AI 프로그램) : TensorFlow, PyTorch, Django, Flask, Sklearn
- 국내외 주요 고객 : 학생 및 수학학습이 필요로 하는 모든 사람들
- 제품명 및 서비스(비즈니스 모델) : 콴다(앱), 콴다 클래스(실시간 강의 솔루션)

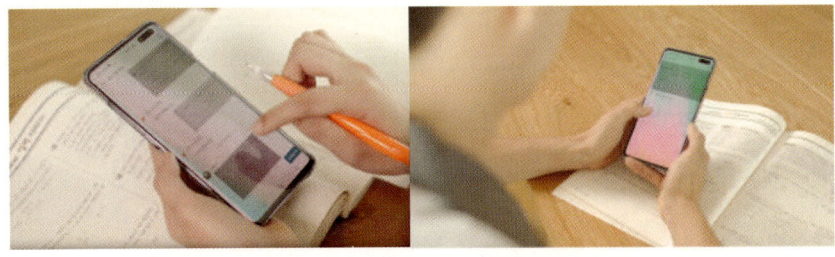

　에듀테크 스타트업 매스프레소가 운영하는 '콴다(QANDA)'는 질문 답변(Q&A)을 뜻하는 AI 기반 맞춤형 교육 플랫폼이다. 18억 건 이상의 해설 데이터와 자체 검색 엔진을 기반으로 모르는 문제를 사진으로 촬영해 검색하면 5초 만에 해답과 풀이 과정을 제공한다. 2018년 11월 일본을 시작으로 베트남, 인도네시아, 태국 등 순차적으로 런칭하여 현재까지 6개국에서 교육 차트 1위를 석권하였으며, 구글과 마이크로소프트가 자체 개발한 학습 앱을 제치고 전 세계 교육 콘텐츠 앱 Top 10에 등극하였다.

누적 다운로드수	월 사용자	이용국가	누적 투자 (한화)	누적 문제 해결수	지원 언어*	일 평균 질문수
2,700만	770만	50+	650억	18억	7	500만

　지원언어는 한국어, 영어, 스페인어, 일본어, 베트남어, 태국어, 인도네시아어이다.
　콴다의 대표적인 기술은 독자적 광학문자인식(OCR) 기술 및 검색 엔진은 학생에게 최적화된 검색 및 풀이 결과를 빠르고 정확하게 제공할 수 있다.
　데이터베이스(DB) 선순환 구조로 누적 18억 건 이상 데이터 구축은 매스프레소의 기술적 역량과 선순환 구조로 구축된 DB를 통해 각 학생에게 가장 효과적이고 개인화된 학습 콘텐츠를 제공할 수 있다.

74(금융,제조)/100

- 기업명: ㈜애자일소다 http://agilesoda.ai/
- AI 적용 기술 : 강화학습
- 프레임(AI 프로그램) : SparklingSoDA
- 국내외 주요 고객 : 은행, 카드, 보험, 공공, 제조 등
- 제품명 및 서비스(비즈니스 모델) : 스파클링소다, 베이킹소다, 에스테틱독

　애자일소다의 AI 기술 및 서비스는 AI 활용 영역 중, 의사결정을 지원하는 업무 자동화 및 효율화 측면에 집중하고 있다. 애자일소다는 기업이 의사결정 지원을 위해 AI를 보다 빠르게 도입하고 AI가 스스로 학습하여 "자가 발전"(Learning to Learn)할 수 있는 솔루션과 서비스를 제공한다.

(스파클링소다 BI)

(베이킹소다 BI)

(에스테틱독 BI)

스파클링소다 - 기업용 AI 데브옵스 포탈이다. (AI 분석 운영 플랫폼)
베이킹소다 - 강화학습 기반 최적 의사결정 에이전트 메이커이다.
에스테틱독 - 임베딩 알고리즘 기반 문서/Text 검색, 분석·분류 솔루션이다.

75(의류)/100

- 기업명 : 어반유니온 http://www.urbanunion.co.kr/
- AI 적용 기술 : 시각지능, 음성지능, 언어지능, 시계열 데이터드리븐/모델링, 종합데이터 가공
- 프래임(AI 프로그램) : showfit lends
- 국내외 주요 고객 : 동대문 도매시장 & 소호몰
- 제품명 및 서비스(비즈니스 모델) : 트렌드분석 리포트

어반유니온이 실증서비스화로 운영 중인 '스마트오프라인' 트렌딧은

1. 팔고 싶은 옷이 아닌 사고 싶은 옷이 있는 패션 AI기업이다.

2. 리얼트렌드를 찾아 실시간 반영하는 전략 브랜드이다.

3. 인공지능과 '빅데이터'를 이용하여 패션산업에서 달성하기 어려운 수치인 재고소진을 94% (2019년 상반기 누적판매율) 상품회전율 14회전을 달성했다.

4. 백화점 리테일 매장에서 실제 매출 1위(평당매출), 성장률 1위를 달성하며 확장했다.
5. 2019년의 사업목표인 2배의 매출성장과 2배의 매출확장을 상반기에 달성했다.

76(기관)/100

- 기업명 : ㈜어플라이 https://aply.biz/
- AI 적용 기술 : 시각지능, 종합데이터 가공
- 프래임(AI 프로그램) : TensorFlow, Keras
- 국내외 주요 고객 : 재난안전 국가 사업자(정부), 콘텐츠 기반 사업자
- 제품명 및 서비스(비즈니스 모델) : 드로미, 두근두근

드로미
- 복잡하고 어려운 조작없이 드론을 활용하는 원터치 시설물 모니터링 서비스이다.
- 신속하고 안전한 구성 및 방식이다.

두근두근
- 스마트폰의 진동기능을 사용하여 심장박동을 모사하는 감성 서비스이다.
- 친구에게 자신의 심장박동을 전달한다.

77(AI플랫폼)/100

- 기업명 : ㈜얼라이언스코리아 http://www.gosudle.com/
- AI 적용 기술 : 시계열 데이터드리븐/모델링, 강화학습, 언어지능
- 프래임(AI 프로그램) : SKCP(Smart Knowledge Collaboration Platform)
- 국내외 주요 고객 : 개인 및 기업 분야별 전문가 1:1 매칭 컨설팅
- 제품명 및 서비스(비즈니스 모델) : 인공지능기반 전문가 1:1 지식공유 서비스 플랫폼(SKCP: Smart Knowledge Collaboration Platform)
  - 문제(이슈) 해결형 최적의 정보 실시간 제공
  - 최적의 전문가 실시간 자동 매칭 및 커뮤니케이션
  - 문제(이슈) 해결형 진찰/진단/처방 솔루션
  - 고수 톡(지능형 자동 대화 챗봇)/분야별 1,000가지 질문에 대한 모범답 즉시 제공

얼라이언스코리아는 빅데이터와 인공지능기반 지식공유서비스 플랫폼을 제공하는 기업으로 개인이나 기업에서 어려운 문제(이슈가 발생했을 때 쉽게 해결 할 수 있도록 도움을 준다.) 사람과 사람, 지식과 사람, 사람과 기업, 기업과 기업을 잇는 인재의 공유와 지식의 공유 경제를 통해 시너지를 창출하고, 비즈니스 효율성과 효과성을 극대화하여 모두에게 이익이 되는 상생 비즈니스를 실현하고 있다.

78(기관)/100

- 기업명 : ㈜에버트란 http://www.evertran.com/
- AI 적용 기술 : 언어지능
- 프레임(AI 프로그램) : AI번역 서비스 플랫폼
- 국내외 주요 고객 : 쌍용 정보통신 , 한국전기연구원, 한국화학융합시험연구 원, 퀄컴 코리아, 알보젠코리아, 소니 코리아, 한국건설 생활환경 시

험연구원
- 제품명 및 서비스(비즈니스 모델) : 에버트란 AI 고품질 번역, 비주얼트란 메이트 번역SW

- 인공신경망 기계번역(Neural Machine Translation) 기술을 활용 한다.
- 분야별 병렬 코퍼스를 구축하여 기계번역 품질을 향상시킬 수 있는 증분 학습 기술 활용한다.
- 전문번역사에 의한 후편집 기능을 활용한다.
- 원문과 번역문의 쌍인 번역메모리와 용어 등 언어 자원 재활용한다.
- 번역 전문툴을 활용한 번역, 검수 한다.
- 번역문 파일 뿐만 아니라 원문과 번역문을 함께 볼 수 있는 병서문 파일 제공한다

79(기관)/100

- 기업명 : ㈜에스아이에이 https://www.si-analytics.ai/
- AI 적용 기술 : 시각지능, 시계열 데이터드리븐/모델링, 종합데이터 가공, 설명가능한 지능
- 프레임(AI 프로그램) : TensorFlow, PyTorch
- 국내외 주요 고객 : 국내외 군 관련 기관 및 GEOINT 기관
- 제품명 및 서비스(비즈니스 모델) : LabelEarth(위성영상 레이블링), 위성영상 분석 플랫폼 제공

Label Earth : 위성영상용 딥러닝 모델 학습 데이터셋 제작 소프트웨어이다.

80(제조)/100

- 기업명 : ㈜에이모 https://aimmo.co.kr/
- AI 적용 기술 : 시각지능, 음성지능, 언어지능, 종합데이터 가공, 자율주행
- 프레임(AI 프로그램) : AI학습용 데이터셋 제작 플랫폼 AIMMO를 보유
- 국내외 주요 고객 :

  국내: Kakao, SSG, LX, SK telecom, BN Industry, Media Zen, Smart RadarSystem, VACE, Thor Drive, Scatter Lab, Spring Cloud, Spin A Web, CUBOX, Minds Lab, Big Pearl

  해외: Phantom AI

- 제품명 및 서비스(비즈니스 모델) : 에이모

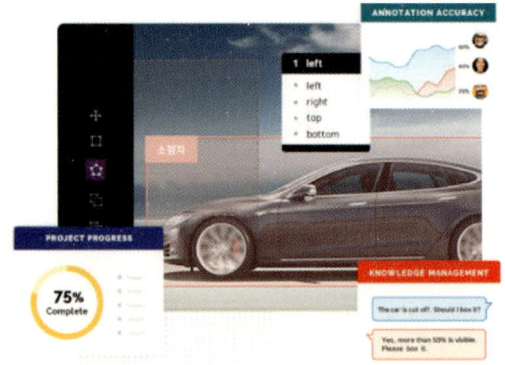

AIMMO는 인공지능 모델의 목적과 상황을 고려한 플랫폼과 서비스를 제공한다.

프로젝트 맞춤 UI/UX, Annotation Tool, 작업자 매니지먼트, AI

assist 기능을 활용하여 빠르고 쉽게 순도 높은 학습 데이터를 확보할 수 있다.

반출이 불가한 민감한 데이터의 경우, 설치형, 온라인 접속형 등의 솔루션을 제공한다.

AIMMO GTaaS(Ground Truth as a Service)
- GTaaS서비스는 머신러닝 데이터 전문가들이 Annotation의 전 과정을 설계 한다.
- AIMMO 고유의 작업・검수 솔루션과 작업자 매니지먼트 툴을 사용한다.

AIMMO Enterprise
- 고객사 내부에서 민감한 데이터를 안전하게 공유할 수 있는 솔루션이다.
- 고객사가 직접 사용할 수 있는 AIMMO GTaaS의 작업 툴과 관리 기능 제공한다.

81(의료)/100

- 기업명 : ㈜에이아이플랫폼 http://www.aiplatform.co.kr/
- AI 적용 기술 : 음성지능, 언어지능, 강화학습
- 프래임(AI 프로그램) : MobileNet / ResNet
- 국내외 주요 고객 : 국가치매 안심센터 / 전세계 의료데이터 거래소
- 제품명 및 서비스(비즈니스 모델) : 인공지능 망막영상분석을 통한 치매조기

진단 기기 개발/ 블록체인 기반 의료정보공유 플랫폼 서비스

생체인식 기반 보안서비스 및 블록체인 기반 의료 인공지능 플랫폼 기업이다

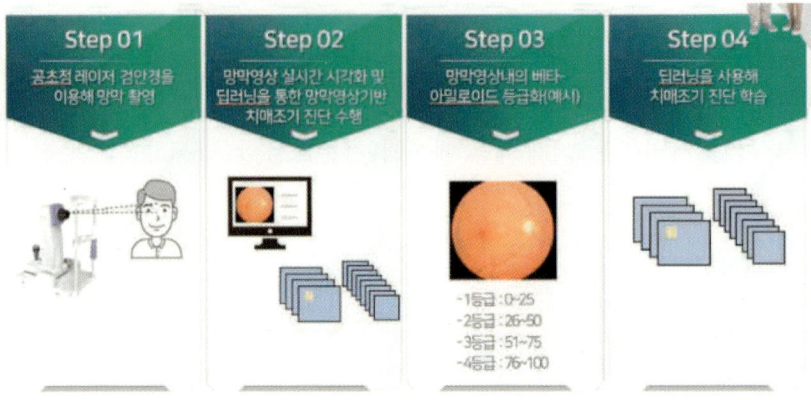

인공지능 망막영상 분석을 통한 치매조기진단 기술력을 가지고 있다.

MEDIBACK 의료 마이데이터 비대면 플랫폼

블록체인 기반으로 안전하게 보관되는 나의 의료 데이터를 제공함으로써 혜택을 받는 의료 마이데이터 비대면 플랫폼 서비스이다

82(기업)/100

- 기업명 : ㈜에이엘아이 http://www.neoali.com/
- AI 적용 기술 : 시각지능, 음성지능, 언어지능, 감성지능
- 프래임(AI 프로그램) : TensorFlow, Caffe, PyTorch
- 국내외 주요 고객 : 일반 기업
- 제품명 및 서비스(비즈니스 모델) : 요약 노트, 앨리스(대화 주제 참여 로봇)

ARTIFICIAL LANGUAGE INTELLIGENCE

ALI의 요약 솔루션은 사람의 대화 상황을 이해합니다.
자신의 의도와 감정을 식별하고 추상적 방식으로 문장을 요약합니다.

ALI의 컴퓨터 비전 솔루션은 딥 러닝으로 비디오 프레임을 분석 할 수 있습니다.
원하는 특정 패턴을 찾고 상황을 텍스트로 요약

CONSULT
Government
Hospital
Industry
Research institute

EDUCATION
Deep learning
Neural network
Big data analysis
Multimodal analysis

DEVELOPMENT
AI chat-bot
Big data application
Intelligent agent
Augmented cognition

에이엘아이는 인공지능 기반에서 자연어를 처리하여 요약을 제공하는 Deep-Learning 기술을 보유한 회사이다

- 기록된 텍스트 또는 대화에서 새로운 문장으로 요약 기술 한다.
- Speech-to-Text를 통한 음성 입력 보정 기술을 보유하고 있다.

- 문맥, 감정, 의도를 이해하는 상황별 요약 기술력이 있다.

83(금융)/100

- 기업명 : ㈜에이젠글로벌 https://aizenglobal.com/
- AI 적용 기술 : ETL, 데이터 전처리, 데이터 변형, 데이터학습(ML/DL, 방법론: 강화학습, 분류, 회귀, 군집, 추천), 예측 XAI
- 프래임(AI 프로그램) : TensorFlow, Keras, Scikit-learn, Skater, Lime, SHAP
- 국내외 주요 고객 : 우리은행, 우리카드, 현대카드, 삼성화재, 한국사회보장정보원, 동남아시아 온라인 쇼핑/헬스케어/교육 등 데이터경제 플랫폼 회사
- 제품명 및 서비스(비즈니스 모델) : 1) 금융특화 머신러닝자동화 플랫폼 ABACUS(아바커스), 2) CreditConnect(크레딧커넥트) AI 뱅킹 서비스

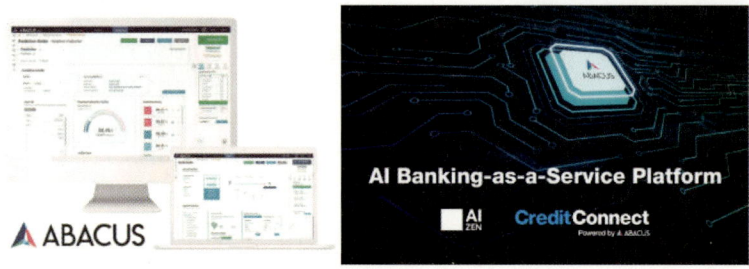

㈜에이젠글로벌은 'Redesign Digital Banking with AI' 비전을 통해 금융에 특화된 AutoML(머신러닝 자동화) 플랫폼을 제공하고 있다. 인공지능 관련

전문 지식이 없는 업무 담당자도 몇 번의 클릭만으로 쉽게 예측 모형을 구축 할 수 있는 솔루션이며, AI 기술과 금융 도메인 지식을 결합하여 개인/기업 여신심사, FDS, 상품개발,마케팅 등에 걸쳐 금융 산업에 특화된 서비스를 제공하고 있다. 싱가포르 통화청(Monetary Authority of Singapore)이 선정한 2020 MAS Fintech Award에서 글로벌 2위를 수상하고,세계적인 IT 리서치기관인 Gartner의 AI Cool Vendor로 선정되는 등 국내외로 AI 기술력 및 확장성을 인정받고 있다.

CreditConnect는 ABACUS의 핵심 AI 기술과 금융 전문 지식이 결합된 Banking-as-a-Service(BaaS) 플랫폼이다. 고객 데이터를 보유한 다양한 데이터경제플랫폼과 금융회사를 연결(Connect)하여 보다 많은 고객들에게 여신(Credit)서비스를 제공할 수 있도록, 뱅킹을 서비스 형태로 제공하고 있다.
기업들은 CreditConnect를 통해 여신 상품을 쉽게 "Embed"하여 새로운 금융 수익 모델을 창출할 수 있고, 동시에 금융회사는 비금융 데이터를 기반으로 현지 리테일 고객 기반을 빠르게 확대할 수 있다.

84(제조)/100

- 기업명 : ㈜에이치알엠 http://www.hanvitcorp.com/
- AI 적용 기술 : 시각지능, 종합데이터 가공, 하드웨어/로보틱스, 기타
- 프래임(AI 프로그램) : TBA
- 국내외 주요 고객 : 한솔제지, 대한제지, 삼정펄프, 쌍용씨앤비, 모나리자, 미래페이퍼, 대왕제지, ((Australia) Berli Jucker Public Company Limited,

The Siam Cement Public, Company Limited (Thailand) International Forest Products, New Port (United States))

- 제품명 및 서비스(비즈니스 모델) : 재활용 원료(제지,플라스틱) 트레이딩, 원자재(비철금속) 트레이딩, 유기농식품 제조 및 유통

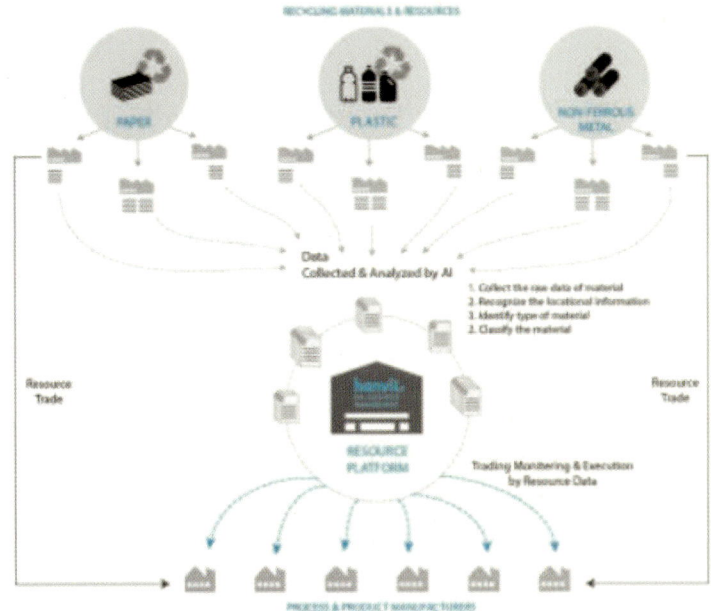

재활용 원자재를 식별하여 단일 재료로 분리 수거 및 생산 업체로 자동화된 물류 서비스 제공한다.

자원의 분포 및 물류 이동 데이터를 수집하여 최적의 글로벌 물류 서비스 구축했다.

- 원자재 및 재활용 자재 식별 및 품질에 따른 분류 시스템이다.

- 자원의 분포 및 이동 데이터 활용 물류 플랫폼이다.

85(유통)/100

- 기업명 : 에이치엔에스커뮤니케이션 http://www.hnscom.com/
- AI 적용 기술 : 시계열 데이터드리븐/모델링,종합데이터 가공
- 프래임(AI 프로그램) : Keras, Scikit-Learn
- 국내외 주요 고객 : 물류 - 새로고침(국내), 플랜로지스(국내) 등 외 20여개사
- 제품명 및 서비스(비즈니스 모델) : 이지플레이, 플레이3PL, 아이콘

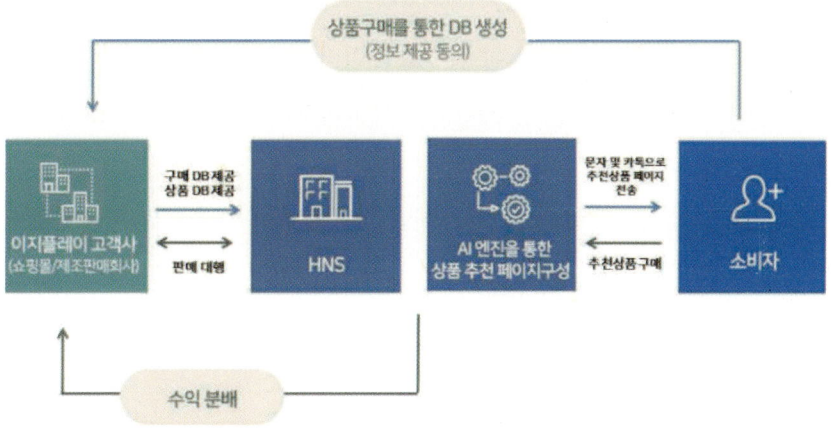

물류데이터를 기반으로 한 AI 상품 추천 서비스이다.
- 사용자의 구매정보에 따른 패턴 도출 알고리즘을 제공한다.
- 패턴 학습을 통한 상품 추천 기술이 있다.
- 반응형 강화 학습 알고리즘을 제공한다.

- 개인 맞춤형 콘텐츠 알고리즘을 제공한다.

86(제조,기관)/100

- 기업명 : ㈜엘렉시 https://www.ellexi.com/
- AI 적용 기술 : 시계열 데이터드리븐/모델링
- 프래임(AI 프로그램) : Python, TensorFlow
- 국내외 주요 고객 :
- 소프트웨어 판매/라이선스/컨설팅

  산업 통상자원부, 한국인터넷진흥원, 정보통신산업진흥원, 파수 닷컴, UMV, KT, POSCO ICT, LG
- 엘렉시 Philo-AD 솔루션을 활용한 AI 데이터 가공 서비스
- 나루씨큐리티, 위지웍스, 내프터, 메타바이오메드, 피플벤쳐스, 솔박스, 2digit, DMBH
- 제품명 및 서비스(비즈니스 모델) :

  Philo-AD (딥러닝 기반 이상패턴감지솔루션)

  Philo-G (딥러닝기반 이상패턴감지 SaaS)

 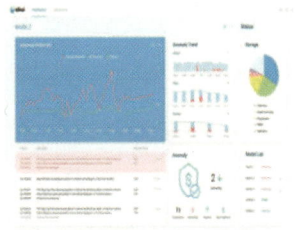

Phito-AD, Philo-G:
딥러닝 기반 이상
패턴감지 솔루션 및
서비스

딥러닝 기술을 적용하여 데이터 시계열의 특정 영역에서 발생하는 이상 패턴을 실시간으로 감지하고 알려주는 솔루션 및 서비스. 데이터 필드에 대한 통계 자료를 시각화하여 각 필드에 대한 인사이트를 제시하고 특징추출방법 추천하며 실시간으로 생성되는 데이터를 자동 수집하여 학습을 진행하여 최신 변화요소가 반영된 모델 생성한다. 이상 패턴을 실시간으로 저장하고 적용하며 관리자가 파악한 원인도 함께 저장하여 향후 비슷한 현상 발생 시 원인설명이 가능한 환경 제공한다. 데이터의 수집, 처리, 분석 결과를 시각적으로 표현해 주고 학습 진행 상황 및 추론 결과에 대한 분석 그래프 제공한다.

87(유통,서비스)/100

- 기업명 : ㈜엘젠아이씨티 http://elgen.co.kr/
- AI 적용 기술 : 음성지능, 언어지능, 강화학습
- 프레임(AI 프로그램) : Wix-mind Platform
- 국내외 주요 고객 : NS홈쇼핑(유통및쇼핑), CJ텔레닉스(인사업무),롯데시네마(유통및쇼핑)등
- 제품명 및 서비스(비즈니스 모델) : 윅스마인드솔루션(아이보이스, 아이챗, 아이비젼, 아이젠, 아이스마트케어 등)

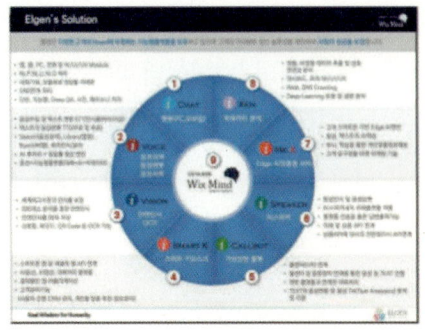

1. i-Voice 음성인식/음성챗봇
2. i-Chat 챗봇
3. i-Callbot 가상상담콜봇
4. i-Speaker AI스피커
5. i-Vision 비전/안면인식
6. i-Me.X 개인맞춤형서비스
7. i-Xen 빅데이터분석/TA
8. i-SmartK 스마트키오스크

　엘젠ICT의 음성 챗봇은 우선 음성인지 및 소음 제거 면에서 탁월한 기능을 제공함으로써 음성 자체 인지에 대해 많은 신뢰성을 제공하고 있다.

　또한, 텍스트 및 자연어처리, 업무에 필요한 대화 셋 제작, 업무프로세스에 맞추어서 기획 할 수 있는 시나리오 제작 기능을 제공함으로써 B2C 기업 및 기관들이 그들의 고객이나 민원에 효율적으로 대응하도록 지원하고 있다.

88(유통,서비스)

- 기업명 : ㈜오드컨셉 https://oddconcepts.kr/ko/
- AI 적용 기술 : 시각지능
- 프래임(AI 프로그램) : 자체
- 국내외 주요 고객 : 롯데쇼핑, 현대백화점, 지그재그, 스타일닷컴, Magaseek, dfashion(E-commerce) 등
- 제품명 및 서비스(비즈니스 모델) : PXL

이미지를 대상으로 인공지능을 기반하여 분석/추출/검색 하는 기술이다.

PXL은 사용자 관심도가 높은 패션 상품에 대하여 인공지능 기반하여 아래와 같은 서비스가 있다.

1. 이미지 유사도를 통한 유사상품 이미지 유사도를 통해 유사 상품을 추천해준다.
2. 각 이미지의 속성을 추출 제공한다.
3. 관련 상품의 CODI 제공한다.

89(유통)/100

- 기업명 : 옴니어스 https://www.omnious.com/
- AI 적용 기술 : 시각지능, 종합데이터 가공
- 프래임(AI 프로그램) : PyTorch

- 국내외 주요 고객 : 매출액 기준 국내 Top 패션 이커머스, 제조/브랜드사, 주요 패션 커머스 및 스타트업, 국내 최대 패션 도소매상 연결 플랫폼사 등
- 제품명 및 서비스(비즈니스 모델) : 옴니어스 태거(Omnious Tagger, 상품 속성 자동 추출 AI), 옴니어스 렌즈(Omnious Lens, 유사 상품 추천/검색 AI), 옴니어스 트렌드(Omnious Trend, 트렌드 분석 AI)

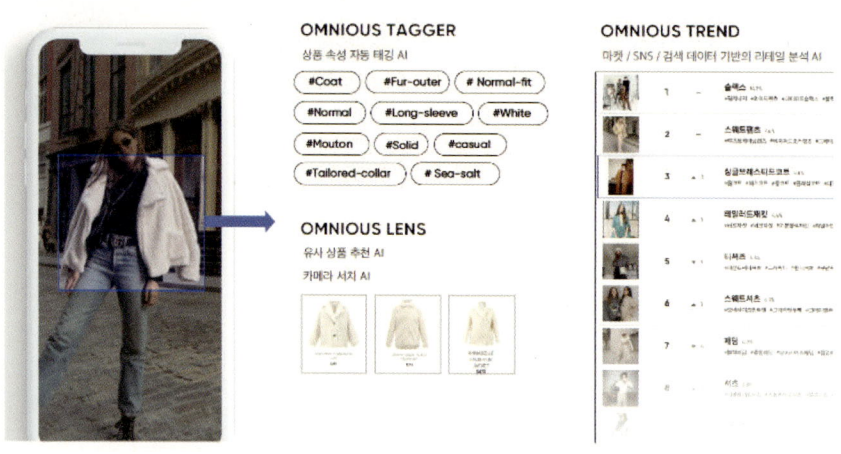

옴니어스의 AI는 이미지 속 패션 상품을 자동으로 인식하여, 아이템종류, 색상, 핏, 기장, 스타일 등의 디테일한 의류 속성을 일관된 기준으로 텍스트화 한다. 또한 패션 영역에 특화된 이미지 검색 기술을 바탕으로 높은 성능의 이커머스 상품 검색, 유사 상품 추천을 가능하게 한다. 뿐만 아니라, 소셜 미디어와 마켓에서 패션 상품의 속성들을 실시간으로 분석하여 상품기획과 세일즈에 활용 가능한 마켓 트렌드 정보를 제공하고 있다.

90(법률)/100

- 기업명 : 워트인텔리전스 http://wert.co.kr/
- AI 적용 기술 : 종합데이터 가공, 일반지능, 설명가능한 지능
- 프레임(AI 프로그램) : 자체
- 국내외 주요 고객 : 연구소, 기업, 대학, 특허법인
- 제품명 및 서비스(비즈니스 모델) : AI 특허검색서비스 키워트, AI특허번역 서비스 IP킹콩

특허 검색엔진 키워트는 AI와 실시간 분석 엔진으로 전세계 특허를 효율적으로 검색할 수 있다. 기존의 특허 검색은 사용자가 요청한 데이터만 제공하는 일방향 커뮤니케이션이었다.

하지만, 키워트는 양방향 커뮤니케이션으로 사용자에게 최상의 결과를 제공한다. 키워트는 다양한 특허데이터에 대한 빅데이터 분석과 변리사의 지식 및 노하우를 학습한 새로운 기술이 적용된 인공지능형 특허검색엔진이다. 실

시간 분석기술을 기반으로, 사용자 검색식 과의 일치도,특허 간 유사 관계도, 기술분야별 특징, 특허 문헌별 텍스트 마이닝 결과 등을 토대로 유사한 특허를 빠르고 정확하게 찾아낸다.

91(의료)/100

- 기업명 : ㈜원더풀플랫폼 https://www.1thefull.com/
- AI 적용 기술 : 시각지능, 음성지능, 언어지능, 시계열 데이터드리븐/모델링, 종합데이터 가공, 하드웨어/로보틱스, 강화학습, 일반지능, 감성지능, 설명가능한 지능
- 프래임(AI 프로그램) : Senior care Service, Platform
- 국내외 주요 고객 : - SK텔레콤(한국), 레이저 광학 엔진 기술 제휴
  - LG전자(한국), 클로이 로봇 독점 공급 계약
  - CJ올리브네트웍스(한국), AI 기반 매장 자동화/무인화 사업 개발 제휴
  - DWAVE(캐나다), 딥러닝 기술 제휴
  - Altumview(캐나다), 영상인식 기술 제휴
- 제품명 및 서비스(비즈니스 모델) : 시니어 케어 : 다솜, 옥토스, 충전거치대

로봇 : 빈큐, 엘프, 나노

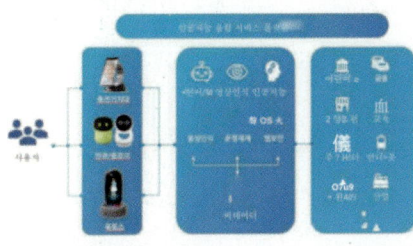

- 영상인식 : 시니어의 얼굴/표정 인식 및 낙상 감지한다.

  챗봇/자연어 : 시니어의 어눌한 말투, 작고 느린 목소리를 고려한 도우미 특허를 보유하고 있다.
- 데이터 분석 : 머신러닝/딥러닝 기술을 이용하여 시니어의 생활습관으로부터 수집되는 정형/비정형 데이터 분석 및 시각화하고 있다.
- AI 융합 플랫폼 : 모바일 디바이스와 로봇에 인공지능 기술을 융합한 통합 플랫폼이다.

92(의료)/100

- 기업명 : ㈜웨저 http://www.weisure.co.kr/
- AI 적용 기술 : 언어지능
- 프래임(AI 프로그램) : TensorFlow, Keras
- 국내외 주요 고객 : 부산대학교&의료 / 한림대학교병원&의료 / 해운대엘 치과&의료

- 이미지업성형외과&의료 / 베리웰치과 & 의료 / 오라클피부과&의료 / 화이자&제약 / 노보노디스크&제약 / 쥴릭파마&제약 / 시너론칸델라&의료기기
- 제품명 및 서비스(비즈니스 모델) : 의사소통(케어봇, 케어톡, 케어봇 매니저)
- 메디에어(음성전화AI/카카오 중개봇) (네이버/카카오 공동개발)

- 카카오톡, 네이버 음성인식/합성을 활용한 음성전화AI, 챗봇 서비스이다.
- 24시간, 실시간 병원에 관련된 민원을 해결한다.
- 상담 및 질문내용에 대한 통계 키워드를 추출한다.
- 예약관련 및 상담신청도 가능하다.
- 환자 경험 만족도 향상을 위한 서비스이다.
- 예비문진, 추후관리 프로그램 서비스이다.
- OCS연동 환자 맞춤형 정보를 제공한다.
- 아웃바운드 및 데이터 수집 기능이 있다.

93(기업)/100

- 기업명 : ㈜위세아이텍 http://www.wise.co.kr/
- AI 적용 기술 : 시계열 데이터드리븐/모델링, 종합데이터 가공, 강화학습, 일반지능
- 프래임(AI 프로그램) : Python, TensorFlow, Keras, scikit-learn,
- 국내외 주요 고객 : 공공기관 및 기업 다수
- 제품명 및 서비스(비즈니스 모델) : 머신러닝 프로세스 자동화 플랫폼
- WiseProphet, Wiseintelligence, WiseDQ /

인공지능, 빅데이터 기업으로 비즈니스에 필요한 솔루션과 서비스를 제공한다.

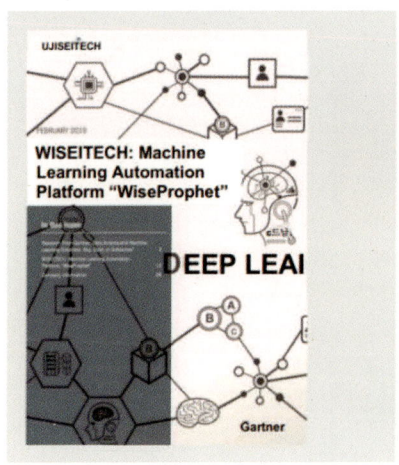 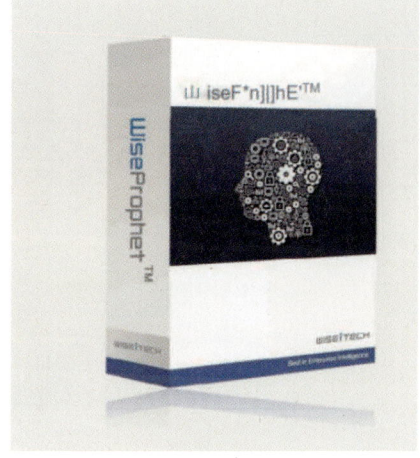

AutoML 플랫폼인 WiseProphet은 데이터를 활용하여 손쉽게 예측결과를

도출할 수 있는 머신 러닝 프로세스 자동화 플랫폼이며, 데이터를 수집하여 다양한 모델을 자동으로 실행하고 최적화된 알고리즘 찾아 결과를 도출할 수 있다.

94(교육)/100

- 기업명 : 플랫비(PLAT.B) https://www.platb.ai/
- AI 적용 기술 : 이미지 인식, 검색 및 인공지능 기술
- 프래임(AI 프로그램) :
- 국내외 주요 고객 : 학생
- 제품명 및 서비스(비즈니스 모델) : 영상답변 교육 Q&A 플랫폼 '큐리(Curi)'

<플랫비의 영상답변 교육 Q&A 앱 큐리>

정기 구독 형태 Q&A 플랫폼 큐리

모르는 문제를 사진 찍어 질문하면 해설 답변 영상으로 확인 할 수 있는 신개념 교육 애플리케이션이다. 학생들은 빠른 검색 속도(평균 3.9초)로 기다릴 필요 없이 모르는 문제를 바로 검색해 궁금증을 해소할 수 있다. 평균 3분 정도의 핵심 콘텐츠를 제공한다.

개인 맞춤형 서비스 일대일 답변영상(평균7분)도 함께 제공된다.

95(기업)/100

- 기업명 : 플리토 www.flitto.com/
- AI 적용 기술 : 음성지능, 언어지능
- 프래임(AI 프로그램) : Corpus Management System
- 국내외 주요 고객 : 삼성, NTT 도코모, 네이버, MS, 바이두, 텐센트 etc
- 제품명 및 서비스(비즈니스 모델) : 플리토 플랫폼 텍스트, 이미지, 음성 데이터

플리토는 음성,텍스트, 이미지 등의 데이터를 수집, 가공하여 음성인식, 기계 번역기등을 언어인공지능 서비스를 제공하는 기업에 판매하고 자사 인공지능 솔루션도 제공한다.

낮은 비용, 신속함, 다양한 번역이 필요할 때, 플리토 집단지성 번역

1. 앱과 웹 플랫폼을 통한 언어 데이터를 확보한다.
2. 언어 데이터를 정제한다.
3. 고객사에 언어 데이터를 전달한다.

96(제조,금융)/100

- 기업명 : 포티투마루 http://www.42maru.ai/
- AI 적용 기술 : 시각지능, 언어지능, 종합데이터 가공, 강화학습, 일반지능
- 프래임(AI 프로그램) : 자체 개발
- 국내외 주요 고객 : 삼성전자, LG전자 , SK Innovation, LG U+, KT, SK 브로드밴드, 현대기아차, DSME(대우조선해양), 신한 금융그룹, DGB 금융그룹 등 다양한 분야의 대기업들과 인공지능 기반의 혁신적인 프로젝트를 수행

한다.
- 제품명 및 서비스(비즈니스 모델) : Deep Semantic QA(Question Answering) - 사용자의 질의 의도를 정확하게 이해하고, 방대한 비정형 데이터에서, 단 하나의 정답만을 도출해 내는 딥러닝 QA 검색이다.

포티투마루는 사용자의 질의 의도를 정확하게 이해하고 방대한 비정형 데이터에서 '단 하나의 정답'만을 도출해 내는 Deep Semantic QA(Question Answering) 플랫폼을 개발하는 인공지능(AI) 기술 기반 스타트업이다.

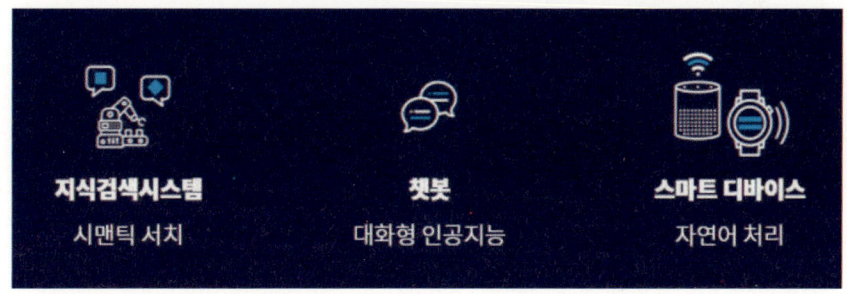

사용자의 질의 의도를 정확하게 이해 하기 위한 딥러닝 기반의 NLU(Natural Language Understanding), 유사 표현 자동 검출 및 확장이 가능한 Paraphrasing 및 독보적인 기계 독해(Machine Reading Comprehension: MRC) 기술을 바탕으로 한 SaaS 기반의 QA(Question Answering) 플랫폼 보유하고 있다.

97(일반)/100

- 기업명 : ㈜펄스나인 http://www.pulse9studio.com/
- AI 적용 기술 : 시각지능
- 프래임(AI 프로그램) : PyTorch, TensorFlow
- 국내외 주요 고객 : B2C 및 B2B
- 제품명 및 서비스(비즈니스 모델) : 인공지능 화가 이메진 AI, 인공지능 일러스트레이터 페인틀리 AI

펄스나인은 맞춤형 디지털이미징시를 연구하는 인공지능 기업으로써 그래픽스 분야를 혁신하기 위한 노력을 기울이고 있다. 인간이 원하는 컨텐츠를 시가 창작할 수 있을까에 대한 질문으로 AI 아트갤러리 '아이아'를 개관, 운영 중이며, 상업용 AI일러스트레이터 페인틀리시를 서비스 중이다.

AI 콘텐츠 제작소 + 가상인물 이미지 상점
방구석에서 프로필 사진도 만들고
클릭 몇 번으로 화가도 될 수 있는 웹서비스

당사의 AI그래픽처리 엔진은 스타일트랜스퍼를 기반으로 한다. 이는 머신러닝을 통해 Example베이스로 무한대에 가까운 스타일을 생성할 수 있다. 원본 이미지 톤과 색을 보정하는 것부터 스타일로 재해석해 새로운 이미지를 만들어 내는 것까지 가능하다. 각각의 레이어가 feature를 생성해내고 이의 Feature map로 콘텐츠 Loss와 스타일 Loss를 최소화 하는 방식으로부터 재구성하는 기술이며 이를 최적화하고 '심미'를 학습하는 지능으로 발전시키고 있다.

98(교육)/100

- 기업명 : 키이테크(KEYi Tech) www.keyirobot.com/
- AI 적용 기술 :
- 프래임(AI 프로그램) :
- 국내외 주요 고객 :
- 제품명 및 서비스(비즈니스 모델) : 가정, 교육용 코딩로봇 클릭봇(ClicBot)

키이테크가 코딩 로봇 클릭봇을 활용해 사용자의 창의성을 높이고 있다. (사진. KEYi Tech)

　　Science, Technology, Engineering, Art, Mathmatics 교육용 로봇을 설계 및 개발하는 키이테크(KEYi Tech)가 미국 시장에서 사용할 수 있는 지능 로봇 클릭봇(ClicBot)을 구축, 프로그래밍 및 플레이할 수 있도록 지원하고 있다.
　　클릭봇은 호기심과 창의력을 키우기 위한 로봇으로, 로봇 공학에 대해 매력적이고 실무적인 접근 방식을 제안한다.

99(교육)/100

- 기업명 : 한컴로보틱스 http://www.hancomrobotics.com/
- AI 적용 기술 : 얼굴인식, 물체인식 및 음성 인식
- 프래임(AI 프로그램) :
- 국내외 주요 고객 : 학생
- 제품명 및 서비스(비즈니스 모델) : 개인용 서비스로봇 '토키2'

한컴로보틱스 '토키2' 연내 출시 목표로 개발 중이다. AI 기술·홈 IoT기능 탑재 머리·팔 움직일 수 있는 국내 최초 홈로봇이다.

오피스 소프트웨어(SW) '한컴오피스'로 익숙한 한글과 컴퓨터그룹(한컴그룹)이 주력 사업 혁신에 나섰다. 특히 인공지능(AI), 로봇, 드론 등 신사업 분야를 공격적으로 확장해 눈길을 끈다.
한컴그룹은 최근엔 홈로봇 '토키'를 개발해 국내 로봇의 대중화를 선언했다.

100(의료)/100

- 기업명 : 휴런 http://iheuron.com/
- AI 적용 기술 : 인공지능 알고리즘
- 프래임(AI 프로그램) :

- 국내외 주요 고객 : 병원
- 제품명 및 서비스(비즈니스 모델) : mDEMENTia

국내 최초 美FDA '치매 분석 소프트웨어' 승인 받았다.

휴런, 치매 원인 물질 '베타-아밀로이드 단백질' 분석 소프트웨어로 미국시장 진출를 기대하고 있다.

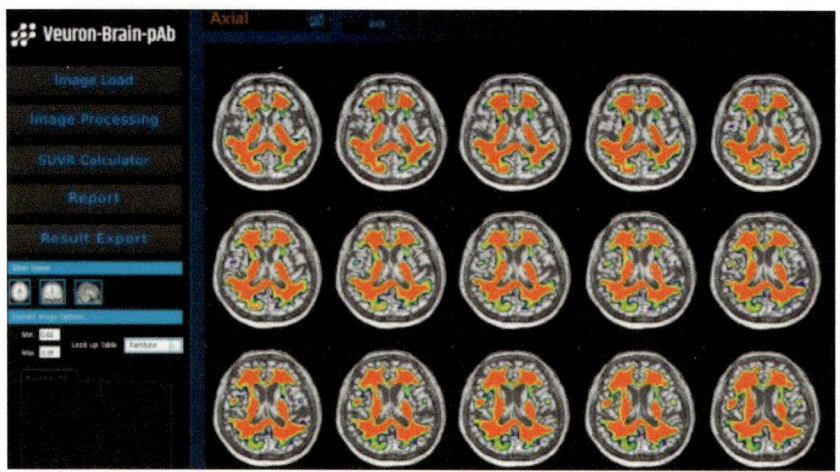

의료 인공지능 솔루션 기업 주식회사 휴런(대표이사 신동훈, 신명진)은 치매의 원인으로 알려진 '베타 아밀로이드' 단백질을 자동으로 정량화하는 소프트웨어(Veuron-Brain-pAb)가 미국 FDA로부터 승인을 받았다.

MEMO

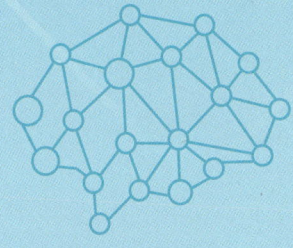

Part 6

별첨

인공지능 용어설명

참고문헌

1. 인공지능 용어 설명

용어	설명
강화학습	상과 벌이라는 보상(reward)을 주며 상을 최대화하고 벌을 최소화하도록 학습하는 방식이며, 알파고가 이 방법으로 학습되었으며 주로 게임에서 최적의 동작을 찾는데 사용하는 학습 방식. 아이가 시행착오를 거쳐 걷는 것을 배우는 것과 같은 학습 방법이라 할 수 있음
가상물리시스템	소프트웨어로 만들어진 가상(Cyber) 세계와 물리적인(Physical) 실제의 시스템을 통합한 시스템of시스템을 말 하는 것으로, 가상 공간의 컴퓨터가 네트워크를 통해서 실 제의 물리 환경의 데이터에 접근하여 실시간 제어하는 기술 임. 최근 디지털윈과 같은 시스템 기술과 유사한 기술 용어임
거리함수	통계, 데이터 마이닝, 머신러닝 등에서는 데이터 간의 유사도를 수치화하기 위해 일반적으로 거리함수 (metric function)를 활용함 대표적인 거리함수는 유클리디안(Euclidean)이 많이 쓰이며, 각 축 방향으로의 분산까지 고려한 마할라노비스(Mahalanobis) 거리함수가 있음
과적합 (Overfit)	기계 학습(machine learning)에서 학습 데이타를 과하게 학습(overfitting)하는 것을 뜻하며, 일반적으로 학습 데이터는 실제 데이터의 부분 집합이므로 과적합이 발생하면 학습 데이타에 대해서는 오차가 감소하지만 실제 데이타에 대해서는 오차가 증가하게 됨
광학문자인식 (OCR, Optical Character Recognition)	사람이 쓰거나 기계로 인쇄한 문자의 영상을 기계가 읽을 수 있는 문자로 변환하는 것 ※ 자세한 용어 정의는 '인공지능 학습용 데이터 품질관리 가이드라인 V.부록- 용어 정의'를 참조

뉴모로픽 반도체	인간의 뇌는 100조개 이상의 시냅스가 병렬 적으로 연결 되어 20W수준의 저전력으로 동작하고 있음 인간의 뇌처럼 에너지를 적게 소비하면서 단순 사칙연산 보다는 고차원적 기능을 수행할 수 있는 전자기기를 구현하고자 하는 반도체 부품 뉴로모픽 반도체에서는 하나의 반도체가 뉴런과 시냅스 기능을 하여 저장, 연산, 인식, 패턴 분석을 수행함
딥러닝	기계학습(머신러닝)의 한 방법으로 동물의 신경세포 뉴런을 흉내 낸 신경망(Neural Network)을 이용하여 학습하고 문제를 풀어냄. 심층 신경망은 입력층(input layer)과 출력층(output layer) 사이에 여러 개의 은닉층(hidden layer)들로 이뤄진 인공신경망으로 복잡한 비선형 관계(non-linear relationship)들을 모델링 할 수 있음.
딥러닝 판단 과정	학습된 딥러닝 모델과 평가데이터가 주어졌을 경우, 평가데이터를 딥러닝 모델에 입력하여 출력 결과를 계산하는 과정으로, 출력 결과를 계산하는 과정이 실수 값의 연산으로 구성되기 때문에 해당 결과가 도출된 이유를 사람이 이해하기 어렵다는 특징을 가짐
딥러닝 학습 과정	딥러닝 모델과 학습데이터가 주어졌을 경우, 학습 목표인 손실(Loss) 값을 최소로 만들기 위하여 딥러닝 모델 내부 의 가중치(Weight) 변수를 조정하는 과정으로, 사람이 학습과정에서 발생하는 가중치 조정의 의미를 이해하기 어렵 다는 특징을 가짐
데이터 불확실성	제한된 데이터에서 학습된 AI는 현실 세계 (Real World) 를 모두 예측(재현)할 수 없으며, 잘못된 확신을 가질 수 있음. 데이터의 불확실성, 모델의 불확실성 등 다양한 형태로 AI에 내재된 요소임
데이터 획득 (Data Acquisition)	인공지능의 기계학습에 필요한 데이터를 현실 세계에서 직접 수집 또는 생성하거나, 이미 보유하고 있는 조직이나 시스템 등으로부터 법률적 제약이 없도록 '원시데이터'를 확보하는 활동

데이터 정제 (Data Refinement) -	획득한 원시데이터를 기계학습에 필요한 형식으로 맞추거나 불필요한 중복을 제거하며, 개인정보를 비식별화 하여 처리하는 등 일련의 전처리 과정을 통해 '원천데이터'를 확보하는 활동
데이터 라벨링 (Data Labeling)	인공지능이 기계학습에 활용할 수 있도록 기능이나 목적에 부합하는 정보를 원천데이터에 부착하는 활동
라벨링데이터 (Labeled Data)	원천데이터에 부여한 '참값', 파일형식이나 해상도 등의 속성, 그리고 설명이나 주석 등이 포함된 '어노테이션'의 집합
마르코프 결정 프로세스	마르코프 결정 프로세스(Markov Decision Process, MDP)는 순차적으로 행동을 결정해야 하는 문제를 풀기 위한 수학적 모델로, 상태, 행동, 상태 변환 확률, 보상 함수로 구성됨
멀티에이전트 강화학습	멀티에이전트는 둘 이상의 에이전트가 효율적인 행동을 통해 하나의 에이전트로는 해결하기 힘든 문제를 효과적으로 해결해 나가는 방식으로, 멀티에이전트 강화학습은 기존 하나의 에이전트를 학습하는 강화학습 모델을 멀티에이전트 문제에 적용한 것임. 예를 들면, 자율주행 에이전트를 강화 학습을 통해 생성할 때, 차선 변경, 추월, 양보 등의 에이전트간 협력을 통해 정교한 상황판단을 수행하는 경우, 멀티 에이전트 강화학습 구조로 학습할 수 있음
메타학습	메타학습은 학습하는 법을 학습하는 "Learning how to learn"의 개념으로, 관련된 많은 태스크들로부터 학습을 통하여 공통된 지식을 얻고, 새로운 태스크가 주어졌을 때 학습이 빨리 이루어질 수 있도록 하는 학습방법 기존의 머신러닝, 딥러닝이 데이터로부터 특징과 모델을 학습하는데 국한되었다면, 메타학습은 데이터로부터 특징, 모델, 알고리즘을 모두 학습하는 방법
멤리스터	메모리(Memory)와 레지스터(Resistor)의 합성어로 이전의 상태를 모두 기억하는 메모리 소자로 전원공급이 끊어졌을 때도 직전에 통과한 전류의 방향과 양을 기억하기 때문에 다시 전원이 공급되면 기존의 상태가 그대로 복원됨

모델 구조	구조 딥러닝 모델은 입력 실수 값으로부터 출력 실수 값을 계산하는 수학적 모델로, 일반적으로 다 계층(Multi-Layer)로 구성되며, 각 계층 사이의 입력 및 출력 역시 실수값 이어서 각 계층에서 수행하는 역할을 사람이 이해하기 어렵다는 특징을 가짐
모델 프리 (Model-Free)	강화학습은 최대 보상을 얻기 위한 행동을 배우는 것으로, 이때, 행동 결과에 따른 상태 변화와 보상을 정하는 것을 모델이라고 하며, 이러한 모델을 통해 학습하는 것을 모델 기반 학습(Model-based learning) 라는 것 대조하여, 이러한 모델 없이 반복적 시행착오(Trial-and-error)를 통해 학습하는 것을 모델 프리 학습이라 함
	AI 모델이 유사한 입력에 대해 얼마나 일관적인 결과를 제공하는지를 이용하여 판단하는 특성으로 목적에 맞는 유사한 입력에 대해 정확도가 높을 경우 취약성이 낮다고 표현함
모방 강화학습	일반적인 강화학습에서 보상함수(인공지능 에이전트가 특정 상태에서 수행한 액션이 어떤 가치를 갖는가에 대한 정의) 정의가 어려운 경우, 전문가가 시연한 경험 데이터를 기반으로 학습하는 모델
베이지안 모델	베이지안 네트워크는 확률 이론과 그래픽 이론을 이용하여 상황이나 의사 결정을 유도하는 네트워크로, 방향성을 갖는 그래프를 이용하고 순환이 없는 모델을 베이지안 네트워크라고 함. 베이지안 네트워크는 확률을 이용하여 상황을 표현하기 때문에 비교적 간단한 구성으로 복잡한 문제를 해결할 수 있음.
베이지안 딥러닝 (Bayesian Deep Learning)	딥러닝과 확률 그래프 모델(Probabilistic Graph Model)을 결합한 학습 모델로서 딥러닝 가중치를 확률 분포로 표현하여 학습하고 출력 값과 함께 출력 값의 확률 분포를 제공 하므로 신경망이 추론한 결과의 불확실성(Uncertainty)에 보다 효과적으로 대응할 수 있음

블랙박스 모델	모델이 복잡해질수록 예측의 정확도는 올라가지만, 결과의 해석은 어려워져서 많은 머신 러닝 모델들이 블랙박스 모델이라고 부름. 최근 연구에서는 모델 내부의 다양한 정보(레이어, 활성화함수)를 통해 해석/설명 가능한 AI 연구가 대두되고 있음
비지도학습	데이터가 어떻게 구성되었는지를 알아내는 문제를 해결하기 위한 방법으로, 입력과 출력 목푯 값으로 구성된 훈련 데이터 없이 정답을 따로 알려주지 않고 학습하는 방법으로, 비슷한 입력 데이터들을 군집화 하는 방식으로 학습이 진행됨.
비심볼릭 추론	심볼릭 추론과 달리 문제, 논리, 검색에 있어 인공신경망 등과 같이 원시 정보 또는 환경을 그대로 인공지능에 제시함으로써 패턴 인식, 복잡한 고차원 표현의 자가 생성, 또는 자체적인 묵시적(implicit) 지식을 분석하고 구성할 수 있도록 함.
심볼릭 추론	인공지능 및 지식기반 시스템의 구현에 중요한 역할을 하는 추론 시스템은 귀납 및 연역 같은 논리적 기술을 사용하여 사용 가능한 지식으로부터 결론을 생성하는 계산 시스템임. 이때 심볼릭 추론은 문제, 논리, 검색에 대한 높은 수준의 (가독 가능한) 심볼 및 그 표현을 기반으로 하는 방법론.
소프트맥스 정규화	일반적으로 분류 문제(예: 이미지분류)에서 최종 뉴런의 출력 값에 대하여 클래스 분류를 위해 마지막 단계에서 출력 값을 정규화를 해주는 함수를 일컬음
수행 역량	새로운 환경이나 조건에서 어떤 행동/판단을 통해 그 결과를 얻고, 향후에 빠른 수행을 위한 학습 전략을 세울 수 있는 역량을 가져야 함
심화강화학습(Deep Reinforcement Learning)	강화학습과 심층 신경망(Deep Neural Network)을 결합한 학습 모델로, 상태에 따라 보상을 극대화하는 액션을 결정하는 정책을 학습하는 강화학습 과정에서 상태 종류가 많아지는 경우 학습이 어려웠던 기존 모델의 한계를 극복하고자, 심층 신경망을 활용하여 대규모 상태의 효율적 요약을 수행함

원샷/제로샷	One Shot/Zero Shot/Few Shot 기술은 기존의 학습 방식과 달리, 기존에 학습된 모델에서 매우 적은 데이터로, 심지어 데이터 없이 새로운 사물을 인식하도록 하는 기술로 서로 다른 도메인을 전이시키거나 유사 카테고리에서 분할 하는 방식으로 개발되고 있음
어텐션 매커니즘	사람이 사진을 볼 때 중요한 부분을 집중해서 보거나, 글을 읽을 때 중요한 부분에 밑줄을 치듯이, 학습 시 중요한 부분만 집중(Attention)하게 만드는 학습방법임
연합학습	연합학습은 중앙서버 또는 서비스 제공자의 관리 하에, 다수의 클라이언트/디바이스가 기계학습 문제를 해결하기 위해 협력하는 기술. 여러 위치에 분산된 학습데이터를 사용하여 심층신경망(DNN: Deep Neural Networks)을 포함한 기계학습 모델을 훈련시킬 수 있는 학습 패러다임 각 로컬노드(클라이언트/디바이스)는 생산한/보유한 원시 데이터를 교환/공유 또는 (중앙으로) 전송하지 않고, 로컬모델 학습에만 사용함으로써, 데이터 생산자/제공자의 프라이버시를 보호하고, 데이터 소유/활용의 파편화 문제를 해결
이미지넷	이미지 인식 분야에서 가장 널리 활용되는 데이터셋으로 스탠포드 대학의 페이페이 리(Fei-Fei Li)연구진이 제작한 학습 데이터셋
이상 감지 (Anomaly Detection)	일상적인 데이터가 아닌 이상 데이터를 탐지하는 태스크 로, 예를 들어 금융 분야의 사기 거래 탐지 시스템 등이 있음 이상 감지 결정은 사람이 이해할 수 있는 근거 제시가 필요 하다는 점에서 설명가능한AI 기술의 필요성이 높은 주제임
일화 기억 (Episodic Memory)	일화 기억은 명시적 기억(Declarative Memory)의 한 종류로서, 자전적 사건들(시간, 장소, 감정, 지식)에 관한 기억 이것은 어느 특정 시간과 장소에서 일어났던 과거의 개인적 인 경험의 모음이라고 할 수 있음

원시데이터 (Raw Data)	기계학습을 목적으로 획득 단계에서 수집 또는 생성한 음성, 이미지, 영상, 텍스트 등의 데이터	
원천데이터 (Source Data, Unlabeled Data)	원시데이터를 라벨링 공정에 투입하기 위해 필요한 전처리 등 정제 작업을 수행한 데이터로 라벨링데이터가 부여되지 않은 상태의 데이터	
인공지능 학습용 데이터 구축	임무정의, 데이터 획득, 데이터 정제, 데이터 라벨링 등 인공지능 학습용 데이터를 구축하는 일련의 활동	
어노테이션 (Annotation)	데이터 라벨링 시 원천데이터에 주석을 표시하는 작업을 의미하며, 추가 부착되는 설명정보 데이터는 기능 목적에 따라 다양한 형태로 표현될 수 있으며 이러한 설명정보 표현방식을 지칭 ※ 용어사용 예 : 사물 바운딩박스 어노테이션, 클래스 라벨링 어노테이션 등	
지도학습	입력과 그 입력에 대한 정답인 출력값 또는 목푯값으로 구성되어 있는 훈련 데이터(Training Data)로부터 하나의 함수를 유추해 내기 위해 학습시키는 기계학습의 한 방법으로, 학습 과정 이후 유사한 데이터에 대한 답을 예측할 수 있는 조정된 웨이트를 가진 모델을 얻게 됨.	
준지도학습	목표값이 표시되지 않은 데이터에 목푯값이 표시된 훈련 데이터(Training Data)도 함께 사용하여 학습하는 기계학습의 한 방법으로, 목푯값이 없는 데이터에 적은 양의 목푯값을 포함한 데이터를 사용할 경우 학습 정확도가 상당히 높아진다는 것이 확인되었음.	
전이 학습	딥러닝 기술은 앞부분의 특징점 학습과 뒷부분의 결정 네트워크로 구분되는데, 특징점 학습 부분을 기존의 잘 학습된 데이터(PreTrained)를 기반으로 적용하는 도메인의 데이터에 최적화(Fine Tuning) 과정을 수행하는 기술을 전이 학습이라고 함. 새로운 문제를 학습할 때 처음부터 학습을 진행하는 대신 기존에 학습된 모델을 이용하고 최소한의 추가적인 학습을 수행하여 높은 성능을 확보하는 방법을 통칭	

지식그래프	지식 그래프(Knowledge Graph)는 다양한 소스로부터 축적한 시맨틱 검색 정보를 사용하여 검색결과를 향상시키는 것으로 구글이 사용하는 지식베이스임. 2012년 5월 미국에서 구글 영문 검색에 처음 적용 하였음. 지식그래프는 어떤 토픽에 대해 구조화된 정보와 다른 사이트로의 링크를 제공함.
지식 증류	지식 증류(Knowledge distillation)는 이미 학습이 잘되어 성능이 좋은 대규모 딥러닝 네트워크(Teacher)가 학습한 숨은 지식(dark knowledge)을 소규모 딥러닝 네트워크가 학습하여 전수받도록 하여 계산량이 적으면서도 성능이 좋은 압축된 신경망 모델을 만드는 방법.
자기 지도 증강 (Self Guide Network)	자기 지도 증강은 신경망 내부에서 내부 신호에 따라 학습/인식 방향을 달리하도록 개발하는 것으로 내부 데이터가 일종의 지도 학습을 수행한다는 개념으로 사용
자기 집중 (Self Attention)	딥러닝 네트워크 내부에서 중요 정보를 증강하거나 다시 피드백 받아서 분석하는 방법으로 자기 자신의 내부를 집중하여 들여다 보고 결과를 학습에 반영하는 방법
자기수용감각	자기수용감각(Proprioception)은 위치각, 운동각, 저항각, 중량각에 따라 몸의 각 부분의 위치, 운동의 상태, 몸에 가해지는 저항, 중량을 감지하는 감각임 자기수용감각은 주로 관절, 근육, 힘줄의 움직임 등으로부 터 발생함 이를테면 위치각, 운동각은 관절의 움직임이 감지되는 것에 의하여 발생. 관절의 움직임과 관련된 수용기에는 관절포의 루피니소체, 관절인대의 골지수용기가 있음 그밖에도 근육, 힘줄에 존재하는 근방추와 골지힘줄기관 등의 심부수용기가 존재하며, 발생한 구심성 신호는 대뇌피질 감각중추로 전달되어, 몸의 상태에 관한 정보를 제공함
자기지도학습	외부의 도움을 받지 않고 스스로 문제와 정답을 찾아가는 학습방법으로 사물의 분류 문제에서 정의되지 않은 카테고리를 다른 지식과 결합하여 스스로 찾아가는 방법

장면 그래프 (Scene Graph)	장면 내에 존재하는 사람과 사물 간의 관계를 정형화된 지식 그래프(Knowledge Graph)로 표현한 데이터 구조체를 일컫는다. 지식 그래프는 지식 표현의 한 방법인 의미망(Semantic Network)에 뿌리를 두고 있음 지식 그래프의 노드(Node)는 사람과 사물과 같은 개체(Subject, Object)나 속성값(Property Value)을 표현하고, 엣지(Edge)는 동사(Verb)나 속성(Property)을 표현함
적대적 공격 (Adversarial Attack)	입력 데이터에 노이즈를 추가하여 딥러닝 모델이 잘못된 결과를 출력하도록 하는 공격 유형으로, 예를 들어 팬더 이미지에 노이즈를 추가하면 사람은 계속 팬더로 인식하지만 딥 러닝 모델은 긴팔원숭이로 잘못된 결과를 출력함 견고한 AI에서 해결하고자 하는 핵심 문제 중 하나임
적대적 예제 (Adversarial Example)	AI 모델을 오동작 시키는 예제를 의미함. 일반적으로 시각 인지적으로 차이가 존재하지 않아 인간은 정상적으로 판단 할 수 있음에도 AI 모델은 높은 확률로 다르게 판단하게 만 드는 입력을 의미함
지도/비지도 학습	지도학습은 학습 데이터의 상태나 의미를 가르쳐주고 학습하는 것이고 비지도 학습은 데이터에 의미 정보를 주지 않고 스스로 알도록 하는 학습 방법 자기 지도학습은 비지도 학습의 한 분류로 자신이 생성한 과거의 데이터를 통해 새로운 정보를 습득하는 방법
지식 그래프	지식을 구성하는 개념의 관계를 그래프 형식으로 표현한 것으로 특정 주제에 대한 구조화된 정보를 제공
집중 (Attention) 매커니즘	딥러닝 모델이 출력 값을 계산하기 위하여 입력 중 어느 부분을 더 집중(Attention)해야 하는지를 반영하기 위한 매커니즘으로, 수학적으로 입력 값들 사이의 중요도 가중치 개념으로 이해할 수 있음 최근 언어지능 분야에 큰 영향을 미친 BERT 및 GPT 모델 은 집중(Attention) 매커니즘을 모델의 주 요소로 사용함

참값 (Ground Truth)	인공지능의 기계학습 목적에 따라 원천데이터에 라벨링된 정확한 값이나 사실의 의미적 표현
특징점 학습	인공지능이 시각적, 청각적, 언어적 인식 과정에서 각각의 입력이 가지는 고유의 특징이 있고 이를 학습하는 것
표현 학습 (Representation)	기계는 사람과 다른 방식으로 이해하기 때문에 기계가 잘 이해하는 방식으로 특징점을 변환하여 학습하는데 이와 같이 다른 방법으로 데이터를 Representation 하여 학습하는 방법
퓨샷러닝	데이터가 몇 개 되지 않는 상황에서 학습을 하는 것이 퓨샷 러닝임 클래스당 몇 개의 예제만 있는 경우, 퓨샷 분류, 회귀문제에서 소수의 데이터가 주어진 경우, 퓨샷 회귀, 강화학습의 경우 퓨샷 강화학습이라고 부름
학습 역량	주어진 데이터로부터 잘 학습된 AI도 한 번도 보지 못한 환경이나 조건 변화에는 잘 순응하지 못하고, 잘못된 판단을 내릴 수 있으며, 이를 극복하기 위해서는 AI도 인간처럼 학습된 결과를 인지하고 개선하고자 하는 역량을 가져야 함
학습된 지식을 잊는 문제 (Catastrophic Forgetting)	인공 신경망이 새로운 정보를 학습하면서 이전에 학습한 정보를 잊는 현상
AGI	일반 인공 지능(Artificial general intelligence)은 인간이 할 수 있는 모든 지적인 업무를 수행할 수 있는 인공지능으로, 강한 인공지능이라고도 하며 사람처럼 기억하고 지식을 스스로 습득하고 결정하는 능력을 포함.
Active Learning	능동적 학습(Active Learning)은 학습과정에서 학생 의 참여를 그 무엇보다도 강조하는 개념으로 수동적 학습 (Passive Learning)과 대비되는 개념 벤저민 블룸의 교육학습 분류체계에서는 지식(Knowledge), 이해(Comprehension), 응용(Application), 분석(Analysis), 종합(Synthesis), 그리고 평가 (Evaluation)로 인식 및 학습수준을 나누고 있음

AI 모델의 오동작	입력 신호(사진, 음성) 일부의 변형 또는 인간의 인지적 차 이가 없음에도 불구하고 다른 결과를 나타내는 현상을 의미함 즉, 인간은 정상적으로 판단할 수 있지만 AI 모델은 다르게 판단하는 경우를 뜻함
Atrous convolution	Dilated convolution(합성곱)이라고도 부름. 합성곱 연산 시 커널이 적용되는 영역의 요소 값들 사이에 공간을 둠으로써 연산량을 줄이면서 Receptive field를 높이는 효과를 볼 수 있는 합성곱의 일종
Backchannels	인간의 자연스러운 대화 과정에서 출현하는 언어적/ 비언어적/ 준언어적인 공감 표현의 형태로, 고개 끄덕임, 표정, 눈맞춤, 환호 등의 다양한 멀티모달 표현 방식으로 구성될 수 있음
BERT	BERT(Bidirectional Encode Representation from Transformers)는 문장에서 단어들의 관계를 학습시킨 것으로 다음 문장을 예측하거나 가려진 단어를 예측하도록 학습됨
Compound scaling	네트워크의 구조를 결정하는 Depth, Width, Resolution 을 효율적으로 조절하여 연산 효율성과 높은 인식 정확도를 얻기 위한 방법으로 EfficientNet에서 이미지 분류를 위하여 사용됨
Contrastive Learning	대조된 데이터를 통해 학습하는 방법으로 긍정 방향의 데이터 증강과 부정 방향의 데이터 증강을 양쪽 극으로 학습하는 방법, 최근에 영상의 분별력 학습에 활용
CNN	CNN은 Convolutional Neural Network의 약자로 신경망 중에서 이미지의 특징점을 학습하기 좋게 설계된 Neural Network의 일종이며, 내부에서 내적 연산과 비선형 연산을 반복하여 합성곱 네트워크라고 부르기도 함. 사진이 가지고 있는 특징 정보를 단계별 추상화 하여 사물을 식별하기 위한 기술.

Donwstream Task	다운스트림은 커다란 음료 탱크에서 음료수를 병으로 담아 파는 것과 같은 개념으로 Pretext로 학습된 내용을 실제 업무에 적용하는 작업을 의미
DSTC9	The Ninth Dialog System Technology Challenge 인공지능(AI) 대화 시스템 분야의 국제 경진대회로 AI 대화 시스템을 연구하는 전 세계 기업 및 학계가 참여하는 행사 로 매 년 다양한 task를 제안하여 세계적인 대화기술 연구 를 선도하는 챌린지로, 9번째 챌린지인 9회 대회에서는 4 개 트랙 62개 시스템이 참가하여 기술을 경쟁하였으며, 그 결과는 20201년 1월 AAAI 학술대회를 통해 공유
EAO	EAO는 물체 추적 경진대회인 VOT18에서 추적 기술의 성능을 평가하는 데 사용한 지표로, 추적 기술의 정확성과 견고성을 고려하여 많은 수의 이미지 시퀀스에 대해 추적기가 가질 것으로 예상되는 추정치와 정답과의 평균 중첩을 나타냄
Edge Device	엣지 장치(Edge Device)는 단순 작업을 수행하는 최말단 장치로, 데이터를 수집하거나 관측하는 등 소규모 장치를 통칭하며, 필연적으로 저전력을 요구
Fine-tuning	이전에 학습된 모델을 새로운 목적에 맞게 추가 데이터를 학습하여 파라미터를 미세조정하는 모델 학습 방법
Feature Pyramid Network	피라미드 구조를 가지는 다양한 크기의 피처맵을 생성하고, 각 피처맵에서 독립적으로 특징을 추출하며 서로 다른 스케일 간의 피처 융합을 통하여 하여 객체 검출 성능 향상을 도모하는 방법
GAN	GAN은 생성적 적대 신경망(Generative Adversarial Network)의 약자이며, 데이터를 생성하는 데 있어 적대적 관계에 있는 네트워크도 함께 사용하여 학습하는 모델을 말한다. 데이터를 생성하는 생성기(Generator)와 가짜 데이터인지 판별하는 판별기(Discriminator)로 구성되며, 판별기가 생성기에 속아서 구분하지 못할 정도로 생성기를 학습하여 데이터를 생성할 수 있음

GPT-3	GPT(Generative Pre-trained Transformer) 모델은 Transformer 모델의 디코더 부분을 대용량 텍스트를 이용하여 사전학습(Pre-training)한 모델로, 입력 텍스트의 다음 단어를 예측하는 모델임 GPT-3 모델은 BERT-Large 대비 500배 이상 큰 1,750억개(175Billion) 파라미터로 구성된 대용량의 모델 로, 소량(수십~수백)의 학습데이터를 사용하는 퓨샷(Fewshot) 학습으로 응용 태스크에서 우수한 성능을 보여서 큰 화제를 일으킴
GradCAM	GradCAM(Gradient-weighted Class Activation Mapping)은 이미지 분석에 널리 사용되는 입력 요인 (Input Attributaion) 분석 방법으로, 마지막 레이어의 입력 경도(Gradient)를 분석하여 대상 개념 예측에 중요한 이미지 영역을 강조하는 지역화 맵을 통하여 설명가능성을 제공함 GradCAM은 재학습 및 구조 변경 없이 다양한 CNN (Convolutional Neural Network) 딥러닝 모델에 적용 가능하다는 장점을 가짐
IoU (Intersection over Union)	객체 검출의 성능을 평가하는 방법으로 객체를 포함하는 정답 박스와 객체 검출 결과로 추정된 박스 사이의 교집합 영역을 합집합 영역으로 나눈 값으로 0~1 사이의 값을 가짐
L2M	DARPA 프로그램의 하나로서 Lifelong Learning Machines을 의미, 어휘 그대로 평생학습을 위한 자연스런 인공지능(기계학습) 메커니즘 연구를 목표로 함. 세부적으로는 경험을 통해 지속적으로 성능을 개선하고 새로운 조건과 동적 환경에 빠르게 적응하는 보다 근본적인 학습 시스템 개발을 목표로 함.
LSTM	LSTM (Long Short-Term Memory)은 딥러닝 분야에서 사용되는 재귀적 신경망(RNN) 구조의 하나로써, 표준적 RNN과 달리 LSTM에는 기억이 가능한 내부 상태(memory)를 사용하여 정적 데이터(예: 이미지) 뿐만 아니라 시계열, 시공간 패턴(예: 음성 또는 비디오) 분류에서도 우수한 성능을 나타냄.

LRP	LRP(Layer-wise Relevance Propagation)는 딥러닝 모델의 설명 및 예측을 위한 대표적 방법으로, 딥러닝 모델의 예측 결과로부터 역전파 형태로 신경망의 각 계층별 기여도를 측정하는 방법으로 각 계층의 기여도를 히트맵 형태로 시각화하여 직관적으로 이해하는데 도움이 됨.
LAS	Listen, Attention and Spell 의 약자이며 음성인식을 위해서 구글이 제안한 방식으로 Encoder가 Listen 역할을 하고 그 다음에 attention 모듈 그리고 디코더가 Spell 역할을 하는 구조로 이루어짐 기계번역에 사용되는 모듈을 그대로 이용하여 음성식에 사용한 구조임. 인코더는 Bidirectional LSTM이므로 On-line 실시간 처리에는 부적합함
LIME	LIME(Local Interpretable Model-agnostic Explanations)은 입력 데이터에 작은 변화를 준 데이터의 예측 결과를 기반으로 국지적(Local) 설명 모델을 학습하는 접근 방법으로, 딥러닝, 랜덤 포레스트, SVM 등 다양한 기계학습 모델과 이미지, 텍스트, 테이블 등 다양한 유형의 데이터에 적용 가능하다는 장점을 가짐
MNIST	MNIST 데이터베이스(Modified National Institute of Standards and Technology database)는 손으로 쓴 숫자들로 이루어진 대규모 데이터베이스로, 다양한 영상처리 시스템을 학습시키기 위해 일반적으로 사용됨. MNIST 데이터베이스는 60,000개의 학습 이미지와 10,000개의 테스트 이미지를 포함
Markov Decision Process	순차적 행동 결정 문제를 수학적으로 정의하는 것으로 상태, 행동, 상태 전이 확률, 보상, 감가율로 구성
NAS	신경망 구조 탐색(Neural Architecture Search)는 딥러닝에서 최적의 인공신경망을 도출하기 위해 다시 딥러닝을 활용하는 방법으로, 초기에는 GPU 400장 이상의 대규모 컴퓨팅 장비를 활용하여 계산 측면에서 성능을 끌어 올렸으 나, 최근에는 소규모 GPU와 모델 경량화 관점에서 최소의 신경망 탐색에 활용됨

Network Dissection	Network Dissection은 딥러닝 모델 내부 개별 뉴런의 해석 가능성(Interpretability)을 정량화하는 접근 방법으로, 사람이 이해하는 개념과 개별 뉴런 유닛 사이의 합집합 대비 교집합 비율(Intersection Over Union, IoU)을 측정하여 정량화함. 최근에는 개별 뉴런 유닛과 사람이 이해하는 개념의 복합(Compositional) 요소를 분석하는 후속 모델이 제안됨
PQ	팬옵틱 분할의 성능을 평가하기 위한 지표 Segmentation (분할) 지표와 Recognition (인식) 지표의 조합으로 구성되어 있음
Pretext Task	Pretext는 미리 만들어진 본문이라는 의미로 학습에 활용될 수 있는 다양한 특징을 정의. 언어에서 순차적 특징을 알기 위해 무작위 단어들 관계를 학습하는 것과 같이 사전에 학습하는 업무로 정의됨.
Q 러닝 (Q-Learning)	강화학습 기법의 하나로, 인공지능 에이전트가 현재 상태에서 선택한 행동을 수행하는 것의 기대 효용을 예측하는 함수인 Q-함수(상태에 따라 가치를 테이블로 나타낸 함수)를 학습함으로써 최적의 정책을 수행하는 방법
RNN	RNN (Recurrent Neural Network)은 신경망을 구성하는 노드간의 연결이 시간적 순서에 따라 방향 그래프를 형성하는 신경망 구조를 의미함. 표준적 전방향(feed forward) 신경망과 달리 RNN에는 피드백 연결이 있음. 일련의 연속된 입력 패턴을 처리할 수 있어서 필기 또는 음성 인식과 같은 작업에 양호한 성능을 보임. 텍스트와 같은 시퀀스(sequence) 데이터를 입력으로 받아 다른 시퀀스로 출력하는 신경망 모델
RPN	RPN(Region Proposal Network, R-CNN)은 영상의 객체 인식(object detection)을 위해 물체가 있을 법한 영역을 빠른 속도로 찾아내는 알고리즘으로, 기존 CNN 대비 높은 성능과 빠른 속도를 보임.

Region proposal	객체 검출의 전처리 작업으로, 이미지의 픽셀 값들의 균일성 등을 룰 또는 네트워크를 통하여 학습하여 객체가 있을 것으로 보이는 후보 영역을 선별하여 추천하는 것을 뜻함
RNN-T	Recurrent Neural Network-Transducer 의 약자이며 실시간 처리(On-line 모델)에 사용되는 모델의 하나로 언어처리 역할을 할 수 있는 Prediction network 가 Encoder 와 연결되어 출력을 제공함 Prediction network가 없으면 전통적인 CTC (Connectionist Temporal Classification)모델이 됨
Semisupervised training	준지도학습(Semi-supervised Learning)과 같은 의미이며 레이블이 있는 데이터와 레이블이 없는 데이터를 동시에 사용해서 더 좋은 모델을 만드는 것을 목표로 함
seq2seq	시퀀스-시퀀스 (Sequence-to-Sequence, seq2seq) 는 입력된 시퀀스로부터 다른 도메인의 시퀀스를 출력하는 모델 주로 챗봇(Chatbot)과 기계 번역 (Machine Translation) 등의 애플리케이션에서 많이 사용되나, 최근 다양 한 분야에 적용이 되고 있음
SHAP	SHAP(SHapley Additive exPlanations)는 입력 데이터에 대해 샤플리 값(Shapley Value)를 계산하여 입력 데이터의 각 요소(Feature)가 학습된 모델 출력 값에 대하여 가지는 공헌도를 분석하여 설명 가능성을 제시하는 접근 방법으로, 많은 계산량으로 속도가 느리다는 단점과 전역적 (Global) 해석 가능성(Interpretability)를 제공한다는 장 점을 가짐
Spiking Neural Network	3세대 신경망으로써 연속된 값이 아닌 0과1의 바이너리 값을 출력하며 연관되어 있는 뉴런에만 값들을 처리하고 시간정보를 얻을 수 있어 추가 적인 복잡성 없이도 데이터를 처리할 수 있음
Super resolution	저해상도 영상에서 고해상도 영상을 만드는 방법, 전에는 패치 단위의 기계 학습 방법을 사용하였으나, 최근 딥러닝 기술이 도입되면서 뛰어난 성능을 보이고 있음

Transformer	자연어와 같은 시퀀스 데이터를 입력으로 번역, 대화처리, 요약 등을 가능한 한 기계학습 신경망 모델로 순차적 처리 아닌 병렬 처리로 RNN보다 정보 손실이 적고 다중 주의집중으로 입력 시퀀스의 장거리 관계 파악이 장점임. BERT와 GPT 등의 언어모델에 사용된 모델
	모델/구조 기존의 번역 기술에 사용하는 RNN 대신에 Encoder들과 Decoder들을 적층하여 변환(번역)하는 기술로 RNN보다 더 우수한 성능을 보유하고 있음

2. 참고문헌

[1] 국경완, "인공지능 기술 및 산업 분야별 적용 사례", 정보통신기획평가원, 2019.03.

[2] 과기정통부, "데이터·AI경제 활성화 계획", 관계부처일동, 2019.01.

[3] 과기정통부 보도자료, "데이터·인공지능(AI) 경제 활성화의 이정표 제시", 2019.01.

[4] 김경민, "AI 플랫폼, IT 업계의 나아갈 길", KOTRA, 2017.10.

[5] 김상윤, "기업은 어떻게 AI를 도입하는가?", 포스코경영연구원(POSRI), 2019.01.

[6] 김형철, "ICT표준화 전략맵", 한국정보통신기술협회(TTA), 2018.10.

[7] 노규성, "플랫폼이란무엇인가", 커뮤니케이션북스, 2014.04.

[8] 미하엘슈마허. "지능형 사물인터넷", 네이버 블로그, 2019.01.

[9] 박형근, "정보보안에서의 인공지능 도입 분야와 주요 사업자", 2018.08.

[10] 심혜정, "우리기업의 인공지능(AI)을 활용한 비즈니스 모델", 국제무역연구원, 2018.03.

[11] 양희태, "인공지능과 블록체인 융합 동향 및 정책 개선 방안", NIA 한국정보화진흥원, 2020.07.

[12] 이상규, "칼럼, 박정수의 일자리와 4차 산업혁명 이야기", mk.co.kr, 2018.01.

[13] 이승민.정지형, "2020년 AI 7대 트렌드", ETRI, 2019.12.

[14] 이승훈, "인공지능, 시각지능의 발전: 인간처럼 보는 기계의 등장", lgeri.com, 2017.10.

[15] 이승훈, "최근 인공지능 개발 트렌드와 미래의 진화방향", LG경제연구

원, 2017.12.

[16] 이승훈, "인공지능, 플랫폼 경쟁이 시작되고 있다", LG경제연구원, 2016.05.

[17] 장세영, "스마트 디바이스 트렌드 매거진(SDTM)", Vol.28, 머니브레인, 2018.01.

[18] 전승우, "인공지능(AI) 프로세서, 새로운 혁신의 원동력 될까", LG경제연구원, 2018.11.

[19] 정보통신기획평가원, "인공지능 기술 청사진(2030)", 정보통신기획평가원(IITP), 2019.12.

[20] 정보통신기획평가원, "인공지능 기술 청사진(2030)", 정보통신기획평가원(IITP), 2020.12.

[21] 정용찬, "빅데이터", 커뮤니케이션북스, 2013.02.

[22] 정종기, "인공지능 완전정복", 형설출판사, 2020.11.

[23] 정지선, "성공적인 빅데이터 활용을 위한 3대 요소: 자원, 기술, 인력", NIA한국정보화진흥원, 2012.04.

[24] 주영대, "미국의 인공지능(AI) 개발전략과 시사점", 한국산업기술평가관리원, 2016.12.

[25] 중소벤처기업부, "중소기업 기술로드맵(2018~2020, AI/빅데이터)", 2017.01.

[26] 채반석·권도연, "블로터11th 인공지능, 일상에 스며들다", Bloter.net, 2017.09.

[27] 최은수, "인공지능의 습격 인간을 어디까지 위협할까?", 매일경제, 2016.03.

[28] 최새솔, "인공지능 반도체 산업동향 및 이슈 분석", ETRI, 2017.12.

[29] 최한길, "플랫폼 비즈니스란?", Brunch blog, 2019.02.

[30] 한국인공지능협회, "2020 AI KOREA Startups", 한국인공지능협회, 2019.11.

[31] 한국지능정보사회진흥원, "미래2030 Vol.2", 한국지능정보사회진흥원(NIA), 2020.12.

[32] 한국지능정보사회진흥원, "세계가 주목하는 인공지능 스타트업", NIA, IT & Strategy 제10호, 2020.12.

[33] 한국지능정보사회진흥원, "인공지능 학습용 데이터셋 구축 안내서", NIA, 2021.02.

[34] 한국지능정보사회진흥원, "인공지능 학습용 데이터 품질관리 가이드라인", NIA, 2021.02.

[35] 한국지능정보사회진흥원, "혁신을 이끄는 뉴 웨이브, 인공지능 스타트업", NIA, 2021.01.

[36] 행정안전부, "2019년 지능형 정부를 주도할 핵심기술 선정", 2019.01.

[37] "헬스케어에 인공지능을 더하다", 2018.06, https://skccblog.tistory.com/3712.

[38] 헤럴드경제신문, "중국의 AI 굴기, 미국도 추월했다", 2019.02.

[39] Aaron Tilley, "AI Chip Boom: This stealthy AI hardware startup is worth almost a billion", Forbes, 2017.08.

[40] AIBRIL, "건강을 지키는 인공지능 AI와 헬스케어의 만남", 2018.10.

[41] Bern Elliot, "A Framework for Applying AI in the Enterprise", Gartner Symposium, 2018.11.

[42] Cade Mets, "The Race To Build An AI Chip For Everything Just Got Real", Wired, 2017.04.

[43] C. Lu et al., "Visual Relationship Detection with Language Priors",

ECCV 2016.10.

[44] Don Scheibenreif, "Bringing Style and Focus to Ecosystems", Gartner Symposium, 2018.11.

[45] Forbes, "Amazon's John Rauser on "What Is a Data Scientist?", 2011.10.

[46] Forbes, "How AI Builds A Better Manufacturing Process", 2018.07.

[47] Goertzel, Ben "Artificial general intelligence: Concept, state of the art, and future prospects" Journal of Artificial General Intelligence 5.1, 2014.01.

[48] Gokul Hariharan, et.al, "Exponential growth from AI adoption in the cloud and at the edge", JP Morgan, 2018.02.

[49] Jane Cheung & Simon Glass, et al., "유일무이한 Z세대", IBM 기업가치연구소, 2017.12.

[50] Jerry Hartanto, "비즈니스 결과물로 직결되는 AI, 머신러닝, 딥러닝 이해와 활용 가이드", IDG Korea, 2019.04.

[51] J. Thies, et al., Face2Face: Real-time Face Capture and Reenactment of RGB Videos, 2020.07.

[52] Karl Freund, "A machine learning landscape: Where AMD, Intel, NVIDIA, Qualcomm and Xilinx AI engines live", Forbes, 2017.03.

[53] Lee Gomes, "Neuromorphic chips are destined for deep learning-or obscurity", IEEE Spectrum, 2017.05.

[54] Mariya Yao & Adelyn Zhou, et al. "Applied Artificial Intelligence: A Handbook for Business Leaders", Topbots Inc., 2018.06.

[55] Mark Gurman , "Facebook is forming a team to design its own chips",

Bloomberg, 2018.04.

[56] Matthew Lynley, "Amazon may be developing AI chips for Alexa", Techcrunch, 2018.02.

[57] McKinsey & Company, "Artificial Intelligence: The Next Digital Frontier?", 2017.06.

[58] McKinsey & Company, "McKinsey's latest AI research predicts it could create trillions worth", 2018.04.

[59] Mike Elgan, "AI의 진짜 위협은 '인간다움'의 대체다", IDG Korea, 2019.12.

[60] Norman P. Jouppi, Cliff Young, et.al, "In-Datacenter performance analysis of a tensor processing unit", The 44th International Symposium on Computer Architecture (ISCA), 2017.06.

[61] Paul Heltzel, "2020년 비즈니스 지형을 뒤흔들 8가지 기술", IDG Korea, 2019.12.

[62] Rick Osterloh, "The best hardware, software and AI-together", Google. blog, 2017.10.

[63] S. Ren et al., "Faster R-CNN: Towards Real-Time Object Detection with Region Proposal Network", 2015.06.

[64] S. Suwajanakorn, et al., Synthesizing Obama: Learning Lip Sync from Audio, 2017.07.

[65] Vivek Arya, et.al, "Deep learning and the processor chips fueling the AI revolution", BoA Merrill Lynch, 2016.10.

[66] William Mougayar, "The Business Block chain: Promise, Practice, and Application of the Next Internet Technology", International Business

Times, 2016.04.

[67] World Economic Forum, "AI to Transform the Finance Landscape", 2018.08.

[68] 네이버 지식백과, 위키백과, 두산백과, 천재교육

[69] aihub.kr, aistudy.co.kr, blog.wishket.com, bloter.net, dbr.donga.com, ibm.com, irsglobal.com, idg.co.kr, itworld.co.kr, itdaily.kr, lgcns.com, lgeri.com, nia.or.kr, nvidia.co.kr, posri.re.kr, tensorflow.org, tensorflowkorea.wordpress.com, sas.com, seri.org, subokim.wordpress.com, yoonsupchoi.com, zdnet.co.kr

인공지능 비즈니스

2021년 9월 10일 초판 1쇄 인쇄 | 2021년 9월 17일 초판 1쇄 발행

저자 정종기 | **발행인** 장진혁 | **발행처** (주)형설이엠제이
주소 서울시 마포구 월드컵북로 402 KGIT 상암센터 1212호 | **전화** (070) 4896-6052~3
등록 제2014-000262호 | **홈페이지** www.emj.co.kr | **e-mail** emj@emj.co.kr
공급 형설출판사

정가 38,000원

ⓒ 2021 정종기 All Rights Reserved.

ISBN 979-11-86320-99-0 93550

* 본서는 저자와의 협의에 따라 인지는 붙이지 않습니다.
* 이 책은 저작권법에 의해 보호를 받는 저작물이므로 동영상 제작 및 무단전재와 복제를 금합니다.

150가지 사례와 함께
쉽게 활용하는
인공지능
비즈니스

MEMO